乡村振兴战略下西南地区农村基层党组织建设实践创新研究

黄亦君◎著

光明日报出版社

图书在版编目（CIP）数据

乡村振兴战略下西南地区农村基层党组织建设实践创新研究 / 黄亦君著. -- 北京 : 光明日报出版社，2022.11

ISBN 978-7-5194-6932-0

Ⅰ. ①乡… Ⅱ. ①黄… Ⅲ. ①中国共产党—农村—基层组织—党的建设—研究—西南地区 Ⅳ. ①D267.2

中国版本图书馆 CIP 数据核字（2022）第 216864 号

乡村振兴战略下西南地区农村基层党组织建设实践创新研究

XIANGCUN ZHENXING ZHANLÜEXIA XINAN DIQU NONGCUN JICENG DANGZUZHI JIANSHE SHIJIAN CHUANGXIN YANJIU

著　　者：黄亦君

责任编辑：周文岚　　　　责任校对：傅泉泽
封面设计：品诚文化　　　　责任印制：曹　净

出版发行：光明日报出版社
地　　址：北京市西城区永安路 106 号，100050
电　　话：010-63169890（咨询），010-63131930（邮购）
传　　真：010-63131930
网　　址：http：//book.gmw.cn
E - mail：gmrbcbs@gmw.cn
法律顾问：北京市兰台律师事务所龚柳方律师

印　　刷：北京建宏印刷有限公司
装　　订：北京建宏印刷有限公司
本书如有破损、缺页、装订错误，请与本社联系调换，电话：010-63131930

开　　本：170mm×240mm　　　　印　　张：22.25
字　　数：408 千字
版　　次：2022 年 11 月第 1 版
印　　次：2022 年 11 月第 1 次印刷
书　　号：ISBN 978-7-5194-6932-0

定　　价：98.00 元

前　言

本专著是国家社科基金西部项目《乡村振兴战略下西南地区农村基层党组织建设实践创新研究》（课题编号：18XDJ002）的最终成果。课题侥幸立项于2018年。课题组通过将近两年（2018年6月—2020年4月）的努力，于2020年9月顺利结项（结项编号：20203937）。

专著主要沿着“基础调研—资料收集—框架设计—理论分析—实证分析—对策探讨”的思路逐步展开研究，重点解决“西南地区农村基层党组织建设为什么要进行实践创新”“西南地区农村基层党组织建设实践创新存在什么困难和问题”“西南地区农村基层党组织建设如何进行实践创新”的问题。从专著的研究范畴来看，本专著所指之“西南地区”特指“贵州、四川、重庆、云南等四个省（市）”。专著以西南地区广大乡村社会为研究范畴，以新时代乡村振兴战略实施阶段为主要研究时段，重点探讨乡村振兴战略下西南地区农村基层党组织建设实践创新的现状、特点、基本经验、存在问题以及实践创新的方法论与对策等。

由于各种原因，本专著的付梓时间已经来到2022年年底。从本专著论述的内容来看，由于时间节点的差异，本专著撰写之初引用的很多数据特别是当时收集资料时获得的脱贫攻坚的数据已经得到更新，西南地区农村相关贫困情况目前也已经得到显著改善，乡村振兴效果明显。比如，四川省、云南省、贵州省、重庆市2021年政府工作报告显示，截至2020年年底，四川省88个贫困县全部摘帽，11501个贫困村全部退出，625万建档立卡贫困人口全部脱贫，消除了千百年存在的绝对贫困和区域性整体贫困；云南省933万农村贫困人口全部脱贫，8502个贫困村全部出列，88个贫困县全部摘帽，实现了150万人易地搬迁，历史性地解决了绝对贫困问题；贵州省923万贫困人口全部脱贫，66个贫困县全部摘帽，9000个贫困村全部出列，彻底撕掉绝对贫困标签；重庆市18个贫困区县全部摘帽，1919个贫困村全部出列，动态识别的190.6万农村贫困人口全部脱贫。这组数据说明，截至今天，西南地区的农村已经发生翻天覆地的变化，脱贫攻坚任务已经如期完成。农村基层党组织的历史使命由推动脱贫攻坚转向引领乡村振兴，中心工作和重要任务的变化也给新时代农村基层党组织带来挑战，亟须农村基层党组织因时而变、随机而动，因应中心工作和重要任务的变化而调整自身的职能，加强基层党组织建设，加强思想引领，增强政治意识，净化工作作风，提升执政本领。

为尊重课题撰写的原貌，也为了更准确地说明在课题撰写之初西南地区农村的贫困状况和农村基层党组织推动乡村振兴的艰辛与困难、酸楚与疲惫，专著在出版时保留了部分原始数据。不过，仍然心怀惴惴，如果给读者带来不便，请原谅作者的冒昧与失敬，在此，一并向读者致以歉意。

目 录
CONTENTS

绪 论

一、研究缘起

马克思指出："一切划时代的体系的真正的内容都是由于产生这些体系的那个时期的需要而形成起来的"①，"人们用以生产自己的生活资料的方式，首先取决于他们已有的和需要再生产的生活资料本身的特性。这种生产方式不应当只从它是个人肉体存在的再生产这方面加以考察。它在更大程度上是这些个人的一定的活动方式，是他们表现自己生活的一定方式、他们的一定的生活方式。个人怎样表现自己的生活，他们自己就是怎样。因此，他们是什么样的，这同他们的生产是一致的——既和他们生产什么一致，又和他们怎样生产一致。因而，个人是什么样的，这取决于他们进行生产的物质条件"②。马克思的深刻论述表明，社会的发展与个体的生活方式是紧密联系在一起的，社会以一种什么样的方式发展，在发展中采取什么样的战略策略、模式、路径与对策等，不仅会深刻影响社会发展，还会深刻影响个体的生活方式、思维模式、伦理道德、观念、意识形态等。在社会发展的过程中，一旦社会发展的战略做出调整，发展规划将会有所变动，推进路径亦会有所变化；个体的生活方式、思维模式、生活习惯、伦理道德也会相应地做出调整，以适应社会发展的需要。反之，个体的生活方式、伦理观念、意识道德等对社会发展也会产生反作用，个体的生活方式、伦理观念、意识道德等一旦发生变化，会深刻影响社会的运行与发展。

乡村是具有自然、政治、社会、经济、文化特征的地域综合体，兼具生产、生活、生态、文化等多重社会功能，是人类进行社会活动的重要空间，是社会发展的重要场所。农民是乡村社会的活动主体，是乡村社会的主人翁，

①马克思，恩格斯. 德意志意识形态［M］//马克思恩格斯文集：第1卷. 北京：人民出版社，2009：544.

②马克思，恩格斯. 德意志意识形态［M］//马克思恩格斯文集：第1卷. 北京：人民出版社，2009：519-520.

是乡村发展、变迁与演绎的重要组成部分。乡村社会的发展离不开农民的社会活动，离不开农民的参与、组织与践行，农民的社会行为、意识形态、伦理道德、思想观念、生活轨迹等会对乡村社会产生重要影响。农民的社会行为如果合理有序、健康积极，将会推动乡村社会不断发展、推动乡村社会变迁、推动乡村社会良好运行；反之，如果农民的社会行为和社会活动偏离合理轨道，极有可能阻碍乡村社会的发展与变迁。乡村兴则国家兴，乡村衰则国家衰。历史和现实一再表明，乡村兴盛发达的时期我国则国力雄厚，实力见涨；反之，一旦乡村衰落则国力疲惫，国困民穷。

中国是一个农业大国①，尽管 2011 年我国城镇人口数量首次超过农村人口②，但截至 2019 年年底，我国农村人口仍然有约 5.5162 亿人，占全国总人口的 39.40%；按照每人每年 2300 元（2010 年不变价）的农村贫困标准计算，农村贫困人口现有约 551 万人，贫困发生率为 0.6%。③ 这么庞大的农村人口群体以及贫困人口群体，对于中国共产党的“两个一百年”奋斗目标④来说无疑是一个严峻的考验和巨大的挑战。习近平总书记就曾经意味深长地指出过：“‘十三五’期间脱贫攻坚的目标是，到 2020 年稳定实现农村贫困人口不愁吃、不愁穿，农村贫困人口义务教育、基本医疗、住房安全有保障；同时实现贫困地区农民人均可支配收入增长幅度高于全国平均水平、基本公共服务主要领域指标接近全国平均水平。脱贫攻坚已经到了啃硬骨头、攻坚拔寨的冲刺阶段，必须以更大的决心、更明确的思路、更精准的举措、超常规的力度，众志成城实现脱贫攻坚目标，决不能落下一个贫困地区、一个贫困群众。”⑤

因此，针对乡村建设的重要性，也针对改革开放以来我国乡村改革严重

---

①本报评论员. 牢牢把握农业农村现代化这个总目标——论学习习近平总书记关于实施乡村振兴战略重要讲话精神［N］. 人民日报，2018-09-30（01).

②韩松. 中国科幻是迅速复兴的古老文明对未来的大胆想象，它的征途是星辰大海和广阔未来：新科幻 出东方（高峰之路）［N］. 人民日报，2019-01-01（08).

③国家统计局. 中华人民共和国 2019 年国民经济和社会发展统计公报［EB/OL］. 国家统计局网站，2020-02-28.

④“两个一百年”奋斗目标：到建党一百年时建成经济更加发展、民主更加健全、科教更加进步、文化更加繁荣、社会更加和谐、人民生活更加殷实的小康社会，然后再奋斗三十年，到新中国成立一百年时，基本实现现代化，把我国建成社会主义现代化国家（见习近平. 决胜全面建成小康社会　夺取新时代中国特色社会主义伟大胜利——在中国共产党第十九次全国代表大会上的报告［M］. 北京：人民出版社，2017：20—21).

⑤鞠鹏. 习近平在中央扶贫开发工作会议上强调：脱贫攻坚战冲锋号已经吹响　全党全国咬定目标苦干实干［N］. 人民日报，2015-11-29（01).

滞后的现状，导致了“城乡之间的不平衡。尽管近年来，随着新农村建设、城镇化战略的推进，城乡差距有所缩减，但‘救护车一响，半头猪白养’‘一人上大学，全家拉饥荒’的状况仍然存在，城乡二元结构远没有消弭”①，这种城乡之间仍然存在的现实落差也给党的工作带来了巨大挑战，如何振兴乡村成为党中央高度关注的焦点问题之一。为此，习近平总书记在党的十九大报告中强调，要大力“实施乡村振兴战略”。② 中共中央、国务院印发的《乡村振兴战略规划（2018—2022 年）》也指出，我国人民日益增长的美好生活需要和不平衡不充分的发展之间的矛盾在乡村最为突出，我国社会主义仍然处于并将长期处于社会主义初级阶段的特征很大程度上表现在乡村。全面建成小康社会和全面建设社会主义现代化强国，最艰巨最繁重的任务依然在农村，最广泛、最深厚的基础依然在农村，最大的潜力和后劲也在农村。实施乡村振兴战略，是解决新时代我国社会主要矛盾、实现“两个一百年”奋斗目标和中华民族伟大复兴中国梦的必然要求，具有重大现实意义和深远历史意义。③

在实施乡村振兴的过程中，由谁来引领乡村振兴显然是一个非常重要、非常关键的问题，因为这直接关系到新时代乡村振兴的方向与效果、关系到新时代农民美好生活需要与美好愿景的实现程度、关系到新时代社会主义新农村建设的质量。重要的是，由谁来引领乡村振兴还关系到新时代党的路线方针政策是否能够顺利地贯彻到广大基层农村、关系到党的声音是否能够在广大农村地区和广大人民群众之中有效传播、关系到党是否能够兑现自己的诺言引领广大人民群众实现中华民族伟大复兴。鉴于此，习近平总书记指出：“农村要发展，农民要致富，关键靠支部。”④ 农村基层党组织是新时代乡村振兴的重要带头人，是新时代乡村振兴的主心骨、领头雁，是新时代党的路线方针政策在基层进行部署并贯彻落实的重要基础。早在 2007 年 9 月 27 日，习近平在上海市农村党的建设“三级联创”活动工作会议上讲话时就强调：“只有农村基层干部队伍坚强有力，农村的基层政权才能得到巩固，中央和市委的重大战略部署才能在农村不折不扣地得到落实，各级党组织在农民群众

①张毅. 乡村振兴要瞄准薄弱环节（金台视线）[N]. 人民日报，2017-11-14（20）.

②习近平. 决胜全面建成小康社会　夺取新时代中国特色社会主义伟大胜利——在中国共产党第十九次全国代表大会上的报告 [M]. 北京：人民出版社，2017：32.

③新华社. 乡村振兴战略规划（2018—2022 年）[N]. 人民日报，2018-09-27（09）.

④兰红光. 习近平到河北阜平看望慰问困难群众时强调：把群众安危冷暖时刻放在心上 把党和政府温暖送到千家万户 [N]. 人民日报，2012-12-31（01）.

中的凝聚力和影响力才能不断增强。”[①] 2020年中央一号文件也指出：“抓实建强农村基层党组织，以提升组织力为重点，突出政治功能，持续加强农村基层党组织体系建设”，“充分发挥农村基层党组织战斗堡垒作用，全面推进乡村振兴”。[②]

奋斗在新时代乡村振兴的道路上，农村基层党组织的责任艰巨、使命光荣；奔跑在新时代乡村振兴的征程里，农村基层党组织不畏艰险、迎难而上；奋进在新时代社会主义新农村建设的新长征路上，农村基层党组织没有理由回避和退缩。农村基层党组织只有抖擞精神、提振士气、净化作风、提升能力，才能切实推动新时代乡村振兴往深里走、往实里走。也正是鉴于农村基层党组织与乡村振兴之间的辩证逻辑关系，本书拟以西南地区农村基层党组织为研究对象，重点考察新时代乡村振兴战略下西南地区农村基层党组织建设实践创新的相关问题就显得非常有价值。具体而言，开展本书研究的理论价值和实践价值主要表现在以下两点：

理论价值。本书聚焦于西南地区农村基层党组织，以新时代乡村振兴战略实施的阶段为主要研究时段，以西南地区广大乡村社会作为研究范畴，以乡村振兴作为研究的切入点，以马克思主义乡村发展相关理论与基层党组织建设的相关理论考察新时代西南地区农村基层党组织建设及其在乡村振兴过程中进行实践创新的相关问题。一方面可以丰富学术界的基层党建研究，另一方面可以丰富乡村振兴方面的研究，还可以丰富民族问题的相关研究。值得一提的是，就学术界现有研究来看，将基层党组织与当前党和国家的重大战略乡村振兴有机结合起来进行的相关研究不足，本书拟以此为研究向度，不仅可以很好地弥补当前学术界相关研究的不足，而且可为当前党和国家推行乡村振兴战略、建设美丽新农村、打造新时代农村美好新生活提供理论借鉴。

实践价值。从马克思主义唯物论的角度来看，任何一项理论研究，其实都蕴含着一定实践价值。事实上，只有立足于实践、着眼于实践、根植于实践，理论研究才显得有价值、有意义、有方向；也只有立足于实践、着眼于实践、根植于实践，理论研究才能最终又指导于实践、作用于实践，对实践起引领作用。本书以西南地区的农村基层党组织为研究对象，重点考察新时

---

①中央农村工作领导小组办公室，上海市委农村工作办公室．习近平总书记在上海工作期间对推动“三农”发展的思考与实践［N］．人民日报，2018-09-28（01）．

②中共中央，国务院．中共中央国务院关于坚持农业农村优先发展做好“三农”工作的若干意见［N］．人民日报，2019-02-20（1—2）．

代西南地区农村基层党组织建设及其在乡村振兴过程中进行实践创新的相关问题，一方面，通过相关理论分析，透视新时代乡村振兴战略下西南地区农村基层党组织建设的现状、存在的问题；另一方面，通过对现状的解构、问题的分析，力争提出符合新时代乡村振兴战略下西南地区农村基层党组织建设实践创新的对策，以期为当前党和国家加强基层党组织建设、推行乡村振兴战略、建设美丽新农村提供政策借鉴，为党和国家资政资治提供决策参考。

二、相关研究动态述评

从理论上说，任何一项学术研究，其研究起点都是从了解相关学术动态开始的。换言之，分析与解构相关学术动态是进行学术研究的基础工作，这不仅仅是学术研究的学术积淀与学术积累，也是学术研究范式的集中展现与集中表达。

（一）国内学术界相关研究

国内学术界关于乡村振兴战略下农村基层党组织建设的研究较少，已有研究多为对乡村振兴或农村基层党组织建设的专门论述。

1. 关于乡村振兴方面的研究

就学术界关于乡村振兴方面的研究来看，主要集中在以下几方面：

乡村振兴战略理论渊源的研究。理论渊源是基础性研究，这一方面的研究直接决定研究的理论深度与厚度，直接体现研究的理论特色。关于这方面的研究，学术界较为关注。张伟荣（2018）指出，习近平乡村振兴战略的理论渊源主要有马克思和恩格斯的农村发展理论、中国共产党历届领导集体的乡村发展思想。习近平总书记在马克思主义思想指导下，在历届领导集体实践基础上，从自身的农村基层实践和各地从政经历出发，形成了我国乡村振兴战略，丰富和发展了中国特色社会主义理论体系，为新时代我国乡村振兴提供了宝贵的理论指导。① 张海鹏、郜亮亮、闫坤（2018）认为，乡村振兴战略思想是历史上乡村振兴思想在新阶段的延伸，但又具有明显的历史跨越性；乡村振兴战略思想是对马克思主义农村发展和城乡融合发展思想，以及历代共产党人农村发展思想的融会贯通。②

乡村振兴战略意义的研究。从理论上讲，国家任何一种战略的实施和推进，都会对社会产生重要影响。学术界关于这方面的研究如下：施由明

①张伟荣．习近平乡村振兴战略的理论渊源与实践基础［J］．学理论，2018（12）．

②张海鹏，郜亮亮，闫坤．乡村振兴战略思想的理论渊源、主要创新和实现路径［J］．中国农村经济，2018（11）．

(2019) 指出，当代中国“乡村振兴战略”在中国百年乡村建设思想史上有着特别重要的意义——接续了百年来乡村建设思想的脉络，书写了百年来中国乡村建设思想史的新篇章；顺应了历史的发展，创立了合乎中国新时代要求的乡村建设理论；承接了中国人民百年来的期盼，让中华民族看到了中国未来乡村的美丽蓝图。① 郗世伟（2018）认为，乡村振兴战略作为促进我国农村发展的重要发展战略，这一战略的实施对提高农民生活条件、缩小城乡差距，全面建成小康社会的实现具有重要的价值作用。为了更好地落实乡村振兴战略，使其作用得到充分的发挥，文章从乡村振兴战略相关概念阐述入手，对乡村振兴战略实施的重要性进行了深层意义上的分析，并在此基础上全方位、深层次地探析了乡村振兴战略实施的重要意义，最后关于乡村振兴战略实现途径，给出了具有参考性价值的个人建议。② 张红宇（2018）认为，实施乡村振兴战略，顺应了广大农民群众对美好生活的向往，体现了以人民为中心发展观的本质要求，是党的全心全意为人民服务的根本宗旨在新时代的具体表现。党的十九大报告中明确提出实施乡村振兴战略，对我国“三农”发展具有重大的里程碑意义。③ 范建华（2018）认为，党的十九大报告把乡村振兴战略作为党和国家重大战略，这是基于我国社会现阶段发展的实际需要而确定的长远大计，是我国全面实现小康，迈向社会主义现代化强国的需要，是中国特色社会主义建设进入新时代的客观要求。中国过去是一个典型的农业国，中国社会是一个乡土社会，中国文化的本质是乡土文化。振兴乡村，对于坚持“五大发展理念”，建设社会主义现代化强国，实现中华民族伟大复兴中国梦具有十分重大的现实意义和深远的历史意义。④ 秦中春（2017）认为，习近平总书记在党的十九大报告中提出，要实施乡村振兴战略，并把它作为贯彻新发展理念建设现代化经济体系的六大内容之一。这项战略的提出，令人耳目一新、眼前一亮，具有重大意义，内容非常丰富，工作很有挑战性。理解和实施这一战略，要有历史维度、理论高度和实践广度。⑤ 徐俊忠（2017）认为，乡村振兴战略是农村发展思想的升华，标志着中国共产党对于“三农”问题的认识达到新高度，也是新时代国家发展新战略背景下解决“三农”问

①施由明．论当代中国“乡村振兴战略”在中国百年乡村建设思想史上的意义［J］．农业考古，2019（1）．

②郗世伟．乡村振兴战略实施的意义及实现途径［J］．产业与科技论坛，2018（22）．

③张红宇．乡村振兴战略的新时代意义［J］．中国农村科技，2018（8）．

④范建华．如何理解乡村振兴战略的重大意义？［J］．中国生态文明，2018（1）．

⑤秦中春．实施乡村振兴战略的意义与重点［J］．新经济导刊，2017（12）．

题的新方案，更是广大农村老百姓期盼的福音。①

乡村振兴与生态文明建设关系方面的研究。在乡村振兴的过程中，生态文明建设是不可忽视的重要因子。学术界关于生态文明建设与乡村振兴之间的关系的研究较多，具体如下：郝栋（2019）认为，党的十九大报告提出实施乡村振兴战略，这是新时代系统解决我国“三农”问题的战略构想。生态文明建设是我国“五位一体”总体布局的重要组成部分，是习近平新时代中国特色社会主义思想的重要内容。乡村振兴战略蕴含着生态兴国的内在要义，将生态文明建设契合到乡村振兴战略中，能够为乡村振兴提供生态思维方式，助推乡村振兴战略的实施。② 祁巧玲（2018）认为，乡村振兴为什么要与生态文明建设协同推进？从表面看，乡村振兴要解决的，是脏乱差穷的现状，其背后是，在乡村尤为突出的人民日益增长的美好生活需要和不平衡不充分的发展之间的根本矛盾。这种根本矛盾的根源在哪里？是不平衡不协调不可持续的发展模式，是把乡村甩下高速现代化快车的发展速度。如何解决矛盾，是又一次速度与模式的艰难选择。③ 倪静（2018）认为，党的十九大报告所提出的乡村振兴战略不仅对农村的经济、人才建设等提出了更高的要求，而且也对农村的生态文明建设提出了更高的要求。实现生态文明建设目标的重要手段之一是生态农业和环保农村的建设，乡村振兴的重要内容之一是实现乡村绿色的生产方式，二者紧密相关。④

乡村振兴与文化方面的研究。在乡村振兴的过程中，文化是不可忽视的重要因子。从学术界的相关研究看，有：范欣（2019）认为，乡村振兴是解决“三农”问题的总抓手，乡村振兴文化要先行。当前，中国特色社会主义进入了新时代，需要正确认识乡村文化在乡村振兴中的地位和作用，借鉴成功做法，对乡村文化进行深度挖掘，采取有效措施，发挥好乡村文化的应有作用，助力乡村振兴。⑤ 马骁（2019）认为，文化建设不仅能够满足农民的精神文化需求，还有利于促进乡村经济社会的发展。当前，我国农村文化建设面临文化公共服务落后、文化产业发展滞后、主流文化日渐式微等问题。对此，我们应在农村文化发展中推动乡村振兴，实现乡村振兴和农村文化建设

①徐俊忠．十九大提出“乡村振兴战略”的深远意义［J］．经济导刊，2017（12）．
②郝栋．生态文明建设视域下乡村振兴战略研究［J］．行政与法，2019（3）．
③祁巧玲．乡村振兴与生态文明建设协同推进［J］．中国生态文明，2018（5）．
④倪静．生态文明视野下的乡村振兴［J］．经贸实践，2018（18）．
⑤范欣．以乡村文化建设助力乡村振兴研究［J］．财经界，2019（3）．

的双向互动。① 裴玉蓉（2018）认为，乡村振兴战略是党的十九大的重大决策部署，是新时代全面建成小康社会的重大任务。乡村振兴不仅仅是物质经济基础的提升，更是精神文化的提升，以文化助推乡村振兴既可以满足乡村人民群众的日益增长的物质文化需求，也可以满足他们对美好生活的需求。②

乡村振兴推进路径研究。乡村振兴是党的十九大做出的一个重大战略决策，非有愚公移山、精卫填海、夸父逐日之志不能切实有效推进。学术界关于此方面的研究较多，具体情况如下：肖晴晴、王小娟、彭沄（2019）指出，实施乡村振兴战略是解决“三农”问题的重要战略举措，凸显了“三农”工作的重要地位。而如何解决好“三农”问题是实施乡村振兴工作的重中之重。在乡村振兴战略实施的过程中面临着各种“三农”问题，我们必须实施相应的对策以解决这些问题。所以，实施乡村振兴战略必须慎重选择实施路径，踏准“农民主体、人才培养、产业兴旺、生态宜居”四大路径，建立适应新时代要求的城乡融合发展的新格局。③ 陈兆红（2019）采取了对比研究，对美国的乡村振兴行动进行了研究，指出美国在乡村振兴实践中，注重立法先行，以基础设施建设促进城乡互联互通。④ 罗尧（2018）指出，习近平总书记提出“中国要强，农业必须强；中国要美，农村必须美；中国要富，农民必须富”。乡村振兴战略将“产业兴旺、生态宜居、乡风文明、治理有效、生活富裕”作为总体要求，把解决“三农”问题作为重点战略支撑点，通过发展现代化农业，实现农业强，建设美丽乡村，呈现农村美，推进城乡均等化，实现农民富，因时因地制宜，使乡村振兴战略落在实处。⑤ 崔佳、赵明媚、郭伟（2018）认为，通过建设乡村学院，改进农村成人教育，拓展培育新型职业农民的思路，从而为乡村振兴提供人力资源支撑。⑥

2. 关于基层党组织建设方面的研究

党的基层组织是党在社会基层组织中的战斗堡垒，基层党组织建设关系到党的事业的兴衰成败。学术界对于基层党组织建设方面的研究较为关注，具体而言，有以下几方面的内容：

基层党组织执政能力建设方面的研究。基层党组织是党在基层进行执政

---

①马骁．农村文化建设与乡村振兴的双向互动［J］．人民论坛，2019（5）．

②裴玉蓉．以文化助推乡村振兴战略的思考与建议［J］．佳木斯职业学院学报，2018（9）．

③肖晴晴，王小娟，彭沄．实施乡村振兴战略的路径选择［J］．黑河学刊，2019（2）．

④陈兆红．美国乡村振兴的运行机制与实现路径［J］．中国国情国力，2019（3）．

⑤罗尧．实施乡村振兴战略的路径选择［J］．河南农业，2018（35）．

⑥崔佳，赵明媚，郭伟．乡村学院：乡村振兴战略的现实路径［J］．河北大学成人教育学院学报，2018（4）．

和社会治理的重要桥梁。学术界关于此方面的研究较多，具体如下：赵爱琴（2018）认为，农村基层党组织作为建设社会主义新农村的领导核心，其作用发挥得如何，直接关系到党在农村各项政策及其工作的部署和落实。因此，必须加强农村基层党组织的执政能力建设。一要以提高认识为核心，夯实执政能力建设的思想基础。二要以增强责任为关键，巩固执政能力建设的组织基础。三要以形象塑造为依托，凝聚党组织执政的社会基础。四要以自省机制为保障，提高基层党组织执政的原动力。[①] 许启强（2008）认为，基层党组织执政能力建设，是当前全党所面临的一项非常紧迫、非常重要的任务。特别是经过先进性教育活动以后，基层组织执政建设有了明显的提高。但是，也应该清醒地看到，当前基层党组织无论在自身能力、工作手段还是领导体制等方面，与中国共产党在新时期的新任务、新要求相比，还存在着一些问题与差距，迫切需要加强执政能力建设。[②] 周宇（2008）认为，农村基层党组织执政能力的强弱，关系着农村的改革、发展和稳定，关系着党在农村执政地位的巩固。农村基层党组织执政能力面临许多挑战，提出了许多新要求，应采取相应措施加强建设。在全国建设小康社会的伟大实践中，紧紧围绕党的先进性这一永恒课题，切实加强农村基层党组织执政能力建设，努力开创基层党的建设新局面。[③] 朱召师（2009）认为，农村基层党组织是党在农村全部工作和战斗力的基础，其执政能力的强弱直接关系着农村的改革、发展和稳定，关系着党在农村执政地位的巩固。随着农村各项改革的深入，农村基层党组织执政能力建设面临新的挑战。只有从思想、组织、领导能力等方面加强农村基层党组织执政能力建设，农村基层党组织才能发挥团结带领农民群众建设社会主义新农村的战斗堡垒作用，才能团结带领农民群众迈进全面小康社会。[④]

基层党组织的社会功能研究。基层党组织的社会功能很多，如经济建设功能、政治建设功能、文化建设功能、社会建设功能等。韩禹（2013）认为，农村基层党组织是我党在农村全部工作和战斗力的基础，在社会主义新农村建设中，基层党组织应该承担农民群众利益的表达功能；农村社会利益的整合功能；影响与引导社会和谐稳定的功能；组织与推动农村经济发展的功能；

①赵爱琴. 社会转型背景下农村基层党组织执政能力建设探索［J］. 中共云南省委党校学报，2018（1）.

②许启强. 基层党组织执政能力建设研究［J］. 社科纵横，2008（11）.

③周宇. 也论加强农村基层党组织执政能力建设［J］. 中共南昌市委党校学报，2008（2）.

④朱召师. 加强农村基层党组织执政能力建设的思考［J］. 黑龙江教育学院学报，2009（4）.

联系群众、服务群众的功能。充分发挥农村基层党组织的社会功能，既是当前社会主义新农村建设的迫切需要，也是进一步提高农村基层党组织整体水平的重要任务。[①] 杨新红（2018）认为，基层党组织是党在基层的战斗堡垒，是党治理基层社会的领导核心，对社会治理的发展方向起着决定性作用。基层社会治理创新离不开基层党组织的功能发挥。为此，要通过创新组织设置和活动方式开展，加强基层党组织的领导班子和党员队伍建设；创新基层党组织工作机制，不断调试和拓展基层党组织自身功能，使其向着社会结构性变化的方向发生转变并发挥作用，进而影响、推动社会治理。[②] 桑田、李精华（2017）对基层党组织的政治功能进行了讨论，指出近年来理论层面对基层党组织政治功能的研究有些薄弱，实践层面基层党组织政治功能也出现了弱化的问题。中国共产党的基层组织承担政治功能是其重要的历史使命，是中国共产党组织严密性的要求，是党的基层组织分布广泛性的要求，是中国独特的政治体制的要求，是中国共产党执政本质的要求。[③]

基层党组织与新农村建设、乡村振兴之间的关系研究。基层党组织是社会主义新农村建设、乡村振兴的重要元素。学术界关于此方面的研究较多，如祖延辉（2019）认为，农村基层是党在农村建立的组织，也是响应党的号召在农村开展各项工作的基础。在新农村建设背景下，做好农村基层的党建工作是促进农村更好地发展的基础，乡镇政府中各级部门需要根据实际情况展开党建工作，建设优质的基层组织队伍，促进新农村建设的发展。[④] 梁振耀（2017）认为，党的十八大以来，党中央高度重视农村基层党建，大力创新农村基层党建工作，夯实党在农村的执政基础。但农村基层党建仍存在着部分农村基层党组织战斗堡垒作用发挥不足、服务型党组织建设不实、基层党组织带头人综合素质不高等问题。新形势下加强农村基层党建，要坚持正确导向，落实上级精神，确保方向不跑偏，落实党建责任，严抓基层党建工作。因此，现阶段进行新农村建设视野下的农村基层党建研究有着十分重要的意义。[⑤] 邓艳香（2017）认为，基层党组织与新农村建设之间具有相互联系、相互促进的辩证关系，加强基层党组织建设，对于新农村建设具有重要推动作用，从而提出强化农村基层党组织建设的建议，如加强思想政治建设，为新

①韩禹. 论新农村建设中基层党组织的社会功能［J］. 理论观察，2013（7）.
②杨新红. 新时期基层党组织在社会治理中的功能及路径发挥［J］. 攀登，2018（3）.
③桑田，李精华. 论政治功能是基层党组织的必然使命［J］. 大庆师范学院学报，2017（4）.
④祖延辉. 对新农村建设背景下的农村基层党建工作的分析［J］. 农民致富之友，2019（7）.
⑤梁振耀. 新农村建设视野下农村基层党建研究［J］. 低碳世界，2017（13）.

农村建设提供思想保障；加强组织建设，为新农村建设提供组织保障；加强作风建设，增强新农村建设的合力。[①] 刘文胜（2008）认为，农村基层党组织是党在农村全部工作和战斗力的基础，加强农村基层组织建设必须紧紧围绕新农村建设这个主题，充分发挥基层党组织和农村党员在新农村建设中既是组织者又是实践者的作用，积极引领各种社会力量共同推进新农村建设，使农村基层党组织在新农村建设的舞台上大显身手。[②] 靳秀芳（2019）认为，农村基层党组织是实施乡村振兴战略的领导核心和组织力量。面对乡村振兴战略的要求与任务，只有抓实建强农村基层党组织，充分发挥其战斗堡垒作用，才有利于乡村振兴战略的顺利推进。[③] 吴成林（2019）认为，实施乡村振兴战略对农村基层党组织组织力提升提出了新要求：突出政治领导力，提供组织保障；扩大政策宣传力，营造良好氛围；强化政策执行力，提供政策保障；增强组织动员力，提供群众基础；提高改革发展力，提供智力支持。当前，农村基层党组织在政治领导力、政策宣传执行力和组织动员力等方面还存在着许多问题。提升农村基层党组织组织力，要外引与内培并重，强化人才基础；输血与造血并重，增强引领经济发展的本领；约束与激励并重，提高干事创业的动力；领导与服务并重，提升服务群众的能力。[④] 张瑜、倪素香（2018）认为，乡村振兴战略中抓好农村基层党组织的组织力与社会需求精准匹配是提升基层党组织组织力的重要路径。农村基层党组织组织力表现为组织化动员和“关系型”社会动员两种模式：组织化动员强调通过权力组织网络自上而下地组织动员；“关系型”社会动员则强调依托社会关系网动员和凝聚群众力量参与相关政策的实施。由于受到信息沟通不畅、民众意愿、党组织服务意识及能力的影响，农村基层党组织组织力提升存在一些相关问题。有效提升农村基层党组织组织力需要基于民众需求导向提升农村基层党组织服务能力，基于效率导向优化农村基层党组织组织运行机制。[⑤]

西南地区农村基层党组织研究。学术界对于西南地区农村基层党组织的研究主要如下：付大华（2018）对贵州基层党组织与乡村振兴之间的关系进行了研究，他认为，乡村振兴战略是决胜全面建成小康社会、全面建设社会

①邓艳香．农村基层党组织在社会主义新农村建设中的作用［J］．新西部，2017（21）．

②刘文胜．农村基层党组织：推进新农村建设的关键［J］．求实，2008（3）．

③靳秀芳．充分发挥农村基层党组织在乡村振兴中的战斗堡垒作用［J］．农村·农业·农民（B版），2019（2）．

④吴成林．乡村振兴与农村基层党组织组织力的提升［J］．长白学刊，2019（1）．

⑤张瑜，倪素香．乡村振兴中农村基层党组织的组织力提升路径研究［J］．学习与实践，2018（7）．

主义现代化国家和实现社会主义现代化强国的重大战略部署，关系着中国特色社会主义的前途命运。贵州是农业省，农村贫困面大、贫困人口多、贫困程度深是其基本现状，贵州振兴的根本前提就是乡村振兴，而乡村振兴的基本前提是乡村党的基层组织振兴。因此，研究、谋划、实施乡村党的基层组织振兴，是贵州乡村振兴当务之急。① 肖东、文叶飞、万芬（2019）对铜仁基层党组织引领乡村振兴进行了研究，认为铜仁市碧江区通过建好党建领航、资源整合、产业扶持“三项机制”，强化党组织政治引领、服务群众、社会治理“三种功能”，发挥党支部战斗堡垒、党员先锋模范、春晖使者引领带动“三个作用”，抓实基层党建，促进脱贫攻坚，助力乡村振兴。② 杨翠珍（2014）对云南藏区农村与基层党组织之间的关系进行了研究，指出农村基层党组织是党在农村全部工作的基础，是农村基层各种组织和各项工作的领导核心，是党联系农民群众的纽带。加强农村基层党组织建设，对于推进社会主义新农村建设具有十分重要的意义。近年来，迪庆州实施了以“三建三带三创”为主要内容的农村基层党组织建设实践，取得了一定的成效。③ 田东林、杨永建、李业荣、彭云、李皎（2013）对边境民族地区农村与基层党组织之间的关系进行了研究，认为边疆民族地区民族与宗教问题错综复杂，脱贫致富任务艰巨，社会管理有待创新，民族文化遗失严重，禁毒防艾（艾滋病）任务繁重，渗透与反渗透形势复杂。因此，加强边疆民族地区农村基层党组织执政能力建设，事关建设桥头堡战略、民族团结进步、边疆巩固安宁的大局。通过对云南边境 4 个县 8 个乡镇进行问卷调查，应用逻辑斯蒂（logistic）回归方法，对云南边疆民族地区农村基层党组织执政能力进行了实证分析，得出云南边疆民族地区农村基层党组织具有一定执政能力的结论。④ 刘震（2018）对四川农村基层党组织与乡村振兴之间的关系进行了研究，认为四川山区自然地理、社会经济、风俗人文特点各异，必须走出具有山区特色的乡村振兴道路。要围绕乡村振兴目标，深入推进农业供给侧结构性改革实现产业振兴，多层次多渠道培养整合人才队伍实现人才振兴，以社会主义核心价值观为着力点实现文化振兴，坚决保护生态环境发展生态经济实现生态振兴，建好基层党组织为核心协调发展实现组织振兴。⑤

---

①付大华. 乡村振兴战略背景下贵州乡村党组织振兴再认识 [J]. 知行铜仁，2018（Z1）.

②肖东，文叶飞，万芬. 抓实基层党建　促进乡村振兴 [J]. 当代贵州，2019（4）.

③杨翠珍. 云南藏区农村基层党组织建设问题探析 [J]. 经济研究导刊，2014（24）.

④田东林，杨永建，李业荣，彭云，李皎. 云南边疆民族地区农村基层党组织执政能力实证分析 [J]. 云南农业大学学报（社会科学版），2013（2）.

⑤刘震. 四川山区乡村振兴路径研究 [J]. 四川农业科技刊，2018（7）.

（二）国外学术界相关研究

国外学术界关于乡村建设方面的研究主要集中于发达资本主义国家的乡村建设。以美国、日本、韩国、英国、法国等为代表的发达资本主义国家的乡村建设是国外学术界重点关注的对象。而对于中国的新农村建设与乡村振兴，国外学术界的研究就较为欠缺。当然，其中不排除政治、经济、文化等方面的原因。然而，由于中国新农村建设、乡村振兴战略对中国社会特别是农村社会影响非常深远，因此，国外学术界对此还是保持了一定关注度。

加拿大《环球邮报》对2018年中央一号文件进行了研究，指出中国近年来已经采取措施推进农业部门现代化，力争提高效率并更好地为日益富裕的城镇人口供应丰富多样的农产品。力争到2020年乡村振兴取得重要进展，到2035年实现农业农村现代化，到2050年实现“农业强、农村美、农民富”。不难看出，全面谋划乡村振兴战略是2018年中央一号文件的核心要义。新加坡《联合早报》相关研究指出，实施乡村振兴战略是中国共产党“三农”工作一系列方针政策的继承和发展，乡村振兴可以为中国的下一阶段发展提供新的经济增长点。

英国《观察家报》将镜头瞄向中国西南山区的一座小村落，记录下这里的农民从摇摇欲坠的窝棚搬入崭新的二层小楼的脱贫故事。报道称，中国政府决心根除世界第一人口大国的贫困现象，并且出台了许多有力举措。报道聚焦的这座村落，正是受益于易地安置政策。2017年11月，这里的村民陆续离开取水极为困难的山顶，入住新建村庄，在家就能用上自来水，“政府在帮助老百姓过上好日子”。德国《星期日法兰克福汇报》研究指出，目前在中国不少农村，政府都为当地农民建设了电子商务站点，把村民纳入中国数据云平台，教他们把收获的农作物放到网络平台上销售。“互联网正在快速上山，中国领导人已经制定了把远离沿海的崎岖内陆地区改造成高技术基地的目标。”研究指出，自改革开放后，中国有8亿多人口脱贫。有了互联网这个神奇的武器，到中国共产党庆祝建党100周年时，中国将交出一张更为出色的脱贫成绩单。美国《纽约时报》指出中国经济奇迹的好处也正越来越多地渗透到中心城镇和农村地区。中国数字化革命和农业技术进步的浪潮推动，中国政府对于基础设施建设的大力投资，让中国许多偏远乡村正在赶上富裕大城市，并以前所未有的方式与国内其他地方建立更广泛的经济联系，这对中国经济乃至全世界有潜在的长远利益。①

①严瑜. 中国乡村振兴战略惠全球（国际论道）[N]. 人民日报（海外版），2018-02-12（10）.

相较而言，国外学术界对于中国农村基层党组织建设方面的研究要稍微活跃一些，如美国学者威廉·韩丁（Hinton）（1966）就对张庄村支部建设和发展新党员的历史进行了专门考察。[①] 此外，David Crook、Isabel Crook 的 *The First Years of Yangyi Commune*[②]，贺萧（Gail B. Hershatter）的《记忆的性别：农村妇女与中国集体化历史》（2017）[③]，傅高义（Ezra Feivel Vogel）（2011）[④] 的《共产主义下的广州：一个省会的规划与政治（1949—1968）》，弗里曼（Edward Friedman）、毕克伟（Paul G. Pickowicz）、赛尔登（Mark Selden）的《中国乡村，社会主义国家》[⑤] 等对中国共产党的基层组织建设也有所论述。不过，总体而言，国外学者与国内学者在研究旨趣上的差异以及其他方面的原因造成了国外学术界对于乡村振兴、农村基层党组织建设实践创新等问题的关注不够。

（三）研究述评

从国内外相关研究现状来看，国内研究在研究范畴上更贴近基层、贴近社会，对乡村社会和农村基层党组织的关注更为浓厚，在研究内容上也更为广泛，与实践的结合更为紧密。尽管有些研究是从宏观的角度来进行阐述，但这并不妨碍这种研究在内容上其实是与实际紧密结合的。而国外研究在研究方法上不落窠臼，方法创新力度较大。特别是关于“基层党组织”的研究，从某种视角而言国外研究其实是领先时代潮流的，其中的一些研究方法如历史人类学、新史学、田野调查法、访谈法等的采用大大活跃了研究的生动性与可读性。重要的是，国外相关方面的研究往往极具悲悯情怀，具有浓烈的关爱意识，往往会在学术研究的字里行间呈现出研究者的情感、态度与立场，展现研究者关怀人类、关爱生命、关爱弱者的人文情感。而这恰恰是国内学术研究非常欠缺的。因此，不得不承认，国外相关这方面的许多研究其实是该研究领域的典范，具有不可替代性，如威廉·韩丁的《翻身：一个中国村庄的革命纪实》如今已经成为该领域研究的经典文本，影响非常深远。当然，有一点不应该忽视，那就是国外学术界的相关研究在研究内容上稍显欠缺，

---

①〔美〕威廉·韩丁. 翻身：一个中国村庄的革命纪实［M］. 北京：北京出版社，1980.

②David Crook，Isabel Crook. *The First Years of Yangyi Commune*［M］. London：Routledge & Kegan Paul Limited for the International Library of Sociology and Social Reconstruction，1966.

③贺萧. 记忆的性别：农村妇女与中国集体化历史［M］. 北京：人民出版社，2017.

④傅高义. 共产主义下的广州：一个省会的规划与政治（1949—1968）［M］. 广州：广东人民出版社，2011.

⑤〔美〕弗里曼，毕克伟，赛尔登. 中国乡村，社会主义国家［M］. 北京：社会科学文献出版社，2002.

这固然与国外学术界对基础资料和第一手史料的掌握有关，但更重要的应该归咎于国外学术界视角方面的差异。正是这种差异导致国内外学术界在研究上的差异化。

无论如何，但也不得不承认，国内外学术界的相关研究是本书研究的逻辑起点，为本书的研究提供了一定的启示与丰富借鉴。不过，从国内外学术史的梳理来看，学术界的相关研究仍然相对不足。

一是将乡村振兴与农村基层党组织联系起来综合考察的研究较少。由于乡村振兴战略是党的十九大才提出的国家层面的新的重大战略规划，因此，相关研究多是单一地考察乡村振兴，与农村基层党组织联系起来的研究相对较少。

二是对西南地区农村基层党组织关注不够。现有研究多注重宏观层面、着重于东中部地区，对于西南地区农村基层党组织建设过程中存在的问题、发展路径等关注不够；而西南地区农村基层党组织是西南地区乡村振兴的重要驱动和内在动力，学术界理应对其保持一定关注，以为新时代西南地区乡村振兴提供理论支撑和实践指导。

三是对基层党组织建设“实践创新”研究不够，已有研究多注重理论探讨，对于新时代西南地区农村基层党组织在乡村振兴的大境遇下进行实践创新如理念创新、政策创新、制度创新、模式创新、方法创新、路径创新等的研究不够。

正是从国内外学术界的相关研究的基础上，本书选择聚焦于西南地区农村基层党组织，以新时代乡村振兴战略实施的阶段为主要研究时段，以西南地区作为课题研究的范畴，以乡村振兴作为研究的切入点，以马克思主义乡村发展相关理论与基层党组织建设的相关理论考察新时代西南地区农村基层党组织建设及其在乡村振兴过程中进行实践创新的相关问题就显得非常有价值。

三、研究思路与基本框架

（一）研究思路

研究思路是一项研究的基础性工作，对开展一项研究有着重要作用。研究思路解决的是一项研究应该以一种什么样的模式、方法或者说路径来进行推进。也就是说，研究思路解决的是“怎么进行研究”的问题，包含着如何设计调研提纲、如何设计调研框架、如何合理设计调研对象等。在进行调研的过程中，调研提纲的设计其实能够充分体现研究思路或者说研究的价值取向，能够充分展现研究者的研究路径与研究模式，能够充分展示课题研究的目的与价值依归。调研提纲设计好之后，其实调研框架基本上就具有雏形了，包括调研时间、调研场所、调研地点、调研对象、调研事物，都会被选择或者说设计好。在调研框架的设计中，调研对象的选取异常重要，可以这样说，调研是否取得预期效果，从某种程度上来说是由所选取的调研对象来决定的。因此，在选取调研对象时，有必要根据研究内容、研究框架、研究对象、研究的价值取向来选取合理的调研对象。尽管调研对象在实际操作中会因为某些原因与预期设计出现偏差，但这并不重要，只要调研对象能够呈现出调研的实际内容，即使这种内容有反差，那么调研对象的内容也具有一定的研究价值。在调研设计中，基本的研究方法会有所展示。尽管在研究的过程中，研究方法会因研而变，但这并不妨碍调研设计中的研究方法的展示。总之，通过研究思路的基本呈现，研究的基本理路和基本逻辑框架会整体、宏观地表现出来，让研究显得完整和具有意义。

就本研究而言，本书拟按照研究目标的设计和要求，沿着“基础调研→资料收集→框架设计→理论分析→实证分析→对策探讨”的思路逐步展开研究，重点解决“为什么要进行实践创新”“实践创新存在什么困难和问题”“如何进行实践创新”的问题（见图0—1）。

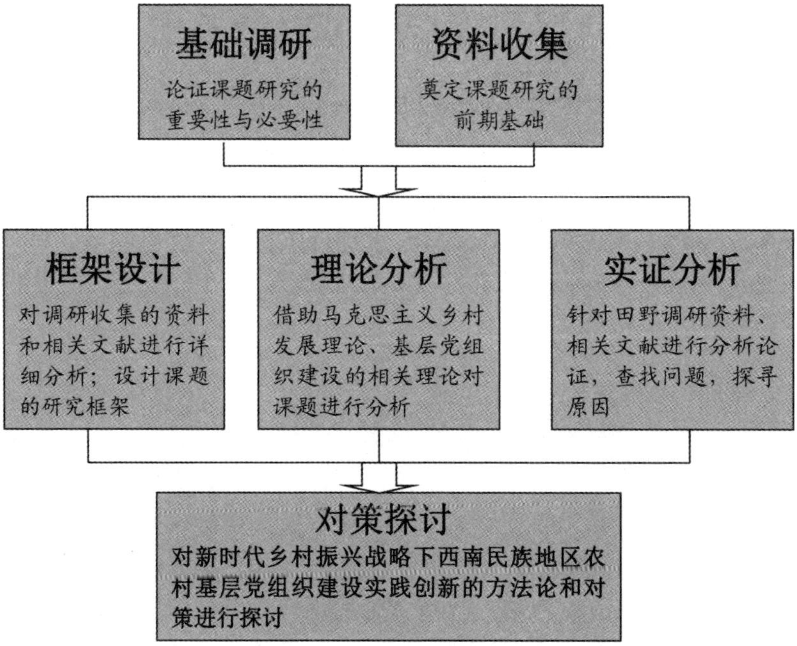

图0—1　课题研究思路展示图

（二）基本框架

农村基层党组织建设从来不是孤立的，而是为党在农村的中心工作服务的。乡村振兴是当前党在农村的中心工作，需要农村基层党组织敢于担当、凝聚共识、增强引领、砥砺奋进、带头作为，自觉把农村基层党组织建设融入乡村振兴的各方面和全过程，探索农村基层党组织建设与乡村振兴无缝对接的新模式，构建以农村基层党组织为引领、统筹推进乡村振兴的新机制，使农村基层党组织更好地服务和促进乡村振兴。

本书以乡村振兴战略下西南地区农村基层党组织建设实践创新为研究对象，以西南地区广大乡村社会为研究范畴，以新时代乡村振兴战略实施的阶段为主要研究时段，重点探讨乡村振兴战略下西南地区农村基层党组织建设实践创新的现状、特点、基本经验、存在问题以及实践创新的方法论与对策等。除结论外，主要内容包括九个部分：

1. 绪论。主要介绍本书的研究背景、研究思路、研究方法、研究计划、创新之处、研究特色、重点难点等。西南地区是一个多民族聚居区，有些少数民族乡村自然条件恶劣，经济不发达，乡村振兴的任务十分艰巨，农村基层党组织任务重、责任大、使命艰巨。因此，加强乡村振兴大背景下西南地区农村基层党组织建设实践创新研究非常必要。

2. 学理前沿。理论基础及其相关问题概述。本章是本书的理论基础部分，是对本书理论基础的分析与呈现，对本书所需要运用或者说所涉及的研究理论进行简要的阐述与说明。本书将遵循唯物主义的研究范式，以马克思主义乡村发展相关理论与基层党组织建设的相关理论作为理论支撑。其次，为了让本书的研究有一个清晰的概念范畴，本书还将对“西南地区”“实践创新”两个概念进行阐释。

3. 逻辑辨析。乡村振兴与西南地区农村基层党组织建设实践创新的辩证逻辑关系。就新时代西南地区农村基层党组织推进乡村振兴的丰富实践来看，二者之间有着辩证的逻辑关系：一方面，推动乡村振兴是新时代西南地区农村基层党组织的政治使命和时代责任；另一方面，农村基层党组织是新时代西南地区乡村振兴的带头人，探究农村基层党组织建设实践创新路径，强化农村基层党组织建设，可以为新时代乡村振兴战略的贯彻落实提供坚强组织保证。本章在探究乡村振兴与西南地区农村基层党组织建设实践创新的辩证逻辑关系的同时，对新时代西南地区农村基层党组织建设所处的时代背景进行了考察，研究新时代西南地区农村基层党组织建设实践创新面临的新任务、新情况、新挑战；同时，本章还将对乡村振兴战略下加强西南地区农村基层党组织建设实践创新的意义进行分析，透视加强西南地区农村基层党组织建设实践创新之于乡村振兴的重要作用。

4. 历史考察。中国共产党农村基层党组织建设的历程。新民主主义革命时期是中国共产党农村基层党组织建设的重要阶段。在这一阶段，中国共产党不仅有效地在广大农村建立了党的基层组织，还在农村基层党组织建设方面取得显著成效，成功推动农村基层党组织为党的中心工作和重要任务服务。新中国的成立给中国共产党的社会地位带来了根本性的变化，从“领导人民为夺取全国政权而奋斗的党，成为领导人民掌握全国政权并长期执政的党”。针对此，中国共产党有计划地加强农村基层党组织的政治、思想、作风、纪律和组织建设。从党的十一届三中全会到邓小平南方谈话这一时期农村基层党组织建设的最大特点是“拨乱反正”、推动社会转型。从 1993 年到 2002 年这一时期农村基层党组织建设最突出的特点是“纠偏”，在社会主义市场经济大潮中不断提升农村基层党组织应对复杂局面，处理新问题、新事物的能力。从 2003 年到 2012 年这一时期农村基层党组织建设主要是为构建社会主义和谐社会这一党的中心工作和重要任务服务。党的十八大以来农村基层党组织建设最突出的特色是“全面从严治党”向基层延伸，为实现中华民族伟大复兴夯实执政基础。

5. 实践探索。当前西南地区农村基层党组织建设实践创新的现状分析。党的十九大以来，全国上下极力响应党的十九大提出的乡村振兴战略，大力推动乡村振兴。西南地区广大农村基层党组织在加强自身建设的过程中更是坚定不移贯彻落实习近平新时代中国特色社会主义思想，以习近平总书记关于乡村振兴的重要论述为行动指南，并结合西南地区广大农村的实际情况，结合西南地区广大农民群众的实际需要，结合西南地区乡村振兴和“三农”工作的发展需求，大力推动农村基层党组织建设实践创新，以为乡村振兴提供坚强的组织保障。一是突出政治引领，推动农村基层党组织当好乡村振兴的“领路人”。二是突出主业主责，推动农村基层党组织抓住乡村振兴的“牛鼻子”。三是突出能力提升，推动农村基层党组织成为乡村振兴的“助推器”。四是突出作风建设，推动农村基层党组织当好乡村振兴的“办事员”。五是突出制度建设，推动农村基层党组织做好乡村振兴的“监督者”。从乡村振兴战略下西南地区农村基层党组织建设实践探索来看，涌现了一些新的模式和范式，比如云南省昭通市的“龙头企业＋合作社＋村级集体经济＋卡户”发展模式、贵州省安顺市的“塘约道路”、四川省绵竹市的“党支部＋合作社＋贫困户”模式等。

6. 特征经验。当前农村基层党组织建设实践创新的基本特征与基本经验。近年来，由于时代发展和自身建设的迫切需要，西南地区广大农村基层党组织在加强自身建设推动乡村振兴的过程中，展现出鲜明的时代特色和地域特征：一是时代性，二是地方性，三是实践性，四是创新性；形成了可资借鉴的丰富经验：一是坚持围绕乡村振兴这一中心工作来加强农村基层党组织建设，二是坚持理论与实践相结合的原则，三是坚持以人民为中心的发展理念，四是坚持问题导向原则。

7. 困境剖析。乡村振兴战略下西南地区农村基层党组织建设实践创新存在的突出问题及其原因分析。应该承认，在推动乡村振兴的过程中，西南地区农村基层党组织建设还不能完全契合新时代西南地区乡村振兴的迫切需要，农村基层党组织建设实践创新方面还存在一些问题：一是职责定位模糊，实践创新思路不活；二是政策领悟不够，实践创新平台欠缺；三是队伍建设不力，实践创新核心不实，农村基层党组织班子建设出现问题，动摇了实践创新基础；四是服务意识不强，实践创新路径狭窄；五是汇聚合力不够，实践创新动能不强，农村基层党组织缺乏凝聚力和组织力，不能有效聚合社会各方力量为乡村振兴服务；六是管理约束不严，实践创新制度滞后。这些问题的存在严重制约了乡村振兴的快速发展，制约了新时代“三农”工作的推进和进一步提升。究其原因：一是西南地区乡村地理环境的制约；二是集体经济薄弱，导致农村基层党组织建设实践创新缺乏有效的经济支撑，而经济支撑是农村基层党组织建设实践创新的重要基础；三是文化水平的欠缺严重制约了农村基层党组织建设实践创新；四是带头人缺乏创新精神。

8. 方法支撑。乡村振兴战略下西南地区农村基层党组织建设实践创新的方法论。要精准剖析乡村振兴战略下西南地区农村基层党组织建设实践创新的路径与对策，不仅要深入考察乡村振兴战略下西南地区农村基层党组织建设实践创新的现状、基本特征、基本经验和存在的问题及引发这些问题的原因，还有必要深入考察乡村振兴战略下西南地区农村基层党组织建设实践创新的方法论，探讨乡村振兴战略与西南地区农村基层党组织建设实践创新的互动规律。如此，方可为乡村振兴战略下西南地区农村基层党组织建设实践创新的对策提供方法论支撑。就乡村振兴战略下西南地区农村基层党组织建设实践创新的现状与演进方向来看，其间蕴含着一定的方法论思想，如守正与创新相结合、共性与个性相结合、重点与全面相结合、战略与策略相结合等。

9. 对策探讨。乡村振兴战略下西南地区农村基层党组织建设实践创新的路径。本章拟从八方面展开，探讨乡村振兴战略下西南地区农村基层党组织建设实践创新的路径。乡村振兴推进的过程中，西南地区农村基层党组织建设实践创新要取得突破应做到：一是要统一思想认识，厘清农村基层党组织在乡村振兴中的职责定位。在思想认识上下功夫，统一思想认识，进一步厘清农村基层党组织在实施乡村振兴战略中的职责定位，为推进乡村振兴提供理论支撑。二是要搭建政策平台，创新农村基层党组织引领乡村振兴的政策方针。政策平台是乡村振兴战略下农村基层党组织建设实践创新的重要元素，要加大政策融合力度，强化政策的执行力。三是要抓好班子建设，建强农村基层党组织作为乡村振兴的领导核心。农村基层党组织班子、队伍建设事关农村基层党组织的战斗力、凝聚力和创新力，事关农村基层党组织的执政能力，事关乡村振兴战略在西南地区的推进。当前，西南地区农村基层党组织在加强自身建设引领乡村振兴的过程中，必须加强实践创新，而要推动实践创新，就必须切实抓好班子建设，切实建强乡村振兴的领导核心。四是要强化服务宗旨，探索农村基层党组织推动乡村振兴的有效路径。当前，西南地区农村基层党组织在加强自身建设引领乡村振兴的过程中，必须极力强化为民服务宗旨，探索西南地区农村基层党组织推动乡村振兴的有效路径。五是要整合各方资源，形成农村基层党组织推进乡村振兴的工作合力。乡村振兴是一个复杂的系统工程，其中既需要农村基层党组织的引领带动，也需要社会其他各方力量的有机耦合，如此，全社会汇聚成乡村振兴的磅礴合力，方能推动乡村振兴迈向纵深。六是要严格考核奖惩，创新农村基层党组织助推乡村振兴的工作制度。制度是事物运行的保障。当前，西南地区农村基层党组织在加强自身建设引领乡村振兴的过程中，必须狠抓制度设计，抓住制度的设计者这一关键少数，推动制度在设计时接地气，制度创新的内容要以具有可操作性为原则；严格制度运行，极力培育制度意识，严格督查督改，大力提升制度执行力，推动制度落地落实落细。

（三）重点难点

1. 重点

本书的重点是第六、七、八部分。第六、七、八部分主要探讨新时期乡村振兴过程中西南地区农村基层党组织建设实践创新存在的问题、实践创新的方法论和对策等。重点解决为何“实践创新”“实践创新”什么、如何“实践创新”的问题，明确从思想建设、政策平台、班子建设、服务宗旨、工作合力、制度建设等方面加强农村基层党组织建设，以便更好地为新时代西南地区的乡村振兴提供动力和理论借鉴。

2. 难点

课题调研和资料收集是本书的难点。课题研究范畴包括整个西南地区，调研范围显然不能囿于一隅，而应该深入西南地区广大乡村，其中有的民族村寨交通不便、信息不畅，这就增添了调研和资料收集的难度；此外，还要对中东部的一些具有模范、代表性的农村基层党组织进行调研，工作量较大，工作任务较为复杂。

四、研究方法、创新之处、研究特色与资料说明

（一）研究方法

研究方法是进行一项研究的必备要素。合理的研究方法的采用可以增添一项研究的灵活性，使这项研究变得生动活泼、富有灵气、饶有兴味。可以这样说，任何一项研究，都必须采用一定的研究方法，如此方能推动这项研究走向深入、迈向纵深。忽视对研究方法的采用或者说使用不当，极有可能会使研究蒙上一层朦胧的布纱，导致研究失范或者说与预期希望出现偏差。

在对研究方法的采用中，必须根据研究的需要不断地调整研究方法，尽可能地将研究内容与研究目标结合起来、将研究手段与研究意旨结合起来；而在应用型研究中更是要将研究内容与社会实际、与群众需求、与基层需要充分结合起来，针对不同的研究内容采取不同的研究方法，针对不同研究对象采用不同研究方法，以研究方法推动研究的发展与深入。要将研究方法贯穿于研究过程的始终，贯穿于研究的全过程。事实上，研究方法其实不仅是一种研究手段，更是研究的一个重要组成部分。

1. 文献分析法。文献分析法是本研究的基础研究方法。本研究属于应用研究，但在提炼对策、分析问题的过程中，对相关文本、资料、文献的分析是研究的基础性工作。只有精准地分析文献，才能达到研究的基本目的。就本研究而言，文献分析主要是通过对农村基层党组织引领乡村振兴相关的政策文件、年度报告、年终总结、简报、资料等的解读与剖析，从中了解和掌握本书所需要的相关信息，力求为本书提供基本的数据与资料支撑。

2. 跨学科研究法。从某种意义上而言，任何一项研究，其实都不可能只停留于对每一种研究方法的采用。事实上，一项研究要取得成功必须采用多种研究方法，只有采取多种研究方法，研究才会显得灵动多彩。就本书而言，拟借助于政治学、政党学、社会学等学科相关理论进行综合分析论证。政党学研究方法重在阐述农村基层党组织的性质定位、社会功能与实践路径；政治学研究方法重在将农村基层党组织建设与当前乡村振兴战略有机联系起来；

社会学研究方法有助于田野调研的深入开展以及对相关问题的学术分析。

3. 田野调查法。田野调查法是本书的必要研究方法。本书的研究内容是“乡村振兴战略下西南地区农村基层党组织建设实践创新研究”，在调研的过程中，田野调查的研究方法是运用得最为广泛的研究方法。就本书来看，田野调查法非常适宜本书的研究理路。本书拟深入基层挖掘材料、挖掘案例，以西南地区农村基层党组织、基层党员干部、乡村贫困群众为重点调研对象，采取问卷调查、座谈会、个人访谈等方法，详细了解农村基层党组织实施乡村振兴时所遇到的困难、问题及原因等，力求从中获取课题所需要的第一手资料。

4. 数据统计法。本书属于应用型研究，其间牵涉到大量的数据。这些数据对于本书研究来说具有重要的价值。但是，如果不将这些数据进行统计和对比研究，这些数据的价值就不能显示出来，因此，运用数据统计法将相关数据进行统计，在统计之后再对相关数据进行分析、比较，如此，才能为课题研究服务。鉴于此，本书拟对相关问卷和相关资料进行数据统计，再运用相关数据分析模型解构数据，分析数据之间的辩证联系。

（二）创新之处

1. 在研究视角上有创新。已有研究将乡村振兴与西南地区农村基层党组织联系起来综合考察不够，本书立足于问题导向，拟采用乡村振兴与西南地区农村基层党组织建设实践创新的研究视角，借鉴乡村振兴相关理论、马克思乡村发展理论、马克思政党建设理论、政党功能理论等的研究视角，综合考察新时代西南地区农村基层党组织在乡村振兴大境遇下进行实践创新的相关内容。马克思指出，问题是“表现自己精神状态的最实际的呼声”①。毛泽东也说：“问题就是事物的矛盾，哪里没有解决的矛盾，哪里就有问题。”② 问题往往是事物发展的诱因或者说是事物发生的逻辑，是引起事物发展、变化、演进最原初的因子，问题的存在不仅可以推动事物的发展，而且可以引发事物的变化、促进事物的改良。习近平曾经针对新时代的改革开放所遇到的一系列情况指出：“要有强烈的问题意识，以重大问题为导向，抓住关键问题进一步研究思考，着力推动解决我国发展面临的一系列突出矛盾和问题。”③ 本书的问题导向非常鲜明。具体而言，本书问题导向是“乡村振兴战略下西南

①马克思．集权问题［M］//马克思恩格斯全集：第40卷．北京：人民出版社，1982：289-290.

②毛泽东．反对党八股［M］//毛泽东选集：第3卷．北京：人民出版社，1991：839.

③习近平．习近平谈治国理政［M］．北京：外文出版社，2014：74.

地区农村基层党组织建设实践创新包括什么内容”“为什么要加大乡村振兴战略下西南地区农村基层党组织建设实践创新”“如何推动乡村振兴战略下西南地区农村基层党组织建设实践创新”，这三个问题是本书的生成逻辑。本书将以这三个问题为切入口，结合乡村振兴战略下西南地区农村基层党组织建设实践创新工作中的一些具体情况、存在的一些问题来分析新时代乡村振兴战略下西南地区农村基层党组织建设实践创新的相关问题。

2. 在学术观点上有创新。马克思说，理论一经掌握群众，也会变成物质力量。理论只有与实践结合，才能反作用于实践；也只有与实践结合，才能指导实践。本书从本质上说属于理论研究，但鉴于课题的研究旨趣和研究取向，本书显然不能仅仅立足于纯粹的理论说教，否则，本书就将失去现实意义。鉴于此，本书在进行理论分析的时候，拟从新时代西南地区乡村振兴的实际需要出发，从新时代西南地区农村基层党组织建设的实际情况出发，加大对基层的调研力度，以田野调查、问卷访谈、数据统计等方式，推动理论研究与乡村振兴战略下西南地区农村基层党组织建设实践创新的深刻融合，得出合理、科学的结论，力争为新时代推动西南地区农村基层党组织引领乡村振兴迈上新台阶提供决策参考。从得出的结论来看，本书分析和探讨的新时期乡村振兴过程中西南地区农村基层党组织建设实践创新的方法论和对策等观点具有创新性。实践创新的方法论包括守正与创新相结合、共性与个性相结合、重点与全面相结合、战略与策略相结合。实践创新的对策也是结合西南地区实际进行分析提炼得出，对于推动西南地区农村基层党组织与乡村振兴的深度融合有重要作用。

3. 在研究方法上有创新。由于本书的研究对象是乡村振兴战略下西南地区农村基层党组织建设实践创新，因此，本书不能局限于西南某一个地区的农村基层党组织建设实践创新工作，不能局限于某一个农村基层党组织建设实践创新典型案例的分析，而是要在全面调研的基础上开展研究。本书拟采取整体研究视野，拟在课题大纲、课题主要内容、课题研究对象的驱动下对西南广大农村地区进行基础调研，对广大西南地区的农民群众进行调研。然后，在调研的基础上进行仔细分析，力争得出符合新时代西南地区农村基层党组织建设实践创新实际、符合新时代西南地区农民群众实际需要、符合新时代西南地区乡村振兴需要的研究结论。就研究现状来看，已有研究对田野调查法采用不够，对民间相关资料、文献搜集有一定局限性，本书拟借助田野调查的研究方法，深入基层进行田野调研访谈，收集相关口述资料，这些资料具有创新性。

（三）研究特色

课题研究的突出特色表现在时代性、地域性、广泛性、创新性和实践性等方面。

1. 时代性

马克思曾说过，“任何真正的哲学都是自己时代的精神上的精华”[①]，“自己的时代、自己的人民的产物，人民最精致、最珍贵和看不见的精髓都集中在哲学思想里”[②]。本书的研究从时段上来说立足于中国特色社会进入新时代的关键时期，正好契合新时代西南地区社会主义新农村建设、乡村振兴如火如荼地推进，正值全面建成小康社会的关键阶段，适逢国家乡村振兴重大战略规划的提出。课题拟按照新时代党的重大战略规划以及国家经济社会发展的新要求，力争突出时代特色、彰显时代面貌、反映时代要求。

2. 地域性

从某种层面上来说，课题研究突出地域性是研究富有特色的一个重要元素。西南地区农村基层党组织在加强自身建设的过程中，紧密结合地方实际，从地方社会的民族特色、文化特色、风俗习惯等出发，充分考虑该地区的民族惯习、民族风情等，将农村基层党组织建设充分融入其中。本书立足于西南地区，在对西南地区农村社会详细调研的基础上，主要聚焦西南地区广大乡村社会，详细分析乡村振兴战略规划下西南地区农村基层党组织引领乡村振兴的特色、政策、路径、模式，研究的着力点在西南地区等。

3. 广泛性

从某种意义上讲，任何一项区域性的理论研究都不可能是局限于该区域的或局限于某一地方的，而是以该区域为主要研究范畴，辐射到其他相关地区，如此，才能有利于研究的扩展与深入。尽管本书以乡村振兴战略下西南地区农村基层党组织建设作为主要研究范畴，但从研究的扩散性与研究的辐射角度来看，本研究对象除了西南地区的基层党组织外，还涉及东部地区的基层党组织，以及对韩国、英国等农村建设经验的借鉴等（具体内容见课题第八章对策探讨部分第五节第三子目：全力汇聚各方力量，推动乡村振兴），范围十分广泛。而且，即使仅从理论研究的角度而言，研究范围也十分广泛，既有关注国内相关研究成果，也适当关注国外相关方面的理论研究动态。

---

①马克思.《科隆日报》第179号的社论［M］//马克思恩格斯全集：第1卷.北京：人民出版社，1956：121.

②马克思.《科隆日报》第179号的社论［M］//马克思恩格斯全集：第1卷.北京：人民出版社，1956：120.

4. 创新性

应该承认，本书研究既是对已有研究的继承，也是对现有研究的发展。本书以现有研究作为本书研究的基础，但并不停留在学术界现有研究的基础上，而是力图突破已有研究范式和思考模式，从研究内容、研究结构、研究方法上进行了大胆尝试和创新。比如，第二章对乡村振兴与西南地区农村基层党组织建设实践创新的辩证逻辑关系，第七章对乡村振兴战略下西南地区农村基层党组织建设实践创新的方法论的探讨都具有一定新意。

5. 实践性

理论研究的最终目的在于指导实践。而且，从某种意义上说，理论研究必须立足于实践，以实践作为研究的基础，以实践作为研究的依归，否则，理论研究将会失去价值和意义。课题秉承这一研究主旨，力求将理论研究与实践紧密结合起来，通过加强对基层的实践调研，力求本研究成果对西南地区基层党组织建设实践产生一定的指导意义。

（四）资料说明

调研是本书最基本的研究手段，是本书得以扩展和深入研究的基本范式。本书从立项伊始，就立足于基础调研。课题组进行分工，将课题设计与调研设计同等对待，分设专人进行基础调研，加强对课题研究对象的基本了解。在对课题基本内容有所解析的情况下进行课题框架设计、拟定课题调研范围与调研时间，分赴各地获取课题所需要的资料。资料是课题研究的基础，是课题研究得以深入并不断深化的基本条件。为了获取丰富、多样化的一手资料，课题组分赴西南地区进行调研，召开座谈会，分发问卷，收集相关资料。

本书的资料主要分为两大块：一是理论资料。这部分资料主要包括马克思主义经典著作中有关基层党建的相关论述，习近平总书记有关基层党建的重要论述，与西南地区乡村振兴、基层党组织建设相关的学术论文、学术著作、学术资料等。二是实践资料。这部分资料范围非常广泛，内容非常丰富，类型非常多样，既包括党中央及西南地区各省（市）、市（州）、县（区）相关领导的讲话、政策文件、调研报告，部分典型案例、典型人物、典型事迹，也包括工作报告、年度总结、会议纪要、简报、照片、通讯、相关报道、相关文件、数据统计，等等。第一部分资料可以通过档案馆、图书馆、中国知网、学术期刊、报纸、相关数据库、权威媒体、官方网站等进行收集。第二部分资料需要深入西南地区各地进行实地调研，包括以田野调研、人物访谈、问卷调查、数据统计、会议座谈等方法进行收集。

必须说明的是，为了更好地收集资料，充实课题的研究基础，加深课题的论证可信度，课题组从西南地区选取了一些在乡村振兴、基层党组织建设方面做得好的地方作为样本进行调研，比如四川达州、大竹，云南大理、丽江，贵州安顺塘约村、铜仁、遵义、毕节、望谟、赤水、仁怀、台江、丹寨、罗甸等市县进行调研，还选取花茂村、龙江村、茅垭镇新乐村、乌的村、革东镇、望谟的坡头村、猫寨村、大湾村等进行调研。遵照人类学的调研规则，本书一般不直接采用真名，而是采用谐音或化名，比如张三用“ZS”替代。这些资料的收集，对于本书的研究有着重要作用，是本书研究得以深入展开的必要而又重要的支撑。在田野调研过程中，资料的收集是一大难题。比如在对贵州省黔西南布依族苗族自治州望谟县乐旺镇的坡头村进行调研时，坡头村距离县城 60 千米，其所辖的 12 个寨子分布在方圆 20 千米的山地上，狭窄盘旋的爬山公路、1500 米左右的海拔，弯多坡陡，十分危险，调研非常困难。田野调研有苦有乐，但更多的是苦中取乐，乐中有得。重要的是，田野调研显然不仅仅是田野观察，更是从中窥探民情、风俗、人情与政事，从中窥探党和国家的政策与乡村之间复杂、微妙而紧密的关系。正是这种在田野调研过程中的不断收集资料、发现资料与印证资料以及不断地深入细致思考，极大程度地增添了课题研究的学术性与现实性，增添了课题研究的灵动性与乐趣性，让课题研究的多维向度、内在理路得到集中体现，从而更加充分地彰显了课题研究的现实意义与当代价值。

有必要特别强调的是，本专著是国家社科基金西部项目《乡村振兴战略下西南地区农村基层党组织建设实践创新研究》（课题编号：18XDJ002）的最终成果。课题侥幸立项于 2018 年。课题组通过将近两年（2018 年 6 月—2020 年 4 月）时间的努力，于 2020 年 9 月顺利结项（结项编号：20203937）。

由于各种原因，本专著的付梓时间已经来到 2022 年年底。从本专著论述的内容来看，由于时间节点的差异，本专著撰写之初时里面引用的很多数据特别是当时收集资料时获得的脱贫攻坚的数据已经得到更新，相关贫困情况目前也已经得到显著改善，乡村振兴效果明显。比如，习近平总书记在中国共产党第十九届中央委员会第五次全体会议上就曾经指出，我国脱贫攻坚成果举世瞩目，5575 万农村贫困人口实现脱贫。① 后来，在中国共产党第二十次全国代表大会上，习近平总书记再次就脱贫攻坚的成就进行了阐述，指出党的十八大以来，我们经过接续奋斗，实现了小康这个中华民族的千年梦想，

① 中共中央关于制定国民经济和社会发展第十四个五年规划和二〇三五年远景目标的建议（二〇二〇年十月二十九日中国共产党第十九届中央委员会第五次全体会议通过）[N]. 人民日报，2020-11-04（01）.

我国发展站在了更高历史起点上。我们坚持精准扶贫、尽锐出战，打赢了人类历史上规模最大的脱贫攻坚战，全国 832 个贫困县全部摘帽，近一亿农村贫困人口实现脱贫，960 多万贫困人口实现易地搬迁，历史性地解决了绝对贫困问题，为全球减贫事业做出了重大贡献。①

但是，由于尊重课题撰写的原貌；同时，也是为了更准确地说明在课题撰写之初西南地区农村的贫困状况和农村基层党组织推动乡村振兴的艰辛与困难、酸楚与疲惫；因为，删除这部分数据，论据就显得有点局促，甚至难以说明问题，也给课题的准确性带来麻烦。所以，鉴于上述原因，本专著在出版时终究还是保留下了这部分数据。不过，仍然心怀惴惴，如果给读者带来不便，请原谅作者的冒昧与失敬，在此，一并向读者致以歉意。

①习近平．高举中国特色社会主义伟大旗帜 为全面建设社会主义现代化国家而团结奋斗——在中国共产党第二十次全国代表大会上的报告（2022 年 10 月 16 日）［N］．人民日报，2022-10-26（02）．

第一章　学理前沿：理论基础及其相关问题概述

马克思说：“改造农业……应该成为未来的变革的基本内容。”① 应该承认，中国是一个有着悠久历史传统的农业文明社会。农民人口多、农村底子薄、农业仍然脆弱；同时，农村乡土观念积淀浓厚、农村传统文化根深蒂固，其中一些守旧的理念、观念、习惯等更是严重制约着乡村社会的改造与发展，制约着乡村从传统向现代的转变。特别是在西南地区，由于受地理、民族、文化、习俗、宗教等的影响，乡村社会的现代转型相对于东中部地区来说要滞后一些。因此，振兴乡村、建设美丽新农村是推动广大乡村地区与全国同步全面建成小康社会的重要抓手。正是因为乡村振兴的任务迫在眉睫、时不我待，在中国共产党第十九次全国代表大会上，习近平总书记提出，大力实施乡村振兴战略。这一重大战略的提出，是时代的呼唤、历史的必然、人民的选择、社会的需要。正如习近平总书记所强调的那样：“一个国家选择什么样的治理体系，是由这个国家的历史传承、文化传统、经济社会发展水平决定的，是由这个国家的人民决定的。我国今天的国家治理体系，是在我国历史传承、文化传统、经济社会发展的基础上长期发展、渐进改进、内生性演化的结果。”②

第一节　乡村振兴战略的发展脉络

尽管乡村振兴战略是在中国共产党第十九次全国代表大会上提出的，但这个战略规划的形成脉络却是由来已久，有着深沉的历史积淀，具有深厚的历史根源。所以，只要追寻历史的脚步，就能发现乡村振兴战略的理论渊源

①马克思. 马克思致恩格斯［M］//马克思恩格斯全集：第 27 卷. 北京：人民出版社，1972：331.

②习近平. 习近平谈治国理政［M］. 北京：外文出版社，2014：105.

与发展轨迹。

一、缘起：一种围绕着土地进行的乡村改造

从某种意义上说，在新民主主义革命时期即1919—1949年这一时间段里，中国共产党的乡村改造其实是围绕着“土地”这一乡村社会的核心基因进行的。事实上，纵观新民主主义革命时期中国共产党的革命斗争历史，不难发现“土地”在整个中国共产党领导的革命斗争中占据着重要位置，它几乎左右着中国共产党在每一个革命时期的宏观政策与微观行为，几乎主宰着中国共产党在每一个革命转折时期的革命方向与革命行动。

早在建党伊始，中国共产党就把土地与中国革命紧密联系起来。比如，中共一大提出要建立一个没有经济剥削、没有政治压迫、没有阶级的共产主义社会，“直到社会的阶级区分消除为止……消灭……私有制”①。这说明，在刚刚建党的时候，中国共产党就已经认识到要通过改造阶级、改造私有制来达到改造社会的目的。在这里，改造乡村社会无疑是中国共产党改造中国社会题中应有之义；而要改造乡村社会，解决关系广大贫苦农民群众切身利益的土地问题无疑是改造乡村社会的核心问题。中国共产党早期领导人李大钊、陈独秀、恽代英、毛泽东等都纷纷对如何改造中国乡村社会和解决农村土地问题进行了积极而理性的思考，并撰写了一批理论著作，如陈独秀《中国农民问题》（1923）、恽代英《农村运动》（1924）、李大钊《土地与农民》（1925）、彭湃《海丰农民运动》（1926）、张太雷《我们怎样对待花县农民》（1926）、毛泽东《中国佃农生活举例》（1926）和《湖南农民运动考察报告》（1927）等。《中国共产党第二次全国大会宣言》就指出：“农民因为土地缺乏，人口稠密，天灾流行，战争和土匪扰乱，军阀的额外征税和剥削，外国商品的压迫，生活程度增高等原因，以致日趋贫穷和痛苦。……如果贫苦农民要除去穷困和痛苦的环境，那就非起来革命不可。”② 在这里，中国共产党提出用“革命”的路径来改造中国乡村社会和解决乡村社会中引人注目的土地问题，其实也不失为一种策略。

土地革命时期，中国共产党与乡村社会的关系前所未有地紧密，对土地的关注也较以前更甚。在此期间，中国共产党不但加强了与乡村社会的联系，

---

①中央档案馆. 中国共产党第一个纲领［M］//中共中央文件选集：第1卷. 北京：中共中央党校出版社，1989：3.

②中央档案馆. 中国共产党第二次全国大会宣言［M］//中共中央文件选集：第1卷. 北京：中共中央党校出版社，1989：113.

而且与农民、与土地的社会关系进入了一个新的境地。秋收起义失败后，中国共产党领导中国革命的战略由城市转向了农村，这对于中国革命来说是一个重大的转折，对于中国共产党的乡村改造政策来说也是一个重大的转折。毛泽东是这一时期中国共产党做农村工作的代表性人物。毛泽东在这一时期对中国的乡村社会进行了大量的调查工作，撰写了一批颇有思想、颇有见地的农村调查报告，如《寻乌调查》(1930)、《兴国调查》(1930)、《东塘等处调查》(1930)、《木口村调查》(1930)、《长岗乡调查》(1933)、《才溪乡调查》(1933) 等重要文献。在这些调查报告里，毛泽东不约而同地阐述了一个重要思想，那就是要解决农民的土地问题，必须没收封建地主阶级的土地归农民所有，变封建地主土地私有制为个体农民私有的政策方针。毛泽东提出的这一农村土地改造的方针可以说非常适合土地革命时期中国农村的现状与中国农民的生存境况。事实上，也正是在这一土地政策的推动下，中国共产党领导的土地革命不断向前发展，中国革命也不断向前发展。总之，毛泽东在这一时期的乡村调查工作为中国共产党后来进行乡村改造和乡村建设提供了重要的思想素材和理论来源。

抗战爆发后，“由于帝国主义和封建主义的双重压迫，特别是由于日本帝国主义的大举进攻，中国的广大人民，尤其是农民，日益贫困化以至大批地破产，他们过着饥寒交迫的和毫无政治权利的生活。中国人民的贫困和不自由的程度，是世界所少见的”①。由此可见，对乡村社会的改造或者说对农民的改造就成为推动中国革命不断前进的重要动力，直接关系到党的事业的兴衰成败。在其中，土地问题更为关键。所以，延安时期，中国共产党为壮大党的力量，推进党的事业，推动革命不断向前发展，极力在根据地发展经济、教育、文化等，比如通过减租减息来激发农民劳动生产力，调动农民的生产积极性；围绕“土地”加强对乡村社会的改造，通过相应的土地政策来改善日益恶化的农村两极分化、贫富分化格局，改善乡村社会关系；通过扫盲、国民教育、社会教育和发展农村教育来改造农民的文化状况、改善乡村文化。到解放战争时期，基于革命的需要以及壮大党的力量的需要，中国共产党提出：“没收地主土地，废除封建剥削的土地制度，实行耕者有其田的土地制度，按农村人口平均分配土地”，以此来改造乡村社会的土地占有关系，推动乡村社会变革。通过这一时期的乡村改造，中国共产党开始认识到“合作”是改造中国农村社会的重要途径，“几千年来都是个体经济，一家一户就是一

①毛泽东. 中国革命和中国共产党［M］∥毛泽东选集：第 2 卷. 北京：中共中央党校出版社，1989：631.

个生产单位，这种分散的个体生产，就是封建统治的经济基础，而使农民自己陷于永远的穷苦。克服这种状况的唯一办法，就是逐渐地集体化；而达到集体化的唯一道路，依据列宁所说，就是经过合作社”①。

在这期间，不应该忽视的是，梁漱溟、晏阳初、陶行知等一批具有平民情怀、乡村情结的知识分子提出了“邹平模式”“定县模式”“晓庄模式”等乡村建设模式。尽管梁漱溟、晏阳初、陶行知等在改造乡村的初衷上与中国共产党改造乡村社会的目的大相径庭，但最后的落脚点都归结在对乡村或者说对农民的改造上。梁漱溟、晏阳初、陶行知等通过对民国时期中国乡村社会的调查，认为中国农村社会存在“贫、愚、弱、私”② 的现象，可以说切中了乡村社会的肯綮，抓住了乡村社会的症结所在。不可否认，梁漱溟、晏阳初、陶行知等提出的乡村建设模式并不是从制度等方面寻找根源，一些围绕着乡村风貌和民风民俗的改造也乏善可陈，但他们从政治、经济、文化、家庭、教育等方面寻求乡村的振兴与重建，毕竟对中国乡村社会的发展产生了重要影响，也给中国共产党对改造乡村社会的认知提供了帮助。

应该说，民主革命时期中国共产党的乡村建设理念为新时代中国共产党振兴乡村战略的提出提供了最初的理论基础，特别是其中有关乡村经济改造、乡村土地改造的思想一直到今天都是中国共产党改造乡村社会、建设新农村、实现乡村振兴的重要内容。甚至可以这样说，当前，中国共产党要推进新农村建设，实施乡村振兴战略，推动广大乡村地区与全国同步全面建成小康社会，就必须注重发展乡村经济、注重发展乡村产业。因为，如果乡村经济不发展、乡村产业不振兴，那么，乡村振兴其实就只能是一句空话，是经不起人民和实践检验的。值得注意的是，在民主革命时期中国共产党的乡村建设理念里，关注农民，或者说关注农民发展是其中的重要内容。中国共产党领导的新民主主义革命从某种意义上来说是一次发动广大农民群众、动员广大农民群众的革命运动，在这样的革命运动里，农民一直扮演着重要角色、担当着重要的使命与责任。当然，如果说中国共产党领导的新民主主义革命仅仅只是停留在发动和动员广大农民群众上，而不把改造农民作为其中的重要内容；那么，中国共产党领导的新民主主义革命也就不能给农民带来千年来未有之大变革。当前，中国共产党提出的乡村振兴战略前所未有地对广大农民群众保持关注，这不但是对民主革命时期中国共产党关注农民的一种继承，更重要的是一种发展。因为乡村振兴战略中对农民关注的内涵其实有了更深

①毛泽东. 组织起来［M］//毛泽东选集：第3卷. 北京：人民出版社，1991：931.

②梁漱溟. 乡村建设理论［M］. 上海：上海人民出版社，2006：19.

的扩展，既有动员和发动农民群众的内在要求，亦有把农民培养成为新农村建设者之意，当然，其中最重要的一点就是把农民培养为有新思想、新使命、新担当的时代新人，而且后者的内涵远甚于前二者。

二、在路上：从土改到互助合作再到集体化

应该承认，在19世纪二三十年代，中国乡村社会从总体上来说是落后的、贫瘠的，生产力不发达，生产方式粗放、原始，人们日常生活困苦，特别是在一些边远的民族地区比如西南地区，农民的农村生活状况更是堪忧。据相关文献记载：

> 小凉山地处滇西北高原山区，山高路险，交通极为不便。在野蛮的奴隶制度和各种内外因素的影响下，彝族社会处于孤立和封闭的状态；刀耕火种的生产方式以及冤家械斗，使自然资源得不到合理的开发和利用，而鸦片的广泛种植更造成地瘠粮缺；长期不定居，使彝族的村寨家庭得不到建设；手工业和商业很不发展，还没有成为脱离农业的独立的生产部门，根本谈不上有什么商品经济；文化教育也几乎是空白，医药卫生条件也很差。小凉山没有一个专门的医生，黑彝和曲诺有人生病，多是杀牲祭鬼以求平安，而阿加和呷西就只好听天由命了。①

处在西南地区的贵州，地理条件的限制更是使得贵州近代以前乡村社会的发展不容乐观。贵州处在云贵高原，贵州全省山地面积占61.7%，丘陵面积占30.8%，田坝面积仅占7.5%。② 许多贫困地区如乌蒙山区、黔西南石漠化地区等属于高寒山区，石多地少，山高壑深，交通不便，信息不畅，土地贫瘠，古人云“天无三日晴，地无三尺平，人无三分银”，说的就是贵州的贫瘠与穷困。《黔书》亦记载：“贵州，古荒服地也。东临荆楚，西接蜀粤，南倚滇云，亦西南之奥区也。虽华阳黑水，列在方州，而毒溪瘴岭，蔽日寻云，一线羊肠，袅空切汉，行路之难，难于上青天。”③

云南相较于四川与贵州，情况类似。新中国成立初期，云南边远民族地区社会经济发展极不平衡，且绝大多数地区生产落后，生产工具缺乏、质劣，

①陈国新. 云南少数民族的社会主义发展道路［M］. 昆明：云南大学出版社，1999：13.
②贵州省地方志编纂委员会. 贵州省志·水利志［M］. 北京：方志出版社，1997：1.
③〔清〕田雯编，罗书勤等点校. 黔书［M］. 贵阳：贵州人民出版社，1992：9.

自然灾害很多，加上交通不便，物资交流困难，各族人民生活十分贫苦。[①] 比如寻甸地区，“因山高坡陡，土地贫瘠，历史上生产水平低下，人民生活历来贫困。在人民政府成立之前，苗族与白彝族经济最为贫困”。[②] 在一些比较边远的少数民族中，农村仍然停留在小生产阶段，尽管一些农民也经营纺织、编篾、打铁、银匠、木匠等小手工业活动，但那只是农民农暇时的生产活动，在整个经济生活中只起辅助作用，甚至以交换为目的的手工业活动在当时还只是个别现象，经济生活非常贫困，一些贫苦农民入不敷出、寅吃卯粮，温饱都成问题。[③]

“虽然中国的社会主义跟欧洲的社会主义像中国哲学跟黑格尔哲学一样具有共同之点，但是，有一点仍然是令人欣慰的，即世界上最古老最巩固的帝国……已经处于社会变革的前夕，而这次变革必将给这个国家的文明带来极其重要的结果。”[④] 因此，中国共产党在新中国成立之后的一个重要而紧迫的任务就是帮助广大人民群众特别是西南边疆或边远民族地区贫苦农民群众发展生产，改善生活，“给边疆各族人民以‘看得见’的实际利益”作为西南边疆民族工作的“最重要和最根本的任务”[⑤]。

这一时期中国共产党领导广大人民群众进行乡村建设的历史可分为两个阶段，第一个阶段为1949—1956年农业社会主义改造时期。这一阶段中国共产党通过对农村的接管、土改、清匪反霸等政策、措施巩固农村基层政权，改造农村社会，建立新的乡村社会秩序。之后，中国共产党从中国农村实际出发、从中国广大乡村社会实际出发、从中国广大农民群众的实际需要出发，采取“积极领导、稳步前进”的方针，极力实现对农业的社会主义改造。在农业社会主义改造的过程中，中国共产党大力开展农业合作化运动，仅用四五年的时间，就基本完成了几亿农民从分散、个体的小农经济向社会主义集体经济的转变，实现了从土地农民私有到土地集体所有的转变，建立起以集

①中共云南省委党史研究室．云南边疆民族地区民主改革［M］．昆明：云南大学出版社，1996：9.

②田静．教育与乡村建设——云南一个贫困民族乡的发展人类学探究［M］．北京：中央编译出版社，2013：43.

③全国人民代表大会民族委员会办公室．1958年3月至6月云南沧源卡瓦族社会经济调查［S］．1858-08：2-5.

④马克思，恩格斯．国际述评（一）［M］//马克思恩格斯全集：第7卷．北京：人民出版社，1972：265.

⑤中共云南省委党史研究室．云南边疆民族地区民主改革［M］．昆明：云南大学出版社，1996：9.

体所有制为核心的农业经营形式。应该说，这一时期中国共产党乡村建设的政策、方针与路线基本符合新中国成立初期中国社会的实际、符合广大乡村社会的实际。重要的是，通过这一时期中国共产党对农业的社会主义改造，中国共产党对乡村基层政权进行了重构，中国共产党的意识形态顺利灌输到乡村社会，新的社会秩序确立，许多乡村建立了基层党组织，农民参加生产的积极性被充分调动起来，乡村社会的变化日新月异。

第二个阶段为1957—1977年社会主义建设时期。尽管这一阶段中国共产党在进行乡村建设的过程中走了弯路，但必须承认这一阶段中国共产党在乡村建设中的努力不容忽视。比如，《一九五六年到一九六七年全国农业发展纲要》就提出了社会主义农村发展的远景规划，提出了发展农业的一些基本措施，“①兴修水利。②增加肥料。③改良旧式农具和推广新式农具。④推广优良品种。⑤扩大复种面积。⑥多种高产作物。⑦实行精耕细作，改进耕作方法。⑧改良土壤。⑨保持水土。⑩保护和繁殖耕畜。⑪消灭虫害和病害。⑫开垦荒地，扩大耕地面积”；提出了发展农业经济作物，棉花、麻类、蚕茧、大豆、花生、油菜籽、芝麻、油茶、油桐、甘蔗、甜菜、茶叶、烤烟、果类、药材等；提出绿化一切可能绿化的荒地荒山；提出改善农业科学研究工作和技术指导工作；提出勤俭持家，厉行节约，反对铺张浪费；提出改善居住条件，鼓励和协助农民，在自愿、互助、节约开支和节省用地的原则下，有准备地、有计划地、分批分期地修缮和新建家庭住宅，改善农民的居住条件；提出扫除文盲，发展农村文化教育事业，从1956年开始，按照各地情况，分别在12年内，基本上扫除青年和壮年中的文盲。争取在乡或者社逐步设立业余文化学校，以便进一步提高农村基层干部和农民的文化水平。农村办学应当采取多种形式，除了国家办学以外，必须大力提倡群众集体办学，允许私人办学，以便逐步普及小学教育；提出提高农村青年的社会主义积极性，教育农村青年热爱祖国、热爱农村、热爱劳动和爱社如家；等等。[①] 由此可见，《一九五六年到一九六七年全国农业发展纲要》里包含着丰富的农村建设思想，可以说是中国共产党社会主义新农村建设的最初构想，涉及农村建设的多个方面：政治、经济、文化、家庭、教育、生态、思想等，对于解放农村社会生产力和推动农村社会主义建设产生了重要的、积极的影响。

值得注意的是，这一时期中国共产党提出了“社会主义新农村”的概念，从中央机关党报《人民日报》数据库以“社会主义新农村”进行搜索，从

①一九五六年到一九六七年全国农业发展纲要［N］. 人民日报，1960-04-12（02）.

1949年10月1日至1977年12月31日，《人民日报》共刊发标题中含有“社会主义新农村”关键词的文章52篇，刊发正文中含有“社会主义新农村”关键词的文章1755篇。其中1956年7月2日的社论指出：“多少年来，我国农民就向往着没有剥削、没有贫困、勤劳生产、丰衣足食的生活。中国共产党和人民政府领导农民进行长期的艰苦卓绝的斗争，就是为了建设这种新的生活。现在，我国农民的这种愿望，已经用法律的形式，在高级农业生产合作社示范章程中固定下来了。实现这个章程的各种规定，就一定能够发展和巩固高级农业合作社，推动和提高农业生产，把我国的农村完全建设成为社会主义的新农村。”① 文章积极响应中国共产党建设新农村的号召，指出：“现在的幸福生活是党领导群众得来的……要响应党的号召，去建设社会主义新农村。”这是中国共产党官方文献上首次出现社会主义新农村字眼。② 为了更好地建设社会主义新农村，中国共产党大力号召广大青年“把青春贡献给社会主义新农村”③，“动员和组织城市知识青年下乡上山，参加农村社会主义建设”，“既有利于进一步鼓舞农村青年积极参加农业生产，也有利于更快地形成一支有社会主义觉悟、有文化科学知识的新型农民队伍”。④ 应该承认，“社会主义新农村”概念的提出不管是从中国共产党推进乡村建设的历史来看，还是从整个中国乡村社会建设的历史来看，都是一件值得关注的事情，“社会主义新农村”之“新”预示着中国共产党领导的新农村建设与传统的乡村社会有着本质区别，不管是在乡村建设的领导力量、建设主体、文化内涵、社会制度上，还是在乡村建设的目的、宗旨与理念上，都有很大的不同。重要的是，“社会主义新农村”概念的提出不仅极度契合社会主义建设时期中国广大农村社会的现实状况，而且高度契合社会主义建设时期中国广大农民群众的现实需要，高度契合社会主义建设时期中国共产党对中国广大农村进行建设和改造的需要。

在社会主义建设时期，中国共产党乡村建设思想中有一个基因不应该忽视，那就是国家权力、政党权力以一种强劲的姿态开始介入广大乡村社会，1958年8月29日，中央出台了《关于在农村建立人民公社问题的决议》，标志着以人民公社为载体的乡村建设模式成为中国共产党乡村政权建设新的重

①社论：建设社会主义的新农村［N］. 人民日报，1956-07-02（01）.

②本报讯. 参加建设社会主义新农村，张家口市机关干部纷纷要求到农村去安家［N］. 人民日报，1957-11-11（01）.

③赵敬党. 把青春贡献给社会主义新农村［N］. 人民日报，1965-02-06（05）.

④社论：动员和组织城市知识青年积极参加建设社会主义新农村［N］. 人民日报，1964-02-16（01）.

要范式，国家通过农村基层党组织加快和加大了对乡村社会的重构与改造。政党与国家的力量成为改造和建设乡村社会中不可忽视的重要基因；但事实上，也正是因为国家权力、政党权力的嵌入，才让社会主义建设时期中国广大乡村社会开始与传统乡村社会中以家族、血缘、经济利益、土地结构为基本元素的社会结构发生决裂，也正是因为国家权力、政党权力的嵌入，社会主义新农村建设才与过去任何一个时期截然不同，政党与国家成为社会主义新农村建设的主导力量，政党的思想、意识对社会主义新农村建设产生重要而深远的影响。

三、发展：社会主义新农村建设战略规划的提出

党的十一届三中全会后，针对农村经济生产力发展不足，人民生活水平不高，农业生产遭遇发展困境、农村社会面貌贫穷落后的严峻现实，党和国家先后在经济、政治、文化等领域进行了一系列的改革。

以 1978 年冬安徽小岗村分田到户为契机，家庭联产承包责任制迅速在全国铺开，并成为改革开放初期中国农村改革的重头戏。通过家庭联产承包责任制，重新使农村家庭成为农村农业生产的基本单位，极大地调动了农民的生产积极性。重要的是，家庭联产承包责任制的推行，使得农村的土地被承包到以家庭为基本单位的结构里，农民掌握了土地的长期使用权，而“正是有了稳定的土地使用权和经营自主权，农民才得以从土地上解放出来，进城务工，促进了我国工业经济的发展和城镇化。以家庭联产承包责任制为主要内容的农村改革极大地解放了农村的生产力，为此后工业经济领域的改革发展奠定了基础。中国以 7%的土地养活了约占全世界 1/5 的人口，创造了世界减贫史上的奇迹”①。

在农村产业结构调整上，开始有意识地由过去的重工业转向轻化工业，大力发展乡镇企业，强调“乡镇企业是多种经营的重要组成部分，是农业生产的重要支柱，是广大农民群众走向共同富裕的重要途径”②，农村剩余、闲置劳动力得到解决，农村经济开始转型并不断向前发展。

在乡村政权结构改革方面，自 1983 年起，人民公社退出历史舞台，国家权力和行政组织随着人民公社的退出也开始撤出乡村。为了更好地管理和建设乡村社会，1987 年颁布了《中华人民共和国村民委员会组织法（试行）》，

①谢佼. 家庭联产承包责任制让亿万中国人告别饥饿［N］. 人民日报，2016-07-16（07）.

②新华社. 中共中央、国务院转发农牧渔业部和部党组报告：各地要开创乡镇企业新局面［N］. 人民日报，1984-03-18（01）.

将村民委员会定位为“是村民自我管理、自我教育、自我服务的基层群众性自治组织，办理本村的公共事务和公益事业，调解民间纠纷，协助维护社会治安，向人民政府反映村民的意见、要求和提出建议”①。随后，作为村民自治组织的村民委员会与中国共产党在乡村社会的基层组织农村党支部一道共同成为乡村社会的管理者、建设者与组织者，“中国共产党在农村的基层组织，按照中国共产党章程进行工作，发挥领导核心作用，领导和支持村民委员会行使职权；依照宪法和法律，支持和保障村民开展自治活动、直接行使民主权利”②。

必须引起注意的是，随着乡村改革的深入发展，乡村建设虽然取得一定成就，但也出现了一些问题，比如农村逐渐被边缘化，农民经济收入增长不快，农业附加值不高，部分农民传统观念根深蒂固，陋风陋习难以改变。针对这些现实问题，1995 年 11 月 29 日，中宣部、农业部（现农业农村部）联合颁布《关于深入开展农村社会主义精神文明建设活动的若干意见》，针对“部分农民思想观念和科学文化素质与农村现代化建设的要求不相适应，一些地方治安秩序混乱，社会风气不好，封建迷信蔓延”的现象指出：“农村精神文明建设，最根本的是要加强对农民的思想教育。要紧紧围绕经济建设这个中心，坚持从农村、农民的实际出发，区别对象，讲究方法，着力解决亿万农民的精神支柱和精神动力问题，把他们的积极性、创造性凝聚到建设社会主义新农村的伟大事业上来。”③ 针对农业发展滞后的问题，1998 年 10 月 14 日中国共产党第十五届中央委员会第三次全体会议通过了《中共中央关于农业和农村工作若干重大问题的决定》，指出必须坚持以市场为取向的改革，为农村经济注入新的活力；必须从全局出发，高度重视农业，使农村改革和城市改革相互配合、协调发展。坚持以农业为基础，从政策、科技、投入等方面大力支持农业；必须加强以水利为重点的基础设施建设和林业建设，严格保护耕地、森林植被和水资源，防治水土流失、土地荒漠化和环境污染，改善生产条件，保护生态环境；长期稳定以家庭承包经营为基础、统分结合的双层经营体制；各地要从实际出发，根据当地经济发展水平和农民承受能力，扎扎实实地推进农村小康建设；要充分发挥乡（镇）党委和村党支部的领导

①新华社．中华人民共和国村民委员会组织法（试行）[N]．人民日报，1987-11-25（03）．

②新华社．中华人民共和国村民委员会组织法 [N]．人民日报，2011-02-14（16）．

③新华社．关于深入开展农村社会主义精神文明建设活动的若干意见 [N]．人民日报，1995-11-30（01）．

核心作用，建设一支高素质的农村基层干部队伍。①

为进一步推动农村的现代化发展，2005 年 10 月 11 日，中国共产党第十六届五中全会通过了《中共中央关于制定国民经济和社会发展第十一个五年规划的建议》，明确了今后 5 年我国经济社会发展的奋斗目标和行动纲领，提出了建设社会主义新农村的重大历史任务，“要按照生产发展、生活宽裕、乡风文明、村容整洁、管理民主的要求，坚持从各地实际出发，尊重农民意愿，扎实稳步推进新农村建设”，要“加大扶贫开发力度，提高贫困地区人口素质，改善基本生产生活条件，开辟增收途径。因地制宜地实行整村推进的扶贫开发方式。对缺乏生存条件地区的贫困人口实行易地扶贫，对丧失劳动能力的贫困人口建立救助制度”②。这是党第一次将建设社会主义新农村作为党的重大战略规划、重大历史任务写进党的文件中，并明确提出了 20 字的新农村建设的要求。2005 年 12 月 31 日，中共中央、国务院联合颁布《关于推进社会主义新农村建设的若干意见》，重申了新农村建设的 20 字要求，并提出：“推进现代农业建设，强化社会主义新农村建设的产业支撑；促进农民持续增收，夯实社会主义新农村建设的经济基础；加强农村基础设施建设，改善社会主义新农村建设的物质条件；加快发展农村社会事业，培养推进社会主义新农村建设的新型农民；全面深化农村改革，健全社会主义新农村建设的体制保障；加强农村民主政治建设，完善建设社会主义新农村的乡村治理机制；切实加强领导，动员全党全社会关心、支持和参与社会主义新农村建设。”③很显然，中共中央、国务院联合颁布《关于推进社会主义新农村建设的若干意见》中提出的这些方法其实都是围绕着新农村建设的 20 字要求展开。事实上，这 20 个字的新农村建设要求看似简单，却蕴含着深刻的内涵：生产发展、生活宽裕、乡风文明、村容整洁、管理民主，体现了经济建设、政治建设、文化建设、社会建设“四位一体”的发展布局，是党领导社会主义现代化建设进程中的一项重大历史任务。生产发展，就是要打牢物质基础，既要有较快的增长速度，更要注重增长的质量和效益。生活宽裕，就是要千方百计增加农民收入。乡风文明，就是要在农村形成文明健康的精神风貌，培养

---

①新华社．中共中央关于农业和农村工作若干重大问题的决定［N］．人民日报，1998-10-19（01）．

②新华社．中共中央关于制定国民经济和社会发展第十一个五年规划的建议［N］．人民日报，2005-10-19（01）．

③新华社．中共中央国务院关于推进社会主义新农村建设的若干意见［N］．人民日报，2006-02-22（01）．

较高素质的新型农民。村容整洁，就是要改善农村人居环境，使农村的发展得到合理规划。管理民主，就是要加强和完善农村民主法制建设，创造和谐的发展环境。[①]

社会主义新农村建设规划的提出，不但对于处在十字路口的“三农”工作来说具有极为重要的意义，而且对于中国共产党制订农村战略规划来说亦具有十分重要的意义。徐勇从乡村整合的角度指出：“建设社会主义新农村更深刻的意义在于，通过国家整合，从根本上改变农村状况，在业已分化的城乡差别的基础上重新构造城市与乡村的有机联系和统一性。”[②] 林毅夫从新农村建设与“三农”工作的视角指出：“建设社会主义新农村是全面建设小康社会和构建和谐社会的必要内容，是解决‘三农’问题的手段，也是解决‘三农’问题所要达到的目标。”[③] 曾奕辉、钟晖指出：“社会主义新农村建设是一个庞大的系统工程和一项艰巨而长期的任务，它包含了经济建设、政治建设、人文建设和社会建设，涵盖了以往国家在处理城乡关系解决‘三农’问题等方面的政策内容还赋予其新时期的建设内涵。建设好社会主义新农村有利于提高农业综合生产能力，增加农民收入；有利于发展农村社会事业缩小城乡差距；有利于改善农民生活环境。建设社会主义新农村，是构建和谐社会的主要内容和全面建设小康社会的重大举措；是实现中国农业现代化，实现中国社会主义现代化的历史必然。”[④]

四、提升：乡村振兴战略的出台

应该承认，在社会主义新农村建设战略规划的推动下，“三农”工作取得了切实成效，但问题也不该忽视，比如农民的温饱问题虽然解决，但小农经济的发展遭遇前所未有的挑战，农民、农村、农业逐渐被边缘化，农村公共产品包括教育、医疗、社会保障、养老、保险、法律等供给严重不足，农村空心化日益严重，农民负担日益加重，李昌平甚至大声疾呼“农民真苦、农村真穷、农业真危险”[⑤]。因此，如何推动农村经济持续发展、农民持续增收

---

①汤富. 生产发展、生活宽裕、乡风文明、村容整洁、管理民主：紧扣五句话 建设新农村[N]. 人民日报，2005-11-29 (13).

②徐勇. 国家整合与社会主义新农村建设［M］//张占斌. 重农时代：新农村建设机遇. 上海：上海远东出版社，2006：57.

③林毅夫. 新农村建设若干思考［M］//张占斌. 重农时代：新农村建设机遇. 上海：上海远东出版社，2006：21.

④曾奕辉，钟晖. 新农村建设规划［M］. 贵阳：贵州科技出版社，2011：13.

⑤李昌平. 我向总理说实话［M］. 西安：陕西人民出版社，2009：19.

就成为一个亟须解决的问题。

党的十八大以来，党中央非常重视农业、农村、农民工作，在接下来几年所颁布的中央一号文件里，均对如何推进农业、农村、农民工作进行了规划和部署，比如2013年的中央一号文件就关注农村劳动力，指出“农村劳动力大量流动，农户兼业化、村庄空心化、人口老龄化趋势明显，农民利益诉求多元，加强和创新农村社会管理势在必行”；[①] 2014年的中央一号文件就关注农业现代化，要推进中国特色农业现代化，努力走出一条生产技术先进、经营规模适度、市场竞争力强、生态环境可持续的中国特色新型农业现代化道路；[②] 2015年中央一号文件提出要让农村成为农民安居乐业的美丽家园；[③] 2016年中央一号文件提出落实发展新理念加快农业现代化实现全面小康的目标；2017年中央一号文件提出深入推进农业供给侧结构性改革，加快培育农业农村发展新动能。显然，2013—2017年五个中央一号文件的核心内容就是强调要全面深化农村改革，在优化农业结构上开辟新途径，在转变农业发展方式上寻求新突破，在促进农民增收上获得新成效，在建设新农村上迈出新步伐，为经济社会持续健康发展提供有力支撑。[④] 值得关注的是，这五个中央一号文件不仅针对当前“三农”工作中存在的诸多问题提出了一系列的解决方案，而且对新时期党的“三农”工作进行了详细设计和部署，提出了一系列符合新时期农村发展、农业现代化、农民脱贫致富奔小康的战略规划，非常符合新时代社会主义新农村建设的需要、极度契合新时代社会主义新农民的发展需要、极度契合新时代社会主义农业现代化发展的需要，为中国共产党在党的十九大提出乡村振兴战略提供了制度和政策基础。

2017年10月18日至10月24日中国共产党第十九次全国代表大会在北京召开，这一次大会提出了乡村振兴战略，要大力“实施乡村振兴战略。农业农村农民问题是关系国计民生的根本性问题，必须始终把解决好‘三农’问题作为全党工作重中之重。要坚持农业农村优先发展，按照产业兴旺、生态宜居、乡风文明、治理有效、生活富裕的总要求，建立健全城乡融合发展

①农村空心化：困局如何破解［N］. 人民日报，2013-02-03（05）.

②张芳曼. 中共中央国务院印发《关于全面深化农村改革加快推进农业现代化的若干意见》［N］. 人民日报，2014-01-20（16）.

③张冬科，张建军，王浩. 中央一号文件提出让农村成为农民安居乐业的美丽家园：中国要美，农村必须美［N］. 人民日报，2015-02-05（02）.

④张芳曼. 中共中央国务院印发《关于全面深化农村改革加快推进农业现代化的若干意见》［N］. 人民日报，2014-01-20（16）.

体制机制和政策体系，加快推进农业农村现代化”。[1] 乡村振兴战略具体而言包括农业农村优先发展、农村土地问题、粮食问题、现代农业体系、农村一二三产业融合问题、农村基层党组织、农民问题七方面的内容。应该承认，乡村振兴战略是党的十八大以来，以习近平同志为核心的党中央坚持把解决好“三农”问题作为全党工作的重中之重，在农业农村发展取得历史性成就、发生历史性变革、“三农”工作积累了宝贵经验，为党和国家事业全面开创新局面提供了有力支撑的情况下提出来的，不仅决定着亿万农民的获得感和幸福感是否得到如实提升，而且决定着我国全面小康社会的成色和社会主义现代化的质量，对于新时代中国特色社会主义农村发展具有重要而又深远的意义。

为了更好地推进乡村振兴战略，2018 年 1 月 2 日，公布了 2018 年中央一号文件，即《中共中央国务院关于实施乡村振兴战略的意见》。《意见》指出：“实施乡村振兴战略，是解决人民日益增长的美好生活需要和不平衡不充分的发展之间矛盾的必然要求，是实现‘两个一百年’奋斗目标的必然要求，是实现全体人民共同富裕的必然要求”；《意见》对新时代乡村振兴的具体内容进行了阐述，涉及政治、经济、文化、社会、生态、基层党组织等多个方面，指出“乡村振兴，产业兴旺是重点。必须坚持质量兴农、绿色兴农，以农业供给侧结构性改革为主线，加快构建现代农业产业体系、生产体系、经营体系，提高农业创新力、竞争力和全要素生产率，加快实现由农业大国向农业强国转变”；“乡村振兴，生态宜居是关键。良好生态环境是农村最大优势和宝贵财富。必须尊重自然、顺应自然、保护自然，推动乡村自然资本加快增值，实现百姓富、生态美的统一”；“乡村振兴，乡风文明是保障。必须坚持物质文明和精神文明一起抓，提升农民精神风貌，培育文明乡风、良好家风、淳朴民风，不断提高乡村社会文明程度”；“乡村振兴，治理有效是基础。必须把夯实基层基础作为固本之策，建立健全党委领导、政府负责、社会协同、公众参与、法治保障的现代乡村社会治理体制，坚持自治、法治、德治相结合，确保乡村社会充满活力、和谐有序”；“乡村振兴，生活富裕是根本。要坚持人人尽责、人人享有，按照抓重点、补短板、强弱项的要求，围绕农民群众最关心最直接最现实的利益问题，一件事情接着一件事情办，一年接着一年干，把乡村建设成为幸福美丽新家园”；“乡村振兴，摆脱贫困是前提。

①习近平. 决胜全面建成小康社会　夺取新时代中国特色社会主义伟大胜利——在中国共产党第十九次全国代表大会上的报告［M］. 北京：人民出版社，2017：32.

必须坚持精准扶贫、精准脱贫，把提高脱贫质量放在首位，既不降低扶贫标准，也不吊高胃口，采取更加有力的举措、更加集中的支持、更加精细的工作，坚决打好精准脱贫这场对全面建成小康社会具有决定性意义的攻坚战”；“实施乡村振兴战略，必须把制度建设贯穿其中。要以完善产权制度和要素市场化配置为重点，激活主体、激活要素、激活市场，着力增强改革的系统性、整体性、协同性”；“实施乡村振兴战略，必须破解人才瓶颈制约。要把人力资本开发放在首要位置，畅通智力、技术、管理下乡通道，造就更多乡土人才，聚天下人才而用之”；“实施乡村振兴战略，必须解决钱从哪里来的问题。要健全投入保障制度，创新投融资机制，加快形成财政优先保障、金融重点倾斜、社会积极参与的多元投入格局，确保投入力度不断增强、总量持续增加”；“实施乡村振兴战略是党和国家的重大决策部署，各级党委和政府要提高对实施乡村振兴战略重大意义的认识，真正把实施乡村振兴战略摆在优先位置，把党管农村工作的要求落到实处”。①

2018 年 9 月，中共中央、国务院印发了《乡村振兴战略规划（2018—2022 年）》，并发出通知，要求各地区各部门结合实际认真贯彻落实。《乡村振兴战略规划（2018—2022 年）》共分 11 篇 37 章。该战略规划以习近平总书记关于“三农”工作的重要论述为指导，按照“产业兴旺、生态宜居、乡风文明、治理有效、生活富裕”的总要求，不仅对实施乡村振兴战略做出阶段性谋划，而且对乡村振兴做出长远规划；分别明确至 2020 年全面建成小康社会和 2022 年召开党的二十大时的目标任务，细化实化工作重点和政策措施，部署重大工程、重大计划、重大行动，确保乡村振兴战略落实落地，是指导各地区各部门分类有序推进乡村振兴的重要依据。《规划》提出，乡村振兴战略要按照到 2020 年实现全面建成小康社会和分两个阶段实现第二个百年奋斗目标的战略部署。具体而言，到 2020 年，乡村振兴的制度框架和政策体系基本形成，各地区各部门乡村振兴的思路举措得以确立，全面建成小康社会的目标如期实现。到 2022 年，乡村振兴的制度框架和政策体系初步健全，探索形成一批各具特色的乡村振兴模式和经验，乡村振兴取得阶段性成果。到 2035 年，乡村振兴取得决定性进展，农业农村现代化基本实现。到 2050 年，乡村全面振兴，农业强、农村美、农民富全面实现。② 值得注意的是，中

①新华社．中共中央国务院关于实施乡村振兴战略的意见（2018 年 1 月 2 日）［N］．人民日报，2018-02-05（1-4）．

②新华社．中共中央国务院印发《乡村振兴战略规划（2018—2022 年）》［N］．人民日报，2018-09-27（9-12）．

国共产党在制订乡村振兴战略规划的时候，强调要充分认识乡村振兴任务的长期性、艰巨性，保持耐心，避免超越发展阶段，统筹谋划，典型带动，有序推进，不搞齐步走；要科学把握我国乡村区域差异，尊重并发挥基层首创精神，发掘和总结典型经验，推动不同地区、不同发展阶段的乡村有序实现农业农村现代化。发挥引领区示范作用，东部沿海发达地区、人口净流入城市的郊区、集体经济实力强以及其他具备条件的乡村，到 2022 年率先基本实现农业农村现代化。推动重点区加速发展，中小城市和小城镇周边以及广大平原、丘陵地区的乡村，涵盖我国大部分村庄，是乡村振兴的主战场，到 2035 年基本实现农业农村现代化。聚焦攻坚区精准发力，革命老区、民族地区、边疆地区、集中连片特困地区的乡村，到 2050 年如期实现农业农村现代化。合理设定阶段性目标任务和工作重点，分步实施，形成统筹推进的工作机制。① 在乡村振兴的基本原则上，《规划》提出，要坚持党管农村工作的原则，要坚持农业农村优先发展的原则，要坚持农民主体地位的原则，要坚持乡村全面振兴的原则，要坚持城乡融合发展的原则，要坚持人与自然和谐共生的原则，要坚持改革创新、激发活力的原则，要坚持因地制宜、循序渐进的原则。②

第二节 乡村振兴的相关理论

就研究内容来看，乡村振兴无疑是本书的重要着力点之一。因此，在建构本书的研究设计和研究框架的时候，寻找或者说提供相关的理论支撑是必要的，也是必需的。本书的研究对象是“乡村振兴战略下西南地区农村基层党组织建设实践创新研究”，因此，本书的理论支撑之一是马克思主义有关乡村发展方面的理论。由于乡村振兴是在中国共产党第十九次全国代表大会上提出的新概念、新论断，此前马克思主义经典作家并未对此进行专门论述。所以，本书主要是从马克思主义经典作家有关农村发展、乡村建设的理论出发来进行考察。

---

①新华社. 中共中央国务院印发《乡村振兴战略规划（2018—2022 年）》[N]. 人民日报，2018-09-27（12）.

②新华社. 中共中央国务院印发《乡村振兴战略规划（2018—2022 年）》[N]. 人民日报，2018-09-27（12）.

一、马克思、恩格斯的农村发展理论

马克思、恩格斯是马克思主义经典作家中最早对乡村建设进行关注的理论家。总体而言，马克思、恩格斯的农村发展思想主要体现在《资本论》《1844年经济学哲学手稿》《路易·波拿巴的雾月十八日》《法兰西内战》《法德农民问题》《哥达纲领批判》《给维·伊·查苏利奇的复信》等重要论著中。

农业是人类衣食之源、生存之本。马克思、恩格斯对此认识非常深刻。马克思在《1844年经济学哲学手稿》中对农业生产的重要性进行了阐述，他指出："劳动起初只作为农业劳动出现"，① 因为"食物的生产是直接生产者的生存和一切生产的首要条件"。② 而农业最初的生产目的就是直接为人类提供食物和其他人类需要的基本的生存、生活资料。马克思在《资本论》中再次强调："农业劳动是其他一切劳动得以独立存在的自然基础和前提。"③ 明确农业是其他经济生产的基础条件。恩格斯与马克思有着同样的思考，他也强调："农业是整个古代世界的决定性的生产部门。"④ 既然是"决定性的"，就说明农业在经济生产中的重要地位，是基础性的，任何经济生产必须在农业的推动下进行，忽视农业或者说农业生产是会对国民经济发展产生不利影响的。

在农业发展的历程中，小农经济是一个不可忽视的重要阶段。尽管农业的现代化发展从某种意义上来说是"去小农化"，但必须承认小农经济在人类历史发展过程中特别是在农业发展过程中的重要地位。马克思对小农经济进行了辩证分析，他指出小农经济的特点就是孤立的、分散的，而这恰恰是小农经济的致命缺陷：

> 小农人数众多，他们的生活条件相同，但是彼此间并没有发生多种多样的关系。他们的生产方式不是使他们互相交往，而是使他们互相隔离。这种隔离状态由于法国的交通不便和农民的贫困而更为加强了。他们进行生产的地盘，几小块土地，不容许在耕作时进行分工，应用科学，因而也就没有多种多样的发展，没有不同的才能，没有丰富的社会关系。每一个农户差不多都是自给自足的，都

①马克思. 1844年经济学哲学手稿［M］//马克思恩格斯全集：第42卷. 北京：人民出版社，1979：115.

②马克思. 资本论［M］//马克思恩格斯全集：第25卷. 北京：人民出版社，1974：715.

③马克思. 资本论［M］//马克思恩格斯全集：第26卷（上册）. 北京：人民出版社，1974：28-29.

④恩格斯. 家庭、私有制和国家的起源［M］//马克思恩格斯全集：第21卷. 北京：人民出版社，1965：169.

> 是直接生产自己的大部分消费品，因而他们取得生活资料多半是靠与自然交换，而不是靠与社会交往。一小块土地，一个农民和一个家庭；旁边是另一块土地，另一个农民和另一个家庭。一批这样的单位就形成一个村子；一批这样的村子就形成一个省。这样，法国农民的广大群众，便是由一些同名数简单相加形成的，好像一袋马铃薯是由袋中的一个个马铃薯所集成的那样。数百万家庭的经济生活条件使他们的生活方式、利益和教育程度与其他阶级的生活方式、利益和教育程度各不相同并互相敌对，就这一点而言，他们是一个阶级。而各个小农彼此间只存在地域的联系，他们利益的同一性并不使他们彼此间形成共同关系，形成全国性的联系，形成政治组织，就这一点而言，他们又不是一个阶级。①

马克思在批判小农经济的致命缺陷的同时认为小农经济这种分散、落后、弱小的经济形式不利于社会生产力的发展。马克思指出，小农这种经济生产方式是“以土地及其他生产资料的分散为前提的。它既排斥生产资料的积聚，也排斥协作，排斥同一生产过程内部的分工，排斥社会对自然的统治和支配，排斥社会生产力的自由发展”②，而从土地所有制的角度来说，小农经济“排斥社会劳动生产力的发展、劳动的社会形式、资本的社会积聚、大规模的畜牧和科学的不断扩大的应用”③。尽管小农经济伴随着人类文明的发展走过了一长段历程，但随着人类社会化大生产的发展特别是随着生产力的不断提高，小农经济越来越不适应现代化发展的需要，反而在某种程度上阻碍着现代农业的发展与提升。马克思对此有着深刻认识，他批判道，小农经济“只同生产和社会的狭隘的自然产生的界限相容。……它发展到一定的程度，就造成了消灭它自身的物质手段。从这时起，社会内部感到受它束缚的力量和激情，就活动起来。这种生产方式必然要被消灭，而且已经在消灭”④。

正是因为小农经济存在诸多缺陷和顽疾，所以，要推动农业现代化，必须解决这些缺陷和顽疾，而解决这些缺陷和顽疾，农业的社会化发展就是一个必然的方向。因为，历史和实践已经充分证明，小农经济存在会严重阻碍经济社会化大发展，会给人类文明的进步带来障碍。基于此，马克思强调，

①马克思．路易·波拿巴的雾月十八日［M］//马克思恩格斯全集：第8卷．北京：人民出版社，1961：217.

②马克思．资本论［M］//马克思恩格斯全集：第23卷．北京：人民出版社，1972：830.

③马克思．资本论［M］//马克思恩格斯全集：第25卷．北京：人民出版社，1974：910.

④马克思．资本论［M］//马克思恩格斯全集：第23卷．北京：人民出版社，1972：830.

只有“使农业合理化，从而第一次使农业有可能按社会化的方式经营”，农业才能真正走向现代化、走向科学发展道路。而农业要现代化发展，必须将农民组织起来，“农民需要的是大规模组织起来的合作劳动”①，只有这样，“他们才能摆脱可怕的贫困”②。特别是在向共产主义经济过渡的历史阶段，“必须大规模地采用合作生产作为中间环节”③。也只有这样，才能彻底消灭阶级差别、阶级剥削和阶级对立，消除社会分工带来的差别，“把农业和工业结合起来，促使城乡对立逐步消灭”④。

马克思强调土地之于农业发展的重要作用，他在《资本论》中指出：“劳动者直接掌握的东西，不是劳动对象，而是劳动资料……土地是他的原始的食物仓，也是他的原始的劳动资料库”⑤；并强调土地“给劳动者提供立足之地，给他的劳动过程提供活动场所”⑥。这说明土地是农业发展的基础，是物质财富不断增长的源泉，是农民致富的重要生产资料。马克思多次批判资本主义社会的生产方式给土地带来巨大危害，马克思认为资本主义的“唯利润论”使土地遭受伤害，“破坏着人和土地之间的物质变换，也就是使人以衣食形式消费掉的土地的组成部分不能回到土地，从而破坏土地持久肥力的永恒的自然条件”⑦。马克思认为只有将土地合理利用，并使土地不断增值，转化为利润，农业才有提升的空间，农民才会真正拥有不断致富的资源，他指出：“资本能够固定在土地上，即投入土地，其中有的是比较短期的，如化学性质的改良、施肥等，有的是比较长期的，如修排水渠、建设灌溉工程、平整土地、建造经营建筑物等”；“这样投入土地的资本，称为土地资本……人们只要对已经变成生产资料的土地进行新的投资，也就是在不增加土地的物质即土地面积的情况下增加土地资本……土地资本，也同其他任何资本一样不是

①马克思．给维·伊·查苏利奇的复信草稿——初稿［M］//马克思恩格斯全集：第19卷．北京：人民出版社，1963：438．

②恩格斯．“德国农民战争”第二版序言［M］//马克思恩格斯全集：第16卷．北京：人民出版社，1975：454．

③恩格斯．致奥古斯特·倍倍尔［M］//马克思恩格斯全集：第36卷．北京：人民出版社，1975：416．

④马克思，恩格斯．共产党宣言［M］//马克思恩格斯文集：第2卷．北京：人民出版社，2009：53．

⑤马克思．资本论［M］//马克思恩格斯全集：第42卷．北京：人民出版社，2016：169-170．

⑥马克思．资本论［M］//马克思恩格斯全集：第42卷．北京：人民出版社，2016：171．

⑦马克思．资本论［M］//马克思恩格斯全集：第23卷．北京：人民出版社，1972：552．

永恒的……土地资本是固定资本，但是固定资本同流动资本一样也有损耗”[①]。

在推动农村发展的过程中，无产阶级政党应该有义务、有责任扮演重要角色、发挥重要作用、充当重要担当。关于这一点，恩格斯就指出，无产阶级“政党应当首先从城市走向农村，应当成为农村中的一股力量”[②]。除开政党的力量之外，其他国家力量也是推动农业、农村发展的重要元素，恩格斯强调，国家银行应该积极支持合作经济的发展，“从社会资金抽拨贷款来建立大规模生产及其他各种便利”[③]，从而为农业的现代化发展打开方便之门，拓宽发展渠道。

二、列宁的农村发展思想

列宁充分继承了马克思、恩格斯的农业发展思想，强调农业是国民经济的基础性事业，农民在国民经济中处于非常重要的地位，“农民是我国的决定因素，这是谁也不怀疑的”[④]，无产阶级政权的巩固、工人群众生活水平、经济的提升都与农业、农民有着紧密关系。只有充分发展农业、充分调动广大农民群众的积极性，才能解决广大人民群众吃饭穿衣的问题，解决食物、食品等人民日常生活的基本需要，而食物、食品等人民日常生活的基本需要得到解决了，才能“既改善工人生活状况，又巩固工农联盟”[⑤]，从而巩固无产阶级专政的国家政权。

列宁对资本主义制度给农村、农业发展带来的不良因素进行了有力批判。列宁指出，资本主义制度下的城市给予农村的正能量不多，或者说非常有限；更多的是一些“使农村在政治、经济、道德、体制等方面腐化起来的东西”[⑥]。因此，资本主义制度下的城乡关系是对立的。列宁重点批判了资本主义农村的土地制度，土地具有不可移动性，“土地占有的任何‘村社性质’都不能改变这种生产极其分散的状况。同生产的这种分散性紧密联系着的是农民本身

---

①马克思．资本论［M］//马克思恩格斯全集：第25卷．北京：人民出版社，1974：698.

②恩格斯．法德农民问题［M］//马克思恩格斯文集：第4卷．北京：人民出版社，2009：510.

③恩格斯．法德农民问题［M］//马克思恩格斯文集：第4卷．北京：人民出版社，2009：525.

④列宁．论粮食税［M］//列宁全集：第32卷．北京：人民出版社，1958：332.

⑤列宁．共产国际第四次代表大会［M］//列宁全集：第33卷．北京：人民出版社，1957：383.

⑥列宁．日记摘录［M］//列宁全集：第33卷．北京：人民出版社，1957：421.

的分散性”[①]，重要的是，农民“被束缚在自己的份地上和自己狭小的‘村社’里，甚至同邻近村社的农民都被截然隔开，原因是他们所属的等别不同”[②]，而这也就决定了农业具有“地方的闭塞性和狭隘性”[③]。列宁还批判了资本主义制度下俄国宗法式农民经济的劣根性，他指出俄国宗法式农民经济从本质上“是以保守的技术和保持陈旧的生产方法为基础的。在这种经济制度的内部结构中，没有任何引起技术改革的刺激因素；与此相反，经济上的闭关自守和与世隔绝，依附农民的穷苦贫困和逆来顺受，都排斥了进行革新的可能性”[④]。

社会主义制度建立后，城乡关系得到了根本改善，但农业、农村的发展任重而道远。列宁认为，要推动社会主义农村不断向前发展，必须对农村和农业进行改革。列宁极力主张通过合作化的方式来推动农业、农村改革，这一点尤其体现在列宁晚年的思想中。列宁认为，合作社是小生产过渡到社会主义的最好形式，“文明的合作社工作者的制度就是社会主义的制度”，“合作社往往是同社会主义完全一致的”[⑤]。具体而言，列宁认为要推动农村、农业改革，必须做到：一要大力提高农业劳动生产率。要提高农业劳动生产率，必须加大农业的科学化发展，比如运用现代科学技术来推动农业发展，他指出：“应当立即努力改善农民的生活，开始电气化和灌溉的巨大工程。灌溉是最需要的，它将最有效地改造边疆，复兴边疆，它将埋葬过去，可靠地保证向社会主义的过渡。”[⑥] 二要合理构建工业、农业布局。工业与农业是相辅相成的，二者不可分割，是有着辩证关系的。农业是工业发展的基础，工业发展后，可以反哺农业，推动农业发展。列宁强调要尽量减少原料加工过程中的劳动消耗，从而提高农业销售环节的生产率。[⑦] 三要尽力发展交通运输事业。交通运输事业是国民经济发展的重要元素，道路不畅，则经济不兴。列宁认为，穷乡僻壤之所以穷，之所以不发达，“同运输问题有关”[⑧]。四要合理

①列宁. 俄国资本主义的发展［M］//列宁全集：第3卷. 北京：人民出版社，1959：278.

②列宁. 俄国资本主义的发展［M］//列宁全集：第3卷. 北京：人民出版社，1959：281.

③列宁. 俄国资本主义的发展［M］//列宁全集：第3卷. 北京：人民出版社，1959：279.

④列宁. 俄国资本主义的发展［M］//列宁全集：第3卷. 北京：人民出版社，1959：195.

⑤列宁. 论合作社［M］//列宁全集：第43卷. 北京：人民出版社，2017：369-370.

⑥列宁. 致阿塞拜疆、格鲁吉亚、亚美尼亚、达吉斯坦、哥里共和国的共产党员同志们［M］//列宁全集：第41卷. 北京：人民出版社，2017：196.

⑦列宁. 科学技术工作计划草稿［M］//列宁全集：第34卷. 北京：人民出版社，2017：212.

⑧列宁. 全俄苏维埃第九次代表大会文献［M］//列宁全集：第42卷. 北京：人民出版社，2017：320.

调整全国人口结构。列宁指出，要改变城乡对立的不合理现象，必须调整城乡之间的人口结构，只有调整人口结构，才能“既消除农村的偏僻状况、与外界隔绝和未开化状态，也消除大量人口集中在大城市的反常现象”[①]。总之，只有从多方面推动农村的改革，才能切实“消除城乡对立，提高农村的文化水平，甚至消除穷乡僻壤那种落后、愚昧、粗野、贫困、疾病丛生的状态”[②]。

关于农民的改造是列宁极为关注的一个重要问题。列宁认为，要发展农业、改良农村，就要培育农民的商业意识，让农民既是一个合格的农业工作者，也是一名合格的商人，要让农民生产出来的产品能够销售、能够进入市场、能够转化为商品，让农民对市场操作有着较为娴熟的技术和充分的知识，他指出：“所谓做商人的本领，我指的是做文明商人的本领。这一点是俄国人，或者直截了当说是农民应该牢牢记住的，他们以为一个人既然做买卖，那就是说有本领做商人。”[③]

三、毛泽东的乡村建设思想

必须承认，毛泽东有着浓厚的乡村情结，对乡村的感情异常深厚。这一点可以从毛泽东在井冈山时期对乡村的深入调查一窥端倪。正是因为对乡村的深厚感情，所以毛泽东在乡村建设上有着自己独特的思考。

毛泽东出生于晚清中国的一个农村家庭。其时，晚清中国正经历着现代化的阵痛，帝国政权风雨飘摇，经济发展迟滞，人民生活水平低下，农村贫困人口日益增多，农村呈现出衰败、破落的景象。费正清就指出：“广大农民被剥夺了土地，或者不得不耕种经过任意分割而不足以维持生活的小块土地，还要负担增加的地租，同时又不再能用手工产品来弥补其亏空，所有这些情况造成的农民的逐渐贫穷几乎是普遍现象。”[④] 民国以降，农村的社会状况并未得到根本或者说实质性的改变，据文献记载：“农村的苦难急速加重。大批人群从一个省迁徙到另一个省；饥荒，农民逃入城镇乞讨，妇女沦落，父母被逼卖儿鬻女，大量农村人口失业，农村普遍欠债和被迫出售土地。”[⑤] 不争的事实表明，中国如果要发展，对乡村的改造是必需的，也是迫不及待的。

---

①列宁．马克思的学说［M］//列宁选集：第2卷．北京：人民出版社，1972：599.

②列宁．在第七届全俄中央执行委员会第一次会议上关于全俄中央执行委员会和人民委员会工作的报告［M］//列宁全集：第38卷．北京：人民出版社，2017：124.

③列宁．论合作社［M］//列宁全集：第43卷．北京：人民出版社，2017：368.

④〔美〕费正清．剑桥中国晚清史：下卷［M］．北京：中国社会科学出版社，2007：649.

⑤〔美〕费正清．剑桥中华民国史（1912—1949年）：下卷［M］．北京：中国社会科学出版社，1993：293.

新中国成立后，面对一穷二白、衰败破旧的中国农村，毛泽东发出了对中国农业进行社会主义改造的指示。1955年7月31日，毛泽东在中央召开的省、自治区、直辖市党委书记会议上做了《关于农业合作化问题》的报告。报告全面阐述了我国农业社会主义改造的相关问题，号召广大农民在“坚持自愿、互利原则”的基础上组织起来，走合作化道路，报告认为“在全国农村中，新的社会主义群众运动的高潮就要到来”，并提出了对农业合作化运动要“全面规划，加强领导”的方针。但报告对“右倾”的批判是不符合实际的。应该承认，1955年下半年中国广大农村确实掀起了农业合作化高潮，广大农民迅速组织起来，投身于农业社会主义改造的热潮之中；但同时也出现了要求过高，工作过粗，改变过快，态度过急，形式也过于单一的问题。①

囿于新中国成立初期所处的国际国内环境，毛泽东尽管认为工业是国民经济的支柱，主张工业与农业并举，“重工业是我国建设的重点。必须优先发展生产资料的生产，这是已经定了的。但是决不可以因此忽视生活资料尤其是粮食的生产”②。但毛泽东在农业与工业的发展上还是有所侧重，在毛泽东看来，吃饭问题是首要问题，因为如果吃饭问题不解决，其他问题的解决等于是一句空话，“如果没有足够的粮食和其他生活必需品，首先就不能养活工人，还谈什么发展重工业……像苏联的粮食产量长期达不到革命前最高水平的问题，像一些东欧国家由于轻重工业发展太不平衡而产生的严重问题，我们这里是不存在的。……我们对于农业、轻工业是比较注重的。我们一直抓了农业，发展了农业，相当地保证了发展工业所需要的粮食和原料”③。事实上，毛泽东一直关注吃饭问题，1957年后，吃饭问题成为关系国家生存发展、关系群众生命安全的重大问题，对此，他反复强调，“全党一定要重视农业。农业关系国计民生极大。要注意，不抓粮食很危险。不抓粮食，总有一天会大乱。……农业关系到五亿农村人口的吃饭问题……农业也关系到城市和工矿区人口的吃饭问题”④，“手中有粮，心里不慌”⑤。

在毛泽东看来，中国要推动农业发展，必须依靠农业社会化的大生产；而如何推进农业的社会化大生产，则必须充分调动农民的积极性，充分将农民“组织起来”。早在1943年11月29日，毛泽东在中共中央招待陕甘宁边

①毛泽东．关于农业合作化问题［N］．人民日报，1955-10-17（01）．

②毛泽东．论十大关系［M］//毛泽东文集：第7卷．北京：人民出版社，1999：24．

③毛泽东．论十大关系［M］//毛泽东文集：第7卷．北京：人民出版社，1999：24．

④毛泽东．在省市自治区党委书记会议上的讲话［M］//毛泽东文集：第2卷．北京：人民出版社，1999：199．

⑤毛泽东．粮食问题［M］//毛泽东文集：第8卷．北京：人民出版社，1999：84．

区劳动英雄大会上的讲话中就指出："在农民群众方面，几千年来都是个体经济，一家一户就是一个生产单位，这种分散的个体生产，就是封建统治的经济基础，而使农民自己陷于永远的穷苦。克服这种状况的唯一办法，就是逐渐地集体化；而达到集体化的唯一道路，依据列宁所说，就是经过合作社。"① 在这里，毛泽东既对中国沿袭几千年的小农经济进行了有力批判，也对未来中国的农业发展进行了畅想和构思。新中国成立之后，毛泽东更是明确指出："个体农民，增产有限，必须发展互助合作。"② 毛泽东指出将广大农民群众组织起来搞互助合作至少有以下优点，一是减少农民群众之间的两极分化，"许多贫农，则因为生产资料不足，仍然处于贫困地位，有些人欠了债，有些人出卖土地，或者出租土地。这种情况如果让它发展下去，农村中向两极分化的现象必然一天一天地严重起来"③。而通过互助合作，"大多数合作社增产了，在广大的农村中人剥削人的现象消灭了，两极分化的现象没有了，剥削阶级也将被改造成自食其力者，老弱孤寡得到了适当的照顾"④。二是有利于团结群众，推动农业的社会化发展。"其重要作用，首先在于通过规划，全面地贯彻了党在农村的阶级路线，加强了贫农和中农的团结……从而有计划地全面地推进了农业合作化运动。"⑤

对农民的教育是毛泽东乡村建设思想中的重要内容。从历史回顾可知，毛泽东的农民教育思想起源较早，早在 1918 年，毛泽东就通过"新民学会"来推广自己的普及教育思想，既然是普及教育，那么对农民的教育自然是其中的一部分。1924 年 9 月，以毛泽东为首的中共湘区委员会决定在湘江学校开办农村师范部，加强对农民的教育与改造。新中国成立前夕，毛泽东在《论人民民主专政》中说："严重的问题是教育农民。"⑥ 但教育农民是一件异常复杂、艰巨的系统工程，需要"很具体很细致地去做，不能采取粗暴的态度和简单的方法"⑦。从新中国成立初期农村的社会状况来看，由于封建政治、经济、文化等多种因素的影响，不识字、不懂算术的文盲在农民中的比例非

①毛泽东．组织起来［M］//毛泽东选集：第 3 卷．北京：人民出版社，1991：931.

②毛泽东．关于农业互助合作的两次谈话［M］//毛泽东文集：第 6 卷．北京：人民出版社，1999：299.

③毛泽东．关于农业合作化问题［N］．人民日报，1955-10-17（01）.

④本报评论员．坚定信心，继续前进——帮助农民正确理解部分农业社减产的原因［N］．人民日报，1956-12-31（03）.

⑤毛泽东．关于农业合作化问题［N］．人民日报，1955-10-17（01）.

⑥毛泽东．论人民民主专政［M］//毛泽东选集：第 4 卷．北京：人民出版社，1991：1477.

⑦毛泽东．《严重的教训》一文按语［M］//毛泽东文集：第 6 卷．北京：人民出版社，1999：450.

常高。毛泽东非常重视农民的扫盲教育，“在一个文盲充斥的国家内，是建成不了共产主义社会的”①。希望通过扫盲来推动农村和农民改造。在毛泽东的推动下，新中国成立初期的扫盲工作取得了巨大的成就。

四、邓小平、江泽民、胡锦涛的新农村建设思想

邓小平是一位务实的改革家。从某种意义上说，邓小平领导的改革开放其实是从农村改革开始的，或者说是以农村改革作为切入点打开改革的缺口推进的。早在1980年5月，邓小平明确表示支持包产到户。他说：“农村政策放宽以后，一些适宜搞包产到户的地方搞了包产到户，效果很好。”② 并针对一些人担心包产到户会不会影响集体经济的情绪表明党的态度强调：“我看这种担心是不必要的。”③

与其他马克思主义经典作家相同，邓小平对农业、农村、农民问题也异常关注。早在20世纪80年代，邓小平就强调：“农业是根本，不要忘掉”；④“中国经济能不能发展，首先要看农村能不能发展”。⑤ 他提出要将农业作为我国国民经济的“战略重点”之一来进行规划，“能源、交通是重点，农业也是重点”⑥。他认为，农村的发展与改革的发展稳定有着莫大的关系，“中国有百分之八十的人口住在农村，中国稳定不稳定首先要看这百分之八十稳定不稳定。城市搞得再漂亮，没有农村这一稳定的基础是不行的”⑦。

在如何实现农业现代化的问题上，邓小平跳出了传统思维中的从农业讨论农业的窠臼，而是极力将农业的发展与政策、制度、科学技术等紧密联系起来，强调：“农业的发展一靠政策，二靠科学。”⑧ 发展农业，要有合理的政策与制度，只有有了合理的政策与制度才能充分调动广大农民群众的积极性，

---

①毛泽东.《莒南县高家柳沟村青年团滋补创办记工学习班的经验》一文按语［M］∥毛泽东文集：第6卷.北京：人民出版社，1999：455.

②邓小平.关于政策问题［M］∥邓小平文选：第2卷.北京：人民出版社，1994：315.

③邓小平.关于政策问题［M］∥邓小平文选：第2卷.北京：人民出版社，1994：315.

④邓小平.各项工作都要有助于建设有中国特色的社会主义［M］∥邓小平文选：第3卷.北京：人民出版社，1993：23.

⑤邓小平.我们党宏伟目标和根本政策［M］∥邓小平文选：第3卷.北京：人民出版社，1993：77-78.

⑥邓小平.前十年为后十年做好准备［M］∥邓小平文选：第3卷.北京：人民出版社，1993：17.

⑦邓小平.建设有中国特色的社会主义［M］∥邓小平文选：第3卷.北京：人民出版社，1993：65.

⑧邓小平.前十年为后十年做好准备［M］∥邓小平文选：第3卷.北京：人民出版社，1993：17.

才能切实推动农村、农业发展。除了要有合理的政策与制度，还必须有推动农业现代化发展所需要的科学技术，科学技术有利于农业的改良与发展。“要大力加强农业科学研究和人才培养。提高农作物单产、发展多种经营、改革耕作栽培方法、解决农村能源、保护生态环境等，都要靠科学。”①

邓小平继承了毛泽东重视农民的传统，提出要尊重农民的首创精神，鼓励农民大胆地试、大胆地闯。② 提出要给“农民更多的自主权，调动……农民的积极性”，③ 要“充分调动广大农民的积极性，乃是发展农业生产力的关键”④，“我们这些年来搞改革，有一条经验是，首先调动农民的积极性，提出权力下放”⑤。而要调动广大农民的积极性，必须重视维护农民利益。“不重视物质利益，对少数先进分子可以，对广大群众不行，一段时间可以，长期不行。‘不讲物质利益，那就是唯心论。’只有重视并切实保证农民群众的利益，才能激发他们的劳动热情。”⑥ 在邓小平的推动下，发展农村市场经济的春潮涌动，一大批利好政策出炉，比如农副产品的价格政策、加快发展高效农业的政策、大力发展乡镇企业的政策、培育农村市场体系的政策逐步出台，我国农村改革走向新的阶段。

邓小平非常强调对农民的教育与引导。对农民的教育是中国共产党一直以来的重要内容，可以这样说，中国共产党之所以能够带领广大农民群众建设中国特色社会主义，一个很重要的原因就在于重视对农民的教育，帮助广大农民群众接受新知识、新文化、新观念，帮助农民逐渐走出蒙昧落后状态，移风易俗，消除迷信思想，树立崇尚科学理念；帮助农民提高科技文化水平。邓小平非常重视把农民培养成为新型农民，他提出的“教育要面向现代化，面向世界，面向未来”⑦ 的理念，可以说为农民的教育和培养指明了一个明确而科学的方向。

---

①孙文盛．不要忘掉农业这个根本——学习邓小平同志关于农业和农民问题的论述［N］．人民日报，1993-02-22（05）．

②邓小平．在武昌、深圳、珠海、上海等地的谈话要点［M］//邓小平文选：第3卷．北京：人民出版社，1993：372．

③邓小平．改革的步子要加快［M］//邓小平文选：第3卷．北京：人民出版社，1993：242．

④孙文盛．不要忘掉农业这个根本——学习邓小平同志关于农业和农民问题的论述［N］．人民日报，1993-02-22（05）．

⑤孙文盛．不要忘掉农业这个根本——学习邓小平同志关于农业和农民问题的论述［N］．人民日报，1993-02-22（05）．

⑥孙文盛．不要忘掉农业这个根本——学习邓小平同志关于农业和农民问题的论述［N］．人民日报，1993-02-22（05）．

⑦邓小平．为景山学校题词［M］//邓小平文选：第3卷．北京：人民出版社，1993：35．

江泽民充分继承了毛泽东、邓小平的农村发展思想，并密切结合20世纪90年代我国改革开放和社会主义市场经济发展的新形势，从当时的国际形势和国情民情出发，提出了一系列关于我国农村改革的重大论断，深化了中国特色社会主义农村经济社会发展理论。

江泽民指出，农业是国民经济的基础，没有农业的牢固基础，就不可能有我们国家的自立；没有农业的积累和支持，就不可能有我国工业的发展；没有农村的稳定和全面进步，就不可能有整个社会的稳定和全面进步；没有农民的小康，就不可能有全国人民的小康；没有农业的现代化，就不可能有整个国民经济的现代化。总之，农业在我国经济和社会发展中的基础地位和战略作用，永远忽视不得，只能加强，不能削弱。①

江泽民提出要切实保护好农民利益，调动农民的生产积极性。农民非常务实，他们最盼望的是党和政府支持他们进一步搞活农村经营，引导他们建设新农村，尽快脱贫致富，达到小康水平；最担心的是有些农村政策、支农措施不落实，打折扣；最不满意的是四面八方把手伸向农村，挤农业、挖农民，损害他们的经济利益，挫伤他们的积极性。这些问题，不仅直接关系到农民的切身利益，也直接影响到农业生产全局能不能稳定、农民生产情绪能不能稳住。因此，要多为农民办实事，真正做到保护好农民的利益，保护好农民的生产积极性，以保证农业和农村经济的持续发展。②

20世纪90年代是改革的关键时期，农业、农村的改革是改革中的重头戏，牵涉到整个改革大局、牵涉到改革的全面推进、牵涉到改革的深入发展。如果不深化农村、农业改革，势必会影响改革的全盘布局。因此，江泽民强调，要深化农村改革，建立以家庭承包经营为基础，以农业社会化服务体系、农产品市场体系和国家对农业的支持保护体系为支撑，适应发展社会主义市场经济要求的农村经济体制。在整个社会主义初级阶段，必须始终把加快发展生产力作为农村工作的中心，一切政策都要有利于增强农村经济活力。③

农村是党的事业的重要阵地，关系到中国特色社会主义事业的顺利推进，关系到亿万农民的切身利益。因此，江泽民强调要全面加强和改进党对农村工作的领导，各级党委必须把农业放在各项经济工作的首位，要长期坚持，

---

①新华社.六省农业和农村工作座谈会在武汉召开：江泽民就农业问题发表重要讲话［N］.人民日报，1992-12-28（01）.

②新华社.六省农业和农村工作座谈会在武汉召开：江泽民就农业问题发表重要讲话［N］.人民日报，1992-12-28（01）.

③何平，沈祖润，何加正，樊如钧.江泽民在安徽省党政领导干部会上发表重要讲话强调：全面推进农村改革，开创我国农业和农村工作新局面［N］.人民日报，1998-09-28（01）.

毫不动摇；各级党委要经常讨论农业和农村中的重大问题，并及时做出决策；要切实加强农村基层党组织的建设，努力发挥农村党员干部和党员的先锋模范作用。对于那些长期不起作用，处于软弱涣散和瘫痪半瘫痪的党组织，上级党委一定要下大力气指导和帮助进行整顿。对于经过整顿仍无起色的乡、村党组织，县委应该下决心从县级机关中选派一些得力的干部下去，充实和加强这些党组织的领导力量；要把党在农村的各项政策真正落实到基层，及时发现和妥善解决农村发展中的问题，要诚心诚意地为农民谋利益，认真倾听农民的呼声，充分信任和依靠农民。①

经过50多年的建设，特别是改革开放以来，我国农业生产和农村现代化建设取得了举世瞩目的成就，但制约农民增收和农业发展、农村现代化的因素依然存在，这些因素严重阻碍了农村经济社会的发展，成为农村改革亟须面对和解决的问题。在此关键时期，胡锦涛从中国国际国内环境出发，提出了一系列有关社会主义新农村建设重大论断，深化了中国特色社会主义农村经济社会发展理论。

回顾历史可知，正确认识和处理农民、农村、农业问题，始终是决定党的事业胜利发展的一个根本问题。尽管改革开放以来，农业和农村的发展，为我国顺利推动现代化建设做出了巨大的贡献、打下了坚实的基础；但从我国的未来发展看，实现全面建设小康社会的宏伟目标，最繁重、最艰巨的任务在农村。因此，胡锦涛指出，没有农民的小康就没有全国人民的小康，没有农村的现代化就没有国家的现代化。我们必须从这样的高度来认识问题，更加重视农业、农村和农民问题，自觉把全面建设小康社会的工作重点放在农村。②

针对制约农业和农村发展的深层次矛盾尚未消除，促进农民持续稳定增收的长效机制尚未形成，农村经济社会发展滞后的局面也还没有根本改变，统筹城乡发展的体制机制没有完全建立起来，胡锦涛提出了建设社会主义新农村的战略。他指出，建设社会主义新农村要以邓小平理论和“三个代表”重要思想为指导，牢固树立和全面落实科学发展观，坚持把解决好“三农”问题作为全党工作的重中之重，统筹城乡经济社会发展，实行工业反哺农业、城市支持农村和“多予少取放活”的方针，坚持以经济建设为中心，协调推

①新华社．六省农业和农村工作座谈会在武汉召开：江泽民就农业问题发表重要讲话［N］．人民日报，1992-12-28（01）．

②饶爱民．中央农村工作会议在京召开：胡锦涛温家宝作重要讲话，曾庆红、黄菊、李长春出席会议［N］．人民日报，2003-01-09（01）．

进农村社会主义经济建设、政治建设、文化建设、社会建设和党的建设，推动农村走上生产发展、生态良好、生活富裕的文明发展道路。①

在建设社会主义新农村的具体设计上，胡锦涛强调，一是在经济上，要全面加强农村生产力建设，针对制约农村生产力发展的突出问题，抓住关键环节，采取综合措施，加强粮食综合生产能力建设，加快农业科技进步，加强农村基础设施建设，加快转变农业增长方式。二是在机制上，要坚持把促进农民增收作为农业和农村工作的中心任务，挖掘农业内部增收潜力，广辟农村富余劳动力转移就业的途径，形成农民增收的长效机制。三是在基层民主上，要扩大农村基层民主，搞好村民自治，健全村务公开制度，开展普法教育，确保广大农民群众依法行使当家做主的权利。四是要加强精神文明建设，加快发展农村教育文化事业，倡导健康文明的新风尚，培育造就新型农民。五是要坚持以解决好农民群众最关心、最直接、最现实的利益问题为着力点，促进农村和谐社会建设，关心农村困难群众生活，发展农村卫生事业，加强农村社会建设和管理。六是要坚持社会主义市场经济的改革方向，稳定和完善农村基本经营体制，统筹推进农村各项改革，充分尊重广大农民群众的首创精神，全面增强农业和农村发展的活力。②

党的领导是建设社会主义新农村的根本保证。胡锦涛强调，各级党委和政府要把思想统一到中央的决策和部署上来，切实把这件关系全局的大事抓紧抓好。要立足当前、着眼长远，统筹安排、科学规划，广泛听取基层和农民群众的意见和建议，尊重自然规律、经济规律和社会发展规律，区分轻重缓急，突出建设重点，分步实施，扎实推进。要从农民群众最关心、要求最迫切、最容易见效的事情抓起，不断让农民群众得到实实在在的好处。广大干部要弘扬求真务实精神，做到关心农民疾苦、尊重农民意愿、维护农民利益、增进农民福祉。③

①刘建生．胡锦涛在省部级主要领导干部建设社会主义新农村专题研讨班开班式上强调：尊重农民意愿、维护农民利益、增进农民福祉，扎扎实实规划和推进社会主义新农村建设［N］．人民日报，2006-02-15（01）．

②刘建生．胡锦涛在省部级主要领导干部建设社会主义新农村专题研讨班开班式上强调：尊重农民意愿、维护农民利益、增进农民福祉，扎扎实实规划和推进社会主义新农村建设［N］．人民日报，2006-02-15（01）．

③刘建生．胡锦涛在省部级主要领导干部建设社会主义新农村专题研讨班开班式上强调：尊重农民意愿、维护农民利益、增进农民福祉，扎扎实实规划和推进社会主义新农村建设［N］．人民日报，2006-02-15（01）．

五、习近平关于乡村振兴的重要论述

党的十八大以来，我国新农村建设取得巨大成效，但一个不容忽视的现实是，农村改革发展仍然处在爬坡阶段，制约农业和农村发展的深层次矛盾依然比较突出，城乡共享改革发展红利的体制机制尚需完善，工农城乡关系仍需进一步调整；随着工业化、城市化、农业现代化的快速发展，农村生态环境质量和农村人居环境面临新的问题。[①] 当此之际，以习近平同志为核心的党中央立足于中国农村改革近40年来的巨大成就，结合农村发展的新变化、新形势、新机遇、新挑战，继续探索与深化农村各项改革，提出了一系列有关新时代乡村建设的新论断、新理念、新论述。

与毛泽东、邓小平、江泽民、胡锦涛等领导人一样，习近平同样强调农业的基础地位。习近平指出，中国要强，农业必须强；中国要美，农村必须美；中国要富，农民必须富。农业基础稳固，农村和谐稳定，农民安居乐业，整个大局就有保障，各项工作都会比较主动。要大力坚持把解决好“三农”问题作为全党工作重中之重，不断加大强农惠农富农政策力度，始终把“三农”工作牢牢抓住、紧紧抓好。[②]

尽管改革开放以来农村的变化非常大，农村、农业改革取得显著成效，但问题仍然存在，比如东西部农业发展的不平衡问题、农民收入增长速度不快的问题、农业现代化水平不高的问题。针对这些问题，习近平强调要着力推进农业经济发展方式转变和农业产业结构调整，着力推进农业现代化不断取得新成果。[③] 针对农村改革滞后的问题，习近平强调，要全面深化农村改革，加快构建新型农业经营体系，赋予农民更多财产权利，维护农民生产要素权益，保障农民工同工同酬，保障农民公平分享土地增值收益，保障金融机构农村存款主要用于农业农村；健全农业支持保护体系，改革农业补贴制度，完善粮食主产区利益补偿机制。完善农业保险制度。[④]

推进城镇化是解决农业、农村、农民问题的重要途径。针对我国城镇化

---

①毛磊，徐隽．人大常委会分组审议并专题询问国务院关于推进新农村建设工作情况的报告［N］．人民日报，2014-12-28（04）．

②兰红光．中央农村工作会议在北京举行：习近平李克强作重要讲话，张德江、俞正声、刘云山、王岐山、张高丽出席会议［N］．人民日报，2013-12-25（04）．

③李学仁，黄敬文．习近平在湖北考察改革发展工作时强调：坚定不移全面深化改革开放，脚踏实地推动经济社会发展［N］．人民日报，2013-07-24（01）．

④新华社．中共中央关于全面深化改革若干重大问题的决定［N］．人民日报，2013-11-16（02）．

率不高的情况，习近平指出，要推进城镇化必须处理好城镇化和农业现代化、新农村建设的关系，不能靠行政命令层层加码、级级考核，不要急于求成、拔苗助长。推进城镇化既要积极、又要稳妥、更要扎实，方向要明，步子要稳，措施要实。①

全面建成小康社会，最艰巨、最繁重的任务在农村特别是在贫困农村地区。没有农村的小康，特别是没有贫困农村地区的小康，就没有全面建成小康社会。因此，习近平极力主张加大对农村特别是对贫困农村的扶贫力度，他说，农村贫困人口脱贫是最突出的短板。虽然全面小康不是人人同样的小康，但如果现有的7000多万农村贫困人口生活水平没有明显提高，全面小康也不能让人信服。农村贫困人口脱贫是全面建成小康社会的基本标志，必须实施精准扶贫、精准脱贫，以更大决心、更精准思路、更有力措施，采取超常举措，实施脱贫攻坚工程，确保我国现行标准下农村贫困人口实现脱贫、贫困县全部摘帽、解决区域性整体贫困。② 要加快推进深度贫困地区脱贫攻坚，要按照党中央统一部署，坚持精准扶贫精准脱贫基本方略，坚持中央统筹、省负总责、市县抓落实的管理体制，坚持党政一把手负总责的工作责任制，坚持专项扶贫、行业扶贫、社会扶贫等多方力量、多种举措有机结合和互为支撑的“三位一体”大扶贫格局，以解决突出制约问题为重点，以重大扶贫工程和到村到户帮扶措施为抓手，以补短板为突破口。③

尽管随着农业、农村改革的深入推进，“三农”工作取得切实成效，但如果要全面建成小康社会，必须对“三农”工作进行全面规划，从战略发展上进行统筹谋划与协调布局。针对新时期建设新农村所面对的新问题、新挑战、新情况、新任务，习近平总书记全盘考虑、高屋建瓴，从“三农”工作的实际情况出发，结合广大农民群众的实际需求，结合新时代乡村建设的新需要，在党的十九大上提出要大力“实施乡村振兴战略”。习近平指出，乡村振兴战略是党的十九大提出的一项重大战略，是关系全面建设社会主义现代化国家的全局性、历史性任务，是新时代“三农”工作总抓手。乡村振兴是一项复杂而艰巨的系统工程。就具体内容来讲，乡村振兴主要聚焦于“产业兴旺、生态宜居、乡风文明、治理有效、生活富裕，着力推进乡村产业振兴、人才

①王晔. 中央城镇化工作会议在北京举行：习近平李克强作重要讲话，张德江、俞正声、刘云山、王岐山、张高丽出席会议［N］. 人民日报，2013-12-15（01）.

②习近平. 习近平谈治国理政：第2卷［M］. 北京：外文出版社，2017：79-80.

③庞兴雷. 习近平在深度贫困地区脱贫攻坚座谈会上强调：强化支撑体系加大政策倾斜，聚焦精准发力攻克坚中之坚［N］. 人民日报，2017-06-25（01）.

振兴、文化振兴、生态振兴、组织振兴”①。乡村产业振兴、人才振兴、文化振兴、生态振兴、组织振兴这五大要素作为一个整体概念是习近平总书记在参加十三届全国人大一次会议山东代表团审议时提出的。其中，乡村产业振兴主要是指紧紧围绕发展现代农业，围绕农村一二三产业融合发展，构建乡村产业体系，实现产业兴旺，把产业发展落到促进农民增收上来，全力以赴消除农村贫困，推动乡村生活富裕。要发展现代农业，确保国家粮食安全，调整优化农业结构，加快构建现代农业产业体系、生产体系、经营体系，推进农业由增产导向转向提质导向，提高农业创新力、竞争力、全要素生产率，提高农业质量、效益、整体素质。乡村人才振兴主要是指把人力资本开发放在首要位置，强化乡村振兴人才支撑，加快培育新型农业经营主体，让愿意留在乡村、建设家乡的人留得安心，让愿意上山下乡、回报乡村的人更有信心，激励各类人才在农村广阔天地大施所能、大展才华、大显身手，打造一支强大的乡村振兴人才队伍，在乡村形成人才、土地、资金、产业汇聚的良性循环。乡村文化振兴主要是指加强农村思想道德建设和公共文化建设，以社会主义核心价值观为引领，深入挖掘优秀传统农耕文化蕴含的思想观念、人文精神、道德规范，培育挖掘乡土文化人才，弘扬主旋律和社会正气，培育文明乡风、良好家风、淳朴民风，改善农民精神风貌，提高乡村社会文明程度，焕发乡村文明新气象。乡村生态振兴主要是指坚持绿色发展，加强农村突出环境问题综合治理，扎实实施农村人居环境整治三年行动计划，推进农村“厕所革命”，完善农村生活设施，打造农民安居乐业的美丽家园，让良好生态成为乡村振兴支撑点。乡村组织振兴主要是指要打造千千万万个坚强的农村基层党组织，培养千千万万名优秀的农村基层党组织书记，深化村民自治实践，发展农民合作经济组织，建立健全党委领导、政府负责、社会协同、公众参与、法治保障的现代乡村社会治理体制，确保乡村社会充满活力、安定有序。②

乡村振兴与脱贫攻坚工作有着辩证逻辑关系。习近平总书记对此有着深刻的论述，比如，在 2020 年 3 月 6 日决战决胜脱贫攻坚座谈会上强调：“脱贫摘帽不是终点，而是新生活、新奋斗的起点。要接续推进全面脱贫与乡村振兴有效衔接，推动减贫战略和工作体系平稳转型，统筹纳入乡村振兴战略，

---

①鞠鹏，谢环驰．习近平在湖北考察时强调：坚持新发展理念打好“三大攻坚战”奋力谱写新时代湖北发展新篇章［N］．人民日报，2018-04-29（01）．

②姚大伟．习近平、李克强、王沪宁、赵乐际、韩正分别参加全国人大会议一些代表团审议［N］．人民日报，2018-03-09（01）．

建立长短结合、标本兼治的体制机制。总的要有利于激发欠发达地区和农村低收入人口发展的内生动力，有利于实施精准帮扶，促进逐步实现共同富裕。”① 4 月 20—23 日在陕西考察时强调：“脱贫摘帽不是终点，而是新生活、新奋斗的起点。接下来要做好乡村振兴这篇大文章，推动乡村产业、人才、文化、生态、组织等全面振兴。”②

2022 年 4 月 1 日出版的《求是》杂志第 7 期发表中共中央总书记、国家主席、中央军委主席习近平的重要文章《坚持把解决好“三农”问题作为全党工作重中之重，举全党全社会之力推动乡村振兴》。习近平在文中强调，要大力巩固拓展脱贫攻坚成果，全面推进乡村振兴，加快农业农村现代化，是需要全党高度重视的一个关系大局的重大问题。全党务必充分认识新发展阶段做好“三农”工作的重要性和紧迫性，坚持把解决好“三农”问题作为全党工作重中之重，举全党全社会之力推动乡村振兴，促进农业高质高效、乡村宜居宜业、农民富裕富足。习近平指出，要加快发展乡村产业，“乡村产业发展还处于初级阶段，主要问题是规模小、布局散、链条短，品种、品质、品牌水平都还比较低，一些地方产业同质化比较突出。要适应城乡居民消费需求，顺应产业发展规律，立足当地特色资源，拓展乡村多种功能，向广度深度进军，推动乡村产业发展壮大”。习近平强调要“加强党对‘三农’工作的全面领导”，“全面推进乡村振兴，必须健全党领导农村工作的组织体系、制度体系、工作机制，提高新时代党全面领导农村工作的能力和水平”。习近平指出：“乡村振兴各项政策，最终要靠农村基层党组织来落实”，“要突出抓基层、强基础、固基本的工作导向，推动各类资源向基层下沉，为基层干事创业创造更好条件”；“必须建设一支政治过硬、本领过硬、作风过硬的乡村振兴干部队伍。要选派一批优秀干部到乡村振兴一线岗位，把乡村振兴作为培养锻炼干部的广阔舞台，对在艰苦地区、关键岗位工作表现突出的干部要优先重用。新发展阶段‘三农’工作更加复杂，新情况新问题很多，要求更高。各级干部要加强理论学习和调查研究，增强做好‘三农’工作的本领。要吸引各类人才在乡村振兴中建功立业。要广泛依靠农民、教育引导农民、组织带动农民，激发广大农民群众积极性、主动性、创造性，投身乡村振兴，建设美好家园。”

---

①鞠鹏. 习近平在决战决胜脱贫攻坚座谈会上强调：坚决克服新冠肺炎疫情影响，坚决夺取脱贫攻坚战全面胜利［N］. 人民日报，2020-03-07（01）.

②谢环驰. 习近平在陕西考察时强调：扎实做好“六稳”工作落实“六保”任务，奋力谱写陕西新时代追赶超越新篇章［N］. 人民日报，2020-04-24（02）.

总之，上述马克思主义经典作家以及党的领导人有关农村发展、乡村建设的理念、思想与论述是当前我国推进“三农”工作、在农村全面深化改革、实施乡村振兴的重要指导思想，是本书进行研究必须借鉴的重要理论支撑。

第三节　基层党组织建设的相关理论

本书的另一重要理论支撑是基层党组织建设的相关理论。马克思主义基层党组织建设的相关理论起源于马克思、恩格斯有关基层党建的相关理论，后经过列宁、毛泽东、邓小平、江泽民、胡锦涛、习近平等不断创新发展，形成了一套科学的、对现实具有指导意义的理论体系。

一、马克思、恩格斯有关基层党建的相关理论

马克思、恩格斯是无产阶级政党的创始人，因此，他们二人的基层党建思想主要是围绕为什么要建立无产阶级政党，无产阶级政党的指导思想、组织建设、制度建设、纯洁性建设等问题展开论述的。

关于为什么要建立无产阶级政党。其实，马克思、恩格斯关于这个问题论述的相关文献较多，比如，在《共产党宣言》《神圣家族》《英国工人阶级状况》《资本论》《1844 年经济学哲学手稿》等著作中均进行详细论述，这些文献不仅对资本主义社会状况进行了详尽分析，而且对无产阶级为什么要进行革命进行了分析。马克思在《哥达纲领批判》中指出：“在资本主义社会和共产主义社会之间，有一个从前者变为后者的革命转变时期。同这个时期相适应的也有一个政治上的过渡时期，这个时期的国家只能是无产阶级的革命专政。”① 而要建立无产阶级专政，就必须建立无产阶级政党，建立一个以推翻资本主义私有制、推翻资产阶级为目的的无阶级政党，“共产党人的最近目的是和其他一切无产阶级政党的最近目的一样的：使无产阶级形成为阶级，推翻资产阶级的统治，由无产阶级夺取政权”②。

在无产阶级政党的指导思想上，马克思、恩格斯在《共产党宣言》和《共产主义者同盟章程》中，对共产党的性质、目的、理论基础做出了阐述，

①马克思．哥达纲领批判［M］//马克思恩格斯全集：第 19 卷．北京：人民出版社，1963：31.

②马克思，恩格斯．共产党宣言［M］//马克思恩格斯全集：第 4 卷．北京：人民出版社，1958：479.

指出党的性质是工人阶级政党，“共产党人不是同其他工人政党相对立的特殊政党”，是工人阶级中“最先进的和最坚决的”部分，共产党人始终代表无产阶级运动的利益，没有任何“特殊的原则”，“没有任何同整个无产阶级的利益不同的利益”，“强调和坚持整个无产阶级共同的不分民族的利益”。共产党人的最终目的是消灭私有制，建立一个没有阶级、没有私有制的新社会，即共产主义。[①] 通过《共产党宣言》《德意志意识形态》《神圣家族》《哥达纲领批判》《社会主义从空想到科学的发展》等著作，马克思、恩格斯创立的新的世界观科学社会主义和新的方法论辩证唯物主义和历史唯物主义成为共产党人进行斗争和革命的理论基础，成为马克思、恩格斯党的建设学说的指导思想。

在组织建设上，马克思、恩格斯不仅确立了党的组织机构设置，而且明确了党的组织原则。恩格斯指出，“支部、区部、总区部、中央委员会和代表大会”是共产主义者同盟基本的组织机构，“支部的组成至少三人至多二十人……区部辖有两个以上十个以下支部……区部委员会是区内各支部的权力执行机关……本国或本省内的各区部隶属于一个总区部……总区部是本省各区部的权力执行机关……总区部向最高权力机关——代表大会报告工作，在代表大会闭幕期间则向中央委员会报告工作”[②]。在这里恩格斯所指的“支部”其实相当于基层党组织。代表大会是共产主义者同盟的“立法机关”和“最高权力机关”，“代表大会是全盟的立法机关。关于修改章程的一切提案均经总区部转交中央委员会，再由中央委员会提交代表大会”，中央委员会是“全盟的权力执行机关”。[③] 此外，马克思和恩格斯还确立了民主与集中相结合的原则为共产主义者同盟的组织原则。

在制度建设上，《共产主义者同盟章程》对盟员社会行为进行了规定，指出：“代表大会于每年 8 月举行。遇紧急情况中央委员会得召集非常代表大会。……每届代表大会指定本届中央委员会所在地，同时指定下届代表大会的开会地点。……任何一个盟员迁居时均须事先报告本支部的主席……凡不遵守盟员条件者，视情节轻重或暂令离盟或开除出盟。凡开除出盟者不得再

①马克思，恩格斯. 共产党宣言［M］//马克思恩格斯文集：第 2 卷. 北京：人民出版社，2009：44-46.

②恩格斯. 共产主义者同盟章程［M］//马克思恩格斯全集：第 4 卷. 北京：人民出版社，1958：572-575.

③恩格斯. 共产主义者同盟章程［M］//马克思恩格斯全集：第 4 卷. 北京：人民出版社，1958：575.

接收入盟。……开除盟籍的问题只能由代表大会决定。”[①] 在这里，恩格斯对代表大会的基本制度进行了规定，对背叛党组织的人员做出了惩戒规定。此外，马克思还极力强调民主制度，他指出：“由于厌恶一切个人崇拜，在国际存在的时候，我从来都不让公布那些许许多多来自各国的、使我厌烦的歌功颂德的东西；我从来也不予答复，偶尔答复，也只是加以斥责。”[②] 这说明，马克思从心底里对个人崇拜非常厌恶，主张在党组织内部党员是平等的。

在纯洁性建设上，马克思、恩格斯强调无产阶级政党必须旗帜鲜明地亮出自己的政治态度和政治立场，“共产党人向全世界公开说明自己的观点、自己的目的、自己的意图并且拿党自己的宣言来反驳关于共产主义幽灵的神话”[③]。党员必须无条件地接受无产阶级的世界观和方法论，“共产党人的理论原理，决不是以这个或那个世界改革家所发明或发现的思想、原则为根据的。……从这个意义上说，共产党人可以把自己的理论概括为一句话：消灭私有制”[④]。要大力纯洁无产阶级政党的队伍，“我们党内可以有来自任何社会阶级的个别人物，但我们绝对不需要任何代表资本家、中等资产阶级或中等农民利益的集团”[⑤]。

二、列宁的基层党建思想

应该承认，列宁的党建思想对中国共产党的党的建设工程有着重要而深远的影响。列宁的基层党建思想非常丰富，具体而言，包括以下内容：

党员队伍建设。列宁十分重视无产阶级政党队伍的建设，重视提高党员质量、纯洁党的作风，并将之作为无产阶级政党建设基础和前提。他指出：“世界上只有我们这样的政党，即革命工人阶级的党，才不追求党员数量的增加，而注意党员质量的提高和清洗‘混进党里来的人’。我们曾不止一次地重新登记党员，以便把这种‘混进党里来的人’驱除出去，只让有觉悟的真正

①恩格斯．共产主义者同盟章程［M］//马克思恩格斯全集：第4卷．北京：人民出版社，1958：572-575.

②马克思．马克思致威·布洛斯（1877年11月10日）［M］//马克思恩格斯全集：第34卷．北京：人民出版社，1972：289.

③马克思，恩格斯．共产党宣言［M］//马克思恩格斯文集：第2卷．北京：人民出版社，2009：30.

④马克思，恩格斯．共产党宣言［M］//马克思恩格斯文集：第2卷．北京：人民出版社，2009：44-46.

⑤恩格斯．法德农民问题［M］//马克思恩格斯全集：第22卷．北京：人民出版社，1965：576.

忠于共产主义的人留在党内。”[①] 列宁强调：“我们应当努力把党员的称号和作用提高、提高、再提高。”[②] 针对一些党员在执掌政权后腐化变质、以权谋私、违法乱纪的现象，列宁指出：“我们内部最可恶的敌人就是官僚主义者，这些人都是身居苏维埃要职（也有担任一般职务的）、由于勤勤恳恳而受到大家尊敬的共产党员。”[③] 对这些人和这些不良现象，列宁强调纯洁队伍，加强队伍建设，注重党员质量而并非数量的提升，“党内总的任务不是在数量上扩充党的队伍，而是改善它的质量，提高全体党员的觉悟，加强他们的共产主义教育，发挥他们的积极性、主动性和创造性，并在这一基础上达到全党队伍的绝对的统一”[④]。列宁指出，要加强党员队伍建设，必须严格入党条件，“延长新党员的预备期是极端重要的”；[⑤] 同时，要加强对党员的思想教育，“我们当前的任务，就是最迅速、最有效和最切实地帮助这些年轻的党员成长，把他们培养成为建设社会主义的干部，使他们最有觉悟，能够胜任最重要的职务，并且同群众即大多数工人和不剥削他人劳动的农民保持最密切的联系”；[⑥] “必须把欺骗分子、官僚分子、不忠诚分子和不坚定的共产党员以及虽然改头换面但内心依然故我的孟什维克从党内清除出去”[⑦]。列宁提出要通过学习来提升党员队伍的质量，“我们一定要给自己提出这样的任务：第一，学习；第二是学习；第三还是学习”[⑧]。

党的纪律建设。列宁认为，纪律建设是无产阶级政党带领广大人民群众推翻私有制、推翻资产阶级制度，实现无产阶级历史使命的重要保障。列宁非常强调纪律的严明性，他在《共产主义运动中的“左派”幼稚病》中总结布尔什维克之所以能够取得成功的经验时明确指出：“无产阶级实现无条件的

---

①列宁. 工人国家和征收党员周［M］//列宁全集：第37卷. 北京：人民出版社，2017：217.

②列宁. 俄国社会民主工党第二次代表大会［M］//列宁全集：第6卷. 北京：人民出版社，1959：458.

③列宁. 论苏维埃共和国所处的国际和国内形势［M］//列宁全集：第43卷. 北京：人民出版社，2017：14.

④列宁. 关于党的建设问题［M］//苏联共产党的代表大会、代表会议和中央全会会议决议汇编：第2分册. 北京：人民出版社，1964：54.

⑤列宁. 致莫洛托夫同志［M］//列宁全集：第43卷. 北京：人民出版社，2017：17.

⑥列宁. 就党代表大会的筹备工作给俄共各级组织的信［M］//列宁全集：第38卷. 北京：人民出版社，2017：161.

⑦列宁. 关于清党［M］//列宁全集：第42卷. 北京：人民出版社，2017：158.

⑧列宁. 宁肯少些，但要好些［M］//列宁全集：第43卷. 北京：人民出版社，2017：384.

集中和极严格的纪律，是战胜资产阶级的基本条件之一”[①]；并强调，“没有纪律，没有集中，我们决不能完成这个任务”[②]。为了更好地推动纪律建设，列宁强调用党制定的章程来加强对党员的约束和治理，他说：“一定要以正式的，即所谓‘用官僚主义态度’（在自由散漫的知识分子看来）制定的章程为基础，也只有严格遵守这个章程，才能保证我们摆脱小组的刚愎自用，摆脱小组的任意胡闹，摆脱美其名为思想斗争的自由‘过程’的小组争吵。”[③]

基层党组织建设。列宁非常重视党的基层组织建设，早在1902年，他在《怎么办?》这一重要著作中就指出党组织的结构是：中央委员、城市委员会、各种小组，这里的小组实际上就是党的基层组织。[④] 这一思想后来在列宁创立无产阶级政党时得到了充分体现，“工人当中同群众有直接联系的先进分子所领导的地方党支部，尤其是工厂的党支部——这就是我们赖以建立起革命的社会民主主义工人运动的不可动摇的坚强核心的基础”[⑤]。1905年年初，俄国爆发了大规模的工人罢工运动，为应对新的革命形势列宁指出：“必须加紧按照新方式建立组织……要使他们深入‘下层’，到工作更艰巨、条件更困难、迫切需要有经验和学识的人、思想闭塞、政治生活不活跃的地方去”[⑥]，并强调，这些基层组织“都应当成为‘在群众中进行鼓动工作、宣传工作和实际组织工作的据点’”[⑦]，“使党的基层组织真正成为而不是在口头上成为党的基本组织细胞”[⑧]。

三、毛泽东的基层党建思想

毛泽东继承了马克思、恩格斯、列宁的基层党建思想，同时结合中国革命、社会主义建设的实际创造性地发展了马克思主义基层党建思想，推动了马克思主义基层党建思想的中国化。

思想建党。思想建党是毛泽东的一大创造，也是中国共产党之所以能够

①列宁．共产主义运动中的“左派”幼稚病［M］//列宁全集：第39卷．北京：人民出版社，2017：4.

②列宁．俄共（布）第九次代表大会文献［M］//列宁全集：第38卷．北京：人民出版社，2017：276.

③列宁．进一步，退两步［M］//列宁全集：第8卷．北京：人民出版社，2017：393.

④列宁．怎么办?［M］//列宁全集：第6卷．北京：人民出版社，2013：1-182.

⑤列宁．走上直路［M］//列宁全集：第17卷．北京：人民出版社，2017：4.

⑥列宁．论党的改组［M］//列宁全集：第12卷．北京：人民出版社，2017：84.

⑦列宁．走上大路［M］//列宁全集：第17卷．北京：人民出版社，2017：338.

⑧列宁．关于俄国社会民主工党统一代表大会的报告［M］//列宁全集：第13卷．北京：人民出版社，2017：59.

立足并不断发展壮大的重要法宝，是中国共产党一以贯之的优良传统。在党的指导思想上，毛泽东从中国国情民情实际出发，从中国革命需要出发，坚持马克思主义的指导思想地位，主张用马克思主义来武装中国共产党，他指出："唯物史观是吾党哲学的根据"[①]，"既要革命，就要有一个革命党。没有一个革命的党，没有一个按照马克思列宁主义的革命理论和革命风格建立起来的革命党，就不可能领导工人阶级和广大人民群众战胜帝国主义及其走狗"[②]。事实上，在随后的革命中，中国共产党坚持用马克思主义武装自己，运用马克思主义哲学分析中国革命的实际，运用唯物辩证法和唯物史观解析中国社会，最终取得革命的胜利。

群众路线。毛泽东是党的群众路线最早倡导者之一。毛泽东在《对晋绥日报编辑人员的谈话》中说："我党二十几年来，天天做群众工作，近十几年来，天天讲群众路线。"[③] 可见群众路线是毛泽东党建思想中的重要内容，也是中国共产党基层党组织建设的重要内容。毛泽东一直主张党与人民群众之间的关系是鱼水关系，强调要依靠人民群众、团结人民群众、武装人民群众。井冈山时期，毛泽东就提出，"革命战争是群众的战争，只有动员群众才能进行战争，只有依靠群众才能进行战争"[④]；"一切群众的实际生活问题，都是我们应当注意的问题。"[⑤] 他在纪念张思德的追悼会上强调："我们的共产党和共产党所领导的八路军、新四军，是革命的队伍，我们这个队伍完全是为着解放人民的，是彻底地为人民的利益而工作的。"[⑥] 1945 年，毛泽东在为党的七大所做的开幕词《论联合政府》中指出："全心全意为人民服务，一刻也不脱离群众；一切从人民利益出发，而不是从个人或小集团利益出发；向人民负责和向党的领导机关负责的一致性；这些就是我们的出发点。"[⑦] 新中国成立之后，他反复强调："共产党就是要奋斗，就是要全心全意为人民服务，不要

①毛泽东. 给蔡和森的信［M］//毛泽东文集：第 1 卷. 北京：人民出版社，1993：4.

②毛泽东. 全世界革命力量团结起来，反对帝国主义的侵略［M］//毛泽东选集：第 4 卷. 北京：人民出版社，1991：1357.

③毛泽东. 对晋绥日报编辑人员的谈话［M］//毛泽东选集：第 4 卷. 北京：人民出版社，1991：1318.

④毛泽东. 关心群众生活，注意工作方法［M］//毛泽东选集：第 1 卷. 北京：人民出版社，1991：136.

⑤毛泽东. 关心群众生活，注意工作方法［M］//毛泽东选集：第 1 卷. 北京：人民出版社，1991：137.

⑥毛泽东. 为人民服务［M］//毛泽东选集：第 3 卷. 北京：人民出版社，1991：1004.

⑦毛泽东. 论联合政府［M］//毛泽东选集：第 3 卷. 北京：人民出版社，1991：1094-1095.

半心半意或者三分之二的心三分之二的意为人民服务。”①

支部建设。从某种意义上说，这里的支部就相当于基层党组织。毛泽东是中国共产党支部建设的最早倡议者之一。早在1927年，毛泽东就领导了著名的“三湾改编”，首次提出要在红军队伍中建立各级党组织，党支部建在连上，连以上建立党代表制度。“每连建设一个支部，每班建设一个小组，这是红军中党的组织的重要原则之一。在党员数量过少的部队，事实上不能每班建立一个小组时，则暂以排为单位建设小组，而把组员有计划地分配到各班，但须明白这是过渡的方法。”② 毛泽东非常重视党的支部建设，认为党的支部建设直接关系到党的战斗力、创新力和执行力。毛泽东指出党支部重要作用在于：“对于党员进行党的教育，领导党员成为工作的模范，团结党外人员，保证该部门工作任务的完成。”③ 重要的是，党支部建设有利于党的各级组织的团结，有利于凝聚党的力量为共同事业而奋斗，有利于推动党的工作不断向前发展。他指出：“党的组织，现分连支部、营委、团委、军委四级。连有支部，班有小组。红军所以艰难奋战而不溃散，‘支部建在连上’是一个重要原因。”④ 为了更好地推动支部发挥作用，更好地推动党的事业，在支部建设中，毛泽东极为重视党代表制度。他指出：“党代表制度，经验证明不能废除。特别是在连一级，因党的支部建设在连上，党代表更为重要。他要督促士兵委员会进行政治训练，指导民运工作，同时要担任党的支部书记。事实证明，哪一个连的党代表较好，哪一个连就较健全，而连长在政治上却不易有这样大的作用。”⑤

四、邓小平、江泽民、胡锦涛的基层党建思想

邓小平继承了马克思、恩格斯、列宁、毛泽东的基层党建思想，着力推动马克思主义基层党建思想与改革开放的中国实际相结合。

制度建设。针对“文革”时期党内存在制度缺失、人治较为严重的弊端，针对改革开放初期中国的实际情况和人民群众对党的期待与盼望，邓小平非常强调从制度上来建设党，指出：“我们党过去之所以发生各种错误，除了某

---

①毛泽东．坚持艰苦奋斗，密切联系群众［M］//毛泽东文集：第7卷．北京：人民出版社，1999：285.

②毛泽东．党的组织问题［M］//毛泽东文集：第1卷．北京：人民出版社，1993：81.

③毛泽东．关于共产党员和党外人员的关系［M］//毛泽东文集：第2卷．北京：人民出版社，1993：396.

④毛泽东．井冈山的斗争［M］//毛泽东选集：第1卷．北京：人民出版社，1991：65-66.

⑤毛泽东．井冈山的斗争［M］//毛泽东选集：第1卷．北京：人民出版社，1991：64.

些领导人的思想作风这个因素之外，更重要的还是制度方面的问题。”[①] 针对制度治党的一些困境和严峻现实，邓小平强调：“党除了应该加强对于党员的思想教育之外，更重要的还在于从各方面加强党的领导作用，并且从国家制度和党的制度上作出适当的规定，以便对于党的组织和党员实行严格的监督。”[②] 邓小平多次强调群众对党的监督作用，“要有群众监督制度，让群众和党员监督干部，特别是领导干部”[③]。

作风建设。邓小平非常重视党的作风建设，他指出：“全体干部必须从长远利益出发，坚决克服享乐思想倾向，反对铺张浪费，一切为了克服困难与发展生产。所有同志必须保持与发扬艰苦奋斗的光荣传统，以批评与自我批评的精神认真检讨，困难是完全可以克服的。”[④] 邓小平强调理论联系实际，他指出：“理论与实际联系的作风，就是马克思列宁主义同中国具体实践相结合的作风。我们党的领导之所以正确，我们党之所以能够取得胜利，就是坚持了这个作风。马克思列宁主义同中国革命具体实践相结合，过去是这样，现在是这样，将来也必须是这样。”[⑤] 强调密切联系群众，“密切联系群众的作风，就是党的群众路线。为什么我们能够得到群众的拥护，能够依靠人民诚心诚意的拥护取得革命的胜利？就是因为我们联系群众。得不到群众的拥护，能打胜仗吗？我们之所以能够以弱胜强、以少胜多、以小米加步枪打胜仗，就是因为依靠了群众。如果我们没有密切联系群众的作风，不去同群众打成一片，党的方针不能给群众说清楚，那么，虽然党的政策是符合于群众利益的，但是群众不懂，能赞成、拥护你吗？不会的。群众不拥护，要想取得胜利是不可能的”[⑥]。

基层党组织建设。邓小平非常重视党的基层组织建设，其中特别重视农村基层党组织建设。他强调：“巩固党和发展党，加强党员的教育，提高党员

---

①青海省党建研究会，青组研．邓小平党的制度建设思想及其现实意义［N］．青海日报，2014-10-13（07）．

②邓小平．关于修改党的章程的报告［M］//邓小平文选：第1卷．北京：人民出版社，1994：215．

③邓小平．党和国家领导制度的改革［M］//邓小平文选：第2卷．北京：人民出版社，1994：332．

④邓小平．克服享乐思想，反对铺张浪费（1950年2月2日）［M］//邓小平文集（1949—1974年）：上卷．北京：人民出版社，2014：41．

⑤邓小平．在全国农村基层组织工作会议上的讲话要点（1954年12月6日）［M］//邓小平文集（1949—1974年）：中卷．北京：人民出版社，2014：206-207．

⑥邓小平．在全国农村基层组织工作会议上的讲话要点（1954年12月6日）［M］//邓小平文集（1949—1974年）：中卷．北京：人民出版社，2014：207．

和农民群众的社会主义觉悟，加强农业合作社的政治工作，改造落后乡落后支部，加强农村里的政权工作和各个组织的工作，等等，这都是加强党在农村中堡垒作用的重要工作，也是巩固党和加强党的作用的一些重要方法”①；因此，邓小平认为“搞社会主义，没有党的组织是不行的，这个观念要很明确。凡是没有支部的地方，一定要建立支部，一定要发展党组织，要订计划、规定具体任务”②。

20 世纪 90 年代，中国处在改革开放的十字路口，国际国内环境非常复杂，特别需要一个有着过硬素质、过硬作风、过硬本领的领路人带领广大人民群众行稳致远地推进党的事业迈向纵深。当此之际，江泽民从中国国情、党情、民情出发，极力推动马克思主义基层党建思想时代化，科学回答了在新的历史条件下“建设成一个什么样的党、怎样建设这个党”这一重大课题。

作风建设。针对改革开放后有的党员干部开始奢侈、腐化、堕落的现象，江泽民指出：“我们一定要结合新的实际，遵循党的基本路线，坚持党要管党和从严治党，加强和改进党的建设。”③ 在管党治党中，党的领导干部是管党治党的重点，只有管好这一部分党员、治理好这一部分党员，才能切实推动党的建设迈向纵深。江泽民强调：“一个执政党，如果管不住、治理不好领导班子和领导干部，后果不堪设想。历史上的腐败现象，为害最烈的是吏治的腐败。由于卖官鬻爵及其带来和助长的其他腐败现象，造成‘人亡政息’、王朝覆灭的例子，在中国封建社会是屡见不鲜的。这种历史的教训很值得我们注意。”④ 江泽民在谈到作风建设时，要求要处理好党与人民群众之间的关系，他指出：“推进党的作风建设，核心是保持党同人民群众的血肉联系。我们党的最大政治优势是密切联系群众，党执政后的最大危险是脱离群众。”⑤ 他强调：“所有党员干部必须真正代表人民掌好权、用好权，而绝不允许以权谋

①邓小平．在全国农村基层组织工作会议上的讲话要点（1954 年 12 月 6 日）［M］//邓小平文集（1949—1974 年）：中卷．北京：人民出版社，2014：202.

②邓小平．在全国农村基层组织工作会议上的讲话要点（1954 年 12 月 6 日）［M］//邓小平文集（1949—1974 年）：中卷．北京：人民出版社，2014：203.

③中共中央政策研究室，中共中央文献研究室．江泽民论加强和改进执政党建设（专题摘编）［M］．北京：中央文献出版社，研究出版社，2004：559.

④江泽民．努力建设高素质的干部队伍（1996 年 6 月 21 日）［M］//中共中央文献研究室编．十四大以来重要文献选编：下册．北京：人民出版社，1999：1967.

⑤江泽民．全面建设小康社会，开创中国特色社会主义事业新局面［M］//江泽民文选：第 3 卷．北京：人民出版社，2006：572.

私，绝不允许形成既得利益集团。”①

执政党建设。马克思主义政党执政以后，面对着国际国内形势的变化，面对着历史任务和历史使命的重大变化，如何加强执政党建设，使党能够长期执政，是马克思主义经典作家必须认真思考和探索的问题。江泽民在探索中国共产党长期执政的重大课题上进行深入思考，他指出，我们党历经革命、建设和改革，已经从领导人民为夺取全国政权而奋斗的党，成为领导人民掌握全国政权并长期执政的党；已经从受到外部封锁和实行计划经济条件下领导国家建设的党，成为对外开放和发展社会主义市场经济条件下领导国家建设的党。这两个重大变化要求中国共产党必须“在长期执政的条件下，在对外开放和发展社会主义市场经济的环境中，党必须十分注重防范各种腐朽思想的侵蚀，维护党的队伍的纯洁”②；“一定要切实解决好不断提高党的领导水平和执政水平、提高拒腐防变和抵御风险能力这两大历史性课题，把党建设成为用邓小平理论武装起来、全心全意为人民服务、思想上政治上组织上完全巩固、能够经受住各种风险、始终走在时代前列、领导全国人民建设有中国特色社会主义的马克思主义政党。”③

基层党组织建设。江泽民非常重视党的基层组织建设，他强调：“党的基层组织是党的全部工作和战斗力的基础。各级党委要采取得力措施，努力把基层党组织建设成为团结和带领群众进行改革和建设的战斗堡垒。农村要进一步搞好以党支部为核心的村级组织建设。”④ 党的基层组织是党在农村战斗的基本细胞，关系着党的事业的兴衰成败，因此，要“坚持围绕中心、服务大局，拓宽领域、强化功能，扩大党的工作的覆盖面，不断提高党的基层组织的凝聚力和战斗力。加强以村党组织为核心的村级组织配套建设，探索让干部经常受教育、使农民长期得实惠的有效途径”⑤。

进入 21 世纪后，中国共产党面临的国际国内形势发生了翻天覆地的变

---

①江泽民. 在庆祝中国共产党成立八十周年上的讲话［M］//江泽民文选：第 3 卷. 北京：人民出版社，2006：280.

②江泽民. 全面建设小康社会，开创中国特色社会主义事业新局面［M］//江泽民文选：第 3 卷. 北京：人民出版社，2006：573.

③江泽民. 高举邓小平理论伟大旗帜，把建设有中国特色社会主义事业全面推向二十一世纪——在中国共产党第十五次全国代表大会上的报告［N］. 人民日报，1997-09-22（01）.

④江泽民. 加快改革开放和现代化建设步伐，夺取有中国特色社会主义事业的更大胜利［M］//江泽民文选：第 1 卷. 北京：人民出版社，2006：249.

⑤江泽民. 全面建设小康社会，开创中国特色社会主义事业新局面［M］//江泽民文选：第 3 卷. 北京：人民出版社，2006：571.

化，面对这些变化，胡锦涛与时俱进地推动基层党建的理论创新。

协同推进党的建设。面对新的历史时期人民的新期待、党的新的历史任务，胡锦涛提出："全党要增强紧迫感和责任感，牢牢把握加强党的执政能力建设、先进性和纯洁性建设这条主线，坚持解放思想、改革创新，坚持党要管党、从严治党，全面加强党的思想建设、组织建设、作风建设、反腐倡廉建设、制度建设，增强自我净化、自我完善、自我革新、自我提高能力，建设学习型、服务型、创新型的马克思主义执政党，确保党始终成为中国特色社会主义事业的坚强领导核心。"①

坚持以人为本、执政为民，始终保持党同人民群众的血肉联系。胡锦涛非常注重党与人民群众之间的鱼水关系，他强调："为人民服务是党的根本宗旨，以人为本、执政为民是检验党一切执政活动的最高标准。"② 要把人民群众的利益摆在重要位置，"任何时候都要把人民利益放在第一位，始终与人民心连心、同呼吸、共命运，始终依靠人民推动历史前进"③；"坚持问政于民、问需于民、问计于民，从人民伟大实践中汲取智慧和力量"④。

基层党组织建设。胡锦涛非常关注党的基层组织建设，他指出，党的基层组织是团结带领群众贯彻党的理论和路线方针政策、落实党的任务的战斗堡垒。当前，要推动党的事业向前发展，推动党的方针、政策、理论落地落实，必须全面推进各领域基层党建工作，扩大党组织和党的工作覆盖面，充分发挥推动发展、服务群众、凝聚人心、促进和谐的作用，以党的基层组织建设带动其他各类基层组织建设。⑤

五、习近平关于基层党建的重要论述

党的十八大以来，国际国内形势发生深刻变化，特别是党情，更是发生了前所未有的巨大变化，一些党员干部理想信念动摇，不信苍生信鬼神、不信马列信宗教，个人主义、自由主义、宗派主义、山头主义、拜金主义不同

①胡锦涛．坚定不移沿着中国特色社会主义道路前进，为全面建成小康社会而奋斗［M］//胡锦涛文选：第3卷．北京：人民出版社，2016：653-654.

②胡锦涛．坚定不移沿着中国特色社会主义道路前进，为全面建成小康社会而奋斗［M］//胡锦涛文选：第3卷．北京：人民出版社，2016：654.

③胡锦涛．坚定不移沿着中国特色社会主义道路前进，为全面建成小康社会而奋斗［M］//胡锦涛文选：第3卷．北京：人民出版社，2016：654.

④胡锦涛．坚定不移沿着中国特色社会主义道路前进，为全面建成小康社会而奋斗［M］//胡锦涛文选：第3卷．北京：人民出版社，2016：654-655.

⑤胡锦涛．坚定不移沿着中国特色社会主义道路前进，为全面建成小康社会而奋斗［M］//胡锦涛文选：第3卷．北京：人民出版社，2016：656-657.

程度地存在，形式主义、官僚主义、享乐主义和奢靡之风问题突出，滥用权力、贪污受贿、腐化堕落、违法乱纪等现象滋生蔓延，一些基层党组织不作为、乱作为、滥作为的现象存在。[①] 面对这些问题，习近平站在新的历史起点上，大力推进全面从严治党向基层延伸。

突出党的政治建设。旗帜鲜明讲政治是中国共产党作为马克思主义政党的根本要求，是中国共产党一以贯之的优良传统。党的政治建设是党的根本性建设，决定党的建设的方向和效果，决定党的建设的质量和高度，事关党的事业的不断推进，事关中国特色社会主义道路的开辟。党的十八大以来，习近平针对党内存在的政治建设不实的情况，强调要把党的政治建设摆在首位，“任何时候任何情况下，党的领导干部在政治上都要站得稳、靠得住，对党忠诚老实、与党中央同心同德，听党指挥、为党尽责”[②]；指出“我们所要坚守的政治方向，就是共产主义远大理想和中国特色社会主义共同理想、‘两个一百年’奋斗目标，就是党的基本理论、基本路线、基本方略”[③]。在党的政治建设中，政治方向是道路、是生命，来不得半点含糊，习近平指出，“着力把好正确政治方向，增强‘四个意识’，坚决维护党中央权威和集中统一领导，在思想上政治上行动上始终同党中央保持高度一致”[④]，毫不动摇坚持党的绝对领导，跟党走、听党话，为党干事创业。

加强党的思想建设。思想建设是党的基础性建设。在党的思想建设里，习近平尤其强调理想信念的砥砺作用，他指出：“要把坚定理想信念作为党的思想建设的首要任务，教育引导全党牢记党的宗旨，挺起共产党人的精神脊梁，解决好世界观、人生观、价值观这个‘总开关’问题。”[⑤] 加强思想建设，还必须用党的创新理论武装头脑，要以习近平新时代中国特色社会主义思想武装全党。

作风建设永远在路上。党的作风建设是党的形象，关系人心向背，关系党的生死存亡，关系能否长期执政。对于共产党人来讲，能不能解决作风问

---

①新华社. 关于新形势下党内政治生活的若干准则（2016 年 10 月 27 日中国共产党第十八届中央委员会第六次全体会议通过）［N］. 人民日报，2016-11-03（06）.

②谢环驰. 习近平在十九届中央纪委二次全会上发表重要讲话强调：全面贯彻落实党的十九大精神，以永远在路上的执着把从严治党引向深入［N］. 人民日报，2018-01-12（01）.

③新华社. 习近平在中共中央政治局第六次集体学习时强调：把党的政治建设作为党的根本性建设，为党不断从胜利走向胜利提供重要保证［N］. 人民日报，2018-07-01（01）.

④曹智，李刚. 习近平向军事科学院、国防大学、国防科技大学授军旗、致训词出席座谈会并发表重要讲话［N］. 人民日报，2017-07-20（01）.

⑤习近平. 决胜全面建成小康社会　夺取新时代中国特色社会主义伟大胜利——在中国共产党第十九次全国代表大会上的报告［M］. 北京：人民出版社，2017：63.

题、能不能保持良好的工作作风，是衡量新时代共产党人能否担当历史重任、能否进行伟大斗争、能否推进伟大事业、能否实现伟大梦想的重要标尺。因此，习近平强调，打铁必须自身硬，“要以踏石留印、抓铁有痕的劲头抓下去，善始善终、善做善成，防止虎头蛇尾，让全党全体人民来监督，让人民群众不断看到实实在在的成效和变化”[①]。作风问题的核心是党同人民群众的关系问题，不处理好党与人民群众的关系其实就不能说党的作风建设取得了实质性成效、就不能说党的作风建设有了重大突破。习近平强调：“加强作风建设，必须坚持马克思主义群众观点、贯彻党的群众路线，把出发点和落脚点归结到实现好、维护好、发展好最广大人民根本利益上来，归结到为民务实清廉上来，使改进作风的过程成为贯彻执行党的理论和路线方针政策的过程，成为推动改革开放和社会主义现代化建设顺利进行的过程。”[②] 作风建设必须正风肃纪，要用中央“八项规定”规制党员，大力整治“四风”问题，坚决反对特权思想和特权现象；重点强化政治纪律和组织纪律，带动廉洁纪律、群众纪律、工作纪律、生活纪律严起来。[③]

推动全面从严治党向基层延伸。基础不牢，地动山摇；基础不稳，风雨飘摇；基础不实，空中楼阁。党的基层组织是党在基层执政的组织基础，是党在基层推动工作的重要基因，是党在基层抓落实的基本细胞，是宣传党的主张、贯彻党的决定、领导基层治理、团结动员群众、推动改革发展的坚强战斗堡垒。习近平非常重视基层党组织建设，他强调：“党的基层组织是确保党的路线方针政策和决策部署贯彻落实的基础。”[④] 农村基层党组织是党在广大农村战斗的堡垒，是新时代党的理论、方针、政策落地落实的重要基础，习近平对此有着深刻的认识，他指出：“要加强企业、农村、机关、事业单位、社区等各领域党建工作，推动基层党组织全面进步、全面过硬。”[⑤] 2021年6月7日，习近平在青海考察时强调：“社区治理得好不好，关键在基层党组织、在广大党员，要把基层党组织这个战斗堡垒建得更强，发挥社区党员、干部先锋模范作用，健全基层党组织领导的基层群众自治机制，把社区工作

---

①习近平. 习近平谈治国理政［M］. 北京：外文出版社，2014：387.

②新华社. 习近平在中共中央政治局第十六次集体学习时强调：坚持从严治党落实管党治党责任，把作风建设要求融入党的制度建设［N］. 人民日报，2014-07-01 (01).

③习近平. 决胜全面建成小康社会　夺取新时代中国特色社会主义伟大胜利——在中国共产党第十九次全国代表大会上的报告［M］. 北京：人民出版社，2017：66.

④习近平. 决胜全面建成小康社会　夺取新时代中国特色社会主义伟大胜利——在中国共产党第十九次全国代表大会上的报告［M］. 北京：人民出版社，2017：65.

⑤习近平. 在全国组织工作会议上的讲话［M］. 北京：人民出版社，2018：14.

做到位做到家，在办好一件件老百姓操心事、烦心事中提升群众获得感、幸福感、安全感。”① 新时代农村基层党组织任务繁重、责任艰巨、使命重大，特别是乡村振兴的重大历史任务落在农村基层党组织身上，需要农村基层党组织身先士卒、勇挑重担、敢于担当、不畏艰险。针对此，习近平强调，“农村基层党组织要成为带领农民群众共同致富的主心骨和坚强战斗堡垒”②；农村“党支部要担负好直接教育党员、管理党员、监督党员和组织群众、宣传群众、凝聚群众、服务群众的职责，引导广大党员发挥先锋模范作用”③；“实施乡村振兴战略……要充分发挥好乡村党组织的作用，把乡村党组织建设好，把领导班子建设强。人才振兴是乡村振兴的基础，要创新乡村人才工作体制机制，充分激发乡村现有人才活力，把更多城市人才引向乡村创新创业”④。针对有的农村基层党组织软弱涣散的情况，习近平指出：“采取切实有效措施，强化农村基层党组织领导作用，选好配强农村党组织书记，整顿软弱涣散村党组织，深化村民自治实践，加强村级权力有效监督。”⑤ 在乡村振兴的过程中，贫困乡村、边远乡村的脱贫是党面临的一个重要问题，也是乡村振兴不能忽视的关键。因此，要极力加强贫困农村的基层党组织建设，“要把夯实农村基层党组织同脱贫攻坚有机结合起来，选好一把手、配强领导班子，特别是要下决心解决软弱涣散基层班子的问题，发挥好村党组织在脱贫攻坚中的战斗堡垒作用”⑥。为了更好地建设农村基层党组织，就必须把夯实农村基层党组织同脱贫攻坚有机结合起来，推动农村脱贫攻坚，要调动一切力量包括资金、人才、土地、政策、信息等要素来进行推动，在村级层面，“要加强贫困村两委建设，深入推进抓党建促脱贫攻坚工作，选好配强村两委班子，培养农村致富带头人，促进乡村本土人才回流，打造一支‘不走的扶贫工作队’。要充实一线扶贫工作队伍，发挥贫困村第一书记和驻村工作队作用，在

①谢环驰，李学仁．习近平在青海考察时强调：坚持以人民为中心深化改革开放，深入推进青藏高原生态保护和高质量发展［N］．人民日报，2021-06-10（01）．

②李学仁，谢环驰．习近平在海南考察时强调：以更高站位更宽视野推进改革开放，真抓实干加快建设美好新海南［N］．人民日报，2018-04-14（01）．

③习近平．决胜全面建成小康社会　夺取新时代中国特色社会主义伟大胜利——在中国共产党第十九次全国代表大会上的报告［M］．北京：人民出版社，2017：65．

④新华社．习近平在中共中央政治局第八次集体学习时强调：把乡村振兴战略作为新时代“三农”工作总抓手，促进农业全面升级农村全面进步农民全面发展［N］．人民日报，2018-09-23（01）．

⑤李学仁．习近平李克强王沪宁韩正分别参加全国人大会议一些代表团审议［N］．人民日报，2019-03-09（01）．

⑥习近平．习近平谈治国理政：第2卷［M］．北京：外文出版社，2017：91-92．

实战中培养锻炼干部，打造一支能征善战的干部队伍”①。如此，方能切实推动乡村振兴，推动农民在乡村振兴中收获更多的希望与果实。

总之，上述马克思主义经典作家以及党的领导人有关基层党建的相关理论是本书基层党组织建设的理论支撑，是本书研究的理论基础之一，为本书的深入研究提供了充实条件。本书拟在这些丰富理论的基础上展开研究，以期获得良好成效。

第四节 相关概念界定

概念是一项研究的基础。任何一项研究，都是建立在明晰概念的基础之上。通过明晰概念，研究变得清晰、明确，复杂问题变得理路清晰，有争议的问题能够在概念设置或者说限定的范围内进行。本书除了几个基本的理论命题之外，尚有“西南地区”“实践创新”两个概念需要解决。

一、“西南地区”的界定

在本书语境中，“西南地区”无疑是一个非常重要的关键词。甚至可以这样说，“西南地区”是本书的核心研究范畴，引领着本书的研究取向和研究旨趣，所有的研究路径几乎都是围绕着“西南地区”展开，离开“西南地区”，本书的研究将无处落脚，无所依归。

必须指出的是，虽然围绕西南地区这个地理区域来做一篇大文章是一件非常有意义的事情，但是，如果将西南地区仅仅作为一个纯粹的地理概念置放于新时代社会变迁的宏大视野里来进行理解的话那又无疑是片面的。毕竟，不管是从地理的角度还是从历史的角度，西南地区已经包含了上述两方面的内容，但又不仅仅只是上述两方面的内容。从历史学的角度来讲，西南地区是一个横贯数千年的历史基因；而从地理的角度来讲，西南地区也是一个幅员辽阔的地区。但事情显然不止于此，因为如果从社会学的角度来讲，西南地区涵括了“西南地域”和“民族文化”这两个要素，而且，文化学的稠度更为浓厚，也更有特色，几乎让所有从事文化方面的研究者都对西南有着崇敬之意，有着对之进行深入研究的深厚意愿。从这个角度来讲也就不难解释

①新华社．习近平在中共中央政治局第三十九次集体学习时强调：更好推进精准扶贫精准脱贫，确保如期实现脱贫攻坚目标［N］．人民日报，2017-02-23（01）．

为什么许多文化人类学学者喜欢来到西南地区进行文化，更准确地说是进行民族文化人类学的研究工作。因此，为了更好地从事本书的研究工作，很有必要对西南地区这个概念的内涵与深层次意义进行深入的解构与剖析。

布罗代尔是一位从地理的角度研究历史的大家，他对历史与地理之间的关系有着精辟的论述："地理研究显然存在着多种途径。人们可以根据地理自身的问题或根据它与其他人文科学或自然科学之间的交融关系去研究地理，……但是，对我们来说，地理将主要是重新理解、重新衡量、重新阐明……过去的一种方式。"① 从历史地理的角度来看，其实"西南"首先是一个历史意义上的名词，并且，从对历史的追溯中可以发现，"西南"这一名词蕴含的历史意义可以追溯到西汉时期。司马迁在《史记·西南夷列传》一文中曾云：

> 西南夷君长以什数，夜郎最大；其西靡莫之属以什数，滇最大；自滇以北君长以什数，邛都最大：此皆魋结，耕田，有邑聚。其外西自同师以东，北至楪榆，名为嶲、昆明，皆编发，随畜迁徙，毋常处，毋君长，地方可数千里。自嶲以东北，君长以什数，徙、筰都最大；自筰以东北，君长以什数，冉駹最大。其俗或士箸，或移徙，在蜀之西。自冉駹以东北，君长以什数，白马最大，皆氐类也。此皆巴蜀西南外蛮夷也。②

隋以降，中央政府对于边疆地区的开拓得到加强。其中，西南所辖的地理范围也得到拓展。据《隋书·地理志》记载：

> 西南地区辖汉川郡、西城郡、清化郡、通川郡、宕昌郡、汉阳郡、临洮郡、顺政郡、义城郡、平武郡、汶山郡、普安郡、金山郡、新城郡、巴西郡、遂宁郡、涪陵郡、巴郡、巴东郡、蜀郡、临邛郡、眉山郡、隆山郡、资阳郡、泸川郡、犍为郡、越嶲郡、黔安郡等28郡。③

唐代，西南地区所辖地域发生变化，但这种变化并不大，并且这种变化是在原有的基础上发生的。

> 分属剑南道、山南东道、山南西道和黔中道所辖范围。即今四川省辖剑南道之成都府、彭、蜀、汉、嘉、眉、简、资、嶲、邛、

---

①〔法〕费尔南·布罗代尔. 法兰西的特性：空间和历史［M］. 北京：商务印书馆，1994：15.

②司马迁著. 张大可注，史记新注［M］. 北京：华文出版社，2000：1927-1928.

③段重庆. 隋唐五代西南地区自然灾害及对策研究［D］. 重庆：西南大学，2012：7.

柘、雅、黎、茂、翼、维、戎、松、当、悉、静、恭、保、真、霸、乾、锌、遂（3县属四川，2县属重庆）、绵、剑、龙、普（4县属四川，2县属重庆）、陵、荣、沪等35府、州；山南西道之利、扶、集、壁、巴、蓬、通、阆、果、渠等10州，总计45府、州。今重庆市辖山南东道之夔、忠、涪、万和山南西道之开州等5州；剑南道之合、渝、昌、遂（2县属重庆，3县属四川）、普等5州；黔南道之黔（4县属重庆，2县属贵州）南溱等3州，总计13州。今贵州省辖黔中道之黔（2县属贵州，4县属重庆）、夷、播、思、费、锦（1县属贵州，4县属湖南）、奖等7州。今云南省辖剑南道之姚州1州。凡63府、州（不含羁縻州）。①

但不管历史上“西南地区”的行政区划如何变化，但万变不离其宗，其基本的行政区划是没有变的。方国瑜先生在对西南地理方位进行详细考证辨析后指出：“西南地区的范围，即在云南全省，又四川省大渡河以南，贵州省贵阳以西，这是自汉至元代我国的一个重要政治区域——西汉为西南夷，魏晋为南中，南朝为宁州，唐为云南安抚司，沿到元代为云南行省——各时期疆界虽有出入，而大体相同。”②

鉴古知今。显然，追溯历史不仅可知事件发生的缘由，而且可以从中了解历史发展的一般脉络，了解历史进行中的一般规律。从历史的追溯中，可知“西南”地理区域的发展有一个长期的过程，在这个过程当中，西南的大方位始终没有变化，基本上是以云贵川为中心进行活动的。

如果说从历史的角度对“西南”进行追溯仅仅让西南发展的历史渊源变得清晰而明朗起来，那么，从地理学的角度对“西南”这一地理区域进行界定的话，就会更显得方位清晰、位置明确。但有一点必须说明的是，从地理上对西南地区的定义显然是较为复杂的，这不仅仅因为中国地大物博，地理范围极为广阔；更为重要的是，地理上的区分对于任何一项学术研究来说都是困难与复杂的，因为这牵涉地理的分割与归类，还牵涉作者对于地理的一般认知，对于区域的熟悉与认同程度，甚至还牵涉读者对地理的认知习惯与知识积累。

从地理学来看，西南地区是一个相对模糊的地理概念。按照百度百科网的解释，西南介于“西”和“南”之间，它包括四川、云南、贵州、重庆、西藏5个省级行政区，与华东地区、华南地区、华中地区、华北地区、西北

①段重庆. 隋唐五代西南地区自然灾害及对策研究［D］. 重庆：西南大学，2012：8.
②方国瑜. 中国西南历史地理考释·略例［M］. 北京：中华书局，1987：1.

地区、东北地区等并称为中国七大地理分区。显然，百度是从地理的视角对西南这一空间概念进行解释，它既说明了西南的地理方位，也说明了西南所包括的行政区域；并且，这种行政区域与今天日常生活中通行的行政区划定位基本相似。

学术界对于“西南”这一地理概念也有界定。例如，云南大学的博士王文光就指出，西南“即今滇、黔、川、桂、藏五省区及重庆市”①。中央民族大学的博士张兴无则综合了人口、地理区域等多种元素来进行考量，“作为一个地理概念，西南指中国西南部地区，但西南的具体所指在不同研究、不同场合有所不同。作为一个地域概念，广义的西南包括云南、贵州、四川、重庆、广西、西藏六个省区市，总面积 264.07 万平方千米，占全国总面积的 27.5%，占西部面积的 51.7%。按照第五次人口普查的数据，总人口约 2.5 亿人，占全国总人口的 22.3%，占西部总人口的 68%。其中少数民族人口 5329.48 万人，占全国少数民族人口的 60%多，占西部少数民族人口的 70%多”②。

而如果从学科与学科之间血缘关系的角度来讲，西南政法大学的胡伟对“西南”的定义则比较接近本书研究的区域位置。胡伟指出：“西南地区包括中国西南部的广大腹地，地理上包括青藏高原东南部，四川盆地和云贵高原大部。建国初西南地区包括：四川省、云南省、贵州省、西康省、重庆市及西藏自治区共四省一市一区，总面积达二百五十万平方公里。除云南、贵州及西藏自治区的行政区划在后来没有大的变化外，西康省、四川省及重庆市有较大的调整。”③ 不过，介于本书的研究意旨以及本书的研究范式，课题组并不打算完全借用胡伟的“西南”概念，至少在地理范围内会有所缩小，也就是说，课题组会将不适合本书调研的地理位置过滤出去，而是选择更为适合本书的地理区域，以方便本书的资料收集与论证。

西南大学的贾林东则对抗战以来学术界关于西南地理概念的源流进行了分析，他指出：“抗战时期的西南地区，在国人眼中，其范围并不一致。有主张将中国的西部地区依经济条件和国防安全分为西南、西北两区，西南区包括四川、西康、云南、贵州 4 省（吴景超：《中国应当建设的工业区与工业》，《经济建设季刊》，第 1 卷第 4 期）；有主张西南包括四川、云南、贵州、广西及西康之一角（张有龄：《西北与西南农田水利之展望》《开发资源与西南新

①王文光．中国西南边疆近代民族关系史研究［D］．昆明：云南大学，2012：3．
②张兴无．西南少数民族财富观念研究［D］．北京：中央民族大学，2009：25．
③胡伟．1952—1953 年西南地区司法改革运动研究［D］．重庆：西南政法大学，2008：7．

经济建设》）；有主张西南包括四川、云南、广西、贵州、西康五省，而以广东、湖北、湖南为外围（孙福熙：《西南是建国的田园》，《旅行杂志》，1938年第11期，第5页），等等。”[①]

从历史与地理的视角对“西南”区域进行初步的分析后，可以得知“西南”这个地理方位是一个大概、粗略的概念或者说轮廓。虽然按照通常意义上的理解即广义的理解，西南地区主要是指重庆、四川、贵州、云南、西藏等五省（区、市）的民族聚居地区。然而，为了研究的需要，也为了写作的方便与作者本人收集资料的便捷，以及对于资料的运用自如和对历史的了解、熟稔程度，本书将西南地区进行了特别的区分，侧重于从狭义方面或者说从地理区域方面进行理解划分，特指贵州、四川、重庆、云南四个省（市）。该区面积110多万平方千米，占全国总面积的11.7%，人口约占全国总人口的16%，[②] 居住着50多个民族，是我国民族构成最复杂的多民族聚居区之一。比如，重庆地处四川盆地东南部，是青藏高原与长江中下游平原的过渡地带。地跨105°17′—110°11′E，28°10′—32°13′N，东西长470千米，南北宽450千米，辖区面积8.24万平方千米。聚居着汉族、苗族、土家族、回族、藏族等40多个民族。境内地形复杂，地貌差异明显。有山地、丘陵、平坝、河谷之分。其中海拔500米以上，相对高度200米以上的山地，约占总面积的70%，主要分布在东北部和东南部。相对高度200米以下的丘陵，约占总面积的20%，主要分布在西部和中部。平坝、河谷约占总面积的10%。[③] 云南是一个高原山区省份，山地占84%，高原、丘陵占10%，坝子（盆地、河谷）仅占6%。云南北依广袤的亚洲大陆，南临辽阔的印度洋和太平洋，正好处在东亚季风和南亚季风控制之下，又受青藏高原的影响，从而形成了复杂多样的自然地理环境。[④]

西南地区自古以来就十分贫瘠，土薄石多，生产发展较为缓慢，特别是广大农村地区，农民生活水平普遍不高，人居生活十分困难。由于贫穷、落后，人口死亡率较高，成人约为3%，儿童约为24%，远高于当时世界发达国家成人1.5%、儿童9%的人均死亡率。[⑤] 人民文化落后，知识素养严重不

①贾林东．抗战时期西南地区社会生活研究——以《旅行杂志》为中心［D］．重庆：西南大学，2011：7.

②吕恩琳．西南环境治理［M］．昆明：云南教育出版社，1992：1.

③马力．中国气象灾害大典·重庆卷［M］．北京：气象出版社，2008：1.

④刘建华．中国气象灾害大典·云南卷［M］．北京：气象出版社，2006：1.

⑤尚传道．对吴鼎昌主黔七年的回忆［M］//载中国人民政治协商会议贵州省委员会文史资料委员会．贵州文史资料选辑：第31辑．贵阳：贵州人民出版社，1992：38.

足，比如贵州：

(1) 文盲太多。1940年本省的统计，识字者为92‰。

(2) 文化水平低。在全省各县中很少有大学生，许多县份连高中毕业生都很少。

(3) 吸毒嗜好普遍。吸鸦片烟的人多，影响人民的健康。

(4) 卫生设备不足。医药卫生的设备过于简陋，甚至若干地方医药两无，因此传染疾病的预防固谈不到，即普通病痛的治疗，也少收效，结果是不该生的病生了，该治好的病治不好。

(5) 体质太弱。由于先天和后天的原因，本省人民一般讲来体质弱者较多。①

显然，通过上述对有关历史文献的梳理和分析，西南地区的地理位置和人民生活状况基本清晰，其地理区位也基本明晰。也就是说，从空间位置与地理区域的划分来看，西南地区首先是一个地理概念，是地理给予了西南地区一个清晰的位置，而地理位置的划定为本书的写作规定了范围，也使本书的写作有了最起码的活动空间和话语运行环境；更重要的是，区域位置的划定将有助于本书重点考察乡村振兴战略下西南地区农村基层党组织建设的一系列相关问题。

当然，如果把西南地区这个概念仅仅停留在地理层面，显然是不能满足本书研究需要的。事实上，在本书的研究语境里，西南地区还含有政治经济学的一些元素在里面，比如，包括西南地区的政治、政党、经济、文化等因子。正如马克思所强调的："政治经济学不是工艺学。"② 政治经济学并非简单地分析人和自然之间的关系，而是从分析人们在生产过程中的相互关系出发来分析人类社会，"在目前的社会中，它以经济规律在私人生产者的社会里唯一能为自己开辟道路的那种方式，即作为存在于事物和关系中的、不以生产愿望或努力为转移的、盲目地起作用的自然规律来为自己开辟道路"③。马克思的言外之意表明政治经济学是一种研究事物、探讨事物、分析事物、解构事物的重要方法。因此，在综合考虑各种分析因子后，与其说西南地区在本书的语境里是一个地理学意义上的概念，毋宁说是一个政治经济学意义上的

①尚传道. 对吴鼎昌主黔七年的回忆［M］//载中国人民政治协商会议贵州省委员会文史资料委员会. 贵州文史资料选辑：第31辑. 贵阳：贵州人民出版社，1992：38-39.

②马克思.《政治经济学批判》导言［M］//马克思恩格斯全集：第30卷. 北京：人民出版社，1995：27.

③恩格斯. 反杜林论［M］//马克思恩格斯全集：第20卷. 北京：人民出版社，1971：337.

概念，既涵括着地理元素、区位元素；也包含政党、政治、经济、民族、文化、生态等多重元素在里面，内涵和外延均十分丰富。比如，本书在研究乡村振兴战略下西南地区农村基层党组织建设的一系列相关问题时，会适当考虑西南地区农村基层党组织建设的时代环境、政治元素、经济元素、文化因子、民族元素等。

二、“实践创新”及其相关问题的说明

习近平总书记在纪念马克思诞辰200周年大会上的重要讲话中指出：“实践的观点、生活的观点是马克思主义认识论的基本观点，实践性是马克思主义理论区别于其他理论的显著特征。”① 由此可见，实践是马克思主义哲学认识问题、分析问题和解决问题的出发点和立足点；正是因为立足于实践，马克思主义哲学才充满着生命力，不断洋溢着激情和活力。

马克思是一个学识涵养非常丰厚的理论大家，其学术著作等身，许多理论观点和理论著作对世界影响深远。但不能否认的是，马克思也非常重视实践。他认为自己的哲学是建立在实践基础之上的，特别是与费尔巴哈、黑格尔等人的哲学思想有着本质上的区别，他说：“从前的一切唯物主义——包括费尔巴哈的唯物主义——的主要缺点是：对事物、现实、感性，只是从客体的或者直观的形式去理解，而不是把它们当作人的感性活动，当作实践去理解，不是从主观方面去理解。”② 马克思进一步批判费尔巴哈的哲学观，认为费尔巴哈“仅仅把理论的活动看作是真正人的活动，而对于实践则只是从它的卑污的犹太人的表现形式去理解和确定。因此，他不了解‘革命的’‘实践批判的’活动的意义”③。在这里，马克思否定了费尔巴哈式的唯物主义及其哲学观、人生观、价值观。从批判的视角出发，马克思极力建构一种实践意义上的哲学，他强调从实践的层面来理解生活的实质，“全部社会生活在本质上是实践的。凡是把理论引向神秘主义的神秘东西，都能在人的实践中以及对这个实践的理解中得到合理的解决”④。从而将实践的观点引入了哲学研究，引入了对社会、对世界特别是对世界无产阶级革命斗争的理解与诠释。

---

①习近平. 在纪念马克思诞辰200周年大会上的讲话［M］. 北京：人民出版社，2018：9.

②马克思. 关于费尔巴哈的提纲［M］//马克思恩格斯文集：第1卷. 北京：人民出版社，2009：499.

③马克思. 关于费尔巴哈的提纲［M］//马克思恩格斯文集：第1卷. 北京：人民出版社，2009：500.

④马克思. 关于费尔巴哈的提纲［M］//马克思恩格斯文集：第1卷. 北京：人民出版社，2009：501.

从马克思一系列有关论证实践的著作诸如《资本论》《共产党宣言》《关于费尔巴哈的提纲》《哥达纲领批判》《1844年经济学哲学手稿》等不难看出，马克思将实践引入哲学的终极目的并非纯粹进行理论研究，马克思的终极目的是改造世界或者说改变。马克思认为，实践是改造世界的武器，对世界的任何改造都必须立足于实践或者说从实践出发："哲学家们只是用不同的方式解释世界，问题在于改变世界。"① 可见马克思强调实践是哲学的重要组成部分，要改造世界，只有将理论付诸实践，从实践中寻找改造世界的力量，如此，方能推动实践与理论的充分结合。正是因为重视实践，所以马克思将自己的一生都奉献给了无产阶级的革命实践；也正是在马克思实践哲学的推动下，世界无产阶级成为改变世界、改造世界的重要力量，世界无产阶级的革命事业才不断向前发展。马克思强调："通过实践创造对象世界，即改造无机界，证明了人是有意识的类存在物，也就是这样一种存在物，它把类看作自己的本质，或者说把自身看作类存在物。"② 在这里马克思指出只有通过实践来"创造"客观世界。显然，这里的"创造"是建立在实践创新的基础上的。只有通过实践创新，才能不断优化人类改造世界的智慧，才能极力推动人类社会不断向前发展。不过，马克思也承认，"人们自己创造自己的历史，但是他们并不是随心所欲地创造，并不是在他们自己选定的条件下创造，而是在直接碰到的、既定的、从过去承继下来的条件下创造"③。从而将自己的实践创新建立在现实世界的基础之上，而不能超出现实。

中国共产党是马克思主义政党，自建党伊始就充分继承了马克思的"实践"观，并在民主革命的斗争中坚持贯彻马克思的实践思想。毛泽东就非常注重实践，并专门为此撰写了一篇理论文章《实践论》。在文章中，毛泽东指出："只有亲身参加于变革现实、变革某种或某些事物的实践的斗争中，才能触到那种或那些事物的现象，也只有在亲身参加变革现实的实践的斗争中，才能暴露那种或那些事物的本质而理解它们。"④ 显然，在毛泽东看来，实践是人们认识世界、改造世界的重要武器。

习近平总书记也非常重视实践，比如，在2018年新年贺词中指出："九

---

①马克思．关于费尔巴哈的提纲［M］//马克思恩格斯文集：第1卷．北京：人民出版社，2009：502.

②马克思．1844年经济学哲学手稿［M］//马克思恩格斯文集：第42卷．北京：人民出版社，1979：96.

③马克思．路易·波拿巴的雾月十八日［M］//马克思恩格斯文集：第11卷．北京：人民出版社，1995：131-132.

④毛泽东．实践论［M］//毛泽东选集：第1卷．北京：人民出版社，1991：287.

层之台，起于累土。要把这个蓝图变为现实，必须不驰于空想、不骛于虚声，一步一个脚印，踏踏实实干好工作。”① 在这里，“干”其实就是实践，是实践的具体表现形式。只有通过不断地加紧干、使劲干，才能推动中国特色社会主义事业呈现出新的气象。事实上，习近平本身就是一位实干家，当年在正定工作期间，习近平就以能干、肯干、善干、实干著名，是一位敢想、敢干的行动者，是一位肯干、善干的实践者。执政以后，习近平更是强调干是推动事物发展的重要动力，注重实干，他强调：“崇尚实干、狠抓落实是我反复强调的。如果不沉下心来抓落实，再好的目标，再好的蓝图，也只是镜中花、水中月。”②

除了重视实践，习近平还非常重视“创新”。他认为必须把创新摆在国家发展全局的核心位置，大力推进理论创新、制度创新、科技创新、文化创新等各方面创新，并强调中国如果不走创新驱动道路，新旧动能不能顺利转换，是不可能真正强大起来的，只能是大而不强。在创新的基础上，习近平强调将实践与创新有机结合起来，以此推动社会不断向前发展。事实上，党的十八大以来，习近平在多种场合对实践创新问题做过多次重要论述，他指出：“我们党之所以能够历经考验磨难无往而不胜，关键就在于不断进行实践创新和理论创新”，“把坚持马克思主义和发展马克思主义统一起来，结合新的实践不断作出新的理论创造，这是马克思主义永葆生机活力的奥妙所在”。③ 习近平把实践创新与时代变化有机联系起来，他指出：“要根据时代变化和实践发展，不断深化认识，不断总结经验，不断实现理论创新和实践创新良性互动。”④ 因此，要根据时代变化和实践的发展，根据人民的需要和诉求，不断深化认识，不断总结经验，不断进行实践创新，“世界每时每刻都在发生变化，中国也每时每刻都在发生变化，我们必须在理论上跟上时代，不断认识规律，不断推进理论创新、实践创新、制度创新、文化创新以及其他各方面创新”⑤。

综上所述，本书所指的“实践创新”一词的含义以习近平总书记关于

---

①习近平. 习近平主席新年贺词（2014—2018）[M]. 北京：人民出版社，2018：4.

②中共中央文献研究室. 习近平关于协调推进“四个全面”战略布局论述摘编 [M]. 北京：中央文献出版社，2015：157.

③习近平. 在哲学社会科学工作座谈会上的讲话 [M]. 北京：人民出版社，2016：13.

④新华社. 习近平在中共中央政治局第二十次集体学习时强调：坚持运用辩证唯物主义世界观方法论，提高解决我国改革发展基本问题本领 [N]. 人民日报，2015-01-25（01）.

⑤习近平. 决胜全面建成小康社会　夺取新时代中国特色社会主义伟大胜利——在中国共产党第十九次全国代表大会上的报告 [M]. 北京：人民出版社，2017：26.

“实践创新”的论述为基本内容，围绕乡村振兴战略下西南地区农村基层党组织建设的相关内容展开。

三、脱贫攻坚与乡村振兴的辩证逻辑关系

脱贫攻坚与乡村振兴是当前中国社会的两大国家战略行动，习近平总书记对此明确要求：“打好脱贫攻坚战是实施乡村振兴战略的优先任务。”[①] 中共中央、国务院印发的《乡村振兴战略规划（2018—2022 年）》也明确指出：“推动脱贫攻坚与乡村振兴有机结合相互促进。”[②] 可见，脱贫攻坚与实施乡村振兴战略有着辩证逻辑关系。

一方面，打赢脱贫攻坚战是实施乡村振兴战略的前提和基础。中国共产党一向重视“三农”工作，把抓好“三农”工作作为党的事业不断向前发展的重要条件，把培养有文化、爱农业、爱农村、懂技术、会经营，有较强市场意识、有一定法律知识、有较高生产技能、有一定管理能力的现代农民作为巩固党的执政根基的重要一环。但由于历史、地理和社会等多方面的原因，推动乡村振兴仍然还有很多问题需要解决、有很多工作要做、有很多任务需要完成。这主要表现在农民素质不高，乡村环境还有待大力整治，民风民俗还有待进一步改善，农民生活尚不富裕、生活还有待进一步改善。其中特别是西南地区，仍然有不少贫困人口挣扎在脱贫攻坚的战线上，比如贵州，截至 2019 年年底，全省仍然有建档立卡贫困人口 30.83 万人。[③] 所以，从某种意义上说，要振兴乡村，首先就要推动贫困人口脱贫，使贫困农民从贫困线上走出来，成为社会主义新农村建设的重要组成部分，成为推动乡村振兴的重要动力。事实上，西南地区的贵州在这一点上做得较为成功，据统计，2015 年以来，贵州的贫困人口逐年大幅度减少，贫困发生率逐年降低（见图 1—1)。这也为接下来贵州实施乡村振兴战略、推进新时代社会主义新农村建设提供了支撑。

---

①新华社. 习近平在中共中央政治局第八次集体学习时强调：把乡村振兴战略作为新时代“三农”工作总抓手，促进农业全面升级农村全面进步农民全面发展［N]. 人民日报，2018-09-23 (01).

②新华社. 乡村振兴战略规划（2018—2022 年）［N]. 人民日报，2018-09-27 (10).

③贵州省统计局. 贵州省 2019 年国民经济和社会发展统计公报［N]. 贵州日报，2020-04-09 (06).

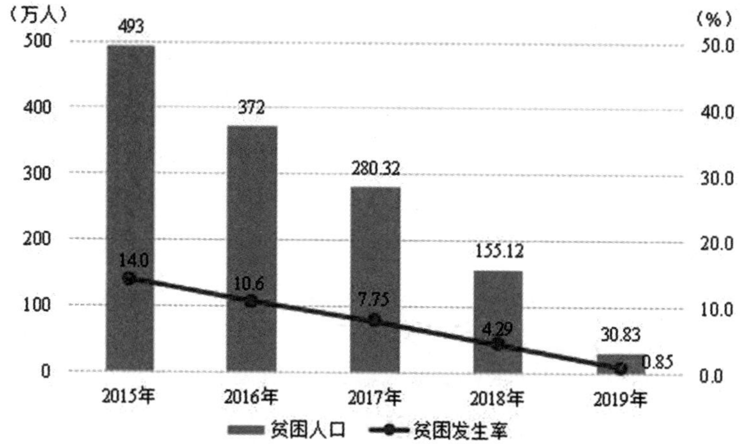

图 1—1　贵州 2015—2019 年贫困人口统计图

由此可见，要推动乡村振兴，推动贫困农村脱贫致富是第一步，是前提条件。易言之，脱贫攻坚是实施乡村振兴战略的重要前提和优先任务，只有在脱贫攻坚取得胜利的基础上才能更好地推动乡村振兴，只有在脱贫攻坚的任务取得阶段性成果时才能有条件地去实施乡村振兴战略。因此，打赢脱贫攻坚战可以为实施乡村振兴战略奠定坚实基础。

另一方面，实施乡村振兴战略有助于巩固脱贫攻坚成果，有利于提升脱贫攻坚后乡村建设的质量和效果。乡村振兴以推动建设美丽乡村为契机，以推动农村地区与全国同步全面建成小康社会为目标，致力于建立乡村发展、乡村建设、乡村治理的长效机制，致力于推动乡村发展、乡村建设、乡村治理的制度化、规范化，可以将脱贫攻坚工作未释放的动力尽情释放，补足脱贫攻坚工作中存在的短板，对农村农业发展、农民就业创业、农业技术创新、农业绿色发展、建设生态宜居美丽乡村、改善农村人居环境、农村生态保护与修复、发展乡村文化、健全乡村治理体系、促进乡村自治法治德治的有机结合、保障和改善农民生活、加强农村基础设施建设、巩固乡村意识形态阵地等，提出了长远规划。重要的是，通过实施乡村振兴战略，乡村发展得以有序推进、乡村建设得到科学实施，一些重要的防贫、反贫、治贫政策的颁布和实施对于防止贫困地区农村脱贫人口返贫、巩固脱贫攻坚成果提供了坚强有力的保障。如中共中央、国务院印发的《乡村振兴战略规划（2018—2022 年）》就指出，乡村振兴战略的提出和实施可以使乡村“相对贫困进一步缓解，共同富裕迈出坚实步伐”。[①] 因此，实施乡村振兴战略其实可以说是

①新华社. 乡村振兴战略规划（2018—2022 年）[N]. 人民日报，2018-09-27（10）.

脱贫攻坚的后续工作，是脱贫攻坚的下一阶段工作，是推动脱贫攻坚迈向纵深的重要抓手。

总之，脱贫攻坚与乡村振兴有着辩证逻辑关系，二者之间并不矛盾，两大战略并不互相抵牾；而是相互关联、相互耦合、共同促进，二者在目标指向上具有高度的契合性。甚至从某种意义上可以这样说，脱贫摘帽不是终点，而是新生活、新奋斗的起点，是实施乡村振兴的前奏，是乡村振兴的初级阶段；而乡村振兴是在脱贫攻坚基础上的进一步发展，是巩固脱贫攻坚成果的重要措施，是发展脱贫攻坚成果的重要抓手。中共中央、国务院印发的《乡村振兴战略规划（2018—2022 年）》就明确指出："乡村振兴，生活富裕是根本。实施乡村振兴战略，不断拓宽农民增收渠道，全面改善农村生产生活条件，促进社会公平正义，有利于增进农民福祉，让亿万农民走上共同富裕的道路。"① 可见，完成脱贫攻坚任务之后实现共同富裕的目标其实就是乡村振兴的目标。

另外，必须明确的一点是，西南地区有些贫困乡村正处在决战决胜脱贫攻坚的关键时期，打赢脱贫攻坚战是西南地区人民的共同期待，建设美丽乡村、实现乡村振兴是西南地区人民的共同愿望。当此之际，如何抓好脱贫攻坚的后续工作，在后脱贫攻坚时代发挥农村基层党组织的政治引领功能、推动发展功能、社会治理功能、文化振兴功能、服务群众功能等，以巩固脱贫攻坚的系列成果，推动乡村振兴与脱贫攻坚的无缝对接，是时代需要，亦是发展要求。

在本书的研究中，由于叙述的需要，会提到"社会主义新农村建设""美丽乡村"等概念。其实，这些概念与乡村振兴是一脉相承的，尽管提法各有不同，但其内涵基本上却是与乡村振兴一致的。也就是说，变的只是文字的表述、是提法，而不变的是为实现广大贫困农村地区与全国同步全面建成小康社会的目标，是实现广大农民群众的共同富裕的目标，是增强广大贫困农民群众的幸福感、安全感与获得感。

小结

本章是本书的理论基础部分，是对本书理论基础的分析与呈现，对本书所需要运用或者说设计的研究理论进行简要的阐述与说明。本书将遵循唯物主义的研究范式，以乡村振兴相关理论与基层党组织建设的相关理路作为理

①新华社．乡村振兴战略规划（2018—2022 年）[N]．人民日报，2018-09-27（10）．

论支撑。其次，本书还对“西南地区”“实践创新”两个概念进行阐释。

马克思、恩格斯是马克思主义经典作家中最早对乡村建设进行关注的理论家。总体而言，马克思、恩格斯的农村发展思想主要体现在《资本论》《1844年经济学哲学手稿》《路易·波拿巴的雾月十八日》《法兰西内战》《法德农民问题》《哥达纲领批判》《给维·伊·查苏利奇的复信》等重要论著中。列宁充分继承了马克思、恩格斯的农业发展思想，强调农业是国民经济的基础性事业，农民在国民经济中处于非常重要的地位。在毛泽东看来，中国要推动农业发展，必须依靠农业社会化的大生产；而如何推进农业的社会化大生产，则必须充分调动农民的积极性，充分将农民“组织起来”。邓小平继承了毛泽东重视农民的传统，提出要尊重农民的首创精神，鼓励农民大胆地试、大胆地闯，提出要调动广大农民的积极性，必须重视维护农民利益。江泽民指出，农业是国民经济的基础，没有农业的牢固基础，就不可能有我们国家的自立；没有农业的积累和支持，就不可能有我国工业的发展；没有农村的稳定和全面进步，就不可能有整个社会的稳定和全面进步；没有农民的小康，就不可能有全国人民的小康；没有农业的现代化，就不可能有整个国民经济的现代化。胡锦涛强调要从农民群众最关心、要求最迫切、最容易见效的事情抓起，不断让农民群众得到实实在在的好处。广大干部要弘扬求真务实精神，做到关心农民疾苦、尊重农民意愿、维护农民利益、增进农民福祉。习近平总书记全盘考虑、高屋建瓴，从“三农”工作的实际情况出发，结合广大农民群众的实际需求，结合新时代乡村建设的新需要，在党的十九大上提出要大力“实施乡村振兴战略”。习近平指出，乡村振兴战略是党的十九大提出的一项重大战略，是关系全面建设社会主义现代化国家的全局性、历史性任务，是新时代“三农”工作总抓手。

本书的另一重要的理论支撑是基层党组织建设的相关理论。马克思、恩格斯是无产阶级政党的创始人，因此，他们二人的党建思想主要是围绕为什么要建立无产阶级政党，无产阶级政党的指导思想、组织建设、制度建设、纯洁性建设等问题展开论述的。列宁十分重视无产阶级政党队伍的建设，重视提高党员质量、纯洁党的作风，并将之作为无产阶级政党建设基础和前提。毛泽东继承了马克思、恩格斯、列宁的党建思想，同时结合中国革命、社会主义建设的实际创造性地发展了马克思主义党建思想，推动马克思主义党建思想的中国化。邓小平继承了马克思、恩格斯、列宁、毛泽东的党建思想，着力推动马克思主义党建思想与改革开放的中国实际相结合。江泽民充分继承了毛泽东、邓小平的党建思想，并密切结合20世纪90年代我国改革开放和社会主义市场经济发展的新形势，从当时的国际形势和国情民情出发，提出了一系列关于基层党组织建设的重大论断，深化了中国特色社会主义党建理论。面对新的历史时期人民的新期待、党的新的历史任务，胡锦涛提出，全党要增强紧迫感和责任感，牢牢把握加强党的执政能力建设、先进性和纯洁性建设这条主线。党的十八大以来，国际国内形势发生深刻变化，特别是党情，更是发生了前所未有的巨大变化，习近平站在新的历史起点上，大力推动全面从严治党向基层延伸。

第二章　逻辑辨析：乡村振兴与西南地区农村基层党组织建设实践创新的辩证逻辑关系

乡村振兴是一项艰巨、复杂的系统工程。在推进乡村振兴的过程中，必须有一个务实、求实、扎实、肯干的带头人进行引领；必须有一个时刻牢记使命、不忘初心的领头雁；必须有一个时刻保持奋进姿态、砥砺前行不断进行实践创新的带头羊。非如此，则不能达到乡村振兴的真正目的；非如此，则不能实现真正的乡村振兴，不能建成“生态美、百姓富、农家乐、农民笑”的美丽乡村；非如此，则不能实现中华民族伟大复兴的远景战略任务。本章着重考察乡村振兴与西南地区农村基层党组织的辩证逻辑关系，并对新时代西南地区农村基层党组织所处的时代背景进行深入考察，研究新时代西南地区农村基层党组织面临的新任务、新情况、新挑战；同时，本章还将对乡村振兴战略下加强西南地区农村基层党组织建设的意义进行详细分析，透视加强西南地区农村基层党组织建设之于西南地区乡村振兴的重要作用。

第一节　新时代农村基层党组织的社会功能

政党的社会功能是推动政党发展的重要元素，是政党改造社会、推动社会发展的重要基因。只有具有一定社会功能，政党才能在世界竞争大潮中勇立潮头，不落窠臼，成为推动社会发展、社会转型的重要力量。马克思主义政党是马克思主义指导下的政党，具有极强的社会功能。本节着重考察新时代我国农村基层党组织的社会功能，以厘清本书研究中的关键概念。

一、“社会功能”释义

尽管“社会功能”在本书的研究主题词中并未呈现，但这并不妨碍“社会功能”是本书研究的重要概念。事实上，在本书的研究中，“社会功能”是本书的重要关键词，其与本书的主题词“农村基层党组织”有着密切关系。

重要的是，农村基层党组织在加强自身建设的过程中，其实就是农村基层党组织在发挥其重要的社会功能包括政治功能、组织功能、经济功能、社会治理功能等。

从字面意义上理解，“功能”最初意谓“功效”，《管子·乘马》云：“工，治容貌功能，日至於市……”又意指功绩与才能，《后汉书·公孙述传》：“昔赵佗自王番禺，公孙亦窃帝蜀汉，推其无他功能，而至于后亡者，将以地边处远，非王化之所先乎？”① 又指事功与能力，《汉书·杜钦传》：“观本行于乡党，考功能于官职。”②

功能一词的现代意义起源于西方，最初是用来指维持生物有机体的生命过程或有机过程的一种反应，后来功能被运用到建筑学、社会学和语言学等学科中，意义也开始变得丰富起来。马林诺夫斯基（1942）指出：“除了以人类通过合作、使用人工制品、消费的活动来满足需求之外，我们没有别的办法来定义功能。”③ 社会性功能以人为中心，指事物满足人的基本需求和派生的需求的属性。美国学者罗伯特·默顿从社会学的视角对社会功能进行了分析，他认为事物在运行过程中为适应社会发展的需要不断进行社会调整其实就是社会功能的一种表现。在罗伯特·默顿看来，社会功能有正、负之分，有潜、显之分（见图2－1）。

	显功能	潜功能
正功能	正—显功能	正—潜功能
负功能	负—显功能	负—潜功能

图2－1　罗伯特·默顿的社会功能图④

马克思尽管没有专门的关于“社会功能”的论著，但马克思的一些相关著作对“社会功能”进行了研究。比如，马克思对科学技术较为关注，马克思就曾经从物质生产例如煤、铁等的生产上来强调科学的作用，他指出：“一个生产部门，例如铁、煤、机器的生产或建筑业等的劳动生产力的发展，——这种发展部分地又可以和精神生产领域内的进步，特别是和自然科

①商务印书馆编辑部．辞源（修订本）：第1册［M］．北京：商务印书馆，1979：373.

②辞海编辑委员会．辞海（修订本）［M］．上海：上海世纪出版有限公司，上海辞书出版社，1999：624.

③〔英〕马林诺夫斯基．科学的文化理论［M］．北京：中央民族大学出版社，1999：54-55.

④〔美〕罗伯特·默顿．社会理论和社会结构［M］．南京：译林出版社，2008.

学及其应用方面的进步联系在一起。”① 在马克思看来，正是科学推动了机器的发展、科学带动了机器的发展，从而带动了社会的进步，推动了社会变革。

马克思还指出：“现有的机器体系本身已经提供大量的手段。在这种情况下，发明就将成为一种职业，而科学在直接生产上的应用本身就成为对科学具有决定性的和推动作用的着眼点。”② 马克思强调科学是物质财富的生产者，对于物质财富的生成具有重要的社会作用，“单是科学——即财富的最可靠的形式，既是财富的产物，又是财富的生产者”③。正是因为马克思对科学的社会功能的客观认识，恩格斯后来在马克思的葬礼上指出：“在马克思看来，科学是一种在历史上起推动作用的、革命的力量。”④ 他还说，马克思“把科学首先看成是历史的有力的杠杆，看成是最高意义上的革命力量”⑤。显然，从恩格斯的相关论述来看，马克思对于科学的社会功能有着十分客观的认识。

总之，通过对学术界和理论界有关“社会功能”的相关研究来看，可知社会功能是事物的一种社会属性，指事物或方法在运行和发展的过程中，能够满足外界事物的需要和需求，或者说对外界能够产生一定社会作用与社会影响。

二、新时代农村基层党组织的社会功能

马克思主义认为，政党具有一定的社会功能，政党的社会功能必须与时代环境、社会需要、人民诉求相吻合，只有这样，政党才能成为推动社会发展的重要力量，才能成为推进社会治理的重要抓手。

（一）政治引领功能

政治引领功能是政党的一个重要功能。习近平总书记在党的十九大报告中就强调，要以提升组织力为重点，突出农村基层党组织的政治功能。⑥ 从字

①马克思．资本论（第三卷）［M］//马克思恩格斯全集：第46卷．北京：人民出版社，2003：96.

②马克思．经济学手稿（1857—1858）［M］//马克思恩格斯全集：第31卷．北京：人民出版社，1963：99.

③马克思．经济学手稿（1857—1858）［M］//马克思恩格斯全集：第30卷．北京：人民出版社，1963：539.

④恩格斯．卡尔·马克思的葬仪［M］//马克思恩格斯全集：第19卷．北京：人民出版社，1963：375.

⑤恩格斯．马克思墓前悼词草稿［M］//马克思恩格斯全集：第19卷．北京：人民出版社，1963：372.

⑥习近平．决胜全面建成小康社会　夺取新时代中国特色社会主义伟大胜利——在中国共产党第十九次全国代表大会上的报告［M］．北京：人民出版社，2017：65.

面意思进行理解，政治引领功能中最关键的两个词是“政治＋引领”，也就是说，在这个功能中，“政治”和“引领”两个词中的任何一个词都不能缺失。政治主要是起方向性作用，而引领则是一个意思非常鲜明的动词，表明农村基层党组织的引导功能，而非一般的推动发展、凝聚群众、社会治理功能。综合起来，就是农村基层党组织引导广大农民群众、农村相关社会组织、群众团体等朝着一定的方向发展，这个方向必须符合党和国家规定的路线，政治方向正确、政治立场鲜明、政治态度坚定、政治站位明确、政治规矩严明、组织纪律严肃，不发生意识形态方面的错误。党的十八大以来，党中央对于农村基层党组织的政治引领功能非常关注，习近平总书记在多个场合多次讲话提及农村基层党组织的政治引领功能，从而为农村基层党组织的健康发展指明了航向。2019 年 1 月颁布的《中国共产党农村基层组织工作条例》明文规定，农村基层党组织要积极“宣传和贯彻执行党的路线方针政策和党中央、上级党组织及本村党员大会（党员代表大会）的决议”，“组织党员认真学习和忠实践行习近平新时代中国特色社会主义思想，推进‘两学一做’学习教育常态化制度化，认真开展党内主题教育活动，学习党的基本理论、基本路线、基本方略，学习形势政策、科学文化、市场经济、党内法规和国家法律法规等知识”。[①] 由此可见，新时代农村基层党组织在乡村振兴的过程中一个重要的社会功能就是政治引领功能，把方向、管大局、保落实、稳政策，把党和国家的相关惠农惠民政策宣传、贯彻到基层农村，宣传、贯彻到广大农民群众中去。

（二）服务群众功能

新时代农村基层党组织的一个重要的社会功能就是服务群众。群众是历史的创造者，是推动新时代中国特色社会主义事业不断向前发展的重要力量。《关于加强基层服务型党组织建设的意见》（2014）规定：

> 建设基层服务型党组织，要坚持服务改革、服务发展、服务民生、服务群众、服务党员。服务改革，就是贯彻落实中央关于全面深化改革的重大决策部署，做好宣传引导、统一思想工作，协调处理改革涉及的群众切身利益问题，组织动员广大党员和群众理解改革、支持改革、参与改革，为推进改革贡献力量。服务发展，就是深入贯彻落实科学发展观，凝聚发展力量，营造发展环境，提供发展动力，促进经济持续健康发展。服务民生，就是贯彻落实党的惠

---

①新华社．中国共产党农村基层组织工作条例［N］．人民日报，2019-01-11（06）．

民利民政策，为谋民生之利、解民生之忧创造条件，为解决群众上学、看病、就业、养老、住房等实际困难提供服务，推动基层社会治理创新，主动化解社会矛盾，促进社会和谐稳定。服务群众，就是自觉践行党的根本宗旨和群众路线，既认真倾听群众意见，维护群众利益，按照群众的需求和意愿提供服务，又充分运用民主协商、耐心说服和典型示范等方法教育引导群众，团结带领群众共同创造幸福美好生活。[①]

在这里，服务改革、服务发展、服务民生就是服务群众的具体表现，只有通过服务，才能不断激发农村基层党组织的活力与激情，才能切实推动农村基层党组织与群众、与民生的高度融合。

《中国共产党农村基层组织工作条例》(2019）也规定：“组织群众、宣传群众、凝聚群众、服务群众，经常了解群众的批评和意见，维护群众正当权利和利益，加强对群众的教育引导，做好群众思想政治工作。”还规定“保障和改善民生，努力解决入园入托、上学、就业、看病、养老、居住、出行、饮水等群众最关心最直接最现实的利益问题，加强对贫困人口、留守儿童和妇女、老年人、残疾人、‘五保户’等人群的关爱服务。投放农村的公共服务资源，应当以乡镇、村党组织为主渠道落实，保证有资源、有能力为群众服务”。[②]这说明，新时代农村基层党组织服务群众的社会功能具体表现为组织群众、宣传群众、凝聚群众、服务群众，一言以蔽之，把群众团结起来，为新时代中国特色社会主义事业凝心聚力。

（三）推动发展功能

推动经济社会发展是新时代农村基层党组织的一个重要的社会功能。党中央早在《关于加强基层服务型党组织建设的意见》(2014）里就指出：“农村党组织要围绕推动科学发展、带领农民致富、密切联系群众、维护农村稳定搞好服务，引导农民进行合作经营、联户经营，开展逐户走访、包户帮扶，及时办理反馈群众诉求，帮助群众和困难党员解决生产生活、增收致富中的实际问题。”[③]《中国共产党农村基层组织工作条例》(2019）更是明文规定：

第十二条　党的农村基层组织应当加强对经济工作的领导，坚持以经济建设为中心，贯彻创新、协调、绿色、开放、共享的发展理念，加快推进农业农村现代化，持续增加农民收入，不断满足群

①新华社．关于加强基层服务型党组织建设的意见［N］．人民日报，2014-05-29（06）．
②新华社．中国共产党农村基层组织工作条例［N］．人民日报，2019-01-11（06）．
③新华社．关于加强基层服务型党组织建设的意见［N］．人民日报，2014-05-29（06）．

众对美好生活的需要。具体任务包括：

（一）坚持以公有制为主体、多种所有制经济共同发展的基本经济制度，巩固和完善农村基本经营制度，坚持农村土地集体所有，坚持家庭经营基础性地位，坚持稳定土地承包关系，走共同富裕之路。

（二）稳定发展粮食生产，发展多种经营应当同支持和促进粮食生产相结合。

（三）推动乡村产业振兴，推进农村一二三产业融合发展，让农民合理分享全产业链增值收益。

（四）坚持绿水青山就是金山银山理念，实现农业农村绿色发展、可持续发展。

（五）领导制定本地经济发展规划，组织、动员各方面力量保证规划实施。

（六）组织党员、群众学习农业科学技术知识，运用科技发展经济。吸引各类人才到农村创业创新。

第十三条　党的农村基层组织应当动员和带领群众全力打赢脱贫攻坚战，如期实现脱贫目标，巩固发展脱贫攻坚成果、防止返贫，组织发展乡村致富产业，推动农民就业创业，教育引导农民既“富口袋”又“富脑袋”，依靠自己的辛勤劳动创造幸福美好生活。

第十四条　党的农村基层组织应当因地制宜推动发展壮大集体经济，领导和支持集体经济组织管理集体资产，协调利益关系，组织生产服务和集体资源合理开发，确保集体资产保值增值，确保农民受益。①

在这里，加强经济建设，打赢脱贫攻坚战，推动农民创业、就业，如期实现脱贫目标都是推动发展的重要表现。总之，新时代农村基层党组织的社会功能中，推动发展是其中的一个重要功能。而且，就中国当代农村的社会现实来看，经济发展仍然是制约农村现代化、制约乡村振兴的一个重要元素，只有经济发展了，农村的现代化才有可能如期实现。正所谓“仓廪实而知礼节，衣食足而知荣辱”，农民吃饱穿暖了，生活富足，收入提高，乡村振兴才能如期推进。

（四）乡村治理功能

新时代农村基层党组织的另一个重要的社会功能就是乡村治理功能。《中

①新华社．中国共产党农村基层组织工作条例［N］．人民日报，2019-01-11（06）．

国共产党农村基层组织工作条例》（2019）规定农村基层党组织的社会责任为“领导本村的社会治理，做好本村的社会主义精神文明建设、法治宣传教育、社会治安综合治理、生态环保、美丽村庄建设、民生保障、脱贫致富、民族宗教等工作”①。从西南地区农村基层党组织乡村治理的内容来看，主要包括加强乡村社会主义精神文明建设、法治宣传教育、社会治安综合治理、生态环保、美丽村庄建设、民生保障、脱贫致富、民族宗教等工作，比如“改善农村人居环境，倡导文明健康生活方式。传承发展提升农村优秀传统文化，保护传统村落，加强农村文化设施建设，开展健康有益的文体活动。改善办学条件，普及义务教育。开展文明村镇、文明家庭创建活动，破除封建迷信和陈规陋习，推进移风易俗，弘扬时代新风”；“加强对党员、群众的无神论宣传教育，引导党员、群众自觉抵制腐朽落后文化侵蚀，弘扬科学精神，普及科学知识。做好农村宗教工作，加强对信教群众的工作，管理好宗教活动场所，依法制止利用宗教干涉农村公共事务，坚决抵御非法宗教活动和境外渗透活动。必须在意识形态上站稳立场，旗帜鲜明反对各种错误观点，同一切歪风邪气、违法犯罪行为作斗争”；“健全党组织领导的自治、法治、德治相结合的乡村治理体系。深化村民自治实践，制定完善村规民约，建立健全村务监督委员会，加强村级民主监督。……推进乡村法治建设，提升乡村德治水平，建设平安乡村。依法严厉打击农村黑恶势力、宗族恶势力、宗教极端势力、‘村霸’，严防其侵蚀基层干部和基层政权。坚决惩治黑恶势力‘保护伞’……加强农村生态文明建设，组织党员、群众参与山水林田湖草系统治理，加强污染防治，保护生态环境，建设美丽乡村”②。而从治理的方法来看，农村基层党组织在其中发挥政治引领作用，推动农民群众自治，同时采以法治、德治相结合，运用法律、道德等工具，伴以宗治、乡贤治理等手段，即采取与宗族治理、乡贤治理相结合的方式推动乡村治理。

第二节 新时代西南地区农村基层党组织建设实践创新面临的新任务、新情况、新挑战

党的十八大以来，中国特色社会主义事业进入新时代。新时代带来新变化，其中西南地区乡村的变化尤为深刻，农村产业结构得到调整，特色经济

①新华社．中国共产党农村基层组织工作条例［N］．人民日报，2019-01-11（06）．

②新华社．中国共产党农村基层组织工作条例［N］．人民日报，2019-01-11（06）．

有所发展，农民的人均纯收入逐渐提高，农民生活水平得到改善，农民对美好生活的渴望日益强烈。但不可否认的是，尽管西南地区农村发生了深刻变化，但距离党的十九大报告所描绘的“产业兴旺、生态宜居、乡风文明、治理有效、生活富裕”的乡村振兴目标仍然还有一段距离。这些问题的存在急需西南地区农村基层党组织在新时代发挥引领作用、发挥主观能动性，能够厘清新时代农村基层党组织实践创新面临的一系列新任务、新情况、新挑战，切实担当新时代党在西南地区农村工作的重要历史使命，把新时代党的农村工作推向纵深。

一、新任务

从某种意义上说，乡村所承载的农业、农村、农民问题是关系国计民生的根本性问题，是关系百姓利益的根本性问题，是关系群众福祉的根本性问题；乡村发展关系着新时代中国特色社会主义建设是否能够切实推向纵深，关系着新时代党的任务、目标能否如期实现和完成，关系着新时代全面深化改革是否能够斩波劈浪闯出一条新路子。以习近平同志为核心的党中央非常重视农业、农村、农民问题，非常重视农村的改革和发展，强调把发展农业、造福农村、富裕农民、稳定地解决 14 亿人口的吃饭问题作为治国安邦重中之重的大事，“我国是农业大国，重农固本是安民之基、治国之要。”① 习近平指出：“没有农业农村现代化，就没有整个国家现代化。在现代化进程中，如何处理好工农关系、城乡关系，在一定程度上决定着现代化的成败。我国作为中国共产党领导的社会主义国家，应该有能力、有条件处理好工农关系、城乡关系，顺利推进我国社会主义现代化进程。”② 显然，从习近平总书记的论述看，农业是国民经济的命脉，是国家经济社会发展的重要根基，是人民幸福生活的重要支撑。根基不稳，地动山摇。一旦农业或者说农村、农民出现问题，其他方面的问题就会相继出现，如果不及时控制就会演变成为大问题，并有可能危及社会和国家的稳定，危及人民的生命财产安全。所以，农业、农村、农民的稳定是党和国家的重要工作之一；农业、农村、农民的发展是党和国家的重要任务之一，“坚持农业农村优先发展的总方针，就是要始终把

①新华社．在第一个中国农民丰收节到来之际，习近平向全国亿万农民祝贺中国农民丰收节［N］．人民日报，2018-09-23（01）．

②新华社．习近平在中共中央政治局第八次集体学习时强调：把乡村振兴战略作为新时代“三农”工作总抓手，促进农业全面升级农村全面进步农民全面发展［N］．人民日报，2018-09-23（01）．

解决好‘三农’问题作为全党工作重中之重”[①]。

中国是一个传统的农业大国，农村人口多，农业生产力不发达，农民小农意识强，集体观念意识薄弱。据史载，民国时期的中国农村“贫困迅速加剧，农民大量逃亡，饥荒不断。许多人逃到城市沿街乞讨，妇女沦为娼妓，农民卖儿卖女，失业人口膨胀，农户因债务缠身被迫出卖土地”[②]。而到解放初期，囿于生产力以及其他方面的原因，这种状况并没有及时得到改善，“农业生产与手工业生产在我国国民经济中……占着大约百分之九十的比重，在东北那样工业比较有基础的地区，一九四九年农业生产的比重仍占百分之六十五左右……农业生产的技术条件还不能控制水、旱等自然因素；因而，雨少成旱，雨多成涝；更由于国家疆土辽阔，气候不一，往往南丰北歉，或旱地丰收，水地成灾，表现出极不平衡的状态”[③]。据贵州省档案馆收藏的新中国成立初期资料《民政厅转报我省高寒贫瘠山区农业生产落后情况请参考》记载，贵州省属于“高寒地区，农业生产落后，广大地区是‘高山瘠土、广种薄收’，有些地区是‘刀耕火种、赶山吃饭’。刀耕火种地区，即所谓赶山吃饭”[④]。尤为惨痛的是，新中国成立初期，每年春夏之交，贵州大面积缺粮少米，闹饥荒的现象非常严重：

> 1951 年，77 县缺粮 2011254 人，1952 年 72 县缺粮 1922887 人，1953 年，缺粮严重。……51 年使用救济粮：中央粮 6719466 斤，缺 2 亿 8414 万元，(本省粮 6000/斤，缺 473566 斤)，地方粮 798 万斤，共计：15173032 斤。[⑤]

1976 年年底，中国农村人口占总人口的比重高达 82.6%，很多农民生活在绝对贫困线以下。[⑥]

尽管近年来，随着社会生产力的提高，西南地区农村发生了至少三个方面的巨大变化，一是国家与农民的关系发生了重大变化，国家对农业、农村、农民的重视程度日盛，国家不仅大力减轻农业和农民负担，取消农业税；而

---

①习近平．把乡村振兴战略作为新时代“三农”工作总抓手［J］．社会主义论坛，2019 (7)：5.

②〔美〕费正清．剑桥中华民国史：第 2 部［M］．上海：上海人民出版社，1992：284.

③佚名．预防新的灾荒［N］．人民日报，1950-06-12 (01).

④贵州省档案馆．民政厅转报我省高寒贫瘠山区农业生产落后情况请参考 (1953.9.19)［A］．贵阳：贵州省档案馆 (全宗号 42，目录号 1，案卷号 167).

⑤贵州省档案馆．民政厅转报我省高寒贫瘠山区农业生产落后情况请参考 (1953.9.19)［A］．贵阳：贵州省档案馆 (全宗号 42，目录号 1，案卷号 167).

⑥苏更．中国用 40 年创造了一个奇迹［N］．人民日报，2018-08-16 (23).

且拿出越来越多的财政资金转移支付支持农业，对农业生产进行一定的补助。据不完全统计，目前，国家每年支农资金超过万亿。[①] 二是西南地区农村社会结构发生深刻变化，传统的家族、家庭结构发生变化，女性成为家庭重要劳动力，女性不再在家庭中处于附庸和从属地位，话语权和家庭支配权逐渐提高。三是农民价值观与世界观发生变化，农民越发注重物质与消费，知识文化水平逐渐提高，对社会、对知识的认知尺度有所提升，注重个人利益，关注个人情感。值得注意的是，在党和国家的兴农政策下，农村的自然生态、社会环境、村容村貌也发生了巨大变化，譬如在贵州遵义的农村，树木葱葱、美宅成群、风景如画，美丽乡村不输城市人家。[②]

但是，也应该看到，在社会救济快速发展的同时，西南地区农村发展的一些弊病也显现出来。譬如，不少农村青壮年和家里有一定资金的人都进城务工、经商，生活的主要收入来自城市或者源于商业，主要生活场所也转移到城市。尽管这种“进城”从某种程度上来说有主观的成分在内，主观意愿是农民进城务工、创业的重要元素，但是农民进城的“被动”和“被迫”成分同样不可忽视，也许还占据着重要地位。但不可否认的一个事实是，农村“被迫”地成为被遗弃之地，农村“空心化”、“老龄化”、“边缘化”、“剥离化”（亲情剥离、人地剥离、社会关系剥离等）、“市场化”（重物质、重金钱、重交易，人情淡薄）现象非常严重，农村留守的大多是“老鬼、小鬼和赌鬼”。其中“老鬼”是指农村年龄在 60 岁以上或行动不便或基本丧失劳动能力的老年人；“小鬼”是指农村正在幼儿园、小学、初中甚至高中上学的儿童和青少年；“赌鬼”是指一些好逸恶劳、不思劳作、好吃懒做，喜好寻衅滋事、无事生非，或有小偷小摸、犯罪前科的，或专门靠打牌、赌博为生的农村闲杂人员、流氓、混混、古惑仔等。农村的这些乱象引起了社会高度关注，中共中央机关党报《人民日报》就指出这种乱象极大地危害着中国当代乡村的健康发展：“工业化、城镇化推进，今天的乡村正发生深刻变革。城乡要素流动加快，农业兼业化、农民老龄化、农村空心化问题突出；在经济进入新常态下，资源和环境制约日益突显。但我们不能忽视 13 亿人的基本国情，无论怎么发展都不可能消灭乡村。当前，农业还是‘四化同步’的短腿，农村还是全面建成小康社会的短板。”[③]

---

①贺雪峰．打通乡村建设的“最后一公里”［N］．人民日报，2018-01-09（24）．

②万秀斌，汪志球，郝迎灿，黄娴．富在农家、学在农家、乐在农家、美在农家：遵义农村从里到外透着美［N］．人民日报，2015-01-13（01）．

③赵永平．找回记忆中的乡愁［N］．人民日报，2015-02-15（09）．

没有西南地区农业的现代化，没有西南地区农村的繁荣富强，没有西南地区农民的安居乐业，国家的现代化是不完整、不全面、不牢固的，全面建成小康社会也是不能如期实现的。实现西南地区农业的现代化、农村的繁荣富强、农民的安居乐业，中国特色社会主义事业才会有更加深厚的底蕴，全面建设社会主义现代化国家才会有更加坚实的基础，实现中华民族伟大复兴的中国梦才会有更加强大的力量。

面对这一系列的情况和问题，以习近平同志为核心的党中央高瞻远瞩，从中国国情出发，从中国农村、农业、农民实际出发，从中国现代化发展的实际需要出发，提出要把“乡村振兴战略作为新时代‘三农’工作总抓手”，“农业农村现代化是实施乡村振兴战略的总目标，坚持农业农村优先发展是总方针，产业兴旺、生态宜居、乡风文明、治理有效、生活富裕是总要求，建立健全城乡融合发展体制机制和政策体系是制度保障”①。并强调：“各级党委和党组织必须加强领导，为实施乡村振兴战略提供坚强政治保证。”② 从而确立了新时代农村基层党组织面临的新的时代责任和历史任务，把推进乡村振兴作为农村基层党组织在新时代的新任务，把推进乡村振兴作为农村基层党组织在新时代的历史担当。具体而言，当前西南地区农村基层党组织面临的新任务是：“坚持农业农村优先发展总方针，以实施乡村振兴战略为总抓手，对标全面建成小康社会‘三农’工作必须完成的硬任务，适应国内外复杂形势变化对农村改革发展提出的新要求，抓重点、补短板、强基础，围绕‘巩固、增强、提升、畅通’深化农业供给侧结构性改革，坚决打赢脱贫攻坚战。”③ 其中，在“聚力精准施策，决战决胜脱贫攻坚”上，主攻深度贫困地区，着力解决突出问题，巩固和扩大脱贫攻坚成果。在“夯实农业基础，保障重要农产品有效供给”上，调整优化农业结构，大力发展紧缺和绿色优质农产品生产，推进农业由增产导向转向提质导向。在“加快补齐农村人居环境和公共服务短板”上，实施村庄基础设施建设工程，提升农村公共服务水平，加强农村污染治理和生态环境保护，强化乡村规划引领。在“发展壮大乡村产业，拓宽农民增收渠道”上，加快发展乡村特色产业，大力发展现代农产品加工业，大力发展乡村新型服务业，促进农村劳动力转移就业，支持

①习近平. 把乡村振兴战略作为新时代“三农”工作总抓手［J］. 社会主义论坛，2019（7）：4.

②习近平. 把乡村振兴战略作为新时代“三农”工作总抓手［J］. 社会主义论坛，2019（7）：5.

③新华社. 中共中央国务院关于坚持农业农村优先发展做好“三农”工作的若干意见［N］. 人民日报，2019-02-20（02）.

乡村创新创业。在“全面深化农村改革，激发乡村发展活力”上，巩固和完善农村基本经营制度，深化农村土地制度改革，深入推进农村集体产权制度改革，完善农业支持保护制度。在“完善乡村治理机制，保持农村社会和谐稳定”上，增强乡村治理能力，加强农村精神文明建设，持续推进平安乡村建设。在基层组织自身建设上，强化农村基层党组织领导作用，加强党对“三农”工作的领导，强化村级组织服务功能；等等。①

二、新情况

党的十八大以来，中国社会发生深刻变化，比如说社会主要矛盾由过去的人民日益增长的物质文化需要同落后的社会生产之间的矛盾转化为人民日益增长的美好生活需要和不平衡不充分的发展之间的矛盾。重要的是，全面深化改革取得重大突破，供给侧结构性改革不断推进，经济结构不断优化，农业产业结构改革不断推进。

但也应该看到，农村、农业的改革仍然任重而道远。一是农村社会文化生态不容乐观，传统文化，传统的乡风、村风正在悄然流逝，不复再来，一些村规民约渐渐失范，乡土人情越来越淡。课题组在贵州省望谟县乐旺镇坡头村调研时发现，苗族传统的刺绣在传承方面出现断代，很多年轻姑娘几乎不会。这种现象无疑值得关注和重视。相关文献也记载：

> 现在农村生活富裕了，然而，年味却淡了、故乡陌生了。过去的秧歌灯会、祭祖祈福等民俗少了，家乡小吃、手工制作的味道变了。更忧心的是，一些地方撤村并居，农民大规模集中居住，钢筋水泥楼房建起来，一个个村庄却在消失。有的追求 GDP 不惜代价，经济发展快起来，家乡的河流却被污染了，青山变荒芜了。还有那些老艺人、老匠人手里等民俗文化无人传承，乡村文化面临危机。乡土、乡俗、乡味失去了原来的味道，远方游子难以找到记忆中的乡愁。②

二是农业产业化结构调整亟须提升。尽管近年来，农业产业化结构调整有了巨大进步，但仍然不能否认，农业现代化仍然在路上。据不完全统计，

①新华社. 中共中央国务院关于坚持农业农村优先发展做好“三农”工作的若干意见［N］. 人民日报，2019-02-20（02）.

②赵永平. 找回记忆中的乡愁［N］. 人民日报，2015-02-15（09）.

截至2019年，我国仍然还有近6亿农民，农业仍然还是弱质产业。[①] 特别是在一些“软实力”方面，农村的社会状况更是不容乐观，“‘软件’改观比较慢，基层组织力量不强，乡村治理滞后，农村自治、法治、德治结合不够紧密，发展欠缺。优秀传统文化水土流失，新的先进文化耕种不足，不良文化乘虚而入”[②]。课题组在贵州省望谟县乐旺镇坡头村调研时发现，农民仍然还停留于刀耕火种，玉米、土豆、高粱、大豆等经济效益不高的产业仍然占据农村产业主流，产业结构低端，产业结构化调整任重而道远。农村贫困的存在、农业发展的小弱化、农业科学技术利用的不均衡等问题给新时代的中国共产党带来了严峻的挑战。

三是农民的社会角色与社会定位仍然亟须厘清。课题组在西南地区乡村社会的田野调研显示，在现代社会化、产业化的模式下，纯粹的传统农业模式、农业生产方式已经远远不能满足农业现代化发展的需要，许多年轻农民、有一定手艺和特长的农民、头脑较为灵光的农民、社会活动能力较强的农民进城务工经商，而其年老、劳动能力较弱的父母留村务农，这种“以代际分工为基础的半工（商）半农”家庭生产模式成为当前农村部分农民家庭主要的生产模式。这种生产模式最突出的特点是农民家庭采取两种生产方式，一种是务工，另一种是传统的农业生产方式，两种生产方式互相补充，各有收入，其中务工收入可以在一定程度上弥补传统农业生产下的经济收入不足的缺陷，而传统的农业生产方式可以弥补务工农民不能看守家庭、照顾孩子的缺陷，同时可以为整个家庭提供基本的生活和生产资料。西南地区贵州省的农村每一年都在适当时间由政府组织农民外出务工，这种有组织性的遣送农民工模式是目前贵州农村务工的一种重要模式。据相关文献统计，当前中国有大约70%的农民家庭选择了这样一种生产模式。[③] 这种“以代际分工为基础的半工（商）半农”家庭生产模式对于整个农村、农业、农民发展来说，其利弊难以界定，因为如果纯粹从农民家庭自身的发展来看，至少在短时期内是有利的，不但家庭经济收入得到提升，而且家庭生产灵活多样，有利于家庭的稳定与和谐。而从乡村的长远发展来看，其利弊则难以评估。因为如果对乡村发展不能做出长期规划，很明显这种“以代际分工为基础的半工（商）半农”家庭生产模式仍然会长期占据乡村，所以，要推动乡村长远发

①高云才，赵永平，郁静娴．对标硬任务，做好“三农”工作——访中央农办主任、农业农村部部长韩长赋［N］．人民日报，2019-02-20（04）．

②张毅．乡村振兴要瞄准薄弱环节［N］．人民日报，2017-11-14（20）．

③贺雪峰．打通乡村建设的“最后一公里”［N］．人民日报，2018-01-09（24）．

展，必须对乡村发展进行正确、科学、合理、有序规划，制订正确的战略规划。

四是社会结构发生重大变化。应该承认，改革开放以来中国的社会结构发生重大变化，中国社会的经济成分、消费形式、分配方式、就业方式、利益关系等日益多样化，社会内部出现了各种社会分层。有的学者将中国社会中的群体分为公务员阶层、知识分子、蓝领工人、白领工人、退休人员、农业劳动者、军人、大学生、自由职业者以及若干特殊社会群体等。社会阶层分化导致利益关系日益多元化，群众需求日益广泛，人们的价值观发生变化、信仰日益多元化。在这些阶层中，农民这个职业并未成为大家热爱和尊崇的职业，相关统计数据显示，农村农业农民收入增长相对迟缓；相关问卷调查显示，农民在整个社会中处于弱势地位的情况并没有得到根本改善。在487份（分发500份问卷，回收496份问卷，有效问卷487份，无效问卷9份）调查问卷中（见图2—2），有37人占比约7.6%的人认为农民地位提高了；有124人占比约25.46%的人认为农民地位没有提高；有315人占比约64.68%的人认为农民的社会地位不升反降；有11人占比约2.26%的人对此问题持不清楚态度。社会结构的巨大变化给农村基层党组织进行乡村社会整合和社会治理带来巨大挑战。

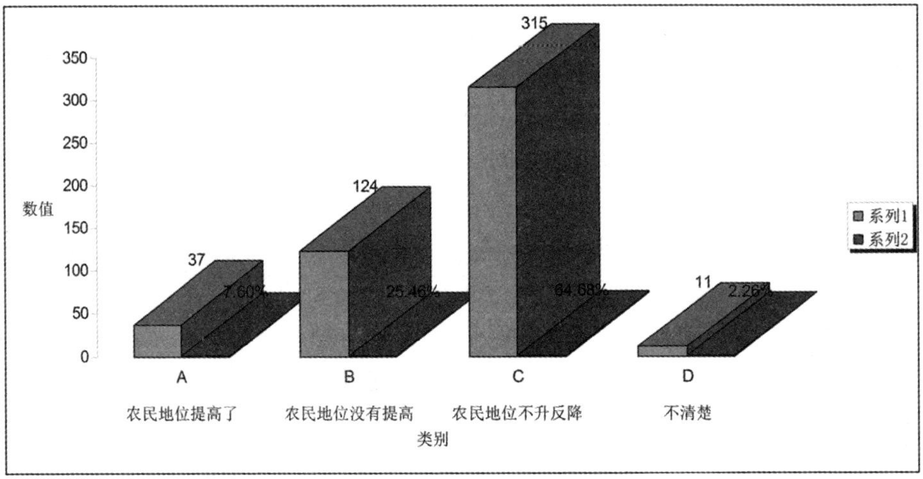

图2—2　农民社会地位的情况统计图

五是西南地区农村基层党组织的社会结构发生深刻变化。改革开放以来，中国社会流动加速，一些原本牢固固定在土地上的农民开始从生产队、集体、家庭中剥离出来，成为“自由”流动的个体。党的十八大以来，随着中国共产党全面深化改革向纵深推进，西南地区的社会结构也发生深刻变化，农民和农村的社会流动加剧，农民的个体化特征日益明显。相关文献记载：

改革开放这场伟大变革，把亿万农民从乡村带到城市，带入现代产业和城市生活，形成规模庞大、由乡村向城镇、由欠发达地区向发达地区流动的人口大潮。据统计，2015年以来……保持在2.4亿人以上的规模，相当于每6个人中就有1个流动人口。[①]

事实上，在浩大的农村流动人员中，有一部分是党员。这部分党员思想素质相对较高、活动能力较强、脑子灵活，知识水平更是在农民群众中处于中上水平。重要的是，这部分农民党员创业致富能力突出，有一定的创业资金、创业平台和创业链条。因此，如何将这一批流动党员吸纳回来成为乡村振兴的推动者是农村基层党组织面临的新情况，需要西南地区农村基层党组织创造机会、创造机遇为“凤凰回巢”提供平台。

农村基层党组织社会结构的另一个新变化是农民党员素质有比较大的提升，据中共中央组织部党内统计数据显示，截至2018年年底，54.3万名村党组织书记中，大专及以上学历的占20.7％，45岁及以下的占29.2％，致富带头人占51.2％；10.1万名社区党组织书记中，大专及以上学历的占63.7％，45岁及以下的占45.9％。基层基础保障力度加大。68.3％的村党建活动场所面积达到200平方米以上，90.7％的县、93.1％的社区落实了服务群众专项经费。[②] 这些新变化迫切需要农村基层党组织转变思维、创新理念、改进作风、增进素质、提升能力，以有效应对乡村振兴背景下农村基层党组织面临的新情况。

面对这一系列的新情况，西南地区农村基层党组织必须自觉加强对乡村工作的认识与理解，从思想意识的深处加强对“三农”工作的认知和把握，自觉担当，勇扛时代责任，大力投身乡村建设的深刻实践，以实践推动乡村发展、以实践推动乡村振兴。要以西南地区农村基层党组织建设为契机，以乡村振兴为抓手，极力加强和改善党对农村工作的领导，以经济建设为中心，不断深化农业、农村工作改革，深化农业结构化调整，推动农村经济发展和社会进步，增加农民收入，减轻农民负担，提高农民生活水平，保证党在农村改革和发展目标的实现。此外，还要大力加强乡村精神文明建设，引导农民正确处理国家、集体、个人三者之间的利益关系，引导农民树立正确的价值观、人生观、利益观，培养有理想、有道德、有文化、有纪律的新时代新

①吴冰，罗艾桦，姜晓丹，李刚．从“煤矿村”到“厨师村”［N］．人民日报，2019-09-06（12）．

②中共中央组织部．2018年中国共产党党内统计公报［N］．人民日报，2019-07-01（01）．

型农民。

三、新挑战

党的十八大以来，随着中国特色社会主义事业进入新时代，中国社会面临的诸多情况也发生深刻变化，这些深刻变化也就给中国社会带来了诸多新的挑战。

从西南地区农村发展境况来看，新时代西南地区农村基层党组织面临的新挑战具体表现在以下四方面：

一是在西南地区农村社会现象上，人情淡漠，亲情疏离，恶性竞争、住房无序攀比现象存在，吸毒现象泛化，吸毒人口日益增加且吸毒人日益年轻化，赌博越来越普遍、地下宗教泛滥且有向乡村意识形态领域渗透的趋势；农村发展不平衡不充分的一些突出问题尚未解决，农民对美好生活的需要日益强烈，农民对幸福日子的渴望日益热烈，农民对获得感、幸福感、安全感的需求日益增加，农民不仅要求吃得饱、穿得暖，更要求在精神上有一种收获感，对民主、法制、社保、养老、医疗、教育、文化、卫生、生态、环境、安全、个人发展等的要求越发强烈，要求睡得踏实、住得健康、吃得安全，要求老有所养、病有所医、住有所居、幼有所育、学有所教、弱有所扶、行有所向、劳有所得，个人得以全面充分发展；农业发展质量和效益还不高，农业科技创新能力不够强，农村生态环境保护任重道远；农村民生领域还有不少短板，美丽乡村建设仍然在路上，一些有关农村改革的具体部署和重大政策措施需要进一步落实；农村意识形态相较过去变得复杂，这主要表现在马克思主义意识形态在农村遭遇重大挑战，特别是很多西方价值观比如物质主义、享乐主义、实用主义、消费主义、金钱至上观念等在中国农村的大肆传播更是导致马克思主义在党的意识形态中的主导地位受到挑战。而意识形态一旦出现混乱，极有可能威胁农村社会的稳定与发展，威胁农村的全面深化改革，习近平总书记就曾经指出："意识形态是建立和巩固国家政权的重要手段和有力支撑。一个政权的瓦解，往往是从思想领域开始的，思想防线被攻破了，其他防线就很难守住。"① 因此，如何巩固主流意识形态特别是巩固马克思主义在农村意识形态中的指导思想地位，是新时代中国共产党在做农村工作时面临的重要挑战。

二是从社会主要矛盾来看，党的十九大报告明确提出，我国社会的主要

---

①王达品．马克思主义意识形态：内涵、挑战及对策［N］．北京日报，2016-10-24（06）．

矛盾已经由“人民日益增长的物质文化生活需要和落后的社会生产力之间的矛盾”转变为“人民对美好生活的需要和不平衡不充分的发展之间的矛盾”。[①]主要矛盾的变化给党的建设带来新的挑战，中国共产党必须围绕主要矛盾的变化来统筹社会发展、来谋划党建工作、来开展各项社会工作。因为人民群众的追求已经从对基本的物质文化生活需求转到对美好生活的追求。而要满足人民群众对美好生活的需要，就需要党的各级组织特别是党的基层组织在工作内容、工作方式、工作理念、工作程序等方面发生转变。主要矛盾的变化也使西南地区广大农民群众的需要发生变化，这也就给西南地区广大农村基层党组织在农村开展工作带来新的挑战。

三是新时期以来西南地区农村基层党组织的社会功能的变化也给农村基层党组织建设带来新的挑战。党的十九大以前，基层党组织的职能定位主要是以“服务”为核心，注重“推动发展、服务群众、凝聚人心、促进和谐”的社会功能，注重“服务改革、服务发展、服务民生、服务群众、服务党员”。[②] 而党的十九大召开之后，基层党组织的社会功能有所变化，在“服务”的基础上增添了“政治引领”的社会功能。不过，必须指出的是，这种变化并不代表农村基层党组织的“服务”功能减弱了，相反，是加强了。《中国共产党农村基层组织工作条例》强调：“党的农村基层组织必须……突出政治功能，努力成为宣传党的主张、贯彻党的决定、领导基层治理、团结动员群众、推动改革发展的坚强战斗堡垒。”[③] 《中国共产党支部工作条例（试行）》强调，要“坚持和加强党的全面领导，弘扬‘支部建在连上’光荣传统，落实党要管党、全面从严治党要求，全面提升党支部组织力，强化党支部政治功能”[④]。显然，《中国共产党农村基层组织工作条例》与《中国共产党支部工作条例（试行）》均强调了基层党组织的政治功能，这说明党的十九大以来不仅强调农村基层党组织的“服务”功能，更强调农村基层党组织的“政治引领”功能。社会功能的变化也给西南地区农村基层党组织带来新的挑战，需要西南地区农村基层党组织在新的变化面前做出新的调整，以积极应对新的变化。

四是农村基层党组织运行机制的不断变化也给乡村振兴背景下农村基层

①习近平. 决胜全面建成小康社会 夺取新时代中国特色社会主义伟大胜利——在中国共产党第十九次全国代表大会上的报告 [M]. 北京：人民出版社，2017：17.

②新华社. 关于加强基层服务型党组织建设的意见 [N]. 人民日报，2014-05-29 (06).

③新华社. 中国共产党农村基层组织工作条例 [N]. 人民日报，2019-01-11 (06).

④新华社. 中国共产党支部工作条例 [N]. 人民日报，2018-11-26 (04).

党组织建设带来了挑战。党的十八大以来，西南地区农村基层党组织由于时代背景和中心工作、重要任务的变化，其运行机制也发生变化。比如，针对新时期以来乡村振兴和乡村治理的需要，西南地区农村基层党组织应该如何进行顶层设计，推动乡村振兴的如期实现；农村基层党组织的相关管理制度应该如何进行厘定、重构和整合，党内民主决策机制、民主集中制、发展党员制度、选举制度、组织生活制度、党员教育和管理制度、党内情况通报制度、重大事项报告制度、党务公开制度、考核制定、绩效评估制度、纪律处分制度等一系列的法规制度等都需要进行补偿、修订和完善。因为只有对这些制度和机制统筹协调、分类指导，才能切实推动农村基层党组织有效应对挑战和考验。

这些问题和挑战的存在急需农村基层党组织在新的历史时期有一种全局视野、有一种博大胸怀、有一种世界眼光、有一种创新思维，敢于担当，不负使命，力争在新时代推进农村工作有新的作为。要破除农村基层党组织面临挑战就退缩的心态，不断锻造作风，不断砥砺精神，不断净化思想，勇于将新挑战转化为前进的动力，以此推动农村基层党组织在新时代建功立业；勇于将新挑战转化为奋斗的平台，以此推动农村基层党组织在新时代有新作为；勇于将新挑战转化为创新的切入点，以此推动农村基层党组织在新时代有新担当。要祛除怯懦、抛弃害怕、破除守旧、摒除拘泥，敢于用创新思维去观察问题、分析问题、思考问题和解决问题，对一些具有挑战性的新事物要敢于面对、敢于化解、敢于用新思路去应对，正如马克思所强调的那样，“在科学的入口处，正像在地狱的入口处一样，必须提出这样的要求：这里必须根绝一切犹豫；这里任何怯懦都无济于事”①。只有把挑战当作动力、把挑战当作机遇、把挑战当作锤炼，才能极力推动农村基层党组织在新时代的乡村振兴战略中发挥重要作用，才能极力推动农村基层党组织在新时代大展身手，才能极力推动农村基层党组织在新时代有新的作为。

第三节　乡村振兴与西南地区农村基层党组织的辩证关系

就新时代西南地区农村基层党组织推进乡村振兴的丰富实践来看，二者

①马克思.《政治经济学批判》序言［M］//马克思恩格斯全集：第31卷.北京：人民出版社，1957：415.

之间有着辩证的逻辑关系。一方面，推动乡村振兴是新时代西南地区农村基层党组织的时代责任；另一方面，农村基层党组织是新时代西南地区乡村振兴的带头人。

一、乡村振兴是新时代西南地区农村基层党组织的时代责任

从某种意义上讲，应时代要求，任何政党都必须为自己的中心工作和重要任务服务；特别是执政党，如果要实现长期稳定执政，更是应该把改善国计民生作为党的重要任务和中心工作来抓；否则，就不是合格的执政党。因为只有把时代责任、中心工作、重要任务与党组织结合起来，才能有力地推动党组织勇担时代责任、勇挑时代使命，使党组织更能与时代契合、与民生实际需求相契合；也只有把时代责任、中心工作、重要任务与党组织结合起来，才能极力推动中心工作和重要任务的顺利完成，才能推动政党的事业不断发展壮大。

把时代责任扛在肩上是中国共产党一直以来的优良传统，围绕中心、服务大局是中国共产党一以贯之的政治作风。早在中国共产党建立伊始，中国共产党就宣布要力扛时代责任，把当时的时代任务与历史责任勇敢地扛在自己肩上，宣言要“与无产阶级一起推翻资本家阶级的政权，必须援助工人阶级，直到社会阶级区分消除的时候……消灭资本家私有制，没收机器、土地、厂房和半成品等生产资料”①。中共二大应运时代要求特别是应运 20 世纪 20 年代初期激荡在中国大地的革命需求，同时回应时代呼声特别是回应鸦片战争以来广大人民群众迫切希望改变中国落后挨打面貌的强烈愿望，在对中国国情进行细致深入分析以及将马克思主义与中国国情和党的历史使命、时代责任、政治担当等充分结合起来，指出中国面临的形势是“加给中国人民（无论是资产阶级、工人或农人）最大的痛苦的是资本帝国主义和军阀官僚的封建势力，因此反对那两种势力的民主主义的革命运动是极有意义的”②。于是，党的二大将中国共产党的中心工作和时代责任调整为：“消除内乱，打倒军阀，建设国内和平”；“推翻国际帝国主义的压迫，达到中华民族完全独立”。③ 显然，党的二大确立的时代责任相对于党的一大通过的《中国共产党

①本书编委会. 中国共产党历次党章汇编（1921—2012）［M］. 北京：方正出版社，2012：52.

②中央档案馆. 中国共产党第二次全国代表大会宣言［M］//中共中央文件选集：第 1 卷. 北京：中共中央党校出版社，1989：114.

③中央档案馆. 中国共产党第二次全国代表大会宣言［M］//中共中央文件选集：第 1 卷. 北京：中共中央党校出版社，1989：114.

第一个纲领》里确定的奋斗目标来说更为切合实际，更符合中国国情和革命实际。

1945年，抗日战争形势一片大好，即将取得胜利，但革命尚未成功，毛泽东在为党的七大所做的开幕词《两个中国之命运》中说："既然打败日本之后……我们的任务是什么呢？我们的任务不是别的，就是放手发动群众，壮大人民力量，团结全国一切可能团结的力量，在我们党领导之下，为着打败日本侵略者，建设一个光明的新中国，建设一个独立的、自由的、民主的、统一的、富强的新中国而奋斗。"① 从而确立党的七大召开的时候中国共产党的时代责任就是继续进行新民主主义革命，推翻国民党政府的统治，解放全中国，建设一个独立的、自由的、民主的、统一的、富强的新中国。党的八大是新中国成立后中国共产党召开的第一次全国代表大会。党的八大面临的国际国内环境与七大相比发生了深刻变化，社会主义改造基本完成，社会主义制度从此在中国建立起来。在这种形势下，中国共产党的时代责任也发生重要变化。因此，中国共产党调整了自己的工作方向，指出党的中心工作和时代责任："中国共产党的任务，就是有计划地发展国民经济，尽可能迅速地实现国家工业化，有系统、有步骤地进行国民经济的技术改造，使中国具有强大的现代化的工业、现代化的农业、现代化的交通运输业和现代化的国防。"②

改革开放初期，经历"文革"灾难的中国共产党陷入新中国成立以来前所未有的困境，不仅面对着亟须发展经济、改变中国落后状况的社会现实；而且，国外别有用心的势力借"文革"给中国带来的混乱大肆污蔑中国和中国共产党，企图扰乱中国社会，混淆视听。因此，中国共产党必须立即做出决策，把党的中心工作转移到正确的轨道上来，把党的时代责任转移到百姓需要和人民需要的事情上来。在党的十二大上，中国共产党提出："领导全国各族人民进行社会主义现代化经济建设。应当大力发展社会生产力，并且按照生产力的实际水平和发展要求，逐步完善社会主义的生产关系。应当在生产发展和社会财富增长的基础上，逐步提高城乡人民的物质文化生活水平。"③ 进入新的千禧年后，中国社会虽然发生深刻变化，但是中国的落后状况并没

①毛泽东．两个中国之命运［M］//毛泽东选集：第3卷．北京：人民出版社，1991：1026.

②本书编委会．中国共产党历次党章汇编（1921—2012）［M］．北京：方正出版社，2012：205-206.

③本书编委会．中国共产党历次党章汇编（1921—2012）［M］．北京：方正出版社，2012：295.

有完全得到改变，中国仍然是发展中国家，贫困问题仍然是中国共产党必须解决的重要问题，因此，带领百姓发展经济依然是当时中国共产党的重要使命。针对这种情况，党的十六大强调："必须坚持以经济建设为中心，其他各项工作都服从和服务于这个中心。要抓紧时机，加快发展，实施科教兴国战略和可持续发展战略，充分发挥科学技术作为第一生产力的作用，依靠科技进步，提高劳动者素质，做到效益好、质量高、速度快，努力把经济建设搞上去。"①

党的十八大以后，中国经济社会发展发生深刻变化，经济建设取得巨大成就，成为世界第二大经济体，对世界经济增长贡献率超过30%。② 但也不能否认，中国经济发展并不平衡，地区差距仍然存在、贫富差距仍然存在、城乡差距仍然存在，"中国常住人口城镇化率为59.58%，而发达国家的城市化率一般在80%左右。中国的城乡差距、地区差距仍然很大，经济发展不平衡问题比较突出，2018年年末仍有1660万农村贫困人口"③。这种情况在西南地区表现得更为明显。据统计，截至2018年年底，西南地区的贵州农村贫困人口仍然约有155万人，贵州贫困发生率在10%以上的县还有11个，贫困发生率在30%以上的乡镇还有3个，还有1721个深度贫困村未出列。④ 显然，西南地区农村严峻的贫困现实给新时代西南地区农村基层党组织做好党的农村工作带来了难题和挑战，而这就急需农村基层党组织勇于担当，勇挑时代责任，不负人们期待，把新时代党的农村工作推向深入。一方面，新时代农村涌现的一系列新任务迫切需要农村基层党组织履行新职责，需要西南地区农村基层党组织以乡村振兴为使命，以乡村振兴为新的时代责任，不负党的嘱托，极力推动农业、农村、农民工作迈向纵深，推动美丽乡村建设更上一层楼；另一方面，新时代农村出现的一系列新情况迫切需要西南地区农村基层党组织敢于担当，勇挑重担，极力担负起新时代农村、农业、农民工作的新任务，推动新时代乡村振兴工作向纵深迈进；此外，新时代农村出现的一系列挑战迫切需要西南地区农村基层党组织不畏艰险、勇挑时代使命，敢于

---

①本书编委会. 中国共产党历次党章汇编（1921—2012）［M］. 北京：方正出版社，2012：405.

②习近平. 决胜全面建成小康社会　夺取新时代中国特色社会主义伟大胜利——在中国共产党第十九次全国代表大会上的报告［M］. 北京：人民出版社，2017：4.

③董向荣. 基本国情是判断标准：中国的发展中国家地位不应受到质疑［N］. 人民日报，2019-08-28（08）.

④杨洪涛，潘德鑫. 咬定目标齐心协力，不获全胜决不收兵［N］. 贵州日报，2019-08-09（01）.

拨开云雾见月明，极力推动新时代西南地区乡村振兴工作呈现出新气象。

也正是从党的十八大以来中国乡村建设的现实情况出发，并结合新时期以来农村基层党组织的责任担当与历史使命，习近平总书记强调，越是进行脱贫攻坚战，越是要加强和改善党的领导。套用习近平总书记的表述，越是要进行乡村建设，越是需要基层组织当好带头人；越是要振兴新农村，越是需要农村基层党组织砥砺奋进。2019 年 9 月 2 日中共中央新颁布印发的《中国共产党农村工作条例》则强调："农业农村农民（以下简称'三农'）问题是关系国计民生的根本性问题。坚持把解决好'三农'问题作为全党工作重中之重，把解决好吃饭问题作为治国安邦的头等大事，坚持农业农村优先发展，坚持多予少取放活，推动城乡融合发展，集中精力做好脱贫攻坚、防贫减贫工作，走共同富裕道路。"① 这充分说明，在新时代的农村工作中，西南地区农村基层党组织必须扮演好引路人和带头羊的角色，把推进乡村振兴、抓好农村工作作为新时代西南地区农村基层党组织的时代责任，把抓好"三农"工作作为新时代的时代使命，不断"健全党领导农村工作的组织体系、制度体系和工作机制，加快推进乡村治理体系和治理能力现代化，加快推进农业农村现代化，让广大农民过上更加美好的生活"②。

二、农村基层党组织是新时代西南地区乡村振兴的带头人

乡村振兴是一项长期而复杂的系统工程，需要有一个好的、有着优良作风、有着干事创业能力、有着廉洁务实精神的带头人，在新的历史时期带领广大农民群众建设美丽乡村，促推乡村建设健康发展，推动乡村振兴迈向纵深。

正所谓，根基不牢，地动山摇。在实施乡村振兴的过程中，以谁为领导或者说由谁来引领乡村振兴显然是一个非常重要、非常关键的问题，因为这直接关系到新时代乡村振兴的方向与效果、关系到新时代农民美好生活需要与美好愿景的实现程度、关系到新时代社会主义新农村建设的质量与深度。重要的是，由谁来引领乡村振兴还关系到新时代党的路线方针政策是否能够顺利地贯彻到广大基层农村、关系到党的声音是否能够在广大农村地区和广大人民群众之中进行有效传播、关系到党是否能够兑现自己的诺言引领广大人民群众实现中华民族伟大复兴。鉴于此，习近平总书记强调："农村要发

①新华社. 中共中央印发《中国共产党农村工作条例》[N]. 人民日报，2019-09-02（01）.
②新华社. 中共中央印发《中国共产党农村工作条例》[N]. 人民日报，2019-09-02（03）.

展，农民要致富，关键靠支部。”[①] 这说明农村基层党组织是推动农村发展的重要力量，是建设乡村的重要元素。《中国共产党农村基层组织工作条例》也指出：“党的农村基层组织是党在农村全部工作和战斗力的基础……当前，农村改革不断深化，决战决胜脱贫攻坚、推动新时代乡村全面振兴，不断满足农民群众日益增长的美好生活需要，必须把党的农村基层组织建设摆在更加突出的位置来抓，充分发挥党组织战斗堡垒作用和党员先锋模范作用，为农村改革发展稳定提供坚强政治和组织保证”[②]；“农村工作在党和国家事业全局中具有重要战略地位，是全党工作的重中之重……坚持和加强党对农村工作的全面领导，深入实施乡村振兴战略，推动全面从严治党向基层延伸，提高党的农村基层组织建设质量，为新时代乡村全面振兴提供坚强政治和组织保证”[③]。2019 年中央一号文件亦强调要充分“发挥农村党支部战斗堡垒作用……强化农村基层党组织领导作用”[④]。

由此可见，农村基层党组织与广大农村紧密相连，距离最近、联系最广、接触最多、交流最频，是党在农村的全部工作和战斗力的基础，是实施乡村振兴战略的根本保证。只有农村基层党组织坚强有力，基层党组织的社会功能得到充分发挥，党员的先锋模范作用得到切实体现，党的战斗力、创造力、凝聚力才能得到充分展现，新时代乡村振兴的历史使命才可能如期实现，党的事业才能进一步推向纵深。正所谓，村民富不富，关键看支部；村子强不强，要看领头羊。新时代，要大力推进西南地区乡村振兴，必须加强西南地区农村基层党组织对乡村振兴的引领作用。

具体而言，西南地区农村基层党组织对乡村振兴的引领作用主要表现在：

第一，农村基层党组织是新时代西南地区乡村振兴的领导者。习近平总书记在党的十九大报告中强调，党政军民学，东西南北中，党是领导一切的。[⑤] 这表明，党对中国特色社会主义农村的领导是新时代中国特色社会主义农村建设最大的政治优势，必须坚持不懈地贯彻。乡村振兴是一项艰巨复杂的系统工程，习近平总书记就强调，如期实现第一个百年奋斗目标并向第二

---

①兰红光．习近平到河北阜平看望慰问困难群众时强调：把群众安危冷暖时刻放在心上 把党和政府温暖送到千家万户［N］．人民日报，2012-12-31（01）．

②中共中央印发《中国共产党农村基层组织工作条例》［N］．人民日报，2019-01-11（01）．

③中共中央印发《中国共产党农村基层组织工作条例》［N］．人民日报，2019-01-11（06）．

④新华社．中共中央国务院关于坚持农业农村优先发展做好“三农”工作的若干意见［N］．人民日报，2019-02-20（02）．

⑤习近平．决胜全面建成小康社会 夺取新时代中国特色社会主义伟大胜利——在中国共产党第十九次全国代表大会上的报告［M］．北京：人民出版社，2017：20．

个百年奋斗目标迈进，最艰巨最繁重的任务在农村。从到 2020 年全面建成小康社会来看，最突出的短板在农村；从到 2035 年基本实现社会主义现代化来看，大头重头在农村；从到 2050 年把我国建成社会主义现代化强国来看，基础在农村。①《中国共产党农村基层组织工作条例》就强调了农村基层党组织对经济工作的领导，“坚持以经济建设为中心，深化农村改革，发展农村经济，增加农民收入，减轻农民负担，提高农民生活水平”；对农村精神文明建设的领导，“制定社会主义精神文明建设规划，保证社会主义物质文明建设和精神文明建设协调发展，促进农村经济和社会的全面进步”；对农村基层民主政治的领导，“领导和推进村级民主选举、民主决策、民主管理、民主监督，支持和保障村民依法开展自治活动。领导村民委员会、村集体经济组织和共青团、妇代会、民兵等群众组织，支持和保证这些组织依照国家法律法规及各自章程充分行使职权”；② 等等。所以，要实现西南地区乡村振兴，推动社会主义新农村建设，特别是在新时代，面对社会主义新农村建设中出现的一系列新任务、新使命、新情况，西南地区农村基层党组织要具有新担当，要切实担负好新时代西南地区乡村振兴的带头人，担负好新时代西南地区乡村振兴的领头雁，把方向、谋大局、定政策、促改革、推振兴。

第二，农村基层党组织是新时代西南地区乡村振兴过程中农民利益的代表者。习近平总书记强调，我们任何时候都必须把人民利益放在第一位，“我们的人民热爱生活，期盼有更好的教育、更稳定的工作、更满意的收入、更可靠的社会保障、更高水平的医疗卫生服务、更舒适的居住条件、更优美的环境，期盼孩子们能成长得更好、工作得更好、生活得更好。人民对美好生活的向往，就是我们的奋斗目标”③。西南地区的乡村振兴，西南地区的农民是主体。在西南地区乡村振兴的过程中，如何调动广大农民的积极性、主动性、创造性，尽最大努力维护广大农民群众的利益，是新时代乡村振兴的出发点和落脚点。从党群关系看，西南地区农村基层党组织应秉持“从群众中来、到群众中去”的群众路线，代表广大农民群众的利益，坚持以人民为中心的发展观，坚持农村与经济融合发展的原则，极力贯彻创新、协调、绿色、开放、共享的发展理念，一方面大力推动农业农村现代化，推动新时代的农村经济转型；另一方面持续增加农民收入，不断满足西南地区广大农民群众

---

①闻言．深入实施乡村振兴战略，书写好中华民族伟大复兴的“三农”新篇章——学习《习近平关于“三农”工作论述摘编》[N]．人民日报，2019-07-09（06）．

②中共中央印发《中国共产党农村基层组织工作条例》[N]．人民日报，2019-01-11（01）．

③习近平．习近平谈治国理政［M］．北京：外文出版社，2014：4．

对美好生活的需要。

第三，农村基层党组织是新时代西南地区乡村振兴的组织者。习近平总书记在党的十九大报告中强调："要以提升组织力为重点，突出政治功能，健全基层组织，优化组织设置，理顺隶属关系，创新活动方式，扩大基层党的组织覆盖和工作覆盖。"① 新时代，西南地区农村的经济建设、政治建设、文化建设、社会建设、生态文明建设和党的建设以及乡村振兴中的一系列重大问题，都需要西南地区农村基层党组织在综合调研、考察的基础上做出权衡与决策，并最终实施与推进。譬如要搞好西南地区农村的经济建设，西南地区农村基层组织必须极力加强对农村经济工作的领导与组织，坚持以经济建设为中心，调动一切力量，大力发展农村经济。再譬如，在推进乡村治理上，西南地区农村基层组织必须充分发挥组织力，加大治理力度，极力打造充满活力、和谐有序、健康发展，有着良好村风、家风、民风的美丽乡村。

第四，农村基层党组织是新时代西南地区乡村振兴的实践者。习近平总书记强调："我们不能还是习惯于过去'台上讲，台下听'的思想政治工作方法，而应当是深入家家户户，把思想工作做到每一个农民的心坎上；我们不能还是等着汇报工作，发出指示，而应当主动地去发现问题，帮助农民解决各种实际困难；我们不能还是想依靠什么行政力量来管住农民，而是应当通过为农民办实事，密切党群关系来使广大农民紧紧地团结在自己的周围。"② 这说明，西南地区农村基层党组织是乡村工作的重要参与者、实践者。其参与的程度、实践的深度直接影响到西南地区乡村工作的推进成效，正所谓"村看村、户看户，群众看干部"。农村基层党组织在乡村振兴的过程中，必须身体力行、率先示范、敢于争先，干在前头、做在前列、冲锋在前、吃苦在前，不畏难、不害怕，勇于挑战困难、勇于担当责任、勇于落实政策，极力做贯彻落实党中央乡村振兴战略的执行者与实践者，事实上，也只有这样，西南地区的乡村振兴才能在农村基层党组织的引领下呈现新气象、展现新面貌。

---

①习近平. 决胜全面建成小康社会　夺取新时代中国特色社会主义伟大胜利——在中国共产党第十九次全国代表大会上的报告［M］. 北京：人民出版社，2017：65.

②习近平. 加强脱贫第一线的核心力量——建设好农村党组织（一九九〇年一月）［M］//摆脱贫困. 福州：福建人民出版社，1992：123.

第四节　乡村振兴战略下西南地区农村基层党组织建设实践创新的意义

乡村振兴是中国共产党在党的十九大上提出的重要战略规划，是当前中国农村发展的行动指南和基本遵循。西南地区农村基层党组织是新时代西南地区乡村振兴的领导者、组织者、推动者，与西南地区乡村振兴是有机融合在一起的。在乡村振兴战略的大背景下加强西南地区农村基层党组织建设对于西南地区的乡村振兴与新农村建设有着重要的意义。

一、有利于夯实基础，健全西南地区党的农村基层组织

在乡村振兴战略实施的过程中，西南地区农村基层党组织的作用不能忽视。甚至可以这样说，农村基层党组织建设得越坚强的地方，乡村振兴战略在西南地区乡村社会就越能持续、科学、协调推进；农村基层党组织建设得越健全的地方，西南地区乡村振兴的目标就越能清晰呈现。

不可否认，在当前乡村振兴大潮正在神州大地轰轰烈烈地开展的同时，西南地区一些农村基层党组织不能紧跟乡村振兴战略的脚步，在落实党和国家的路线方针政策上畏首畏尾、瞻前顾后的现象仍然存在；农村基层党组织的腐败现象仍然不能杜绝；作风散漫的现象时有发生；组织工作能力不强的现象仍然存在；等等。这些情况的存在严重阻碍了乡村振兴战略在西南地区乡村社会的实施，阻碍了西南广大民族地区贫困乡村的振兴与发展。而且，如果任由这些问题蔓延，将不利于西南地区农村基层党组织自身建设、不利于西南地区农村基层党组织充分发挥自身功能、不利于西南地区农村基层党组织在西南地区乡村广大地区的工作推进。

因此，在乡村振兴战略下极力加强西南地区农村基层党组织建设，既是必要的也是必需的，是西南地区农村基层党组织自身建设的必然要求，是西南地区农村基层党组织干事创业的基础性支撑，是解决西南地区农村基层党组织腐败问题、提升思想素质、锻造工作作风的重要抓手。具体而言，主要表现在以下两方面：

一方面，在推进乡村振兴战略的过程中，极力加强西南地区农村基层党组织建设，可以克服西南地区农村基层党组织建设中自身存在的问题。农村基层党组织是一个复杂的有机体，其建设显然不能一蹴而就，而是一个不断

发展与完善的过程，需要不断摸索、不断总结经验。只有通过自我革命、自我净化、自我提升的方式，极力推动西南地区农村基层党组织建设迈向纵深，不断克服西南地区农村基层党组织建设中自身存在和新滋生的各种问题，不断发掘组织潜力、不断完善组织体系、不断健全组织机构，使西南地区农村基层党组织自觉成为落实乡村振兴战略的重要组织后盾。比如云南省昭通市为推动乡村振兴，出台《关于着力整顿农村软弱涣散基层党组织提升组织力的工作方案》，明确对工作作风不实、党组织班子配备不齐、班子不团结、党务村务财务不公开和民主管理混乱等 11 类重点对象进行整顿，着力解决部分农村基层党组织软弱涣散、政治功能弱化、不作为乱作为、脱贫攻坚工作推进迟缓等问题，全面提升农村基层党组织的组织力。①

另一方面，在推进乡村振兴战略的过程中，极力加强西南地区农村基层党组织建设，可以促推中国共产党组织体系实现整体优化。中国共产党是一个有着严密组织体系的马克思主义政党，从组织结构来看，包括中央组织、地方组织和基层组织。中国共产党农村基层党组织属于中国共产党的基层组织。据统计，截至 2018 年 12 月 31 日，中国共产党党员总数为 9059.4 万名，其中从事与农业相关的农牧渔民党员 2544.3 万名，占 28.08%；2018 年共发展农牧渔民 38.2 万名（其中外出务工经商人员 1.4 万名），占 2018 年发展党员总数 205.5 万的 18.59%；党的基层组织 461.0 万个，其中 545189 个行政村已建立党组织，占 11.83%。② 显然，上述统计数据表明，我国农村基层党组织不论是组织规模还是党员规模，在中国共产党庞大的组织结构体系里，均占据着相当的比例，占有着重要地位；而且必然以其数量大、与乡村社会的近距离接触、与农民生活的息息相关、对广大乡村社会的全面覆盖对经济社会特别是农村社会产生重要影响。

重要的是，从中国共产党的三级组织结构体系来看，农村基层党组织处在最基层，是与广大乡村社会近距离、亲密接触的，与广大农民群众生活在一起，同吃、同住、同劳动，广大农民群众的心声和愿望会在第一时间知晓农村基层党组织，广大农民群众的问题和困难也会在第一时间反馈给农村基层党组织。同时，农村基层党组织也是上级党组织、上级有关部门与广大农村联系的基本纽带。从理论上来说，农村基层党组织有责任和义务将农村社会的实际情况、广大农民群众的实际需求、广大农民群众存在的问题与难题以及一些推进乡村振兴的优良经验及时反馈给上级党组织和上级有关部门，

---

①李茂颖. 云南昭通：整顿农村软弱涣散基层党组［N］. 人民日报，2018-05-21（11）.

②中共中央组织部. 2018 年中国共产党党内统计公报［N］. 人民日报，2019-07-01（04）.

上级党组织和上级有关部门将会根据农村社会的实际情况、广大农民群众的实际需求、广大农民群众存在的问题与难题调整执政方式和执政策略，及时地做出应对决策；而对于部分农村地区在推进乡村振兴过程中积累的优良经验与做法会进行总结，值得推广的将大力推广，值得借鉴的将会提倡借鉴。因此，从上述农村基层党组织与上级党组织之间的运行关系看，西南地区农村基层党组织的健康发展与上级党组织的工作推进有着密切关系，只有农村基层党组织健康发展了，才能促推上级有关党组织健康发展，推动相关工作健康有序开展。这既是中国共产党各级组织有序、规范运行的需要，也是推动中国共产党各级组织高质量建设发展的需要。

乡村振兴战略是新时代中国共产党农村工作的重要抓手。中国共产党推进乡村振兴，离不开农村基层党组织，也离不开上级有关党组织的支持。《中国共产党农村基层组织工作条例》就明确规定以行政村为基本单元设置党组织，县以上有关部门驻乡镇单位党组织除党中央另有规定的以外受乡镇党委领导，农村经济组织、社会组织中成立的党组织一般由所在村党组织或者乡镇党委领导。① 在加强自身建设的过程中推动乡村振兴，只有极力响应习近平总书记有关乡村振兴的重要指示精神、遵照党中央推进乡村振兴的路线方针政策，同时极力贯彻上级有关党组织推动乡村振兴的政策方针，农村基层党组织才能在乡村振兴的过程中保持极强的战斗力和创新力，保持极强的组织力和号召力。因此，通过推进乡村振兴，不仅可以锻造西南地区农村基层党组织的作风、提升西南地区农村基层党组织干事创业的能力、提振西南地区农村基层党组织的精神面貌、净化西南地区农村基层党组织的理想信念，而且可以有效健全完善中国共产党各级组织的整体运转，推动党的组织体系健康发展。

二、有利于营造环境，优化西南地区党的基层政治生态

风清气正的党内政治生态是中国共产党开展工作、干事创业的重要前提条件。党的近百年的奋斗历史表明，凡是党内政治生态山清水秀的时期，党的工作就能健康有序推进，党的事业就能不断发展壮大；而一旦党内政治生态出现问题，党的事业就会受挫。比如延安时期，中国共产党开展整风运动，党内政治生态风清气正，党的事业迅速发展，党的力量迅速壮大；而在“文革”时期，由于党内政治生态出现问题，党的事业遭受重大损失，国民经济

①中共中央印发《中国共产党农村基层组织工作条例》[N]. 人民日报，2019-01-11（01）.

一度处在崩溃状态。因此，加强和改进党的建设，不断优化党内政治生态是党的事业不断推进的必然要求。

西南地区农村基层党组织是党在西南地区农村全部工作和战斗力的基础，是新时代党推动西南地区乡村振兴的重要组织保障。中国共产党在大力实施乡村振兴战略的同时，无疑需要农村基层党组织发挥重要作用，充当脱贫攻坚、建设美丽乡村的重要力量。乡村振兴是一篇大文章，农村基层党组织在推动乡村振兴的过程中，无疑会在其中得到充分的锻炼，甚至可以这样说，乡村振兴是农村基层党组织在新时代做“三农”工作的试金石，是新时代农村基层党组织正风肃纪的冶炼厂，是新时代农村基层党组织干事创业的锻造台，是新时代农村基层党组织锤炼党性的大熔炉。

比如，要推动乡村振兴，需要西南地区农村基层党组织勇当带头人，自觉担当新时代推动西南地区乡村振兴的重要责任。这就需要西南地区农村基层党组织不断练好“内功”，特别是练好领导力、组织力、执行力的“内功”。需要西南地区农村基层党组织在政治领导力上下功夫，不断强化政治责任，不断巩固政治意识，不断提升政治觉悟，坚定执行党的政治路线，严格遵守党的政治纪律和政治规矩，在政治立场、政治方向、政治原则、政治道路上同以习近平同志为核心的党中央保持高度一致。需要西南地区农村基层党组织练好“组织”内功，加强对各领域、各行业、各部门的组织能力，善于把党组织的意图变成各类组织参与、实践乡村振兴的有效举措与路径，善于将各领域、各行业、各部门有效组织起来、动员起来，引导他们积极参与乡村振兴，为乡村振兴做出贡献。需要西南地区农村基层党组织在执行力上下气力，不断强化执行意识、优化执行手段、改进执行方法，极力确保党的路线方针政策和决策部署在基层、在农村、在广大农民群众中落地生根、开花发芽。如贵州省江口县在推进乡村振兴的过程中，以“民心党建”工程为统领，创新实施基层党建“六亮（组织亮等次、党员亮身份、服务亮标准、承诺亮内容、考评亮实绩、工作亮廉洁）”工程，以“党组织执行力强不强、党员贡献率大不大、群众满意度高不高”为评价标准，不断强化党的阵地建设和组织建设，引导基层党支部争创“三型”党组织，推进服务品质化、标准化，从而大力提升了该县农村基层党组织在推进乡村振兴中的领导力、组织力和执行力。[①]

西南地区乡村振兴之路还是一个艰巨、复杂的漫长过程，其间西南地区

①杨奎，王勇平．江口县“六亮”工程激发党建活力［N］．贵州民族报，2017-08-14（B3）．

农村基层党组织必须有坚定不移的理想信念方能一以贯之地坚持。因此，从这个层面上来说，乡村振兴其实也可以锻造西南地区农村基层党组织的理想信念。因为西南地区农村基层党组织只有始终怀着对共产主义远大理想和对中国特色社会主义共同理想的执着追求，才能在推进西南地区乡村振兴的工作中，始终斗志昂扬，始终精神抖擞，始终步伐坚定，才能将党的方针政策贯彻落地、落实、落细。比如几年来贵州省大方县长石镇在建设美丽乡村的过程中，结合党的群众路线教育实践活动、“三严三实”专题教育学习活动和开展“两学一做”学习教育，引导党员干部坚定理想信念“听党的话、跟党走”，不断增强党员干部的政治意识、大局意识、核心意识、看齐意识、服务意识及和谐意识。大力加强村级党组织建设，选强配齐村党支部书记，把理想信念坚定、政治素质过硬的致富能人选进村党支部领导班子，从而切实推动农村基层党组织在理想信念上过硬。①

西南地区乡村振兴还能够起到锻造西南地区农村基层党组织工作作风的作用。在西南地区乡村振兴的过程中，农村基层党组织的工作作风直接关系到西南地区乡村振兴的成效，直接关系到西南地区乡村振兴的质量，直接关系到西南地区广大农民群众的幸福生活指数。从当前西南地区农村基层党组织推进乡村振兴系列工作来看，乡村振兴对农村基层党组织工作作风有砥砺作用。比如，贵州省赫章县在推进乡村振兴的过程中，紧盯农村基层党组织重要领域和关键环节，持续加强作风建设。针对农业产业结构调整、农村“组组通”公路建设、易地扶贫搬迁、教育医疗住房“三保障”等领域情况，严格督促检查工作是否脱离实际、作风是否简单粗暴，是否存在表态多调门高、行动少落实差等官僚主义、形式主义现象，采取问责方法倒逼工作落实，促使作风大转变；围绕“四个意识”不强、责任落实不到位、政策落实不力、工作措施不精准、资金管理不规范、工作开展不扎实、考核监督不严格七方面，制定出台了相关文件，推动扶贫领域作风问题全面综合治理；聚焦脱贫攻坚重要领域和关键环节，着力治理驻村干部、村（居）干部及党员在脱贫攻坚政策落实中优亲厚友、项目审批吃拿卡要、扶贫资金截留挪用、进入退出欺上瞒下和脱贫攻坚涉黑涉恶等侵害群众根本利益等腐败问题，斩断伸向扶贫领域的幕后“黑手”，确保群众得实惠。②

西南地区乡村振兴还能够起到锻造西南地区农村基层党组织工作能力的

①谢朝政. 永远在路上·声音［N］. 贵州日报，2016-06-21（02）.

②黄和春，张铁林. 赫章县：多举措强化脱贫攻坚作风建设［N］. 毕节日报，2018-11-06（03）.

作用。农村基层党组织“三农”工作能力是西南地区乡村振兴的重要抓手。西南地区乡村振兴需要农村基层党组织有较强的“三农”工作能力，以此提升西南地区农村基层党组织引领乡村发展能力。比如，四川省凉山彝族自治州会东县在建设美丽乡村的过程中，就“围绕一个主题、强化两大功能、解决五大问题、推进六大提升”，重点抓好基层党建提升这条主线，将基层党建与中心工作紧密结合，着力解决基层党建落地难、落实难，持续提升群众满意度，形成独具会东特色的“1256”基层党建工作新模式，为加快建设宜人宜居宜业、文明和谐美丽的川滇明珠提供坚强组织保证。①

三、有利于协同推进，统筹西南地区党的各项事业发展

牵一发而动全身。西南地区乡村振兴工作异常复杂艰巨，需要社会的各个要素相互联动、互相耦合，如此，方能切实有效推动西南地区乡村振兴工作迈向纵深。西南地区农村基层党组织是实施乡村振兴战略的重要组织者、推动者、引领者和实践者，其在推进西南地区乡村振兴的过程中需要发挥的一个重要作用就是调动各方资源、组织动员各方力量、统筹各方要素，协同推进西南地区乡村振兴。

因此，在推动西南地区乡村振兴的过程中不断加强农村基层党组织建设，无疑有利于西南地区农村基层党组织调动各方力量，统筹推进党的事业特别是党在新时代农村的事业向纵深迈进。乡村要振兴，其实需要各方力量如政府、财政、教育、文化、社会、医疗、电力、网络、交通、公安、税务等多个部门的力量，只有将这些不同部门的力量统筹起来，整合成一股具有生气、充满活力和激情的力量，协同推进，才能推动西南地区乡村振兴。

在推动西南地区乡村振兴的过程中不断加强西南地区农村基层党组织建设，其实就是提升西南地区农村基层党组织的组织力，提升西南地区农村基层党组织对社会资源、社会力量、社会要素等的整合能力。比如，四川省成都市道明镇竹艺村就通过推动乡村振兴来加强和改进农村基层党组织建设，锻造出了带领广大农民群众脱贫致富奔小康的带头人，在村党支部第一书记方科的带领下，竹艺村党支部把原来居住的村民、新村民、商家联盟、合作组织等各类群体和组织中的党员全部纳入村党支部管理，把各方力量充分调动起来，构建上下联合、纵横交错的党建综合体，实现共建共享共治，组织力、凝聚力显著增强，初步形成了居民参与组织化、社区自治制度化、社区

①佚名．中共会东县委十三届三次全会解读之三：“基层党建提升年”提升基层组织能力[N]．凉山日报，2017-08-05（02）．

服务专业化和居民利益社区化的“四化联动”治理新格局。①

农村发展不是一件单一、孤立的事件，就乡村振兴而言，其内容主要聚焦于“产业兴旺、生态宜居、乡风文明、治理有效、生活富裕，着力推进乡村产业振兴、人才振兴、文化振兴、生态振兴、组织振兴”②。这就充分表明乡村振兴不仅仅是经济发展，还包括乡村文化、乡村治理、乡村生态环境、农村基层党组织等多个方面。如果仅仅是经济发展，这只是代表乡村经济振兴，只属于乡村振兴的一个部分。而在西南地区乡村振兴的过程中不断加强西南地区农村基层党组织建设，其实要提升西南地区农村基层党组织统筹乡村各项事业发展包括经济、民主政治、人文、社会、生态、教育、医疗、卫生等方面的能力。例如，贵州省安顺市大坝村在农村基层党组织的组织下，采取多管齐下，建设美丽乡村。一是护林引水强生态，利用错落的山势，在低洼处修建了4个山塘，为防御旱涝灾害，改善农业生产条件发挥了重要作用。为了确保环境不受污染，该村在引进肉牛养殖项目中，采用生物发酵床技术，对牲畜排泄物进行无害化处理，通过微生物发酵降解污染物。这样不仅可以实现污染零排放，还可为种植业获得免费的生物有机肥。二是依山就势建民居。村支两委经过反复讨论后，制定了“科学规划、统一建设、超前发展、群众自愿、量力而行”和“节约土地，保护基本农田”的建设思路，高起点规划，计划用5年的时间，按照拆旧建新的原则，建设民房。做到既美观实用，又有效避免了为建新房而占用耕地，大大提高了土地利用率。三是产村相融绘新景。大坝村坚持以科学规划引领建设发展的理念，分别规划了“村庄别墅区、产业发展区、集中办公区、群众休闲区”四大功能区域和“种植区、养殖区、深加工区、旅游产业区”四大产业板块。四是设施完善环境优。不断加快完善公共服务体系，建成功能齐全的村级服务大楼，通过改善办公条件满足了广大村民需求。实施“七个一”工程，建成文化广场、文化健身器材、广播健身器材、戏台、宣传栏、篮球场、文化活动室和乒乓球台等一批公共场所，为村民提供了较好的公共服务。完成了村庄的硬化、绿化、亮化、美化工程。实施村庄绿化提升行动，绿化道路1.5万平方米，改善了村内生态环境。在房前屋后建设“微田园”。一栋栋别墅被花园菜园环绕，小瓜、棒豆、白菜、桃子、李子等果蔬飘香，美人蕉、三角梅、黄金菊

①成组轩．凝聚融城旺乡的力量——成都抓党建推动乡村组织振兴观察［N］．中国组织人事报，2018-10-10（02）．

②鞠鹏，谢环驰．习近平在湖北考察时强调：坚持新发展理念打好“三大攻坚战”奋力谱写新时代湖北发展新篇章［N］．人民日报，2018-04-29（01）．

竞相绽放。①

小结

本章着重考察乡村振兴与西南地区农村基层党组织的辩证逻辑关系，并对新时代西南地区农村基层党组织所处的时代背景进行深入考察，研究新时代西南地区农村基层党组织面临的新任务、新情况、新挑战；同时，本章还将对乡村振兴战略下加强西南地区农村基层党组织建设的意义进行详细分析，透视加强西南地区农村基层党组织建设之于西南地区乡村振兴的重要作用。

新时代西南地区农村基层党组织面临的新任务就是推动西南地区乡村振兴，坚持农业农村优先发展总方针，以实施乡村振兴战略为总抓手，对标全面建成小康社会“三农”工作必须完成的硬任务，适应国内外复杂形势变化对农村改革发展提出的新要求，抓重点、补短板、强基础，围绕“巩固、增强、提升、畅通”深化农业供给侧结构性改革，坚决打赢脱贫攻坚战。新时代西南地区农村基层党组织面临的新情况：一是西南地区农村社会文化生态不容乐观，传统文化，传统的乡风、村风正在悄悄流逝，不复再来，一些村规民约渐渐失范，乡土人情越来越淡；二是西南地区农业产业化结构调整亟须提升；三是西南地区农民的社会角色与社会定位仍然亟须厘清。新时代西南地区农村基层党组织面临如何巩固主流意识形态特别是巩固马克思主义在农村意识形态中的指导思想地位。

就新时代西南地区农村基层党组织推进乡村振兴的丰富实践来看，二者之间有着辩证的逻辑关系：一方面，推动乡村振兴是新时代西南地区农村基层党组织的政治使命和时代责任；另一方面，农村基层党组织是新时代西南地区乡村振兴的带头人。

乡村振兴是中国共产党在党的十九大上提出的重要战略规划，是当前中国农村发展的行动指南和基本遵循。西南地区农村基层党组织是新时代西南地区乡村振兴的领导者、组织者、推动者，与西南地区乡村振兴是有机融合在一起的。在乡村振兴战略的大背景下加强西南地区农村基层党组织建设对于西南地区的乡村振兴与新农村建设有着重要的意义。

---

①范成荣. 大坝：乡村振兴的生动实践——生态宜居篇［N］. 安顺日报，2018-07-05（1-2）.

第三章 历史考察：中国共产党农村基层党组织建设的历程

中国共产党自成立以来，一直都非常重视农村基层党组织建设。不管是在民主革命时期还是在社会主义改造和社会主义建设时期，抑或在改革开放之后，中国共产党一直把农村基层党组织建设摆在重要位置。本章主要对中国共产党建党以来的农村基层党组织建设进行考察，以为本书的研究提供历史借鉴。

第一节 民主革命时期的农村基层党组织建设

民主革命时期是中国共产党农村基层党组织建设的重要阶段。在这一阶段，中国共产党不仅有效地在广大农村建立了党的基层组织，还在农村基层党组织建设方面取得显著成效，成功推动农村基层党组织为党的中心工作和重要任务服务。

一、建党初期与大革命时期农村基层党组织建设

中国共产党建立初期，党的力量还非常弱小。据相关文献资料统计，1921 年中国共产党建党之初，仅有党员 58 人。区区 50 余人要完成中共一大通过的《中国共产党第一个纲领》里提出的“推翻资本家阶级的政权”“直至阶级斗争结束为止，即直到社会的阶级区分消灭为止，承认无产阶级专政”“消灭资本家私有制”[①] 的目标，显然不是一件容易的事情。因此，自建党伊始，中国共产党就异常重视扩大党组织在中国基层社会的影响，非常重视党组织在基层的发展和建设。中共一大通过的《中国共产党第一个纲领》规定：

七、每个地方，凡是有党员五人以上时，必须成立委员会。

①中央档案馆．中国共产党第一个纲领［M］∥中共中央文件选集：第 1 卷．北京：中共中央党校出版社，1989：3.

……

九、凡是党员不超过十人的地方委员会，应设书记一人；超过十人的应设财务委员、组织委员和宣传委员各一人；超过三十人的，应由委员会的成员中选出一个执行委员会。关于执行委员会的规定下面将要说到。

……

十三、委员会所管辖的党员超过五百人或同一地区有五个委员会时，必须成立执行委员会。全国代表会议应委派十人参加该执行委员会，如果这些要求不能实现，必须成立临时中央执行委员会。[①]

同时，为了更好地推进党的地方委员会建设，推进党的支部渗透到基层社会，《中国共产党第一个纲领》对相关组织制度进行了规定和说明："工人、农民、士兵和学生等地方组织的人数很多时，可以派他们到其他地区去工作，但是一定要受当地执行委员会最严格的监督。"[②] 这其实已经开始注意到要制定党的监督制度，说明监督制度对党的建设的重要性。

中共二大对党的基层组织建设有了进一步的认识，《关于共产党的组织章程决议案》指出："党的一切运动都必须深入到广大的群众里面去。"[③]这是中国共产党历史上首次提出"党深入到群众中去"这一重要论断。这一论断的提出，不仅迎合了中国共产党在建党之初壮大自身力量、推进党的事业的需要，而且适应了中国共产党是人民群众利益代表这一重要理念。重要的是，中共二大明确提出要把基层党组织建到农村，"各农村各工厂各铁路各矿山各兵营各学校等机关及附近，凡有党员三人至五人均得成立一组，每组公推一人为组长，隶属地方支部（如各组所在地尚无地方支部时，则由区执行委员会指定隶属邻近之支部或直隶区执行委员会；未有区执行委员会之地方，则直接受中央执行委员会之指挥监督）"[④]。

随着革命的发展，中国共产党逐渐认识到农民之于革命的重要性。中共三大从中国实际国情出发，将马克思主义与中国革命充分结合起来，经过调

---

①中央档案馆．中国共产党第一个纲领［M］//中共中央文件选集：第1卷．北京：中共中央党校出版社，1989：4．

②中央档案馆．中国共产党第一个纲领［M］//中共中央文件选集：第1卷．北京：中共中央党校出版社，1989：4．

③中央档案馆．关于共产党的组织章程决议案［M］//中共中央文件选集：第1卷．北京：中共中央党校出版社，1989：90．

④中央档案馆．中国共产党章程［M］//中共中央文件选集：第1卷．北京：中共中央党校出版社，1989：93．

查研究，对农村问题有了较为深刻的认识，中共三大通过的《中国共产党党纲草案》指出："农民占中国人口百分之七十以上，占非常重要地位，国民革命不得农民参与，也很难成功。"① 强调农民是革命的一支重要力量，只有团结广大农民群众，革命才能成功。值得注意的是中共三大还通过了以农民为主题的《农民问题决议案》。《农民问题决议案》是中国共产党历史上首个关于农民问题的决议，强调："我党第三次大会决议认为有结合小农佃户及雇工以反抗牵制中国的帝国主义者，打倒军阀及贪官污吏，反抗地痞劣绅，以保护农民之利益而促进国民革命运动之必要。"②

1925 年 9 月 28 日至 10 月 2 日在北京召开的中国共产党中央执行委员会第二次扩大会议在中国共产党农村基层组织建设史上有着重要意义，这次会议不仅提出中国共产党是"代表工人农民利益而奋斗的政党"③，而且提出要从思想上、组织上改造农民，以巩固党的组织：

> 可是我们的职任，不仅限于明白规定农民的要求和农民运动的前途，还要注意我们对于农民的指导的组织——我们自己的党在农民运动中之发展。中国共产党是中国无产阶级的代表，我们要能和农民结合巩固的同盟，才能尽自己的历史上的职任。所以在这农民运动兴起的时候，我们的根本责任，不但在于组织农民和给他们以思想上的指导，而且要在农民协会协作社农民自卫军之中，巩固我们党的组织。④

1926 年 7 月 12 日至 18 日在上海召开的中国共产党第四届中央执委会第二次扩大会议通过的《组织问题议决案》第一次提出了"一切工作归支部"口号，支部在这里其实就是中国共产党基层党组织的雏形。这一口号的提出使中国共产党的基层组织建设上升到一个新的高度。在这里，中国共产党其实已经隐约认识到党的一切工作最终要从支部起步，只有把支部建设好，党的建设才能更好地开展。

值得关注的是，在早期中国共产党人中，毛泽东对基层党组织建设关注

---

①中央档案馆. 中国共产党党纲草案［M］// 中共中央文件选集：第 1 卷. 北京：中共中央党校出版社，1989：139.

②中央档案馆. 中国共产党党纲草案［M］// 中共中央文件选集：第 1 卷. 北京：中共中央党校出版社，1989：151.

③中央档案馆. 告农民书［M］// 中共中央文件选集：第 1 卷. 北京：中共中央党校出版社，1989：515.

④中央档案馆. 中国现时的政局与共产党的职任议决案［M］// 中共中央文件选集：第 1 卷. 北京：中共中央党校出版社，1989：463.

颇多，有许多建设性思想和建议值得注意。毛泽东的基层党组织建设思想起源于其对农村和农民的关注。他在对农民及中国传统农村社会进行了深入调查的基础上指出，广大农民群众才是中国共产党真正的朋友，并强调："我们组织农民，乃系组织自耕农、半自耕、半益农、贫农、雇农及手工业工人五种农民于一个组织之下。"[①] 毛泽东在这里所指的"组织"其实就是农村基层党组织，当时被称为"支部"。时任中共中央总书记的陈独秀也非常重视农村基层党组织建设，1926 年 10 月 17 日，他在《给各级党部的信——对于扩大党组织的提议》中指出：

> 我们万分不应该把许多革命的工人和农民关在门外，使这些革命分子没有机会得到党的直接训练，而徘徊歧路，以致走到别的党里去。并且这些革命的工人农民党员之增加，正是使党革命化，正是增加质量之一种方法，一种重要的方法。……我们的党自然以工农党员为柱石……我们的党在这些省份应该喊出一个口号："党到农民中去！"[②]

在中国共产党的推动下，农村基层党组织稳步发展。据统计，截至 1926 年 12 月，广东、湖南、湖北等地的农村纷纷建立了农村基层党组织，比如湖北省阳新县地方党组织先后建立龙港支部、中庄支部、俟家支部、五湖镇支部等；山东建立齐河后里仁庄支部、小屯支部、白兔丘支部等；河南许昌地方党组织建立碾上村支部、戴庄支部等。农民党员人数也显著增加，其中广东的农民党员占该区总党员人数的 30.14%，北方区的农民党员占该区总党员人数的 2.4%，湖南区的农民党员占该区总党员人数的 14.4%。[③] 不过，从这一时期农村基层党组织建设的总体情况来看，尚处在初级阶段，发展还比较缓慢，大部分农村地区特别是一些民族地区、边疆地区并未发展农村基层党组织，即使当时较为发达的工业城市上海农民党员占比也较小，这显然不利于革命事业的推进，急需中国共产党在以后的工作中进行改进，以进一步适应革命的发展与党的事业推进的需要。

二、土地革命时期农村基层党组织建设

1927 年大革命失败后，中国共产党领导的民主革命陷入困境，这也标志

①毛泽东. 中国农民中各阶级的分析及其对于革命的态度［J］. 中国农民，1926（1）.

②中共中央组织部，中共中央党史研究室，中央档案馆. 中国共产党组织史资料：第 8 卷［M］. 北京：中共党史出版社，2000：105-106.

③中共中央组织部，中共中央党史研究室，中央档案馆. 中国共产党组织史资料：第 8 卷［M］. 北京：中共党史出版社，2000：107-108.

着中国共产党一直倡导“从城市包围农村”的战略走进了死胡同。在转折的十字路口，以毛泽东为代表的中国共产党人，从中国国情出发、从中国革命实际出发，开辟农村革命根据地，在农村大力发展党的基层组织，把大批农民先进分子吸收到党组织之中来，从而为完成党的政治任务提供了坚强的组织保证。

正如中共六大通过的《组织问题决议案提纲》所指出的那样，“没有支部生活，便产生不出干部人才——党的改造基础便极不强健——加以教育与训练的缺乏，党的干部人才更显不足。没有支部生活便没有党内生活的基础，也就没有无产阶级党的基础”①。转入农村的中国共产党迅速对党的组织工作的重心进行了调整，开始把在农村建设党的基层组织作为党的重要工作之一，以此来提升党的群众基础，建设党的干部队伍，扩大党在农村社会的影响力。毛泽东抽调了一批具有一定政治工作经验的党员干部，到农村基层开展建党工作。比如，1927 年 12 月，毛泽东派毛泽覃等三人深入宁冈的乔林乡。乔林乡由十来个自然村组成，地处宁冈的东南面，是大陇至黄洋界的重要通道，地理位置非常重要。毛泽覃等到了乔林乡后，积极向广大农民群众宣传革命道理，宣传党的理论方针政策，启发他们的阶级觉悟。经过一个多月深入细致的工作，成立了乔林乡党支部，这是湘赣边界最早的农村党支部之一。

为了更好地推进党的工作，发展党的事业，中国共产党决定在一些边远省份的农村地区或远离中心城市的偏僻农村山区发展农村基层党组织。1931 年 5 月 1 日，《全国组织报告的决议案》强调：“关于农村中党的组织，各省必须规定几个中心农民区域，建立在农村支部。把农村中党的主要的力量，放到这些地方去，同时可以调一部分城市工人同志到乡村中去参加领导工作。”② 在这种思想的指导下，农村基层党组织得到迅速发展，特别是苏区的广大农村地区。比如四川的江口县建立了多个农村党支部：姜家梁乡党支部、冷水乡党支部、重石乡党支部、新场乡党支部、石笋乡党支部、双凤乡党支部、太平乡党支部（今通江太平乡）、双鹿乡党支部、玉鹿乡党支部、五木乡党支部、王家坝乡党小组、花溪河乡党支部（今巴中花溪乡）、元山乡党支部、张公乡党支部、土兴乡党支部、风凉乡党小组、丝树乡党小组、坦溪乡党支部等。

---

①中央档案馆. 组织问题决议案提纲［M］// 中共中央文件选集：第 4 卷. 北京：中共中央党校出版社，1989：453.

②中共中央组织部，中共中央党史研究室，中央档案馆. 中国共产党组织史资料：第 8 卷［M］. 北京：中共党史出版社，2000：399.

必须承认，农民党员整体素质不高，这主要表现在土地改革的过程中，有的农民党员作风粗暴、私心较重，看重个人利益，从而极大地影响了党的事业的推进和革命形势的发展。毛泽东对这种现象非常担忧，他指出：“我们感觉无产阶级思想领导的问题，是一个非常重要的问题。边界各县的党，几乎完全是农民成分的党，若不给以无产阶级的思想领导，其趋向是会要错误的。”① 因此，中国共产党在发展农民党员时，非常注重把一些政治觉悟高、政治立场坚定、积极勇敢的雇工贫农分子吸收到党内来。在发展党员的程序上更为严格和规范，在物色发展对象时，首先看该对象思想上是否积极向党组织靠拢，对党布置的工作的执行态度是否端正，完成党布置的任务坚决不坚决；其次看该对象成分好不好、历史清楚不清楚，是不是贫雇农阶层。在确定发展对象后，还要进行筛选和谈话，最后由组织集体讨论确定。而对于那些素质较低、政治觉悟不高、理想信念不坚定、小农意识突出、集体主义观念不强的农民党员则极力加强思想政治教育，“首先要学习什么是共产主义、共产党。特别是要将共产国际中国革命的问题决议之基本问题来研究，尤其现实革命的复杂，‘左’倾、右倾机会主义的发生，更必须加倍坚决的反对一切关于马克思列宁主义的曲解……同时要反对脱离实际生活，学院式的研究”②。

在中国共产党的这种建党思想的影响下，农村基层党组织得到迅速发展，据 1933 年 9 月 22 日江西省《党的组织状况——全省代表大会参考材料之四》统计，江西省仅 1933 年 5 月发展的 17507 名新党员中，农民成分的党员有 15020 名，占 85.8%；其他各省农民成分的党员亦占 80%～90%。③ 重要的是，农村基层党组织的发展为党的革命事业做出了重要贡献，为红军提供了有生力量，比如兴国县高圩区黄岑乡党支部积极开展扩红运动，全乡当红军的有 80 多人，其中农民党员就有 20 多人。④

三、全面抗战时期农村基层党组织建设

全面抗战时期，广大农村在革命和抗战中的地位和作用愈益彰显。因此，如何壮大党在农村的力量，巩固农村基层党组织的地位，扩大农村基层党组

①毛泽东．井冈山的斗争［M］//毛泽东选集：第 1 卷．北京：人民出版社，1991：77.

②卢先福，龚永爱．农村基层党建历程［M］．长沙：湖南师范大学出版社，2011：69.

③江西省档案馆，中央江西省委党校党史教研室．中央革命根据地史料选编：上册［M］．南昌：江西人民出版社，1982：675.

④卢先福，龚永爱．农村基层党建历程［M］．长沙：湖南师范大学出版社，2011：102.

织在农村和农民中的深刻影响对于中国共产党领导的革命和抗战十分重要。

针对全面抗战初期中国共产党面临的新情况、新任务，1938 年 3 月 15 日，中共中央正式做出《关于大量发展党员的决议》，决议指出：

为了担负起扩大与巩固抗日民族统一战线以彻底战胜日本帝国主义的神圣的任务，强大的党的组织是必要的。……大胆向着积极的工人、雇农、城市中与乡村中革命的青年学生、知识分子、坚决勇敢的下级官兵开门，把发展党的注意力放在吸收抗战中新的积极分子与扩大党的无产阶级基础之上。①

在党中央的号召下，中国共产党在陕甘宁边区大力加强农村基层党组织建设。第一，打破关门主义倾向，大力在农村吸收党员，注重入党对象的阶级成分、政治倾向、工作能力、作风素质，对于能够积极向党组织靠拢、积极参加抗日、积极参加中国共产党布置的工作的优先考虑。据统计，子长县南区三乡的农村党员，革命前有 14 名贫农，现在增加到 26 名，中农由 4 名增加到 20 名，富农由 2 名增加到 6 名。② 第二，大力整改农民党员和农村基层党组织。必须承认，有的农民党员在残酷的斗争中经不起考验，理想信念出现动摇；有的农民党员与群众关系疏远、淡漠，联系群众不够；有的农民党员工作能力亟待提升，在完成党交给的任务时拖沓；有的农民党员认识水平不高，在执行党的任务、领导群众斗争中特别是在坚持抗日斗争中，不能起应有的领导核心作用，不能发挥党组织的中流砥柱作用；有的农村基层党组织松懈、散漫，战斗力不强；针对有的抗日根据地农村基层党组织管理亟待加强和完善的现状，极力加强对农村基层党组织的整改，了解农村党支部历史，包括该支部建党以来的历史发展，支部所在地的自然与社会环境，各阶层群众的基本情况以及新老户的关系。因此，针对有的农民党员阶级成分不清不楚、在抗日上政治态度摇摆不定的状况，大力开展对农村基层党组织和农民党员的调查工作。调查支部党员的政治面貌、工作表现和家庭结构，其中特别注重每个党员家庭经济情况的变化，研究每个党员在大生产活动中的表现，尤其是思想表现和政治态度。其中，在对农村党员进行调查时，采取背后调查与会议调查的方式。背后调查，即避开当事人，通过别的党员或者群众来调查当事人的情况。这种调查的优点是可以从别人口中了解当事人，更准确地掌握当事人的基本情况。会议调查则是指在会上，大家一起谈，讨

①中央档案馆. 中央关于大量发展党员的决议［M］//中共中央文件选集：第 11 卷. 北京：中共中央党校出版社，1991：466-467.

②卢先福，龚永爱. 农村基层党建历程［M］. 长沙：湖南师范大学出版社，2011：65.

论每个党员的基本情况，从而更充分、更准确地认识党员。这两种调查的有机结合有利于将党员的基本情况进行对照检视，以便得出更合理的结论。第三，调整发展农村党员的方法。1945 年，针对中国革命形势的变化以及党的事业发展的需要，西北局组织部对于农村支部发展新党员提出三个条件：好劳动、能公道、能工作。同时，对于已发展的党员，也提出了新的标准：热心工作、主张公道、积极生产、努力学习，或为革命斗争、遵守纪律、积极生产。第四，加强对农民党员的思想教育，学习有关整风文件，学习党的理论路线方针政策，提高农民党员的思想政治觉悟，大力培育农民党员自觉为人民服务的思想意识。比如均州中心县委在南区浪河黄龙山山洞里举办党训班，培训主要内容为党的理论和时政方面的相关知识，让农民党员及时掌握抗战的具体形势与党的政策方针。第五，严格处理犯错误的农民党员，对待犯错误的农民党员绝不手软，该处理的处理，该警示的警示。比如针对土改工作中的一些党员干部的粗暴作风，坚决予以纠正，对当事人进行警示教育，对严重违反组织纪律者进行处罚。

事实上，正是通过这种在农村发展党员、健全农村基层党组织的方式，各抗日根据地的农村基层党组织得到健康发展，农村党员逐渐增多。其中，农村基层党组织发展得最快的无疑是中共中央所在地陕甘宁边区。1945 年陕甘宁边区共有党员 42195 名，其中雇农 2598 人、贫农 26632 人、中农 7563 人、富裕中农 77 人、富农 755 人，合计 37625 名，共占总党员人数的 89.17%。[①] 其他抗日根据地的农村基层党组织亦发展迅速，比如 1938 年 2 月，八路军一二九师太行第四游击支队进驻林县北部地区，先后在井头村等十几个村庄成立了农村基层党组织；到年底，林县已建立农村党支部 50 个，有党员 500 余名。1938 年 10 月广州沦陷后，广东建党工作的重点从城市转入农村。1939 年 1 月，广东省委召开第四次执委扩大会议，把建立农村基层党组织作为广东党组织的四大重要任务之一。至同年冬，除少数边远山区县外，各县均建立了农村基层党组织。中共闽粤赣边省委员会到 1939 年年底，在其所辖地区先后建立 35 个县（市）党委，共有 495 个农村和城市党支部，党员一度达到 8483 名之多。中共苏中区委员会到 1941 年年底，已建立 402 个农村和城市党支部，中共党员达 5038 名。[②]

①卢先福，龚永爱. 农村基层党建历程［M］. 长沙：湖南师范大学出版社，2011：101.

②卢先福，龚永爱. 农村基层党建历程［M］. 长沙：湖南师范大学出版社，2011：116-121.

四、解放战争时期农村基层党组织建设

解放战争时期是民主革命时期农村基层党组织发展得最快的时期。抗战结束后，中国面临着两种命运、两个前途决战的新时期。针对蒋介石和国民党坚持独裁和内战的企图，中国共产党要推动中华民族解放、为中国人民谋求幸福就必须加强农村基层党组织建设，不断壮大党的力量、扩大党的影响，以此提升党的战斗力、号召力和影响力。

在抗日战争即将取得胜利的前夜，毛泽东在中共七大上做《两个中国之命运》的重要讲话，他指出："我们的任务不是别的，就是放手发动群众，壮大人民力量，团结全国一切可以团结的力量，在我们党领导之下，为着打败日本侵略者，建设一个光明的新中国，建设一个独立的、自由的、民主的、统一的、富强的新中国而奋斗。"① 毛泽东的这一重要论述也为中国共产党在新的历史时期面对新的历史任务加强基层党组织建设提供了理论支撑。如果说毛泽东是从党和国家命运未来的宏观形势对农村基层党组织建设提出了要求，那么刘少奇则是从微观的角度、从具体操作的层面对新形势下农村基层党组织建设提出了要求，他指出："我们必须重视自然村，党的基础组织，主要的应放在自然村。但自然村大小悬殊，大者有数千数万人口，小者只有数十人口，因此，在以行政乡或村为单位的党的支部之下按自然村来划分党的小组，即使在一个自然村只有党员三五人或七八人，那么，这种小组的作用就很大，它起着党的基础组织的作用，就应该强调小组作用，许多工作——如开会、解决问题和学习等，应该以小组为单位来进行，而不必一切都以支部为单位来进行。"② 各根据地则根据其具体情况和社会现实来建设农村基层党组织，比如东北地区，提出了"在斗争中发展、个别考察、秘密发展"③ 的原则。

在中国共产党的领导下，各根据地农村基层党组织得到迅速发展。据相关文献记载，新中国成立前夕，吉林省有农村和城镇党支部 3952 个。1948 年春，根据东北局的指示，黑龙江松江各县开始公开建党。至 8 月，党员发展到 9882 名，共建立农村和城镇支部 893 个。截至 1948 年年底，黑龙江全省共有党员 18903 名，共建立农村和城镇支部 1325 个。嫩江省位于今黑龙江省

①毛泽东. 两个中国之命运［M］//毛泽东选集：第 3 卷. 北京：人民出版社，1991：1026.

②本书编委会. 中国共产党历次党章汇编（1921—2012）［M］. 北京：方正出版社，2012：194.

③卢先福，龚永爱. 农村基层党建历程［M］. 长沙：湖南师范大学出版社，2011：133.

的西部和西南部，1947 年设 1 市、16 个县（旗）时，人口 252.8 万人。1948 年设 1 市、23 个县（旗），人口 345 万人。至 1949 年 1 月，全省共产党员发展到 42960 名，共建立农村和城镇支部 2798 个。到 1948 年 12 月，辽宁省有中共党员 3428 名。辽西省到 1949 年 5 月，共建市、县级党委 11 个，区委 118 个，农村和城镇党支部 800 个，中共党员 1.1 万多名。[①] 山东省 1949 年年底统计共有共产党员 754123 名，其中农村党员 617124 名，占 81.83%。中共鄂豫区委员会截至 1947 年 11 月共有农村和城市党支部 4200 多个。[②] 到解放战争结束时，全国共有共产党员 448.8 万人，其中农民党员 340.1 万人，占 75.8%，农村基层党组织约有 16 万个，占基层党组织总数 20 万个的 80%。[③]

不过，不可忽视的一个事实是，尽管各地农村基层党组织普遍建立起来，但农村基层党组织中普遍存在的一个问题是党员的政治水平比较低，工作能力不足，素质亟待提高。因此，针对这种情况，同时为了更好地推进党的工作，中国共产党加大力度对农村基层党组织进行整改。比如 1948 年 5 月 25 日，中共中央发出毛泽东起草的《一九四八年的土地改革和整党工作》的指示。此后，1949 年 5 月 8 日、6 月 28 日，中共中央连续发出了《中央关于晋绥整党工作的指示》，有序地推进农村基层党组织建设。通过整党，不仅有效纯洁了党的农村基层组织，提高了农民党员的政治觉悟和思想理论水平，改进了工作作风，密切了党与人民群众之间的鱼水关系，而且大大地提高了农村基层党组织的战斗力，为接下来中国共产党争取人民解放战争的伟大胜利奠定了坚实基础。

第二节　新中国成立初期和社会主义建设时期的农村基层党组织建设

萧瑟秋风今又是，换了人间。新中国的成立给中国带来了深刻变化，也给一直在艰难跋涉、栉风沐雨、砥砺奋进的中国共产党人带来了新的任务和新的挑战。这些新变化、新任务、新挑战急需农村基层党组织在新中国成立初期大展身手，充分发挥战斗堡垒作用，从而为党和国家、人民做出更大的贡献。

①卢先福，龚永爱．农村基层党建历程［M］．长沙：湖南师范大学出版社，2011：134-135.
②卢先福，龚永爱．农村基层党建历程［M］．长沙：湖南师范大学出版社，2011：147-149.
③卢先福，龚永爱．农村基层党建历程［M］．长沙：湖南师范大学出版社，2011：150.

一、新中国成立初期的农村基层党组织建设

在本书的语境里，新中国成立初期是指1949—1956年。中华人民共和国的成立使整个中国大地发生了翻天覆地的变化，万亿农民翻身当家做了主人，农村的社会主义改造正在路上，特别是由于一些地区解放时间较短，敌对势力在农村不断进行骚扰和破坏，农村社会秩序很不稳定，有的农村地区由于土匪、恶霸的滋扰，人心惶惶，农村基层社会亟待恢复和重建，急需中国共产党农村基层党组织发挥其领导和组织优势，带领广大农民群众建设一个全新的社会。因此，针对这种状况，中国共产党在这些农村地区大力发展农村基层党组织，比如上海市根据中央积极谨慎建党的方针，在11个乡进行了建党实验，有计划地以乡为单位建立农村党支部。经过40天左右时间的培训，发展农民成分的新党员42名。随后又部署了60个乡开展建党工作，至1952年年底共发展农民成分的新党员321名。[①]

新中国的成立给中国共产党的社会地位带来了根本性的变化，中国共产党从“领导人民为夺取全国政权而奋斗的党，成为领导人民掌握全国政权并长期执政的党”[②]。形势的变化使“党的状况也有了很大的变化。中国共产党已经是执政的党，已经在全部国家工作中居于领导地位……执政党的地位，使我们党面临着新的考验”[③]。八大党章指出：“中国共产党已经是执政的党，因此特别应当注意谦虚谨慎，戒骄戒躁，并且用极大的努力在每一个党组织中，在每一个国家机关和经济组织中，同脱离群众、脱离实际生活的官僚主义现象进行斗争。”[④] 显然，执政地位的变化使中国共产党的历史责任与时代使命均发生了重要变化，新变化也就给中国共产党带来新的任务和新的挑战。其中，大力加强对农村的建设正是作为执政党的中国共产党在新中国成立初期的重要任务之一。1953年，中共中央提出了过渡时期总路线，以加强对农村和农业的社会主义改造。为了确保对农村和农业社会主义改造的顺利进行，就必须加强党的领导，而要加强党对农村的领导，就必须加强对农村基层党组织的建设，以为农村社会主义改造提供组织保障。针对此，中共中央农村

---

①卢先福，龚永爱. 农村基层党建历程［M］. 长沙：湖南师范大学出版社，2011：150.

②江泽民. 全面建设小康社会，开创中国特色社会主义事业新局面［M］//江泽民文选：第3卷. 北京：人民出版社，2006：536.

③本书编委会. 中国共产党历次党章汇编（1921—2012）［M］. 北京：方正出版社，2012：173.

④本书编委会. 中国共产党历次党章汇编（1921—2012）［M］. 北京：方正出版社，2012：208.

工作部提出，要以：

积极而又慎重的建党方针，建议在选择发展对象时，根据阶级成分，过去斗争表现，今天对社会主义互助合作的态度及其与群众的关系等四个方面的情况加以挑选，经过训练教育后，自愿接受党员标准八条者，再个别接收入党。[①]

在中共中央的号召下，到 1955 年 11 月，全国农村基层党组织有了很大的发展，全国 90％以上的乡都建立了党支部。仅 1955 年上半年，全国农村中就有 48.5 万多个农村基层党组织。[②] 这些农村基层党组织的建立，为农村和农业的社会主义改造做出了重要贡献。刘少奇在得知全国广建基层党组织之后感慨地说：

我们党现在共有五百八十万党员……所有这些党员，在全国各方面建立了约二十五万个基层组织——支部。从这些情形可以看出：我们党不只在上层，在各方面都领导着我们的国家和各种事业；而且在下层，在各种工厂中、矿山中、农村中、机关和学校中、部队的连队中密切地联系着广大的人民群众，和人民群众打成一片，建立了血肉相连的关系，因而使我们党具有充分广大的群众性。[③]

尽管解放之初，中国共产党在农村广泛建立了基层党组织，吸收了一部分积极向党组织靠拢、政治觉悟较高、素质能力较强的农民加入党组织，但一个不可忽视的重要事实是，农村党员素质普遍不高，“退坡”和“松气”思想不同程度地存在，有的农民党员认不清农村经济的发展方向，在党的政策的执行上半推半就、虚与委蛇，主动意识不强、积极性不高。相关文献记载：

整党前有不少党员认为夺取了政权，就是革命完结，于是，有消极不干工作的。江苏淮阴地区部分党员甚至说：“现在抗日分土地的任务已经完成了，还要党员做什么。”山西平顺县烟驼村冯步阁就这样说：“咱如今娶了个好媳妇，住着砖瓦楼，分的是好地，穿的是洋布衣，盖的是花贡呢，隔天吃顿面，耍的手把电；日子过得美透啦，干啥还要实现共产主义。”[④]

---

①中共中央文献研究室．建国以来重要文献选编：第 5 册［M］．北京：中共中央文献出版社，1993：272.

②卢先福，龚永爱．农村基层党建历程［M］．长沙：湖南师范大学出版社，2011：172-173.

③中共中央文献研究室．建国以来重要文献选编：第 2 册［M］．北京：中共中央文献出版社，1992：148.

④佚名．各地党委正确执行中央整党方针，广大农村党员觉悟普遍提高［N］．人民日报，1953-04-04（03）.

有的农民党员入党动机不纯，有的人隐瞒历史问题，入党是为了找护身符；不少人是为了个人私利而入党的，有些人甚至把入党当作一种政治资本，以此作为晋升的阶梯。据文献记载：

> 有少数人在入党前经过教育，对党有些认识，入党动机有为人民服务，为实现共产主义的成分，但为个人的仍占很大比重；多数党员是为了个人前途和切身利益入党的。有的是自从解放后“获得了切身利益，看着共产党好，拥护共产党的主张”而入党的；有的看到“全中国都成了共产党的天下了，参加共产党没歪道，一定有好处”。“参加党吃得开，说话也腰粗，不受人管，还可以管人。”“小工子有保障，不致失业，还可以提升；当工头、当干部多赚工资。”一个出身于农民家庭的党员是“为了不交租，土地改革时可以多分土地，村里可以另眼看待”而入党的。有的“看共产党对穷人不错，入了党即便没有多大好处，也不致有多大坏处。”也有的“因为和别人有私愤，怕报复，入了党，还可以借机泄私愤，整旁人。”有个别人没有入党的要求，而是被介绍人硬拉进党里来的，还有个别人是为了逃避土地改革，怕斗争，和隐瞒历史（反动党派及罪恶行为）问题，找护身符，假装积极而混入党内的。[①]

有的农民党员严重违法乱纪，据文献记载：

> 违法乱纪现象虽不像命令主义那样普遍，但是违法乱纪分子的罪恶是更为严重的。徐水县三十四个村的九十七个村干部曾经多次打人，史各庄支部书记一个人就打过六十多人。有些基层干部竟把打人、扣人的恶劣行为当成推动工作的“好办法”和“窍门”。最近河北省委在华北局的直接帮助下，处理了易县台底村以坏分子牛老连为首的反党反人民的小集团，对该村人民群众实行恶霸统治的事件；定县地委又揭发了新乐县东牛林村支部几个主要干部蜕化变质严重违法乱纪的事件；天津地委正在揭发武清县黄官屯村以支部书记王焕卿为首的三个坏分子横行霸道违法乱纪的事件。这些都是突出的例子。这些违法乱纪分子，不仅打骂群众、乱捕乱押、乱征乱罚、侵犯群众利益、干涉婚姻自由、强奸妇女、镇压民主，甚至与反革命分子勾结在一起，为非作歹，严重地破坏着党和人民政府的

---

①佚名．中共唐山市委在四个支部进行整党典型实验的报告［N］．人民日报，1951-12-22(03).

各种政策。[①]

针对新中国成立初期农村基层党组织的现实状况，中国共产党加强了对农村基层党组织的整改。一是加强对农村基层党组织的思想整顿。这主要是针对一些农民党员在革命成功之后思想开小差，思想上出现“滑坡”“倒退”，加大对农村基层党组织的整顿与对农民党员的整改，大力进行思想政治教育，帮助农民党员树立共产主义的信念，坚定对共产党的信心，坚定对社会主义和集体化的信心，大力加强农民的互助合作观念。比如山西武乡华池子村王维才，整党前对党的合作化道路持怀疑态度，对于加入互助组犹豫不定，在个人利益和集体利益面前选择了个人利益，要求退党。整党后，他认识到自己的错误，并进行了深刻检讨：是党挽救了我，今后决心搞好互助组。据山东省在3847个支部中的调查，整党前参加互助合作组织的党员平均占党员总数的30%左右，即在互助合作工作较有基础的地区，也只占40%～50%。经过整党后，参加互助组的党员平均增加了一倍。一般地区占党员总数的60%左右，在互助合作工作较有基础的地区，党员已普遍地加入了互助合作组织。[②]

重要的是，经过思想整顿，农民党员：

> 普遍地在思想上提高一步。他们懂得了一个共产党员不应妥协倒退，“革”半截“命”，应该为共产主义奋斗到底，个人利益应服从党的利益。认识了党的事业光荣、伟大，而且又很艰巨，只要有决心，一切困难是能够克服的，没有共产党不屈不挠的英勇斗争，就没有我们今天的胜利，也没有将来的共产主义社会。如党员郭恩贵说：“我看着共产党好，入了党，入党后又嫌开会太麻烦，耽误自己的事，就消极想退党，现在才认识我真不够做个党员，要都像我这样，中国革命早就失败了，今后一定下决心为共产主义奋斗到底。”范小山说：“过去我有变天思想，动摇不定，入了党又怕国民党来了掉脑袋，如要这样下去，就当不了共产党员，今后我一定站稳立场，作一个光荣的党员，任何环境下不投降敌人，坚决向敌人斗争。”李庭训说：“过去我就知道生产赚工资，自己有利就行了，哪管对党有利没利。现在认识了，今后就是我亲爹损害了党的利益，

①林铁．坚决反对官僚主义，认真整顿党的基层组织［N］．人民日报，1953-02-13（03）．

②卢先福，龚永爱．农村基层党建历程［M］．长沙：湖南师范大学出版社，2011：183．

我也坚决和他斗争。”①

二是加强对农村基层党组织的组织整顿。针对有的农民党员在入党时的思想动机不纯、隐瞒自己的历史和阶级成分的状况，重新进行党员登记。在动员农民党员进行重新登记时着重强调是否合乎党员条件，对于不够条件的要求该党员坚决树立改正态度，要有信心和决心把自己提高到党员的条件。没有信心和决心的，可以不登记。登记与否，主要看自己的态度和思想。不过，这种登记对于一些思想不纯、动机不纯的党员起到了一定警示作用：

宣布（登记）后，在两天内，大家的思想是很紧张的。有的在休息时或在深夜里，也拿着党员标准在熟读或衡量自己；有的走来走去，坐卧不安地考虑；有的主动找人帮忙，征询别人的意见。特别是有些落后的党员，在学习时不大用心，这时临阵磨枪，拿着党员的八个条件，抄了又抄，写了又写，十分用心。②

重新登记后，还要进行组织鉴定。鉴定时，要召开党员和积极分子会议，讨论对落后分子及有问题的党员的处理意见；要针对有问题的党员广泛收集材料，并召开群众座谈会，讨论对该党员的看法；对群众的意见和态度进行辨析，以增强鉴定的合理性和准确性；最后，由党小组提出处理意见，经支部大会讨论决定。这种党员登记的方法也确实促进了党的纯洁性，有力地净化了农民党员的思想。据文献记载，经过党员登记后：

鉴定后，大家感觉轻松愉快，一般的表示要为做一个合乎标准的共产党员而奋斗！有的说：“鉴定好像洗了个澡。”有的说：“过去我是一个病人，鉴定把我治好了。”不少人说：“要互相帮助，随时随地以党员标准来衡量，才能做好党的工作。”③

值得注意的是，在处理一些富农成分和有富农倾向的农村党员时，中共中央指出：

目前党和人民政府的政策，是允许社会上富农经济的存在和发展的，但共产党员则不准许剥削他人（不论是封建剥削或资本主义剥削），不准许党员去作富农，也不准许党员去作资本家、地主或高

①佚名．中共唐山市委在四个支部进行整党典型实验的报告［N］．人民日报，1951-12-22（03）．

②佚名．中共唐山市委在四个支部进行整党典型实验的报告［N］．人民日报，1951-12-23（03）．

③佚名．中共唐山市委在四个支部进行整党典型实验的报告［N］．人民日报，1951-12-23（03）．

利贷者，今后农村发展生产的方向是逐渐走向农业集体化。所以要作一个共产党员就必须取消他的剥削他人的生产方式，积极地参加互助合作运动，如果他接受党的这种意见，他的其他方面，亦未丧失党员条件，自应保留其党籍，党办不应当以富农来看待他。如果他不愿意放弃他的剥削行为，继续进行富农的或其他方式的剥削，则应无条件地开除其党籍。

……

对于富农家庭出身、不直接参与剥削行为的党员，只要他能坚持党的立场，划清他与剥削者家庭的界限，则其单人的党籍不应受家庭成分的影响。①

从党中央的指示可以看到，中国共产党并不反对富农成分和有富农倾向的农民入党，只要这部分农民拥护中国共产党的领导、积极参加新中国建设，就能够加入中国共产党，成为中国共产党的一分子。而如果这部分人不拥护中国共产党的领导，沾染旧的、剥削的社会风气，则要谨慎对待他们的入党动机和入党行为。

三是加强对农村基层党组织的作风整顿。新中国成立初期的农村基层党组织整党，作风整顿是其中的重要内容之一。新中国成立初期，部分农村基层党组织中存在着一定的命令主义、官僚主义和形式主义，从而严重破坏了党与人民群众之间的关系，影响了党对广大农村地区的建设和对广大农民群众的改造。比如：

命令主义表现在各种工作上。仅以农业生产为例：定县有些村庄的党员干部召开会议，强迫互助组立即“升级”，要群众保证“明天把一类互助组一律升为二类互助组，二类互助组一律升为农业生产合作社”。宁晋县北李高庄的干部、深县刘家园的干部曾用按户摊派、划圈指地办法，强迫群众打井，以致发生了逼死人命的事件。万全县第七屯村干部竟强迫七户没有井的农民也买了水车。这种强迫命令的结果，不但把好事办成坏事，给人民造成损失，而且严重地损害了党和人民政府的威信。②

针对农村基层党组织和基层党员中的一些命令主义、官僚主义和形式主义，中国共产党加强了对这些不良作风的整顿，旗帜鲜明地反对命令主义、

①中共中央组织部．关于农村中富农成分的党员的党籍问题［N］．人民日报，1952-09-07（03）．

②林铁．坚决反对官僚主义，认真整顿党的基层组织［N］．人民日报，1953-02-13（03）．

官僚主义和形式主义，反对基层党员干部高高在上、粗暴、蛮横的工作态度。经过整顿，农村基层党组织的作风得到有效改善。

> 经过这次对强迫命令作风的整顿，党员的觉悟都大大地提高了，工作积极了，作风转变了。党员反映：今后再也不和群众横眉瞪眼当老爷了。党员常国兴更兴奋地说："这次整党有效验，不光认识和改正了错误，还学会了工作方法。"群众也说：这次纠正了某些党员的强迫命令作风，就会把工作做得更好。①

总之，基层农民党员和农村基层党组织经过整顿后，对党的理想信念有了新的认识，对党的政策方针执行得更加到位。

> 葛楼乡在整党以后，在党员带头发动下，在防止强迫命令的作风下，互助组由过去十二个增加到六十六个（其中常年互助组五十八个，季节互助组八个），党员参加互助组的由四十五人增加到一百三十四人，各个组都订立了一九五三年的生产计划：全乡准备打井四十七眼，下泉二十六眼，贷水车二十七辆，新式步犁二十七张、喷雾器十五架，耘锄十二张，购豆饼十一万五千斤，翻地三十八亩，植树一千三百五十棵。冬季副业生产开展了，如王玉兰互助组已拉粉九套，董振才互助组搞了两趟运输，康德亮互助组打油买棉子五千斤。成立了供销合作社，全乡已存入粮食折款一千零三十九万元。上民校的由过去二百一十九人增加到五百零一人，组织了读报组七个共六十五人。总之经过整党，经过民主建政和各种组织的整顿，所有党员干部都比以前积极了。②

二、全面建设社会主义时期的农村基层党组织建设

社会主义改造基本完成以后，我国进入了全面建设社会主义时期。这一时期，中国面临的国际国内环境发生变化。国际上，社会主义国家面临严峻考验，波兰和匈牙利相继发生动乱。从国内情况看，几亿农民翘首以待，期待一个新的社会主义新农村建设的开始。不过，一个不应该忽视的现实是，中国共产党高层领导对这种形势预估出现失误，而这种预估深刻地影响了中国共产党的农村基层党组织建设。

针对这种情况，中国共产党加大了对农村基层党组织的整顿力度。一是

---

①中共河北省通县地委会. 中共天竺村支部整党中纠正了强迫命令作风［N］. 人民日报，1953-02-07（03）.

②金石开. 葛楼乡的整党工作推动了合作互助生产［N］. 人民日报，1953-04-04（03）.

突出政治意识。所谓突出政治意识，就是以毛泽东思想为引领，站在无产阶级的立场、观点和方法来思考问题、观察大局，根据党中央和上级的指示，结合本地区本部门的实际情况，做到胸中有数，自觉地与党中央和上级党组织的要求、精神、指示保持一致。自觉学习毛泽东思想，“学习毛泽东同志的著作……紧紧地抓住学用一致的原则，领会毛泽东同志著作的精神和实质，在改造客观世界的斗争中不断地改造自己的主观世界，在实际工作中善于运用毛泽东思想来回答和处理一切实际问题”①。

二是积极发挥群众的监督作用。全面建设社会主义时期，农村基层党组织建设的一个重要特征就是充分发挥人民群众的监督作用，以人民群众对党组织的监督来推动农村基层党组织深入发展。

> 要求每个农村基层党组织，都能虚心听取群众意见，正确贯彻执行党的政策决议。密切联系群众，经常向上级党组织反映群众的意见与要求，正确贯彻执行党的政策决议，这是基层党组织一项最重要最基本的任务。要正确地贯彻执行党的政策，就一定要虚心听取群众意见，和群众商量办事，用正确的方法教育群众，绝不能简单生硬，强迫命令。因为任何生产、工作，都是群众自己的事情，党的政策主张，本来就是代表广大群众的利益与要求的。只要群众从思想上真正了解党的政策主张，他们就会积极拥护，自觉地行动起来。我们应该相信，群众的智慧和力量是无穷的。基层党组织只有善于集中广大群众的智慧和力量，紧紧地依靠群众，才能把工作做好。②

在听取人民群众的意见建议时，必须“抓住群众最关心最迫切的问题，认真加以解决。在反映群众情绪和要求的时候，一定要力求真实和全面，既不夸大，也不缩小，使上级党组织能够掌握真实情况，及时发现问题，解决问题，使工作做得更好，为广大群众所拥护”③。如此，方能切实推动农村基层党组织做深做实。

三是充分发扬党内民主。党内民主是党组织建设健康发展的重要利器。一切重大问题只有经过基层党组织委员会或全体党员的集体讨论，充分发扬民主，听取党员群众的集体意见，这样做出的决定才符合群众要求、符合社

①龚子荣．整风运动是一个伟大的法宝——学习《毛泽东选集》的几点体会［N］．人民日报，1961-01-05（07）．

②纪照青．进一步加强农村党的基层组织工作［N］．人民日报，1959-07-07（06）．

③纪照青．进一步加强农村党的基层组织工作［N］．人民日报，1959-07-07（06）．

会发展的需要。因此，农村基层党组织必须“要经常用个别谈话或召开会议的方式，收集党员的意见和反映。……定期召开党员大会或党员代表大会，充分发扬民主，总结检查工作，开展批评与自我批评，活跃和健全党内民主生活”①。

四是健全入党程序。针对新中国成立初期一些别有用心，思想、作风、纪律都不甚纯洁的人加入农村基层党组织，大力健全入党程序。比如，在农民入党前，对其要进行考察、教育，使其具有一定共产主义觉悟。具体而言，“被接受的农村新党员，一般都是成分好、立场坚定；有共产主义思想觉悟，和群众有密切联系；有敢想、敢说、敢做和敢于向落后思想作斗争的共产主义风格；熟悉农业，敢于创造，不断地推进技术革新”。② 健全入党程序之后，一批思想、作风不甚纯洁的农民被排斥在党组织之外；而一批积极向上、有着一定共产主义觉悟的农民被纳入农村基层党组织，据统计，仅万县、乐山、南充、泸州等专区的统计，新接受的党员就达一万人以上；营山县双河区新近接受的 18 名新党员，有 16 名都是“大跃进”中的生产或工作模范。值得关注的是，由于妇女大批参加生产，妇女入党的人数也大大增加。纳溪县新接受的党员中妇女占 20%以上。③

五是采取“大鸣大放”的方法纯洁党组织。1956 年 10 月 27 日，《人民日报》发表《建设社会主义农村的伟大纲领》的社论，提出：

> 我国农民不久以前才从小农经济束缚下解放出来，某些陈旧的生产习惯并没有随着经济制度的改变而改变。许多人惯于根据小农经济的生产条件来看合作化以后的新情况，对过去没有见过的事情，常常是不敢想，不敢作，信心不足，顾虑重重。为了克服各种各样的保守思想，最有效的方法，就是在农村中以四十条纲要为中心，进行一次生产建设问题的大鸣、大放、大争。

1957 年 8 月 10 日，中共中央又发出《中共中央关于向全体农村人口进行一次大规模的社会主义教育的指示》，开始在广大农村进行社会主义教育运动，目的是提高农民群众和乡社干部的社会主义觉悟，纠正党内的右倾机会主义思想。从此，以大鸣、大放、大字报、大辩论为主要形式的整风运动在

---

①纪照青. 进一步加强农村党的基层组织工作［N］. 人民日报，1959-07-07（06）.

②于竟祁. 巩固人民公社核心、加强农村战斗堡垒——四川大批优秀分子入党［N］. 人民日报，1958-12-20（06）.

③于竟祁. 巩固人民公社核心、加强农村战斗堡垒——四川大批优秀分子入党［N］. 人民日报，1958-12-20（06）.

全国农村基层广泛开展起来，其主要内容是围绕合作社优越性和统购统销政策以及整社的诸多问题展开“大鸣大放”，涉及农业社经营管理、干部作风等多方面。通过“大鸣大放”，不仅农村的社会风气有所好转；而且，农村基层党风也得到整顿。

> 在大辩论中，许多党员受到了实际的锻炼与教育，觉悟提高了，特别是识别是非的能力提高了，从思想上划清了大是大非的界限。四川省射洪县子云、天仙、仁和三个乡六个支部有四十八名原先在大是大非问题上有着糊涂观点和犯有错误的党员，经过大辩论后一般都有转变。河北省满城县陉阳驿乡辩论后，在二百零一名党员中，原来认识模糊的九十五人，已有五十九人提高了认识，辨明了是非；在原来认为比较好的党员中，发现五名立场不稳，是非不明，四名是反党分子或阶级异己分子。①

六是加强教育和管理。重点是加强对党员的思想教育，巩固和办好农村夜党校，结合每个时期党员的思想和工作情况，进行党的基本知识的教育和各个时期党的方针政策的教育，特别注意在实际工作中培养教育党员，帮助他们总结工作经验，改进工作方法。加强对农民党员进行共产主义、党的基本知识和当前党的方针政策的教育，开展批评与自我批评。组织农村支部党员干部去外地参观考察，交流支部工作经验，召开现场会议，以提高领导水平和理论水平。② 严格组织生活，农村基层党组织每月至少认真开展一次批评与自我批评，及时解决党员思想上、作风上存在的一些问题。③

通过一系列的整党活动，农村基层党组织得到有力整顿，以吉林省德惠县（现德惠市）为例，农村党组织的战斗力显著加强，基层党组织领导水平有很大提高，领导方式和方法有很大改进。党员的共产主义觉悟大大提高，在各项运动和生产、工作中起了模范、带头作用。比如双庙子公社升阳管理区支部在实际工作中都有明确分工，实行了支委包党小组，党小组包片，党员包队的领导方法。凡是较重要的工作都开支委会、支部大会讨论，集中党员的智慧。全县向好的农村支部已增加到83.7%，较差的支部减少了一半。重要的是，在党的基层组织领导下，群众干劲十足，在各项工作中，都出现

---

①佚名．全国农村出现整改高潮，三十多万党支部结合社会主义教育整顿组织［N］．人民日报，1958-01-11（04）．

②佚名．全国农村出现整改高潮，三十多万党支部结合社会主义教育整顿组织［N］．人民日报，1958-01-11（04）．

③佚名．德惠采取措施改进领导方法充实基层力量，加强农村支部核心作用［N］．人民日报，1959-12-01（04）．

了人人争上游、个个争模范的局面。1959年农业产量比1958年同期增加了35.74%，副业收入截至9月份的统计即已达1250万元（1958年收入300万元），其他各业也都获得了新的跃进。① 当然，也必须指出的是，尽管全面建设社会主义时期农村基层党组织建设取得了重要成效，但也不能否认，这一时期的农村基层党组织建设受到“左”的思想的影响，这一点值得警醒。

三、“文革”时期的农村基层党组织建设

“文革”十年是社会主义建设时期的失误时期。这一时期受极“左”思潮的影响，农村基层党组织的正常的组织生活一度被停止，农村基层党建工作出现混乱。

针对“文革”初期农村基层党组织建设的混乱状况，中国共产党加强了对农村基层党组织的整顿：一是贯彻无产阶级建党思想，采取“开门整党”的方法：

> 每一个支部，都是要在群众里头进行整顿。要经过群众，不仅是几个党员，要有党外群众参加会议，参加评论。②

“文革”初期的农村整党体现了“开门整党”，一些农村基层党组织采取了由群众提名，讨论通过成立，也有吸收非党群众参加领导小组，或列席领导小组的；个别地方的基层党组织甚至由群众领导整党。

通过“开门整党”，农村基层党组织得到了整顿：

> 通过开门整党，进一步发挥了党组织的先锋队作用。整党后，党员都站在……生产斗争第一线，和群众一道狠抓革命，猛促生产……定期深入到班组参加劳动，而且那里有困难就到那里去战斗。全厂去年提前十三天超额百分之五完成全年生产任务，今年又超额完成了上半年生产任务。③

二是纯洁农村基层党组织。毛泽东非常注重党的组织成分的纯洁，毛泽东强调：“党组织应是无产阶级先进分子所组成，应能领导无产阶级和革命群众对于阶级敌人进行战斗的朝气蓬勃的先锋队组织。”④ 这句话被称为“五十

---

①佚名. 德惠采取措施改进领导方法充实基层力量，加强农村支部核心作用［N］. 人民日报，1959-12-01（04）.

②河北省三河县西定府庄公社小辛店大队党支部. 开门整党好［N］. 人民日报，1969-07-03（02）.

③安徽省合肥解密铸造厂党支部. 只有依靠群众才能搞好整党建党工作［N］. 人民日报，1969-07-03（02）.

④佚名. 迎接无产阶级文化大革命的全面胜利［N］. 人民日报，1968-01-01（02）.

字建党纲领”，后被载入1969年4月召开的中国共产党第九次全国代表大会通过的党章中。在毛泽东倡导的“五十字建党纲领”的指导下，全国各地的农村基层党组织进行了大力整顿。比如注重阶级成分，将一些不是贫雇农阶级出身的党员清除出党；注重思想政治上的纯洁，挖历史的根子，对于一些在历史上不清不楚的农民党员进行思想政治教育，将一些死不悔改、不承认错误的异己分子清除出党；注重作风纯洁，从工作实绩、财务、财产等方面查找问题，将一些在财务上有问题、不能够说明财产来源的人清除出党；抓好领导班子建设，清除一批不能胜任党的工作、不能与群众打成一片紧密联系群众的村级组织领导班子，吸收一批对于党的事业充满热情，渴望为党和国家、人民干事创业的人进入村级组织的领导班子。

三是加强对农村基层党组织的思想政治教育。“文革”时期，农村基层党组织的思想建设主要是加强对毛泽东思想的学习。比如在贵州省安龙县的广大农村：

> 以党支部为单位，举办毛泽东思想学习班，进行“三史”（党内两条路线斗争史、两条道路斗争史和贫下中农家史）教育。学习毛泽东有关整党、建党的论述，学习各地整党、建党的经验……上下挂钩，追根溯源，提高认识。然后，每个党员都对照中央文件精神，以“斗私批修”为纲，在本支部党员、群众中作自我批评。不仅听本支部党员的批评，而且还要听非党人士、群众的意见，自觉地接受群众的监督。同群众在一起工作、学习、劳动，把群众当成老师，当成知心人，博得群众的爱戴，树立党的形象和威信，取信于民。①

四是注重将农村基层党组织建设与农业大生产紧密结合起来。围绕党在农村的奋斗目标和工作重心极力推动农村基层党组织建设，“都应把建成大寨县作为自己的奋斗目标，根据本县的情况，定出实现的时间和步骤，扎扎实实地进行工作，力争提前完成”②。

不过，必须指出的是，由于“文革”时期极“左”思潮蔓延，农村基层党组织在建设的过程中过度关注阶级与政治觉悟，“以阶级斗争为纲”，“踢开党委闹革命”，极大地破坏了农村基层党组织的政治生态，严重影响了农村基层党组织建设的正常进行，使农村基层党组织一度处于瘫痪状态。这种混乱状况为改革开放初期的农村基层党组织建设提供了教训与启示，值得高度警

---

①贵州省安龙县史志办公室．中国共产党安龙县历史［M］．北京：中共党史出版社，2013：192-193.

②华国锋．全党动员，大办农业，为普及大寨县而奋斗［N］．人民日报，1975-10-21（02）.

惕并引以为戒。

第三节 改革开放以来的农村基层党组织建设

对改革开放以来农村基层党组织建设的历史经验进行总结和归纳，对今后中国共产党继续推进改革开放，加强和改进党的建设，提升农村基层党组织的战斗力、凝聚力和创新力具有重要意义。

一、改革开放初期的农村基层党组织建设

改革开放仿佛一声春雷，给中国大地带来了勃勃生机，农村基层党组织建设也呈现出前所未有的激情与活力。

这一时期是农村基层党组织建设的调整改革阶段，从 1978 年到 1992 年，即从党的十一届三中全会到邓小平南方谈话。这一时期农村基层党组织建设的最大特点是“拨乱反正”、推动社会转型，建设一个具有中国特色的社会主义现代化国家。

邓小平针对“文革”期间党的建设中的一些失误提出要对农村基层党组织中一些不良现象进行改正，比如针对“文革”期间农村基层党组织过多地注重日常事务而在思想政治上出现偏差、在监督上有所松散导致监督不力、一些农村基层党组织的领导人滥用权力的现象提出：要“使党委摆脱日常事务，集中力量做好思想政治工作和组织监督工作。这不是削弱党的领导，而是更好地改善党的领导，加强党的领导”①。针对转型初期农村基层党组织存在的一些问题，提出“农村党的基层组织设置，应本着有利于促进农业经济向专业化、商品化、现代化的转变，有利于加强党同群众的联系，有利于开展党组织的活动和加强对党员管理的原则，进行合理的调整”②，使农村基层党组织成为推动改革开放的重要力量。比如，山东省肥城县（现肥城市）积极探索农村党建与深化改革有机结合的路子，全面推行了村党支部和村级服务双达标升级，把两项责任制融为一体，相互配套，同步达标。重要的是，这项活动健康地开展，有效地推动了肥城县农村全面振兴，1990 年农业总产

①邓小平. 党和国家领导制度的改革［M］//邓小平文选：第 2 卷. 北京：人民出版社，1994：340.

②张严平，吴学林. 全国农村党的基层组织建设工作座谈会提出抓好五项工作：调整和建设好乡镇党委领导班子，把农村党组织建设得更坚强有力［N］. 人民日报，1985-12-04（01）.

值比 1989 年增长 11.9%。[①] 针对党内一些党员作风不实、思想不正的现象，加强党员队伍的建设，通过对党员进行党性党纪教育，提高党员的整体素质，增强党的战斗力。针对党员数量多、规模较大的行政村，建立了总支部，其所属党员按居住地远近，建立了党支部或划分党小组；党员向支部汇报思想和工作情况，支部定期向他们寄学习材料、提要求等办法，加强思想教育和组织管理。

通过调整和改进，农村基层党组织建设取得了明显成效。一是初步改变了过去那种"党员难集中，活动难开展"的状况。比如山西省经过调整党组织的设置，全省 59 万名农民党员中，有 85%以上的人能按时参加党的活动。山东省微山县有一半以上党员居住分散、流动性大，县委采取多种形式进行管理和教育，党员离村外出不再是"断了线的风筝"。二是密切了党同群众之间的联系。山西临汾市、江苏昆山县（现昆山市）在城镇个体劳动者中建立党组织，党员带头遵纪守法，纳税交费，带动非党个体劳动者文明经商，党组织的威信提高了。三是促进了商品经济的发展。黑龙江省尚志县（现尚志市）苇河镇曾把 10 家乡镇企业拢在一起，建立了 4 个联合支部，因过于分散，难以坚持活动。1986 年起每个企业单独建立支部，思想政治工作得到加强，加上经营管理的改善，企业面貌发生较大的变化。[②] 四是农村基层党组织的思想政治教育得到加强。比如，松花江地区 98.9%的乡镇有党校，举办各类培训班、学习班 820 多期，培训党员 82000 多人次，取得了明显效果。经过党校的教育，一大批中青年党员走上了领导岗位，为农村基层党组织增添了活力。巴彦县兴隆镇永和村青年党员张树山，担任领导后带领农民从事建筑、运输、饮食服务、米面加工等各种专业生产，现在全村 360 户已有 200 户从事各种生产，被县政府命名为"工商村"。[③]

二、市场经济条件下的农村基层党组织建设

这一阶段是农村基层党组织建设的初步发展阶段，从 1993 年到 2002 年。这一时期农村基层党组织建设最突出的特点是"纠偏"，在社会主义市场经济大潮中不断提升农村基层党组织应对复杂局面、处理新问题新事物的能力。

20 世纪 80 年代末 90 年代初，国际局势风云变化、波诡云谲，苏联解体和东欧剧变给中国共产党带来巨大压力，也给社会主义的发展带来一些不利

---

①孔利民．探索农村党建和深化改革相结合的路子［N］．人民日报，1991-11-15（05）．
②竹山．抓紧调整农村基层党组织设置［N］．人民日报，1988-05-13（04）．
③张广仁．松花江地区 98.9%的乡镇有党校［N］．人民日报，1986-02-16（04）．

因素。特别是随着多种经济成分的发展、利益关系的巨大调整和经营形式的日益多样化，加强和改进农村基层党组织建设就日益提上日程。一是针对一些不良用心的人企图动摇党的基本路线，提出必须紧紧围绕党的基本路线来推进农村基层党组织建设，提出农村基层党组织建设必须为党的中心任务服务。中国共产党第十四届中央委员会第四次全体会议通过的《中共中央关于加强党的建设几个重大问题的决定》就指出："必须紧紧围绕党的基本路线，为党的中心任务服务，用完成本单位任务的实际效果来检验基层党组织的工作。"[①] 针对复杂的国际国内形势，提出必须用改革创新的精神来研究新情况、解决新问题，运用已有的成功经验并进行革新和创造，改进农村基层党组织的活动内容和工作方式，"必须用改革的精神研究新情况、解决新问题，运用已有的成功经验并进行革新和创造，改进基层党组织的活动内容和工作方式"[②]。二是针对部分农村基层党组织在深化农村改革、全面发展农村经济、建设精神文明、带领农民群众奔小康、实现共同富裕能力不足的情况，提出要锻造一个认真贯彻党的路线方针政策、公正廉洁、年富力强、能带领群众致富的基层党组织和领头人，"建设一个好的支部领导班子，特别是选一个认真贯彻党的路线方针政策、公正廉洁、年富力强、能带领群众致富的支部书记"[③]。比如地处湘西南的湖南省武冈市，为发挥农村党员的先锋模范作用，增强农村基层党组织的凝聚力和战斗力，密切党群干群关系，自去冬以来，在全市农村党员中开展了"分片联户创优"活动。活动中，每个村根据党员分布情况和党员数量建立健全党小组，一个党小组为一片，每人联系若干农户，划定党员责任区。"分片联户创优"活动使农村党员不仅懂得了该做什么，而且懂得了应该怎么去做，在武冈已经形成了党员干部争先创优的良好氛围。邓家铺镇黄竹村是远近闻名的落后村，全村 31 名党员带领群众战胜了落后。维修村级公路、架设自来水管、翻修村小学校舍，村支部 3 名委员每人负责一个项目，其余 28 名党员分成 3 组，每组分片联系群众组织施工，日夜奋战在工地上。[④] 三是在发展党员方面，摒弃了过去限定阶级成分、社会身份的做法，规定只要能够代表中国先进生产力的发展要求、代表中国先进文

①新华社. 中共中央关于加强党的建设几个重大问题的决定［N］. 人民日报，1994-10-07（01）.

②新华社. 中共中央关于加强党的建设几个重大问题的决定［N］. 人民日报，1994-10-07（01）.

③新华社. 中共中央关于加强党的建设几个重大问题的决定［N］. 人民日报，1994-10-07（01）.

④霍增龙，雷厉. 党员联农户、架起连心桥［N］. 人民日报，2001-12-12（12）.

化的前进方向、代表中国最广大人民的根本利益中的先进分子都能够加入中国共产党，从而成功拓宽了农民党员的社会成分，将农村社会各界中政治思想上进、业务精熟、有为民服务意识的一些先进分子吸收到党的队伍中来。比如从农村退伍军人、回乡青年和外出打工者中选，从农村“经济能人”中选。将他们纳入选拔视野，选择其中的优秀者作为后备干部的培养对象，建档立案，教育培养，条件成熟就发展入党、选拔进班子，有利于增强村党支部班子的生机与活力。① 四是选派机关调研干部下村推进农村基层党组织建设。抓好后进村党支部的整顿建设，普遍采取倒排的方法确定整顿对象，选派工作队驻村帮助工作。比如黑龙江省从省、地、县、乡抽调 3.5 万名干部进入乡村开展工作，重点整顿 1000 多个后进村党支部，并建立整顿工作档案，签订责任状，确保整顿质量。湖北省坚持把选好配强村领导班子作为关键来抓，对那些没有主要干部合适人选的村，坚持每年选派 500～1000 名大中专生和国家干部经过一定程序到村任职。截至 2000 年 2 月全省共选派 3976 人到村任职，其中大中专生 1646 人，县以上机关干部 509 人。② 五是推动农村基层党组织在“三个代表”重要思想的指引下促推新农村建设。江泽民提出：“党的基层组织是党的全部工作和战斗力的基础，应该成为贯彻‘三个代表’重要思想的组织者、推动者和实践者。要坚持围绕中心、服务大局，拓宽领域、强化功能，扩大党的工作的覆盖面，不断提高党的基层组织的凝聚力和战斗力。加强以村党组织为核心的村级组织配套建设，探索让干部经常受教育、使农民长期得实惠的有效途径。”③ 在农村基层党组织的带动下，确定一条符合本地实际的发展路子，稳定和完善以家庭联产承包为主的责任制和统分结合的双层经营体制，兴办各种经济实体，逐步壮大集体经济实力，在生产发展的基础上增加农民收入。④

三、建设社会主义和谐社会时期的农村基层党组织建设

这一阶段是农村基层党组织建设的巩固完善阶段，从 2003 年到 2012 年。这一时期农村基层党组织建设主要是为构建社会主义和谐社会这一党的中心

①霍增龙，雷厉．党员联农户、架起连心桥［N］．人民日报，2001-12-12（12）．

②张严．加大力度、稳妥推进、落实责任：全国农村基层组织建设发展势头良好［N］．人民日报，2000-03-27（03）．

③江泽民．全面建设小康社会，开创中国特色社会主义事业新局面——在中国共产党第十六次全国代表大会上的报告［N］．人民日报，2002-11-08（04）．

④新华社．中共中央关于加强党的建设几个重大问题的决定［N］．人民日报，1994-10-07（01）．

工作和重要任务服务。进入21世纪之后，随着改革开放的不断深入，我国经济社会发生了深刻变化。

为了适应国际国内不断变化的新形势，为了适应经济社会发展的新需要，农村基层党组织建设也做出了一定的调整。一是充分发挥农村基层党组织在建设社会主义新农村中的领导核心作用，将发展现代农业、培养新型农民、带领群众致富、维护农村稳定等任务体现和落实到农村基层党组织的一切活动和工作中。胡锦涛强调："全面推进各领域基层党建工作，扩大党组织和党的工作覆盖面，充分发挥推动发展、服务群众、凝聚人心、促进和谐的作用，以党的基层组织建设带动其他各类基层组织建设。健全党的基层组织体系，加强基层党组织带头人队伍建设，加强城乡基层党建资源整合，建立稳定的经费保障制度。以服务群众、做群众工作为主要任务，加强基层服务型党组织建设。"① 二是强化科学发展理念，提升农村基层党组织推动发展的能力。"要按照以科学发展观统领农村工作的要求，适应农村经济社会深刻变化的新形势，进一步提高农村基层党组织建设水平，为社会主义新农村建设提供坚强的组织保证。"② 结合建设新农村、建设和谐社会的重要任务，发挥农村基层党组织在带动和帮助农民群众致富中的领导作用，推动农村经济社会发展。把帮助返乡农民工就业创业与鼓励引导党员创业结合起来，开展党员中的致富能手、种养大户与返乡农民工结对帮扶活动，完善帮扶机制，为返乡农民工和农村新增劳动力就业创业营造良好环境，引导他们投身农业产业化经营。③ 三是加大考核力度，强化对农村基层党组织的考核评价。每季度村党支部要至少召开一次会议，对照年度计划进行自查，定期向党员和群众公布目标任务进展情况；年底结合岗位职责和分工，按照制定的考评细则，逐项进行自评打分。充分利用党员群众测评、上级组织考评的方式，按照上级党委考评结果与党员和群众测评结果各占50%的比例，形成最终考核结果和排名。四是创新工作机制，拓宽农村基层党组织发挥作用的渠道。积极探索完善农村基层党组织设置形式和工作方式，建立相邻村组建成的村级联合党委，选派机关领导干部兼任联合党委书记，进基层、进村子、进农户，与农民群众同吃、同住、同劳动。比如云南省委、省政府首批下派的13500名新农村建

---

①胡锦涛．坚定不移沿着中国特色社会主义道路前进　为全面建成小康社会而奋斗——在中国共产党第十八次全国代表大会上的报告［N］．人民日报，2012-11-18（04）．

②新华社．充分发挥农村基层党组织在社会主义新农村建设中的领导核心作用［N］．人民日报，2007-02-06（04）．

③陈达恒．在改革创新中提高农村党建工作水平［N］．人民日报，2010-02-23（07）．

设工作指导员、1312 支工作队奔赴 13442 个建制村。并明确以后的 5 年里，全省每个建制村都入驻一名指导员，每个乡镇都有一支工作队。此外，还规定，工作队成员和驻村的指导员只干村里的活、不拿村里的钱，享受原单位的工资、奖金、福利等待遇和生活补贴，其工作表现作为组织提拔任用的重要依据。同时，为调动农村基层干部建设新农村的积极性，省里还决定今年划出 250 名公务员指标，定向考录优秀村党组织书记、村民委员会主任，特别优秀者被录取为公务员后，还可直接提拔为乡镇领导干部。① 五是聚焦实际问题，促进基层经济发展和民生改善。农村基层党组织是否具有较强的战斗力和凝聚力，在很大程度上取决于是否能够有效解决广大农民群众最关心、最直接、最现实的利益问题。比如重庆市忠县在全县 365 个村（社区）积极推行以“书记接访、成员走访、定期反馈”为主要内容的“三项制度”，通过即察即办、专人专办、特事特办、请示请办、督查督办等措施，听民声、察民情，办实事、解民忧。这些制度推行以来，各级党组织先后接待群众来访 8.9 万人次，解决群众反映强烈的土地流转、矛盾纠纷、救灾救济、征地补偿、三峡库区移民后期扶持等问题 8.1 万个；走访群众 26 万余户，直接为群众办实事 3000 多件。②

四、党的十八大以来的农村基层党组织建设

这一阶段是农村基层党组织建设全面提升的新时代，从党的十八大以来至今。这一时期农村基层党组织建设最突出的特色是“全面从严治党”向基层延伸。

党的十八大以来，国际国内形势发生深刻变化。国际上，多边贸易冲突不断，意识形态呈现多元化趋势。国内，社会主要矛盾发生转化，人民日益增长的美好生活需要和不平衡不充分的发展之间的矛盾日益突出，社会不安定因素仍然存在。党内，“四风问题”突出，“四个意识”不强。新问题带来新需求，新形势带来新任务。农村基层党组织建设也与时俱进进行调整。

针对基层党组织思想教育有待提升的状况，大力加强思想政治教育。党的十八大以来，以习近平同志为核心的党中央秉承中国共产党思想建党的优良传统，自觉把思想建设摆在重要位置，集中开展了四次思想政治教育活动。

①宣宇才. 一村一名指导员、一镇一支工作队：云南派出 13500 名干部驻村建设新农村 [N]. 人民日报，2007-03-17 (05).

②朱晞颜. 整合资源、创新机制、改善民生：不断提升基层党组织的战斗力和凝聚力 [N]. 人民日报，2010-04-22 (09).

第一次是在2013—2014年开展的党的群众路线教育实践活动，以“为民、务实、清廉”为主题，按照“照镜子、正衣冠、洗洗澡、治治病”的总要求，重点解决党员和各级党组织中普遍存在的“四风”问题，着力密切党与人民群众之间的联系，夯实党的执政基础与执政根基，提高为人民服务的能力与本领。第二次是2015年开展的“三严三实”专题教育，以“严以修身、严以用权、严以律己；谋事要实、创业要实、做人要实”为出发点，极力净化党员领导干部的思想和修养，锻造作风，提升能力。第三次是2016年年初开始的“两学一做”学习教育，目的是推动全面从严治党向基层延伸，着力增强“四个意识”、坚定理想信念、保持对党忠诚、树立清风正气、勇于担当作为。第四次是2019年开展的“不忘初心、牢记使命”主题教育，目的是增强党性、坚定理想信念、牢记历史使命、不忘党的初心，用党的创新理论武装头脑，推动全党更加自觉地为实现新时代党的历史使命不懈奋斗。

针对基层党组织政治信念动摇的状况加强党的政治建设。党的政治建设是党的根本性建设，决定党的建设的方向和效果，决定党的建设的质量和高度。以习近平同志为核心的党中央高度重视党的政治建设，科学把握党的政治建设的规律和特征，强调把党的政治建设摆在更加突出位置。党的政治建设旨在通过正确的政治纲领、政治路线、政治立场、政治目标、政治原则，以及严明的政治纪律、政治规矩，保证全体党员具有高度的政治觉悟与政治素养，培养党员坚定的政治意识，坚持正确政治方向和政治态度，走正确的政治道路，维护党的团结统一，实现党肩负的政治使命。

针对基层党组织带领群众脱贫致富奔小康能力不强的问题，习近平总书记提出要把扶贫开发同基层党组织建设有机结合起来，真正把基层党组织建设成为带领群众脱贫致富的坚强战斗堡垒。比如广西壮族自治区农村基层党组织坚持精准扶贫、精准脱贫基本方略，坚持现行扶贫标准，把脱贫质量放在首位，实现116万建档立卡贫困人口脱贫、1452个贫困村出列，预计14个贫困县摘帽。筹措安排深度贫困地区财政专项扶贫资金36.71亿元，占中央财政下达和自治区财政安排专项扶贫资金总量的36.8%。全区20个深度贫困县产业扶贫对贫困户的覆盖率达88.79%，核桃、油茶等产业加快发展，带动贫困户20多万户就业。深度贫困地区36.96万贫困劳动力实现转移就业或就地就近就业。从20个深度贫困县中确定了4个极度贫困县，加大扶持力度。①

针对基层党员的腐败问题，习近平总书记指出推动全面从严治党向基层

①广西壮族自治区扶贫开发办公室．广西：奋力打赢脱贫攻坚战［N］．人民日报，2019-03-11（08）．

延伸，对基层贪腐以及执法不公等问题，要认真纠正和严肃查处，维护群众切身利益，让群众更多感受到反腐倡廉的实际成果。① 比如，2012 年至 2015 年 5 月，云南省曲靖市沾益县纪检监察机关共立案 169 件，其中农村党员干部违纪案件 115 件，占立案总数的 68%；涉及农村基层党员干部的信访件占全部信访件的近 70%，共给予党政纪处分 117 人。②

针对基层党组织政治功能弱化的问题，习近平总书记指出，要以提升组织力为重点，突出政治功能，健全基层组织，优化组织设置，理顺隶属关系，创新活动方式，扩大基层党的组织覆盖和工作覆盖。比如，广东省清远市 2013 年开始，将农村基层党组织设置由“乡镇党委—村党支部”调整为“乡镇党委—党总支—党支部”，把党支部建到自然村一级，并在具备条件的村办企业、农民合作社、专业协会等建立党支部。清远市委书记葛长伟说：“党组织设置重心下移后，扩大了党在农村基层的组织覆盖和工作覆盖，推动基层党组织的领导方式、工作方式、活动方式更加贴近党员群众，激活了党组织的‘神经末梢’。”③ 推动基层党组织与“三农”工作结合起来。比如山东省诸城市推动乡村振兴的进程中活跃着一支不走的乡村服务队，这支服务队自 2007 年开始探索，冠名城乡党组织联建。12 年来，诸城推动城乡党组织联建不放松，持续用力、久久为功。其间，为适应“三农”工作的需要，诸城不断健全城乡党组织联建思路，把党的政治优势、组织优势转化为助力“三农”工作的发展优势，在推动城乡融合发展中发挥了重要作用。④

重要的是，党的十八大以来，中国共产党高度重视党内法规体系的建设，至今已制定和修订了 70 多部党内法规，其中包括出台《中国共产党巡视工作条例》（2015）、《中国共产党廉洁自律准则》（2016）、《中国共产党纪律处分条例》（2016，2018 年再次修订）、《中国共产党问责条例》（2016，2019 年再次修订）、《中国共产党党内监督条例》（2016）、《关于新形势下党内政治生活的若干准则》（2016）、《中国共产党基层组织选举工作暂行条例》（2016）、《中国共产党党和国家机关基层组织工作条例》（2017）、《中国共产党支部工作条例（试行）》（2018）、《中国共产党农村基层组织工作条例》（2019）、

①马占成. 习近平在十八届中央纪委六次全会上发表重要讲话强调：坚持全面从严治党依规治党，创新体制机制强化党内监督 [N]. 人民日报，2016-01-13 (01).

②杨文明. 云南曲靖针对农村腐败，完善制度约束，形成警示威慑：向腐败亮剑 让农民舒心 [N]. 人民日报，2015-05-13 (06).

③罗艾桦，贺林平. 清远农村变革记 [N]. 人民日报，2015-12-09 (06).

④吴储岐. 夯实组织联建，助力乡村振兴，山东诸城——打造一支不走的乡村服务队 [N]. 人民日报，2019-07-09 (19).

《中国共产党纪律检查机关监督执纪工作规则》（2019）、《中国共产党重大事项请示报告条例》（2019）、《党政领导干部选拔任用工作条例》（2019）、《中国共产党党组工作条例》（2019）、《党政领导干部考核工作条例》（2019）、《中国共产党党员教育管理工作条例》（2019）、《干部选拔任用工作监督检查和责任追究办法》（2019）、《中国共产党农村工作条例》（2019）、《中国共产党党内法规制定条例》（2019）、《中国共产党宣传工作条例》（2019）、《中国共产党党内法规和规范性文件备案审查规定》（2019）、《中国共产党党内法规执行责任制规定（试行）》（2019）等。此外，还形成了《建立健全惩治和预防腐败体系 2013—2017 工作规划》（2013 ）、《关于加强基层服务型党组织建设的意见》（2014）等顶层设计。这些党内法规和顶层设计的出台为规范农村基层党组织建设提供了重要保障，为新时代农村基层党组织全面从严治党指明了方向。

小结

中国共产党自成立以来，一直都非常重视农村基层党组织建设，甚至可以这样说，重视农村基层党组织建设是中国共产党一贯以来的优良传统。不管是在民主革命时期还是在社会主义改造和社会主义建设时期，抑或是在改革开放之后，中国共产党一直把农村基层党组织建设摆在重要位置。

民主革命时期是中国共产党农村基层党组织建设的重要阶段。在这一阶段，中国共产党不仅有效地在广大农村建立了党的基层组织，还在农村基层党组织建设方面取得显著成效，成功推动农村基层党组织为党的中心工作和重要任务服务。建党初期与大革命时期农村基层党组织建设尚处在初级阶段，属于刚刚起步，发展还比较缓慢，大部分农村地区特别是一些民族地区、边疆地区并未发展农村基层党组织，即使当时较为发达的工业城市上海农民党员占比也较小，这显然不利于革命事业的推进，急需中国共产党在以后的工作中进行改进，以进一步适应革命的发展与党的事业推进的需要。1927 年大革命失败后，中国共产党领导的民主革命陷入困境，这也标志着中国共产党一直倡导“从城市包围农村”的战略走进了死胡同。在转折的十字路口，以毛泽东为代表的中国共产党人，从中国国情出发、从中国革命实际出发，开辟农村革命根据地，在农村大力发展党的基层组织，把大批农民先进分子吸收到党组织之中来，从而为完成党的政治任务提供了坚强的组织保证。抗战时期，中国共产党不断壮大党在农村的力量，巩固农村基层党组织的地位，扩大农村基层党组织在农村和农民中的深刻影响。解放战争时期，针对蒋介石和国民党坚持独裁和内战的企图，中国共产党要推动中华民族解放、为中国人民谋求幸福就必须极力加强农村基层党组织建设，不断壮大党的力量、扩大党的影响，以此提升党的战斗力、号召力和影响力。

新中国的成立给中国共产党的社会地位带来了根本性的变化，中国共产党由过去的革命党转变为执政党。执政地位的变化使中国共产党的历史责任与时代使命均发生了重要变化，新变化给中国共产党带来新的任务和新的挑战。其中，大力加强对农村的建设正是作为执政党的中国共产党在新中国成立初期的重要任务之一。针对新中国成立初期农村基层党组织的现实状况，中国共产党加强了对农村基层党组织的整改。一是加强对农村基层党组织的思想整顿，大力进行思想政治教育，帮助农民党员树立共产主义的信念，坚定对共产党的信心，坚定对社会主义和集体化的信心，大力加强农民的互助合作观念。二是加强对农村基层党组织的组织整顿。三是加强对农村基层党组织的作风整顿。社会主义改造基本完成以后，我国进入了全面建设社会主义时期。尽管全面建设社会主义时期农村基层党组织建设取得了重要成效，但也不能否认，这一时期的农村基层党组织建设受到“左”的思想的影响，这一点值得警醒。“文革”十年是社会主义建设时期的失误时期。这一时期受极“左”思潮的影响，农村基层党组织的正常的组织生活一度被停止，农村基层党建工作出现混乱。

“春雷起新萌。”改革开放仿佛一声春雷，给中国大地带来了勃勃生机，农村基层党组织建设也呈现出前所未有的激情与活力。从党的十一届三中全会到邓小平南方谈话这一时期农村基层党组织建设的最大特点是“拨乱反正”、推动社会转型，建设一个具有中国特色的社会主义现代化国家。从1993年到2002年这一时期农村基层党组织建设最突出的特点是“纠偏”，在社会主义市场经济大潮中不断提升农村基层党组织应对复杂局面、处理新问题新事物的能力。从2003年到2012年这一时期农村基层党组织建设主要是为构建社会主义和谐社会这一党的中心工作和重要任务服务。从党的十八大以来至今这一时期农村基层党组织建设最突出的特色是“全面从严治党”向基层延伸。

第四章　实践探索：当前西南地区农村基层党组织建设实践创新的现状分析

党的十九大以来，全国上下勠力同心、统筹协调，积极响应党的十九大提出的乡村振兴战略，大力推动乡村振兴。西南地区广大农村基层党组织在加强自身建设的过程中更是坚决贯彻习近平新时代中国特色社会主义思想，以习近平总书记关于乡村振兴的重要论述为行动指南，并结合西南地区广大农村的实际情况，结合西南地区广大农民群众的实际需要，结合西南地区乡村振兴和“三农”工作的发展态势，极力推动农村基层党组织建设实践创新，以为乡村振兴提供坚强的组织保障。

第一节　突出政治引领，推动农村基层党组织当好乡村振兴的“领路人”

党的十九大报告强调，要“突出政治功能，把……农村……基层党组织建设成为宣传党的主张、贯彻党的决定、领导基层治理、团结动员群众、推动改革发展的坚强战斗堡垒”[①]。党的十九大以来，西南地区广大农村基层党组织在加强自身建设的过程中，始终坚持以习近平新时代中国特色社会主义思想为指导，突出政治引领，当好乡村振兴的领路人，在推动乡村振兴的实践中砥砺政治意识、锻造政治品质。

一、坚持“四个意识”，坚定“两个维护”

近年来，西南地区广大农村基层党组织在加强自身建设的过程中，坚决响应中央号召，向党中央看齐，向党的核心靠拢，坚定不移地坚持“四个意识”、坚定“两个维护”，以坚定的党性和高度的政治自觉维护党的利益，以

①习近平．决胜全面建成小康社会　夺取新时代中国特色社会主义伟大胜利——在中国共产党第十九次全国代表大会上的报告［M］．北京：人民出版社，2017：65.

崇高的理想、坚定的信念、对共产主义的执着和对党无比忠诚的态度极力维护党的良好形象。

比如针对乡村蓬勃兴起的大潮，时任中共贵州省委书记孙志刚就强调，要极力推进乡村振兴，广大农村基层党组织要进一步增强打赢脱贫攻坚战的责任感和紧迫感，坚决担当历史使命、扛起政治责任，做到目标不变、靶心不散、频道不换，尽锐出战、务求精准，以按时打赢脱贫攻坚战的实绩体现“四个意识”“四个自信”“两个维护”，诠释对党的绝对忠诚。[①] 贵州省铜仁市坚持把党的基层组织政治建设作为根本性建设，充分发挥党的基层组织在脱贫攻坚、基层治理中的引领作用，全面增强基层党组织政治功能和组织力。加强思想教育，组建 3800 多个宣讲团（队），采取大宣传、大宣讲、大培训、大研讨等形式，深入学习宣传贯彻习近平新时代中国特色社会主义思想和党的十九大精神。2018 年，全市累计开展宣讲 2 万余场次，覆盖人群 127.8 万人次。同时，创新学习方式，依托铜仁市智慧党建一体化平台和铜仁组工微信公众号每日一学栏目，对党员学习进行积分管理，引导基层党组织和广大党员干部树牢“四个意识”、坚定“四个自信”、坚决做到“两个维护”，增强贯彻落实中央和省、市决策部署的思想和行动自觉。深入开展“两走进・两感恩”“七进”“六千两赛”等系列活动，把“牢记嘱托、感恩奋进”教育和“党的政策好、人居环境好、社会风气好、干群关系好”作为宣讲内容，使党的意志、党的声音、党的要求及时到达基层，转化为党员、群众的行动和力量，最大限度地把群众组织起来，最广泛、最有效地动员一切力量参与脱贫攻坚和乡村振兴。[②]

四川省马尔康市大藏乡近年来通过“四举措”牢固树立“四个意识”，全面推进从严治党抓常、抓细、抓长。一是以思想政治为基，狠抓责任树旗帜。明确乡党委书记、村党支部书记为第一责任人，以习近平新时代中国特色社会主义思想为指导，以“学党史、知党情、跟党走”活动为契机，通过“微课堂”、微信公众号、远程站点学习教育等平台，及时在线上推送党的理论路线方针政策；采取“领导宣讲＋专家辅导＋研讨交流”模式，依托“两学一做”学习教育、“农牧民夜校”等平台，开展线下“送教下基层”活动，覆盖党员群众 1000 余人次，引导广大党员干部群众统一思想、坚定政治方向、紧跟国家政策方针。二是服从大局为重，狠抓工作促落实。结合大藏乡实际，

①许邵庭．孙志刚在六盘水市调研时强调：夯实基层党建抓好产业扶贫确保按时打赢脱贫攻坚战［N］．贵州日报，2018-11-22（01）．

②杨通顺．贵州铜仁市“四抓”提升基层党组织“四力”［EB/OL］．党建网，2019-04-03．

精准把握脱贫攻坚、乡村振兴、乡村善治、基层治理等要求，依托党建工作平台优势，采取“一带一、一帮一”的方式提升村党支部书记工作能力，使党建工作成为加强乡村班子队伍建设的黏合剂。建立党员干部“五带头”制度，通过组织动员党员、党员辐射带动群众，形成“一盘棋”的整体思想助推工作落地落实。①

云南省怒江傈僳族自治州兰坪县石登乡通过回顾党的光辉历程，强化基层农村党员“四个意识”，增强农村基层党组织的凝聚力和战斗力。要求广大党员要明白党员姓“党”，要在党言党、在党爱党、在党拥党，思想上要不断强化党章意识、语言上要正面宣传党的政策、行动上要与上级党委保持一致，不该说的坚决不说，不该做的坚决不做。要求党员要有感恩意识，要时刻铭记国家的呵护之恩、组织的培养之恩、领导的知遇之恩、家庭的养育之恩，发自内心地把所有付出作为对国家和社会的真诚回报，不计得失，永远怀着满腔热情投入党的事业中去，投入为人民服务的工作中去。要求党员拿出共产党员的政治底气、政治力量，要明确政治方向、坚定政治立场，要敢讲真话、做实事，从思想上、行动上、工作上做好表率、树好形象，自觉与党中央保持高度一致，做到对党忠诚、个人干净、敢于担当。②

二、宣传党的主张，贯彻党的决定

近年来，西南地区农村基层党组织在加强自身建设的过程中，为更好地推进乡村振兴、建设美丽乡村，传递党的声音，把党理论、方针、政策传递到乡村基层和乡村广大人民群众之中去，以自觉的政治意识大力宣传党的主张，贯彻党的决定。

比如云南省宁洱县梅子镇紧盯农村党支部书记、党建联络员和广大党员对开展党支部建设标准化工作重要性认识不足、思想不统一等问题，重点围绕贯彻落实全国组织工作会议精神和省、市、县党支部建设标准化工作的安排部署，采取逐级开展培训、悬挂宣传横幅，制作宣传版面等措施，全面强化宣传动员力度，引导广大党员进一步明确目标责任、提高思想认识，凝聚工作合力。始终把抓实“三会一课”“支部主题党日活动”、组织生活会制度、民主评议党员制度等基本制度的落实作为推动农村党支部建设标准化工作的

①朱万敏．马尔康市大藏乡，筑牢“四个意识”全面从严治党［Z］. 课题组收集资料，2022-04-05.

②兰坪县石登乡人民政府. 强化“四个意识”，廉政党课走进农村党支部［EB/OL］. 兰坪县人民政府网，2015-07-15.

核心关键，针对农村党支部落实基本制度不严不实不规范等短板弱项，建立了党内组织生活包村领导联系指导制度，要求包村领导全程参与指导联系党支部的组织生活，并督促党支部指定专人及时建立台账，做到组织生活“过程留痕”“有迹可查”，对各党支部落实情况进行随机抽查，对发现问题及时纠正、限期整改，促使党内组织生活实现了常态化、规范化。紧紧围绕抓党建工作责任清单、问题清单、任务清单“三张清单”，指导督促农村党组织紧盯阶段任务。根据工作进展，建立了党支部建设标准化工作任务推进表，对当前工作开展情况进行量化登记、动态管理和全程管控。同时，全面强化督查检查力度，由镇党委书记牵头，先后五次召开党委会会议及党建工作联席会议对农村党支部建设标准化工作进行分析研判，同时派出工作指导组对工作落实情况进行跟踪督查，确保此项工作按目标有效推进、按要求扎实推进和按时限有序推进。[①]

四川省平昌县岩口乡认真贯彻落实中央、省、市、县会议精神，把各项工作落地落实，连续召开了全体乡村干部、驻村工作队专题会、推进会。在会上安排部署，表明态度，下定决心，把各项工作细化责任到人，包干包片到户，签订责任书。要求全体乡村基层党组织、党员干部，务必尽职尽责，全心全意为人民群众服务，这也是当前的重点工作。[②]

贵州省施秉县为深入贯彻中央乡村振兴精神，贯彻中共贵州省委十二届五次全会、中共黔东南州委十届七次全会和县委第十三届第七次全会精神，坚决贯彻落实“夏秋决战”行动令各项要求，部署六项重点举措。督促 8 个乡镇党委、64 个村党支部和 34 个驻村工作组认真学习领会省、州和县有关会议精神，以“贫困不除、愧对历史，群众不富、寝食难安，小康不达、誓不罢休”的责任感、使命感和紧迫感，细化工作措施，明确工作任务，结合实际抓好贯彻落实。进村入户，通过召开座谈会、院坝会，宣讲省委十二届五次全会、州委十届七次全会和县委第十三届第七次全会精神，向群众算好经济账，教育引导群众转变思想观念，增强发展产业的信心和决心，组织动员群众投身产业革命。[③]

重庆市永川区积极向基层党员通报本地本单位经济社会发展、推进实施

①鲁建萍．宁洱县梅子镇党委“五聚焦五强化”稳步推进 农村党支部建设标准化［EB/OL］．普洱市党建网，2018-08-31．

②兰璎．平昌县岩口乡：农村人居环境整治、产业发展落实于行动［Z］．课题组收集资料，2022-04-05．

③韩沅宏．施秉县肃清脱贫攻坚驻村帮扶不扎实歪风，助推全省脱贫攻坚 2019 夏秋决战［Z］．课题组收集资料，2022-04-05．

“三大攻坚战”“八项行动计划”、扫黑除恶、落实惠农惠民政策等工作情况，介绍2019年工作打算。结合实际宣讲招商引资政策，开展项目推荐，动员创业致富能人回村创业、带动发展。开展一次宣讲解答，推动政策落实。组织人力社保、民政、农业、国土、林业等相关业务工作负责同志，围绕本地重点改革任务、重大重点项目和群众关心关注的社保医保、低保优抚、农房改造、土地复垦、退耕还林等开展政策宣讲解答；围绕本单位本行业本系统当前重点工作任务、难点热点问题等开展业务培训，引导党员支持重大项目建设、重大改革实施，带头做好政策执行和宣传，发挥先锋模范作用。①

三、加强政治建设，培育政治自觉

近年来，在推进新乡村振兴的过程中，西南地区广大农村基层党组织自觉地将乡村振兴战略与党的建设、全面从严治党有机结合起来，加强政治建设，培育政治自觉，把准乡村振兴的政治航向，精准发力，为建设美丽乡村提供动力。

贵州省遵义市道真仡佬族苗族自治县夏家沟村党总支近年来在推进支部标准化规范创建过程中，突出政治功能，努力当好政治标杆。组织设置突出政治需求。针对大多数群众难以改变玉米等传统作物种植的习惯和对新兴产业普遍存在顾虑的问题，夏家沟党总支及时调整以地域划分党支部的传统模式，改为以产业、以合作社为主体设置产业党支部。队伍建设突出政治标准。发展党员时，着重考察发展对象在中国共产党的领导和中国特色社会主义理论、制度问题上的原则立场，坚决杜绝那些肆意抹黑党和政府、崇尚西方价值观、当面一套背后一套的两面人进入党员队伍。教育管理党员时，着重强化用党的创新理论武装头脑，做到真学真信真用，切实防止学用脱节，防止当面理想信念坚定，背后信念动摇、道德沦陷。任务落实突出政治要求。依托农民讲习所、新时代学习大讲堂、道德讲堂等平台，积极宣传党的路线方针政策，宣讲中国特色社会主义理论，深入开展“党的声音进万家、总书记话儿记心上”活动，引导群众认真践行社会主义核心价值观，教育引导群众感党恩、听党话、跟党走，积极看待当前发展中的系列矛盾问题，鼓励群众自立自强，不给党和国家添乱。配套保障突出政治氛围。强化阵地建设，建设党员政治生活中心，除了基本的党旗、党徽、相关制度等外，还布置有党的光辉历程、村党总支的初心使命板块，将党史、党总支委员的入党志愿书

①付丽．我区吹响党员冬训集结号［N］．永川日报，2019-01-05（03）．

等内容张贴在墙上，让党员在上党课、过组织生活、主题党日、民主评议时感受到浓厚的政治氛围，促进党员学习党史锤炼党性、不忘初心　牢记使命。制度执行突出政治问题。谈心谈话过程中，重点谈“四个意识”牢不牢固、“四个自信”坚不坚定、“两个维护”做没做到，相互提醒、警觉。述职评议时，重点检视在贯彻党的路线方针政策、执行组织决议决定等方面的情况，确保用对党的绝对忠诚落实组织交办的任务。参加组织生活会时，党员要围绕政治方面存在的问题，开展批评和自我批评，防止隔靴搔痒，触不到真问题。①

四川省冕宁县小高镇杉木村在党的十九大召开后，村支部、农民夜校及时召开专题学习宣讲会，组织农民党员进行专题学习研讨，原原本本、原汁原味研读党的十九大报告和党章，逐字逐句读原著、学原文、悟原理，深刻领会和把握党的十九大精神的思想精髓、核心要义，把着力点聚焦到十九大报告提出的新时代、新思想、新征程等一系列思想观点、重大政治判断、重大决策部署上来；要求农民党员干部将党的十九大精神、乡村振兴战略与产业发展、脱贫攻坚、新农合、新农保等工作结合起来，极力推动党的声音进入农民头脑、进驻农民心灵，入脑入心。②

云南省孟连县勐马镇腊福村在“不忘初心、牢记使命”主题教育中采取两项措施，加强党的政治建设。及时制定下发学习习近平新时代中国特色社会主义思想的相关学习通知，并将学习与“不忘初心 牢记使命”主题教育结合起来，采用“1 对 1”带学领学方式，村班子成员、驻村工作队员深入不能正常参加主题教育活动的党员家中，面对面领学带学，学习《党章》《习近平新时代中国特色社会主义思想学习纲要》等相关书籍，并帮助有条件的家庭成员、小组干部安装“学习强国”等手机软件，引导基层党员通过互联网开展主题教育学习，引导基层党员最大化发挥党员先锋模范作用，树牢“四个意识”，坚定“四个自信”，坚决做到“两个维护”，助推腊福村高质量完成乡村振兴的任务目标。③

---

①道真县委组织部．道真三桥镇：突出政治功能推进支部标准化建设［Z］．课题组收集资料，2022-04-05．

②德昌县委组织部．德昌县委书记瓦西亚夫到小高镇杉木村宣讲党的十九大精神［Z］．课题组收集资料，2022-04-05．

③罗聪萍．孟连县勐马镇腊福村“两项措施”确保主题教育党员学习全覆盖［EB/OL］．孟连傣族拉祜族佤族自治县人民政府网站，2019-11-12．

第二节 突出主业主责，推动农村基层党组织抓住乡村振兴的“牛鼻子”

在本书的研究范畴里，西南地区引领乡村振兴的“牛鼻子”就是推动乡村经济发展。因为西南地区农村基层党组织不管是推动乡村人才振兴、乡村文化振兴、乡村生态振兴、乡村组织振兴，还是推动乡村全面小康，其最终的目的是推动乡村经济发展，并以经济发展带动乡村全面小康。尽管从小康的内涵来说，既包括经济小康、生活小康、社会保障充分，公共服务、医疗、卫生、教育、法律、公平正义等达到小康状态。但其中最关键的部分还是指百姓在经济上达到富足的状态，人们生活水平殷实，物资生活资料合理供给与分配。所以，从理论上来说，乡村振兴的“牛鼻子”就是乡村经济发展；要实现乡村的全面振兴，必须以经济发展或者说经济振兴来带动。否则，离开经济发展或者说经济振兴，乡村的振兴无疑是一句空话。正所谓“仓廪实而知礼节，衣食足而知荣辱”，不以经济发展为重要抓手的乡村振兴只能是生活不甚富足的乡村振兴，这样的乡村振兴显然不能满足广大农民群众的愿望，不能切实给广大乡村社会、广大农民群众带来幸福感、获得感，不能提高广大农民群众对乡村的认同。因此，从某种意义上说，检验农村基层党组织建设的效果和质量最终要看农村基层党组织在主业主责的担当上，看农村基层党组织在乡村振兴的担当上。由此推之，西南地区农村基层党组织要推动乡村振兴，必须在不断加强自身建设的同时，极力突出主业主责，突出农村基层党组织对乡村经济发展的引领，不断创新引领乡村经济发展模式，创新乡村经济发展路径，抓住乡村振兴的“牛鼻子”，推动乡村振兴。

近年来，西南地区广大农村基层党组织在加强自身建设的过程中，不忘主业主责，牢记自己的责任担当，牢记自己的使命承诺，极力将自身建设与乡村振兴紧密结合起来，以习近平总书记关于乡村振兴的重要论述为指导，抓住乡村振兴的“牛鼻子”，极力做好乡村振兴的“实践者”，推动乡村振兴迈向纵深。

一、突出产业振兴

习近平总书记强调，乡村振兴，关键是产业要振兴。要鼓励和扶持农民群众立足本地资源发展特色农业、乡村旅游、庭院经济，多渠道增加农民收入。① 在乡村振兴的过程中，产业振兴是推动乡村振兴的重要元素。西南地区农村基层党组织在加强自身建设的过程中，抓住产业振兴这一关键因子，以产业振兴带动乡村其他方面的振兴，推动乡村全面振兴。

近年来，西南地区农村基层党组织竭力响应党中央的号召，贯彻落实习近平总书记关于产业振兴的重要论述，在乡村振兴的过程中突出产业振兴这个关键。

一是培育突出特色产业优势。比如，贵州省黔南布依族苗族自治州农村基层党组织在推进乡村振兴的过程中紧紧围绕特色优势产业和主导产业，重点培育引进贵州老干妈、贵州黔粤农业有限公司、贵州森林湖中药材公司、贵州苗姑娘，以及中央厨房、中企食用菌等一批有基地、有技术、有潜力的企业，进一步充分发挥龙头带动作用。二是加大“村社合一”合作社规范化建设力度。促进合作社实体化运作，加大合作社的培育指导力度，不断完善利益联结机制，促使合作社发展由数量增长型向效益提升型转变。黔南布依族苗族自治州所属贵定县组建合作社 492 个，其中“村社合一”合作社 95 个，实现村村有合作社目标。三是精准施策引领带动。制定出台《2019 年 500 亩以上坝区农业产业结构调整及县域内农产品销售县级财政资金奖补办法》《关于强化以奖代补促进“一社（户）一业、一村一龙头”发展的意见》《2019 年政策性农业保险助推脱贫攻坚农业产业发展工作实施方案》等系列文件，引导激励村级自主发展产业，鼓励科技人员创办领办农业产业基地，激发合作社内生动力，提高全县农业产业组织化、规模化水平，推动农业产业健康发展。在产业振兴的带动下，贵定县在一类贫困村重点安排刺梨、畜牧养殖等产业，二类贫困村重点安排茶叶、食用菌等产业，一般村重点安排中药材、精品水果等产业，打造了“南茶蔬、中花果、北烟梨（刺梨）”＋“特色养殖”的农业产业带。发展示范基地 118 个，培育种植养殖专业村 41 个，全县茶叶发展达 27.67 万亩、刺梨达 18 万亩、中药材达 1.5 万亩，发展蔬菜 125.15 万亩次、食用菌 3568 万棒、出栏畜禽 232.03 万头（羽），实现村村有主导产业的工作目标。②

云南省昭通市巧家县近年来坚持把发展壮大村级集体经济作为加强基层

---

①李学仁，谢环驰．习近平在海南考察时强调：以更高站位更宽视野推进改革开放，真抓实干加快建设美好新海南［N］．人民日报，2018-04-14（01）．

②蒋政，贵初轩．贵定：“五带”模式引领农村产业革命纵深推进［EB/OL］．黔南组织工作网，2019-11-06．

党建、提升党组织组织力的有力抓手，出实招、求实效，全面提升村级集体经济发展质量和水平。将全县启动建设的生猪代养场及2019年投入的3亿余元产业扶贫资金全部与集体经济和建档立卡贫困户双挂联，由村集体公司、“党支部＋合作社”进行承接或委托企业经营，集体经济收入部分归村集体所有。在党支部的引领下，建立“龙头企业＋合作社＋村级集体经济＋卡户”运行机制，引进公司企业发展当地特色产业。其中，马树镇马树社区集体经济公司与巧家县勤丰种植农民专业合作社建设1000亩草莓种植示范基地，引进公司包装、加工、销售，每年产生集体经济收入20余万元；金塘镇由村级党组织引进公司发展火龙果、软籽石榴合计1000余亩，村级集体经济通过固定分红的方式产生收益，并吸纳当地群众到基地务工产生收入。在这些集体经济和特色产业的推动下，巧家县的乡村振兴得到有序推进。①

四川省南江县建产业促发展，让优秀农民工“兴家”。在产业奖补、基础设施配套、金融扶持、农业保险、品牌创建等方面对返乡农民工创业给予支持。采取县级领导联系创业示范项目、党政干部和专家服务团队上门服务等方式，鼓励围绕四大农业特色产业领办创办小微企业、经济实体和专业合作组织，已扶持返乡农民工领办创办实体项目850个，培育树立省市创业典型100多名。返乡农民工梁勇当选为村党总支书记，牵头成立村集体经济管理公司，动员鼓励36户群众通过现金入股，20户群众签订技术合同，65户群众签订劳务合同，订单种植56户，变农民为股民、变农民为工人、变农民为业主，集体经济突破50万元，带动群众户均增收6000元以上。②

重庆市巫溪县是秦巴山区集中连片的国家扶贫开发工作重点县。近年来，该县农村基层党组织坚持把产业扶贫作为推进乡村振兴、从根本上解决贫困户稳定脱贫持续增收的重要举措，探索实施了资产收益扶贫、光伏扶贫、就业扶贫、小额信贷扶贫、订单农业等产业扶贫模式，积极为贫困户寻求致富门路。巫溪县依托资源优势，大力发展土豆、中药材、高山蔬菜、杂交构树等订单农业。目前，全县通过订单农业，已累计带动3000余户贫困户实现稳定增收。特别是当地的“订单土豆”，走的是超市销售为主的路线，仅2018年，该县就销售鲜土豆2万吨，销售额1亿元以上。其中，贫困户种植的土

①周书鹏．巧家出实招发展壮大村级集体经济［EB/OL］．巧家新闻网，2019-06-11．

②巴中市南江县委组织部．南江县：做实“家”文章 引来“雁”归巢［EB/OL］．四川组工网，2019-07-16．

豆达 0.8 万吨，销售额达 0.4 亿元。①

正是积极响应党中央号召，在实践中以习近平总书记有关产业振兴的重要论述为指导，西南地区广大农村基层党组织紧紧抓住产业振兴这个关键，在产业振兴的过程中不断加强农村基层党组织建设，不断推动农村基层党组织与乡村振兴紧密联系在一起，不断推动农村基层党组织与建设美丽乡村紧密联系在一起，不仅有力地锻造了农村基层党组织的工作作风、工作能力、工作素质，而且进一步明确了农村基层党组织的主业主责，使广大农村基层党组织自觉地把产业振兴当作自己在新时代乡村振兴中的重要责任，而且在履职尽责的过程中提升了自己。

二、突出精准脱贫

精准脱贫是乡村振兴的前提和基础，乡村振兴是精准脱贫后乡村社会的发展方向。就当前西南地区广大乡村社会发展的现状来看，要实现乡村振兴，农村基层党组织首先必须引领广大乡村社会实现精准脱贫、全面建成小康，然后在此基础上推动乡村振兴，这是农村基层党组织必须担当的主业主责。

习近平总书记强调："抓好党建促脱贫攻坚，是贫困地区脱贫致富的重要经验，群众对此深有感触。'帮钱帮物，不如帮助建个好支部。'要把夯实农村基层党组织同脱贫攻坚有机结合起来。在乡镇层面，要着力选好贫困乡镇一把手、配强领导班子，使整个班子和干部队伍具有较强的带领群众脱贫致富能力。"② 近年来，西南地区农村基层党组织在推进乡村振兴的过程中，紧紧盯住农村中的贫困现象和贫困人口，把精准脱贫作为推动乡村振兴的重要抓手，把精准脱贫作为建设美丽乡村的重要一环，把精准脱贫作为农村贫困地区与全国同步全面建成小康社会的重要助推器，极力推动农村基层党组织建设与针对农村贫困地区和贫困人口的精准脱贫有机融合在一起，在精准脱贫的过程中加强农村基层党组织建设，在加强农村基层党组织建设的过程中推动乡村振兴。

比如贵州省黔南布依族苗族自治州龙里县龙山镇农村基层党组织坚持问题导向，以习近平总书记有关精准脱贫的重要论述作为引领脱贫攻坚的指导思想，动态管理精准进退，按照"镇不漏村、村不漏户、户不漏人"的工作

---

①龙丹梅. 资产收益＋就近就业＋订单农业：巫溪多向发力推进产业扶贫［EB/OL］. 上游新闻网，2019-02-02.

②新华社. 脱贫攻坚战冲锋号已经吹响　全党全国咬定目标苦干实干［N］. 人民日报，2015-11-29（01）.

要求，坚持“全面调查、严格程序、公正公开”，确保实现对象精准率、群众参评率、退出精准率、群众满意率“四个百分百”，及时对贫困人口脱贫退出、贫困户新识别及返贫、“边缘户”及脱贫监测户摸底、建档立卡数据核实等方面进行详细培训，通过“动态管理”，确保贫困户应退尽退、应纳尽纳。截至目前27个村均已召开村民小组会，经评议公示，共计有96户266人顺利实现脱贫退出，无新增识别贫困户。针对农村人无产业导致贫困的严峻现实，在产业发展方面持续发力，巩固推进。龙山镇的高峰村、桥尾村香菇种植基地，共有150个大棚58万菌棒，覆盖全镇886户贫困户；金星村采取“村委会＋公司＋农户”的运作模式，流转荒山荒坡、闲置土地等发展银杏种植，已种植银杏1300亩，已有60余户群众参与到药用银杏种植中来，带动了600人（次）贫困群众在基地务工，银杏丰产期，群众每亩收入高达7000元；水苔村海花草产业已逐渐成形，目前龙山镇已有海花草11300亩，带动种植户户均增收上万元，海花草主要种植地水苔村已被列为500亩坝区来进一步发展。①

云南省楚雄彝族自治州维的乡针对农村收入低的问题，创新思维，对症下药，针对贫困人口不同的困难问题开展针对性的精准帮扶，促推乡村振兴。为切实帮助贫困户解决收入难问题，维的乡对所有建档立卡贫困人口中收入不达标情况及因病、因学等存在收入高风险农户进行了全面排查，并抓住当前各类项目建设需要大量用工的良好机遇，乡党委政府主动与施工方对接，优先聘用符合条件的建档立卡贫困人口，各村汇总上报的有就近务工需求的贫困人口34户47人，基本得到解决。在烤烟收购中，聘用了24名贫困人口参与收购工作，聘用4名贫困人口分别参与两个卡点的烟叶查堵工作。为解决乡、村、组建设中“用人荒”问题，维的乡根据县级相关部门规定，开设了大量公益性岗位，吸纳更多就业人员参与到日常工作中。2018年维的乡共聘用公益性岗位42人，其中建档立卡贫困人口20人，占聘用人员的47.62%，聘用的贫困人口主要参与所在村组的综合环境卫生整治，担任保洁员、巡河员等职务。按照符合条件的贫困人口“应纳尽纳”的原则，今年维的乡低保覆盖范围较往年有所扩展，根据年初的入户调查和村组评议上报情况，结合农户各时间段家庭情况变化实际，维的乡低保对象实行动态管理，能进能出，切实保障最需要帮扶的困难群体。目前，维的乡享受农村低保政策的142户349人中建档立卡贫困人口就有55户157人，分别占保障总户数

①刘深林. 龙里龙山：多举措巩固提升脱贫攻坚成果［EB/OL］. 黔南组织工作网，2019-11-08.

和人数的37.73%和44.99%。[①]

重庆市沿河乡红岩村在贯彻习近平总书记有关乡村振兴和精准脱贫的重要指示精神的过程中，采取4项措施，抓实党建促脱贫攻坚各项任务精准落地、落实，提高脱贫质量。强化组织引领，开好“牵引车”，让脱贫攻坚有“引力”。精准强化村干部队伍建设，扎实开展履职情况研判，调整补充村干部2名、本土人才2名；压实第一书记抓班子、带队伍责任，抓实理论学习，强化村干部能力素质培养，增强组织引领力。党员带头精准发展，装好“主引擎”，让脱贫攻坚有“动力”。村党支部把党员带领群众致富作为群众脱贫的重要抓手，大力培育农村党员致富带头人，以集体经济组织和专业合作社为载体，与贫困户建立利益联结机制，真正把贫困户“捆绑”在产业上，把产业“捆绑”在组织上，保障困难群众稳定增收。近年来，红岩村党支部党员带头，发展黑木耳15万段，羊肚菌30棚，山地鸡10万羽，中药材500亩，中蜂350箱，带动50户贫困户稳定增收。开展智志双扶，修建“加油站”，让脱贫攻坚有“活力”。开展脱贫技能培训，依托就业、扶贫、对口帮扶等平台，输送200多人次接受竹艺、厨艺、驾驶、焊接、防水等职业技能培训，积极做好劳务输出对接工作，使获得一技之长的群众就业门路更广，收入水平明显提高。推动信息精准公开，链接“快车道”，让脱贫攻坚无“阻力”。落实专人负责村“四务”公开，充分发挥好固定信息公开栏作用，随时更新公开信息，充分保障群众知情权。发挥新媒体作用，建立红岩村服务群众微信群，将脱贫攻坚政策、惠民措施、项目建设等信息第一时间向广大村民传达，提高信息公开的时效；印制脱贫攻坚政策读本300多本，组建政策宣讲队，每月深入田间地头和农户家中开展宣讲，提升群众对党和国家理论、方针、政策的知晓率。[②]

总之，正是在加强自身建设的过程中，西南地区农村基层党组织极力响应党中央以全面脱贫来推动乡村振兴的理念，极力响应习近平总书记关于精准脱贫的重要论述精神，极力突出精准脱贫，把乡村振兴与精准脱贫有机结合起来，不断推动西南地区乡村振兴迈向深入。

三、突出“党建+合作社”

通过加强农村基层党组织建设，把农村基层党组织的力量延伸到基层农

---

①李奕萱．维的乡“三个一批”增加贫困群众收入［N］．楚雄日报，2018-10-17.

②城口县委组织部．城口县抓基层打基础，让“小支部”发挥“大能量”［EB/OL］．七一网，2019-04-26.

村、延伸到基层广大农民群众之中去，在广大农村针对农民的实际需要、乡村振兴的现实情况组建农业专业合作社，使广大农村基层党组织成为新时代推动乡村振兴的重要组织力量。近年来，西南地区广大农村基层党组织在加强自身建设的过程中，着力突出“党建＋合作社”，把农村基层党组织建设与乡村振兴的主业主责紧密结合起来，有力地推动乡村振兴，大力加强基层党组织建设，推动二者的紧密融合。

比如贵州省安顺市西秀区在推进乡村振兴的过程中，西秀区新场乡农村基层党组织实施“百里绿色生态产业长廊打造生态之乡”，利用自然资源，巧打生态品牌，建立村级合作社，抱团互助发展，走出了一条脱贫致富的新路子。一是建立村级合作组织，发挥能人带动。发挥党员先锋模范作用，各村（居）党支部牵头组织成立了 8 个种植、养殖合作社，通过“村党支部＋合作社＋农户（贫困户）”模式，把当地 380 户农户（其中 30％为贫困户）组织起来。合作社为广大农户及贫困户分别提供 5 万元和 10 万元两个额度的资金筹集支持，同时提供种苗采购、技术指导、产品销售等产前、产中、产后服务；采取扣除生产成本后，盈利部分根据投资入股比例进行分成的分红方式；多渠道销售，利用网上平台发布产品信息，获得订单，增加产品销售额。二是抱团互助发展，实现合作共赢。红桥村成立“蔬菜种植合作社、家禽养殖合作社、牲畜养殖合作社”种、养殖联合社，被称为“两荤一素”模式。贫困户通过土地流转入股或“特惠贷”贷款作为联合社资本金入股合作社，由联合社与贫困户签订还款协议并实行“保底分红”，户均年收入过万元。关山村通过“村集体＋合作社＋贫困户”的模式促进产业脱贫，推行辣椒种植、生姜种植和生猪养殖“两素一荤”模式，贫困户户均增收 1.5 万余元。花庆村采用“公司＋基地＋村集体＋贫困户”模式，以新越养殖公司为核心，主要发展生猪养殖，公司、贫困户、村集体按照 5：4：1 进行分红，每 10 万元预计利润 15％，每户贫困户保底收入 6000 元以上。三是发展循环农业，产业绿色环保。采取“养殖场＋蔬菜种植基地”模式，通过利用猪粪产生的沼气发电供养殖场，沼液稀释后的有机肥发展绿色蔬菜种植 300 亩。目前，养殖场存栏生猪 3200 余头，其中能繁母猪 510 头，纯种母猪 120 头，年可向社会提供优质商品猪肉 10000 余头，已有 68 户贫困户通过特惠贷入股新越养殖公司，涉及资金 680 万元。①

四川省绵竹市以“党建＋合作社”为抓手，推动乡村振兴。推行“党支

①赵彬，赵文全．西秀区新场乡：“村社合一”新模式拓宽乡村致富路［EB/OL］．腾讯网，2021-03-11.

部＋合作社＋贫困户”模式，村支部带头，做给贫困户看、带着贫困户干、帮助贫困户销、实现贫困户富，形成由一家一户“各自为战”的小农生产到“抱团”对接大市场的转变。创新“政府扶龙头—龙头建基地—基地连贫困户”的产业化扶贫体系，引进北京银谷玫瑰、华西希望猪业、华胜猕猴桃、富王粮油等农业龙头企业落户，建成“脱贫奔康产业园”7个。通过7个脱贫奔康产业园，55家农业龙头企业、131家家庭农场、1040个农民专合社，打通贫困户与农业大户、旅游专业合作社、村集体经济的利益联结，让贫困户实现“租金收入＋务工收入＋超产分成＋二次返利”等多方面的多重收益。其中土门脱贫奔康产业园大马士革玫瑰种植基地面积已达1.2万亩，仅依托玫瑰产业，就带动贫困户310人，年人均增收1500元。[①]

云南省永善县坚持以习近平总书记有关精准脱贫的重要论述为指导，紧紧抓住精准脱贫这根主线，认真践行“绿水青山就是金山银山”理念，合理开发利用水资源，着力建设绿色水果产业示范带，以此推动精准脱贫，以此推动乡村振兴。规划集中布局13万亩水果产业带。出台《关于加快沿江农业特色产业发展的意见》，按照与金沙江流域优势水果产区联动抱团发展思路，以海拔低于900米以下的河谷地带区域为主发展特色水果产业。其中，黄华、务基、溪洛渡、桧溪、青胜、码口等重点乡（镇）布局柑橘产业基地，大兴、溪洛渡布局优质枇杷，桧溪、团结等乡（镇）布局葡萄、猕猴桃等小水果产业。目前，永善县特色水果种植面积12.5万亩、总产4.7万吨、产值3.5亿元，形成以务基、桧溪、黄华等乡（镇）沿江村寨纽荷尔优质脐橙，溪洛渡玉笋村、大兴镇坝区大五星枇杷，桧溪镇强胜葡萄，溪洛渡镇新拉村、水竹乡塘坝村蓝莓等复合型水果产业带。以党支部、龙头企业、专业合作社示范带动为引领，积极探索和推进“党支部＋”“龙头企业＋”“专业合作社＋”等沿江特色农业产业化发展模式，贫困群众通过流转土地、基地务工、资金入股等方式参与生产，打造劳动密集型产业发展链和“基地＋贫困户＋村集体经济”利益共同体，培育和发展专业合作社611个、农业龙头企业16家，种植大户不断涌现。务基镇白胜村四方自然村以党支部为主导，相继组建专业合作社5个，吸纳社员185户382人，积极争取强农惠农资金3000余万元，流转荒山1000余亩，整合耕地资源，按照统一品种、技术、病虫害防治、施肥、包装“五统一”要求，采取“党支部＋村集体公司＋专业合作社＋农户”模式，示范带动当地群众规范化种植脐橙4860亩、丰产面积1500余亩、产

---

①绵竹市委组织部. 绵竹市党建引领，主抓产业促增收［EB/OL］. 四川组工网，2019-01-17.

量3000吨、产值2400余万元，实现户均收入10万元以上。黄华镇金寨村生基坪村民涂孔全，牵头组建“永善县金生泰专业合作社”，带领黄华社区、朝阳社区、金寨村36户溪洛渡电站库区移民和金寨村7户失地农民，种植水果300亩，现已投产150亩，年收入破百万元，涂孔全本人种植水果25亩，年收入近30万元。目前，金沙江润泽了江岸10余万亩特色水果，回馈了沿江近20万各族群众。①

总之，在加强自身建设的过程中，西南地区广大农村基层党组织不忘主业主责，抓住乡村振兴的“牛鼻子”，突出产业振兴、突出精准脱贫、突出“党建+合作社”，在推动产业振兴方面做出了突出贡献，切实推动西南地区的乡村振兴迈向新台阶。

第三节　突出能力提升，推动农村基层党组织成为乡村振兴的“助推器”

工作能力是党的执政能力的重要表现。工作能力强，说明党的执政能力成熟、稳重；反之，则说明党的执政能力有待加强和提升。而要提升基层党组织的工作能力，加强和改进党的建设是其中的一个重要手段。在加强自身建设的过程中推动乡村振兴，农村基层党组织的工作能力是推动乡村振兴向前发展的重要元素。党的十九大以来，西南地区广大农村基层党组织坚持以提升工作能力来带动乡村振兴。在推进乡村振兴的过程中，西南地区广大农村基层党组织极力加强自身建设，着力提高自己的工作能力、工作水平、工作素质，提升自己带动广大乡村、广大农民群众脱贫致富奔小康的能力，提升自己带动广大乡村、广大农民群众建设美丽乡村的能力，着力当好乡村振兴的“助推器”，为乡村振兴做出重要贡献。

一、发挥党组织的创造力

创造力主要是指农村基层党组织在推进乡村振兴的过程中，从农民的实际需求和需要出发，结合本地区乡村振兴的实际情况，创造性地提出推动乡村振兴的新路子。事实上，在推进乡村振兴战略的过程中，农村基层党组织的创造力直接决定了党的乡村振兴战略贯彻的成效，决定了乡村振兴的实现

①许逢超，曾弟均，周兴文．永善县以水兴果，昔日茅草坡变金窝窝［EB/OL］．搜狐网，2019-08-16.

程度、决定了广大乡村社会与全国同步全面建成小康社会的实现程度。近年来，西南地区广大农村基层党组织大力发挥党组织的创造力，创新乡村经济发展模式，为新时代西南地区的乡村振兴提供动力。

比如贵州省息烽县九庄镇农村基层党组织明确党支部工作职责，充分发挥党组织的创造力，大力创新乡村振兴经济发展新模式。采取“固定分红＋劳动力分红＋收益分红”“固定分红＋541产业分红”等方式，发展精品李等特色产业，鼓励经营主体、农户种植低矮农作物（青菜、辣椒、牛腿南瓜等）以短养长。产业调整覆盖农户3800余户，贫困户100余户。调整面积20013.15亩，覆盖24个村，覆盖率达96％。2018年年底，种植脆红李规模最大的顺联鑫公司已兑现九庄镇产业结构调整土地入股分红、农民务工分红、农民协管分红资金共计503万元。其中兑现20个村土地入股固定分红资金312万元，2018年10—11月脆红李管护农民务工分红资金185.878万元，10～12月农民协管分红资金23100元。采取“产业结构调整＋公司＋合作社＋农户”模式，以“做给农民看、带着农民干”的发展理念，九庄镇杉林村、竹花村、新田村、望城村、三合村等村流转土地2000余亩发展吊瓜产业。公司投资为主，政府补助为辅，整合投入资金4000余万元，建成占地37亩吊瓜交易中心、1.4万平方米吊瓜晒场、700平方米仓库、700平方米办公楼、1000平方米钢架大棚、1500平方米厂房及加工生产线，发展吊瓜种植2000余亩。带动县内其他经营主体入驻和平、堰坪等村发展吊瓜种植2000余亩，群众享有300～400元/亩的固定分红，加上在基地打工劳动力分红，每户每年至少增收3000元，增幅高的可达8000元。吊瓜园区2017年成功创建成省级农业示范园区。2018年、2019年将持续作为省级农业园区创建。2018年，园区经营主体兑现农户土地经营权入股固定分红180余万元，农户务工工资100余万元，实现产值903万元。带动周边近530户农户发展吊瓜种植或就近就业。①

四川省洪雅县将军乡伏钟村基层党组织在加强自身建设的过程中推动乡村振兴，大力发挥党组织创造力，通过推选拥有多年外出管理经验的优秀农民工担任村党支部书记，带头抓好支部班子，建强党员队伍。通过“引进一批、回引一批、培育一批、挖掘一批”“四个一”招才引贤，吸引专业人才28人，挖掘乡贤人才16人，不断壮大基层人才队伍。规划建设“六区一中心”，引进业主26家，流转土地1.2万亩，种植油茶、水果等特色农产品，实现狮

①息烽县九庄镇党政办．息烽县九庄镇“大党建＋”搭建乡村振兴与脱贫攻坚连心桥［Z］．课题组收集资料，2022-04-05．

子山、真武山的整山开发。村民以土地入股，既有务工收益，又有每年的股权分红，以前贫瘠的穷山村已成为如今的“聚宝盆”。整合村集体资产、村级公共设施以及村级服务入股产业发展，整合贫困户扶持资金进行“抱团发展”，实现村集体经济收入按每年不低于2万元持续增长，贫困户获得稳定分红收益。①

再如云南玉溪元江县曼来镇东峨村小南玛小组道路崎岖，交通不便，信息不畅，严重制约着该组的乡村振兴。东峨村党支部严格秉持发展理念，牢记农村基层党组织的使命与责任，充分发挥农村党组织的创造力，紧扣新时代党的建设总要求，积极支持全镇推行“三零（零补偿、零阻工、零上访）”工作法。投资140万元修建的机耕路从2019年2月18日开工以来，虽然施工过程中占去了许多村民的果园、菜地，但他们不要政府补偿，没有发生一起矛盾纠纷和上访事件，村民们还积极投工投劳参与道路建设，乡村振兴颇有成效。②

二、发挥党组织的凝聚力

在乡村振兴、建设美丽乡村的过程中，团结民力汇聚人心是基本的保障。“团结就是力量，团结就是信念，团结才会带来胜利。”农村基层党组织的凝聚力是指在推动乡村振兴的过程中，农村基层党组织以加强自身建设为契机，以其对党和国家政策的领悟力为驱动，凭借作为乡村振兴领路人的优势，大力凝聚群众，汇聚民力，汇集民心，把乡村广大农民群众汇聚成一团，汇聚成一个整体，全力推动乡村振兴迈向深入。近年来，西南地区广大农村基层党组织在加强自身建设的过程中，充分发挥党组织的凝聚力，汇民力，聚民心，齐心协力推动乡村振兴向纵深推进。

比如云南省普洱市西盟县中课镇窝笼村的农村基层党组织在加强自身建设的过程中，充分发挥党组织的凝聚力，始终把民族团结作为打赢脱贫攻坚战的力量之源，以“忠诚、团结、奋进、和谐”的新拉勐精神为载体，扎实开展感恩、融情、塑行“三项教育”，通过开展“听党话、跟党走、感党恩”主题教育、道德讲堂、传统美德教育、移风易俗、文艺汇演等形式，推进文明示范创建，2016年以来，评选出“星级文明户”52户，“十星级文明户”4户，“五好和谐家庭”6户，“民族团结示范户”6户。全组各族群众亲如一

①陈艾婧．洪雅县将军乡伏钟村：建强“三大体系”助乡村美丽“蜕变”［EB/OL］．四川党建网，2019-11-14．

②杨晓国，汤晓鹏．曼来镇强化党建引领修建致富路［N］．玉溪日报，2019-03-29（04）．

家，爱党爱国、知恩感恩，邻里团结、扶贫济困的氛围非常浓厚，凝聚了共促脱贫的强大合力。党员岩转采取“党支部＋合作社＋农户”的模式，带领本组4户村民以土地、技术和管理入股的方式组建了窝笼村腺鸡专业合作社。合作社组建后，岩转积极探索出以本地农户资源为依托，以窝笼村电子商务服务站为平台，采取“农户＋合作社＋服务站”的产、供、销发展模式，收购农户的幼鸡经过技术养殖后通过互联网和服务站点向外销售，很快带动了全组村民发展致富，并将效益辐射到全村其他小组。从2018年成立合作社至今，合作社共养殖腺鸡2000余只，售出1000余只，销售额达10万余元。通过“双带型”党员示范引领、帮带发展，不断促进窝笼村六组村民技能强起来、产业兴起来、生活富起来。2018年，全组实现蔬菜种植40亩、产量15.08吨、产值25万元，茶叶面积40亩、产量3.2吨、产值35万元，生猪存栏101头、产值11.2万元，实现农村经济总收入150.7万元，年均增长6.6%，农民人均纯收入达8144.6元，年均增长12%。①

贵州省黔南布依族苗族自治州龙山镇平山村在加强自身建设的过程中，为凝聚群众，带动全民参与美丽乡村建设，充分结合新时代文明实践和平山村实际情况拟定了《平山村“三能两创·三评比”暨“三比五美”实施方案》，通过“三比五美”工作模式，按照先易后难、循序渐进、全面覆盖的原则，动员全村所有村寨参与，并根据各寨的实际情况自主选举成立了寨管委，配套出台了《平山村寨管委自治制度》，半年来群众共筹资11.6万元，建设项目22个，举行“三能两创·三评比”暨“三比五美”村级表彰大会一次，共计发放奖金6100元。“比、学、赶、超”的良好氛围已在平山村初步形成。②

四川省绵阳市涪城区充分发挥党建聚人心、促发展的作用，加强对村集体经济发展的领导和管理。大力推广“党支部＋合作社（协会）＋农户”模式，不断提高群众组织化程度，促进集体经济和群众收入“双提升”。探索建立区级奖励资金池，区财政每年预算200万元，对推动脱贫攻坚、乡村振兴、重大项目建设等表现优秀的农村党员、干部予以专项奖励。通过比选确定5个集体经济试点扶持村，在积极争取上级下拨资金的基础上，落实区级财政补助资金100万元、项目整合资金40万元、村集体经济组织自筹资金192.75

---

①西盟县委组织部．西盟县：党建引领促提升 脱贫攻坚显成效［EB/OL］．搜狐网，2019-08-23.

②刘深林．龙山镇：半年时间，这个村由“后进”变为“厚劲”［EB/OL］．黔南组织工作网，2019-11-15.

万元，统筹考核、管理并按进度拨付。为聚集人才，研究制定《涪城区创新和完善乡村人才培育和引进机制壮大乡村振兴人才队伍实施方案》《涪城区关于大力实施优秀农民工回引培养工程的实施意见》等文件，广泛吸纳就业能力强的乡村企业，扎实开展致富带头人和新型职业农民培训，引导优秀返乡农民工、新乡贤进入村级后备队伍，合力助推乡村振兴。1—10 月，回引优秀农民工支部书记 26 名，培养农民工村后备力量 106 名，发展致富带头人 58 名。[①] 再如四川省凉山彝族自治州木南县在推动乡村振兴的过程中不断加强自身建设，极力提升自己的工作能力，把脱贫攻坚、精准扶贫与农民需要相结合，利用院坝会、田间课堂等多种形式，利用贫困村“五个一”队伍、马帮宣传队、农民夜校等多种载体，对各项惠民政策等内容进行全方位、多渠道宣讲，以通俗易懂的语言，激起广大农民群众感党恩之情，把党的好政策、好声音传递给每一位农牧民，让各族群众知党恩、感党恩、讲党恩、听党话、跟党走，促进民族团结，强化基层党组织的凝聚力和号召力，更好地贯彻宣传中央精神和省、州、县委政府的重大决策部署，把群众需要的知识和技术送到身边，让群众听得懂、用得上，努力帮助群众切实解决实际问题。[②]

在重庆市的广大乡村地区，永川区宝峰镇广大农村基层党组织立下“军令状”、人人签订责任书，构建“上下一条心、各方齐用力、扶贫一盘棋”的工作格局汇聚乡村振兴的磅礴力量，有序推进乡村振兴。在农村基层党组织的领导下，修建了 33 条 22.7 千米硬化通组通畅公路蜿蜒穿梭于村民房前屋后，16.7 千米的人行便道建设也是四通八达。完成了马家坳等 6 个组饮水项目规划；对该镇 42 名贫困家庭学生送去 7 万余元学费资助；发放了各类节日慰问金及帮扶资金共计 20 余万元，实施倒包千亩土地种植水果等壮大集体经济项目也正有序推进。[③]

三、发挥党组织的战斗力

战斗力是指在推进乡村振兴的过程中，西南地区广大农村基层党组织所应该具有的攻坚克难的战斗精神，所应该具有的敢打硬仗、百折不挠、锲而不舍的精神状态。近年来，西南地区广大农村基层党组织在加强自身建设的

---

①王东，任宇慧. 涪城区：以组织振兴引领开创乡村振兴新局面［EB/OL］. 四川党建网，2019-11-18.

②刘劲松，马楠. 木里：抓党建聚合力 强基础促脱贫［N］. 凉山日报，2019-11-14（02）.

③龙远信，侯利. 合力补齐短板 激活内生动力——宝峰镇脱贫攻坚行动纪略［N］. 永川日报，2018-11-02（01）.

过程中，极力发挥党组织的战斗力，带领西南地区广大农民群众脱贫致富，针对困难问题有目的地进行解决，建设美丽乡村，助推乡村振兴。

比如在黔南布依族苗族自治州贵定县农村基层党组织坚持把队伍建设作为脱贫攻坚的重要抓手，在攻坚队伍的选派、培训等方面使狠力，织紧织牢结对帮扶网。一是配强帮扶队伍。及时调整充实县、镇、村三级脱贫攻坚队伍，明确全县22个深度贫困村由县级领导挂帮，贫困村由科级干部及科级后备干部派驻，把再识别后的13625户40834名贫困人口的帮扶工作分解到2798名领导干部头上。二是强化尖兵培训。坚持把“第一书记”作为贫困村“精准滴灌”的脱贫“管道”，采取比武活动、外出取经等形式加强“第一书记”、村主任助理的培训，促进驻村干部有意愿、有能力、有办法开展帮扶工作，从发展上帮助群众“富”起来，从精神上帮助群众“站”起来。三是培育带富先锋。采取理论教学、外出观摩、交流讨论等方式，帮助新一届村“两委”干部打开眼界，提升发展致富能力；以“思路＋实干＋技能”为抓手，结合贵定产业结构调整、贫困户脱贫增收需求及企业用工需求，统筹农业、扶贫、人社、移民等培训资源，采取“群众点单、政府买单”模式，拓展贫困户发展思维和增收智慧，开展各类培训100余期1.3万余人次。同时，评选表彰一批产业脱贫年份先进户、示范户，注重运用先进典型影响和带动群众，做到学有榜样、赶有目标。①

云南省昭通市永善县务基镇为坚决打赢脱贫攻坚这场硬仗，确保扶到点上，扶到根上，让贫困群众真正得到实惠，全面推进农村基层党的建设与脱贫攻坚紧密结合。坚持“一切工作围绕脱贫攻坚推进，一切工作围绕脱贫攻坚考核”的定位，始终保持头脑清醒，努力向先进看齐，扎扎实实地打好脱贫攻坚战；同时还要积极把我们走过的历程、付出的努力、取得的成效、涌现的典型大力推介出去。坚持始终扣准脱贫攻坚目标标准，准确理解政策业务新要求，确保脱贫攻坚方向不跑偏。推动脱贫攻坚要有以变应变的思维，及时学习准确把握认真落实好新的政策要求，才能为贫困群众谋求更大利益。着力强化解决几个重点问题，全面查问题补短板，把脱贫风险防控到最低限度。用迎检思维来推动脱贫攻坚，压实工作责任，以遍访工作为抓手，查问题、补短板、强弱项，确保户户过关、村村达标。做实群众工作，党员干部要踊跃参加“微心愿”活动，为群众做些力所能及的事情，帮助农户完成2～3个“微心愿”，当好群众的贴心人，提高群众的幸福感；各村（社区）要积

①贵定县委组织部．贵定县：聚“四力”擂响攻克深度贫困“新战鼓”［EB/OL］．黔南组织工作网，2017-08-21．

极开设“爱心超市”，建立健全积分管理奖励办法，引导群众用表现换积分，用积分换商品，充分调动群众内生动力，提高群众的获得感。①

四川省内江市东兴区针对乡村振兴中痼疾因村施策提升靶向力，整顿有精度。由村第一书记牵头深入调查村情民意，通过召开座谈会、院坝会、个别走访等形式，多渠道收集到党员群众对整顿工作的意见建议66条。在此基础上，按照“一村一策”原则，制订整顿方案24个，明确目标任务、整顿措施、时限要求、方法步骤，层层分解整顿任务。结合扫黑除恶专项斗争，抓牢干部队伍建设这个关键点，调整不胜任、不称职村干部3名，培养后备干部48名、优秀农民工40名，干部队伍结构进一步优化。针对有的农村基层党组织软弱涣散的问题，制定软弱涣散党组织整顿转化工作台账24本，根据工作情况每周更新台账，实时掌握软弱涣散村党组织整顿工作动态。建立销号制度，对存在的问题实行“挂账销号”管理，定期研判整顿情况，对整改到位的问题及时销号，目前已成功销号7个。建立层层约谈问责机制，转化进度滞后、整顿效果不明显的，对村党组织负责人进行问责，并约谈乡镇（街道）党（工）委书记，层层传导压力，确保按期转化。②

第四节　突出作风建设，推动农村基层党组织当好乡村振兴的“办事员”

从某种意义上讲，作风建设是党的建设的极为关键的一部分。习近平总书记就曾经强调：“党的作风就是党的形象，关系人心向背，关系党的生死存亡。我们党作为一个在中国长期执政的马克思主义政党，对作风问题任何时候都不能掉以轻心。”③ 近年来，西南地区农村基层党组织在推进乡村振兴的过程中，大力加强作风建设，锻造农村基层党组织的精气神，提振农村基层党组织的作风、素质与能力，当好乡村振兴的“办事员”，促推乡村振兴迈向深入。

---

①永善县委组织部. 举全镇之力向贫困宣战——务基镇召开决战脱贫攻坚誓师大会暨专题培训会［Z］. 课题组收集资料，2022-04-05.

②东兴区委组织部. 东兴区“三力三度”促软弱涣散村党组织整顿提升［Z］. 课题组收集资料，2022-04-05.

③中共中央纪律检查委员会，中共中央文献研究室. 习近平关于党风廉政建设和反腐败斗争论述摘编［M］. 北京：中国方正出版社，2015：8.

一、筑牢理想信念的堤坝

习近平总书记强调："理想信念就是共产党人精神上的'钙'，没有理想信念，理想信念不坚定，精神上就会'缺钙'，就会得'软骨病'。"① 近年来，西南地区广大农村基层党组织在推动乡村振兴的过程中，着力加强农村基层党组织自身建设，筑牢理想信念的堤坝，牢记使命，不忘为人民服务的初心，当好乡村振兴的"办事员"，推动新时代乡村振兴向纵深推进。

比如贵州省黔南布依族苗族自治州贵定县昌明镇农村基层党组织在加强自身建设的过程中，把牢固树立农村基层党组织的理想信念作为加强农村基层党组织建设的重要内容，通过远程教育、道德讲堂等方式，宣传党的好政策、好声音，动员村寨能人编排以"颂党恩、跟党走"为主题的山歌30余首，并在各村开展"党员亮身份、脱贫我承诺"行动，对照"十带头、十不许、十必须"引领脱贫攻坚承诺1000余条，召开群众会、院坝会，广泛开展"思想扶贫、党恩教育"宣传动员工作。② 黔东南苗族侗族自治州三穗县雪洞镇为进一步增强农村基层党组织的创造力、凝聚力、战斗力，夯实党的执政基础，增强农村党员队伍生机活力，每年开展一次党性洗礼，建立忠诚型支部。以重温入党誓词、上党课、看红色经典影片、唱红色革命歌曲等活动，增强看齐意识、核心意识、政治意识；同时，建立村级党员监督组，强化村级纪检员的监督权威，增强党员的荣誉感、责任感和使命感，确保在思想上、行动上始终与党中央保持高度一致。每月召开一次支部会议，建立学习型支部。围绕党的十九大精神工作要求为指引，以"三会一课""两学一做"学习教育为载体，每月召开党员大会，认真学习上级文件及会议精神，将党的好声音好政策传到每名党员心中，做到家喻户晓；以脱贫攻坚为抓手，深化"学"与"做"紧密结合，讨论村级发展问题，以学促干，真正提升基层党员干部的党性修养，增强农民党员的理想信念，以为乡村振兴提供力量。③

云南省普洱市景谷县在推动乡村振兴的过程中，极力加强农村基层党组织建设，在农村基层党组织中积极开展形式多样、富有特色的"主题党日"活动，凸显讲政治、有信念，农村基层党组织紧紧围绕"两学一做"学习教

---

①中共中央文献研究室. 习近平关于全面从严治党论述摘编［M］. 北京：中央文献出版社，2016：57.

②贵定县委组织部. 贵定昌明：加强思想扶贫 助力脱贫攻坚［EB/OL］. 黔南组织工作网，2017-10-10.

③三穗县委组织部. 三穗县：雪洞镇"五个一"助推党建工作常态化［Z］. 课题组收集资料，2022-04-05.

育的总要求，紧扣主题、结合实际，精心设计活动内容，进一步强化党员的先锋意识，激发党员维护社会和谐稳定的积极性。组织党员到基层党建示范点开展观摩学习活动、警示教育基地观看典型案例、志愿上门服务、入户上党课、义务劳动等形式开展活动。各村（社区）在开展“主题党日”活动中，不闭门修炼，做到党员全员参加，发动群众积极参与，举办趣味运动会、庆祝建党95周年文艺演出等活动，坚定基层农民党员“不忘初心、永跟党走”的信念，坚定基层农民党员对中国特色社会主义的信念，以优良的作风、百倍的干劲投入实际工作中。①

四川省绵阳市涪城区农村基层党组织在加强自身建设的过程中推动乡村振兴，注重增强农村基层党组织的理想信念，为乡村振兴提质增效。征集挖掘革命英雄、老党员、劳动模范等11名先进典型感人事迹，精心摄制《初心不改、矢志不渝》教育片及读本，用身边事感染教育身边人。把联系服务群众“十七条举措”融入脱贫攻坚和农村人居环境整治，激发党员群众积极性，教育引导群众感恩奋进。② 叙永县巧借红色文化，筑牢党员信念根基。以红军长征精神为主线，依托石厢子红军长征纪念园、五龙山红军川南游击纵队成立旧址、付钟故居等建立革命红色传统教育基地。广泛开展“牢记初心使命、弘扬红军精神”和“缅怀革命先烈，重温入党誓词”教育活动，通过实地参观红军纪念馆、石厢子会议旧址等教育基地，开展重走长征路、重温入党誓词等主题党日活动，进一步传承长征革命精神。通过现场倾听讲述红军故事、观看红色影片，教导引导广大党员干部坚定理想信念，不忘初心、砥砺前行、忠诚为民。一年来，全县开展各类红色教育培训110余场次，覆盖党员9200余人次。③

二、密切党与人民群众的血肉联系

党与人民群众的关系是检验一个政党的执政根基是否稳固、是否牢靠的重要因子。习近平总书记非常重视党与人民群众之间的关系，他强调：“人民立场是中国共产党的根本政治立场，是马克思主义政党区别于其他政党的显著标志。党与人民风雨同舟、生死与共，始终保持血肉联系，是党战胜一切

---

①景谷县委组织部. 景谷县五项措施助推“两学一做”学习教育深入开展［EB/OL］. 景谷先锋网，2016－07－14.

②王东，任宇慧. 涪城区：以组织振兴引领开创乡村振兴新局面［EB/OL］. 四川党建网，2019-11-18.

③胡兴叶，陈磊. 叙永县：“四巧四育”同奏响 党员教育谱新篇［EB/OL］. 四川党建网，2019-11-06.

困难和风险的根本保证，正所谓‘得众则得国，失众则失国’。”[①]近年来，西南地区农村基层党组织在推动乡村振兴的过程中，大力加强自身建设，密切党与人民群众之间的血肉联系，自觉当好乡村振兴的“办事员”，尽力助推乡村振兴迈向纵深。

比如贵州省黔南布依族苗族自治州罗甸县大力加强作风建设，密切党与人民群众之间的鱼水关系。以解决问题为抓手，通过大调研、大走访，因村因户因人施策，对症下药、靶向治疗。一是听民意、察民情，了解民生需求。通过召开群众会、院坝会、入户走访等方式，与群众进行面对面沟通交流，以宣讲党的十九大精神和习近平新时代中国特色社会主义思想为切入点，全面真实地了解农户思想、生产生活基本情况及存在的问题，广泛听取群众意见。当前，该县各帮扶部门收集在产业发展、村集体经济、环境卫生、农田水利等方面的群众意见。二是解民忧、聚民心，动员全民攻坚。立足村情民意，着力解决“两不愁三保障”突出问题，以“五个一批”为抓手，制定了产业帮扶、易地扶贫搬迁、危房改造、教育帮扶、医疗帮扶、民政帮扶、生态帮扶、社会保障、饮水安全的精准组合式帮扶措施。三是围绕提升办事成效，加强联系服务群众。注重为群众办实事，做好事解难事，加大对重点贫困群众的关爱服务，让群众时时感受到党组织就在身边。通过设立村级便民服务窗口，开通网上办事大厅，村“两委”干部、驻村干部实行坐班制，抓实“马上办”、推行“网上办”、完善“就近办”、推进“试点办”，在办理权限范围内实现群众办事不出村，解决“办事难”的问题，打通服务群众的最后一公里。四是办实事、惠民生，筑牢群众基础。每年初由村“两委”结合实际，采取走访调研、公开征求意见建议等方式，制定村“两委”年度重点办好的“5件民生实事”，在年初第一次党员群众大会上向党员群众公开承诺，张榜到村民小组进行公开，接受党员群众监督。[②]

云南昭通市永善县细沙乡大同村基层党组织在推动乡村振兴的过程中，采取“四心工作法”，做实群众工作，密切党与人民群众之间的鱼水关系。群众诉求，放在心上。始终坚持把群众诉求放在心上，对群众平时来访热情接待，认真倾听群众的诉求和意见，并详细做好记录，通过面对面交流，心与心沟通，拉近与群众的距离，架起理解和沟通的桥梁，让群众感受到村“两委”干部的亲和力。同时，不定期召开办公会，对诉求合理的千方百计帮助

---

①中共中央文献研究室．习近平关于全面从严治党论述摘编［M］．北京：中央文献出版社，2016：169.

②陶林．罗甸：“三围绕”提升群众认可度［EB/OL］．黔南组织工作网，2019-06-20.

解决，对村级无法解决的诉求，及时按程序请示报告上级帮助解决，确保小事不出村，大事不出乡。群众疑惑，耐心解答。坚持动之以情、晓之以理，对群众“讲道理、摆事实”，广泛宣传党和国家各项惠农政策，对政策不清的认真宣传到位，对于提出无理要求的耐心细致解释到位。在扶贫工作中，要求一线挂联人员学深学透扶贫政策，做到“五个一口清”，在进组入户开展工作中，面对群众在基础设施、产业规划、补助范围、对象和金额上有疑惑的耐心解释答复，最大限度地争取群众理解和支持。群众意见，虚心接受。围绕“村村清、户户清”工作，在村委会外墙设立意见箱，广泛收集群众意见建议，涉及工作作风、服务态度方面的，要求村“两委”干部、党员、村民小组长和一线挂联人员认真听取、虚心接受。涉及工作范围内的问题，实行分类办理，对能在第一时间解决的，坚持“马上办理”；对通过协调很快能解决的，坚持“协调办理”；对一些村级无法办理的问题，及时“上报办理”，树立好党和政府形象，进一步提高群众满意度。群众困难，用心解决。坚持“群众利益无小事”的理念，严格落实村干部包片负责制度，采取上门服务、销号管理等方式，对群众的困难用心、用情、用力解决。对村组公路受灾垮塌等情况，村“两委”第一时间赶赴现场查看情况，设立安全警示线，组织群众有序绕道通行，并及时组织机械和人员进行抢修，确保第一时间疏通道路，保障群众通行运输需求。①

四川省仁寿县板燕乡在推动乡村振兴的过程中，着力加强农村基层党组织建设，以“网格式”为民服务来促推党与人民群众的鱼水关系，根据各村所辖范围、人口数量、居住集散程度等情况，结合“党员联户长”制度实行“联户长区域划分”网格化管理，要求联户长每月走访入户 1～2 次，具体了解联系村民的思想和生产生活情况，有针对性地开展管理服务工作，更好为村民提供精准化、精细化服务。截至目前，收集到村民意见 150 余条，化解矛盾纠纷 160 余起，构建“党建＋网格”基层党建新模式。② 成都市青白江区农村基层党组织以周末沙龙、坝坝会等方式，集中讨论亲民化改造需求。群众建议，自发改造“项目需求征集票”，走进院落、楼栋、小组，逐一掌握了解居民真实需求。③

①吴科刚. 细沙乡：大同村“四心”做实群众工作［EB/OL］. 永善党建，2018-09-04.

②白全安. 仁寿县板燕乡：“四式联动”焕发基层党建活力［EB/OL］. 四川党建网，2021-11-12.

③青白江区委组织部. 青白江区：探索“一户三票”推进党群服务中心亲民化改造［EB/OL］. 四川党建网，2018-09-10.

三、砥砺工作作风

工作作风是党的作风的重要组成部分。工作作风不实会导致党的战斗能力下降，会导致党与人民群众的关系疏远，会导致党的事业不能顺利推进。务实、廉洁的工作作风有利于党的事业的推进和党的道路的拓展。习近平总书记就非常关注党的工作作风，他指出："要以踏石留印、抓铁有痕的劲头抓下去，善始善终、善做善成，防止虎头蛇尾，让全党全体人民来监督，让人民群众不断看到实实在在的成效和变化。"① 近年来，西南地区广大农村基层党组织在推动乡村振兴的过程中，不断砥砺工作作风，锻造品格、素质，提高党性修养，尽力当好乡村振兴的"办事员"，以为乡村振兴储备能量。

比如贵州省黔南布依族苗族自治州贵定县农村基层党组织在推动乡村振兴的过程中，针对易地扶贫搬迁群众生产生活难题，秉持务实、肯干、扎实的工作作风真抓实干，取得切实成效。针对部分搬迁群众年龄大、学历低、不便外出务工、就业单一等问题，贵定县农村基层党组织不断整合资源，扩大搬迁群众就业渠道，实现稳定就业。一是强化自主就业。引进28个精深加工、中药材种植等项目，建成4个移民扶贫车间，同时以聚贤、昌盛等人力资源劳务服务有限公司及各镇（街道）人力资源劳务服务中心为主导，积极引导群众自主就业。目前累计实现搬迁户县外就业2024人，县内就业1871人。二是强化劳务输出。以东西部协作为契机，与广州市南沙区签订《富余农村劳动力转移就业对接招聘服务协议》，积极争取南沙区对在该区稳定就业2个月以上的贫困劳动力，每月给予1000元的生活补贴和380元的社保补贴，并开发扶贫专岗600人，每人每月岗位补贴300元。三是强化创业扶持。对自主创业群众从场地租赁费用、小额担保贷款等方面给予政策扶持，2019年累计发放创业担保贷款68户899万元，建成"扶贫车间"4个，对吸纳贫困劳动力稳定就业半年并签订1年以上劳动合同的企业给予"稳岗补贴"。同时，全县依托刺梨产业优势，结合土地退耕还林或生态修复资金政策，落实好宅基地、耕地等刺梨产业种植，实现搬迁户在迁出点上有产业、迁入点上能就业的"双向增收"目标。针对部分搬迁群众文化素质整体不高、缺乏劳动技能等问题，一是摸清搬迁劳动力底数。以镇（街道）为主体，以村为单位，建立"移民搬迁贫困劳动力基础台账"和"数据库"，实行动态管理。目前，已完成全县搬迁对象劳动力5207人的基础台账建管工作。二是组织专业

①中共中央文献研究室．习近平关于全面从严治党论述摘编［M］．北京：中央文献出版社，2016：149．

培训“上门服务”。依托贵定县职业学校、县工业园区重点企业、县产业园区龙头企业等，采取以工代训、以厂代训、以厂帮训、边工边训、校企共训等方式，提供种养殖、电工、焊工、挖掘机驾驶、家政、烹调等市场需求工种培训，将培训班搬进工厂、搬进社区。三是强化就业宣传培训。组织开展“就业援助月”“春风行动”“民营企业招聘周”“易地扶贫搬迁劳动力专场招聘会”等12期就业招聘活动；定期开展贫困劳动力法律知识、安全生产等培训，落实每人40元/天生活补贴，帮助搬迁群众更好融入新岗位、融入城镇生活；2019年累计培训搬迁劳动力987人，开展招聘活动12期，实现2745人就业，通过职业技能培训输出搬迁社区劳动力888人。①

四川省九寨沟县白河乡农村基层党组织始终聚焦党建标准化建设要求，以实现固本强基为目的，采取实地查看、突出指导、集中通报“三举措”推动基层党建全面进步过硬，有效推动乡村振兴。实地查看找问题。为全力推动基层党建工作，白河乡党委对照标杆找差距，大胆创新工作举措，建立长效机制，完善责任体系，成立督查小组，通过实地查看三务公开、三会一课、农民夜校、环境卫生等常规动作，集中开展党建工作第一季度全覆盖督导，旨在找出问题，解决问题，实现固本强基，此次督查问题15条。突出指导抓规范。督查组始终坚持问题导向，以《九寨沟县农村党建标准化手册》为遵循，强化业务指导，采取现场指导和集中培训的培训模式，在实地督导中，通过“一对一”“面对面”的方式指导基层党建工作者业务，推动基层党建工作者练好“内功”，切实提升全乡基层党建工作者的业务水平和工作能力，为做好白河乡党建工作注入新的活力。集中通报促整改。针对督查中存在的问题，白河乡趁热打铁、热炒热卖，立即召开白河乡第一季度党建工作通报会，对各村存在的问题实行点名通报，要求各村举一反三，切实抓好整改。要坚持找问题、找差距、找不足的工作导向，正确把握党建工作定位，抓实抓牢党建工作主体责任，严格落实好三会一课、农民夜校、主题党日活动等常规动作，推动全乡基层党建工作进步过硬。②

云南省大关县上高桥乡农村基层党组织在加强自身建设的过程中推动乡村振兴，不断锤炼工作作风，育强“领头雁”。比如上高桥乡大寨村党总支书记丁琪，带领1160户群众成立琦鑫黄牛养殖农民专业合作社，实现户均年增

---

①贵初轩. 贵定县“六送”破解搬迁群众生产生活难题［EB/OL］. 黔南组织工作网，2019-10-24.

②唐建林，杨甜. 九寨沟县白河乡：“三举措”推动基层党建全面进步过硬［EB/OL］. 四川党建网，2019-04-11.

收5000多元，个人先后捐资助学、救灾济困累计达56万元，成为带领群众脱贫致富的“领头雁”。昭通市威信县扎西镇玉京村农村基层党组织针对玉京村的一个以苗族为主的行政村，海拔高、气温低，在村里成立了专业合作社，规范化种植方竹4600亩，掀起了村民们种竹的热潮，3年后将实现户均收入5万元以上。彝良县牛街镇小干溪村是一个苗族村，截至2018年年底，全村共有建档立卡贫困户175户821人，未脱贫户就有111户531人，是昭通市重点深度贫困村之一。驻村扶贫督导员陈盛2019年从盐津县盐井镇高桥村转战到小干溪村后，一直在思考如何攻克这一深度贫困堡垒。他从强班子、建队伍、整作风入手，极力加强小干溪村基层党组织建设，转变基层党组织工作作风，加强与挂联单位的对接，陈盛带领村“两委”班子、驻村队员，加大危旧房改造力度，大力发展中药材、竹产业，发展养殖业。不到一年时间，小干溪村发生了质的变化，贫困发生率由25％下降到1.4％。①

总之，在推动乡村振兴的过程中，西南地区广大农村基层党组织着力加强党的作风建设，尽力当好乡村振兴的组织者，自觉充当广大基层农民群众的办事员，竭力推动乡村振兴向纵深迈进。

第五节　突出制度建设，推动农村基层党组织做好乡村振兴的“监督者”

党的制度建设是党的建设的重要组成部分。习近平总书记非常重视党的制度建设，他强调要狠抓制度执行，把党的纪律和规矩挺在前面，充分发挥领导干部示范表率作用，让遵守法规制度蔚然成风。近年来，西南地区农村基层党组织在推动乡村振兴的过程中，极力突出制度建设，把制度挺在党的建设的最前沿，力争做好乡村振兴的“监督者”。

一、建立健全农村基层党组织民主管理机制

在推动乡村振兴的过程中，广大农村基层党组织大力实行民主管理和民主监督，落实人民群众的民主权利，推进基层民主政治的实现。近年来，在乡村振兴的过程中，西南地区广大农村基层党组织大力健全民主管理制度，推动乡村振兴迈向纵深。

---

①蔡侯友．坚决打赢打好精准脱贫攻坚战——昭通：锻造乌蒙铁军 决战脱贫攻坚［N］．云南日报，2019-09-11（02）．

健全农村基层党组织工作责任管理制度。比如贵州省遵义市习水县制定实施“四张清单”。围绕增强村级党组织组织力和政治功能，制定实施《习水县村党组织履职清单》《习水县村党支部“三会一课”任务清单》《习水县村级“四议两公开”任务清单》《习水县村党组织建设“三联三助”责任清单》，纳入乡镇（街道）党（工）委副书记、组织委员、村党组织书记、第一书记教育培训重要内容。着力规范“三会一课”制度和“四议两公开”机制，强化村党组织对隶属本村各类组织和各项工作的全面领导，对“三重一大”事项和涉及群众切身利益事项的前置把关、事中事后监管，确保村级事业和各项工作正确发展方向。① 云南省普洱市江城县把农村党支部规范化建设工作纳入全县基层党建工作重点任务，制定下发《江城县党支部规范化建设达标创建实施方案》《江城县党支部规范化建设达标创建工作台账》《江城县乡（镇）党委委员抓基层党建工作办法》《2019 年度乡（镇）党委书记抓基层党建工作责任清单》，积极探索创新基层党建工作新模式，实施组织委员“月例会”制，并与 11 个党（工）委签订了《2019 年度党建目标责任书》，明确农村党支部书记主体责任，落实党组织班子成员“一岗双责”，全面构建主体明确、职责清晰、上下衔接、环环相扣的基层党建工作责任落实体系，推动农村基层党组织对标清单抓责任落实。②

健全农村基层党组织日常管理制度。比如贵州遵义余庆大乌江镇的农村基层党组织坚持规范执行“三会一课”制度。每月召开一次支委会，研究支部建设工作；每季度召开一次党员大会，组织全体党员干部开展民主评议、召开组织生活会等工作；结合每周一上午召开的干部职工集中学习会，扎实开展党员干部上讲台、上党课活动。截至目前，大乌江镇的农民党员领导干部及支委上讲台、上党课累计 15 堂。坚持规范执行党员活动日制度。制定印发《大乌江镇 2019 年党支部“党员活动日”工作实施方案》，开展党日活动累计 119 次。规范党费收缴，建立党费收缴台账，记录支部每名党员缴纳党费的标准，缴纳党费的时间、金额情况，及时足额收缴党费。③ 四川省达州市渠县农村基层党组织按照“查改结合、全面推进”的工作思路，逐个会诊剖析原因，突出问题重点加强分析研判，找准问题症结，坚持因地制宜，“一支

①习水县委组织部. 习水县集中整顿软弱涣散基层党组织［EB/OL］. 多彩贵州网，2016-01-15.

②江城县委组织部. 江城：“五力齐发”全面打造党支部规范化建设［EB/OL］. 普洱市党建网，2019-05-31.

③余庆县委组织部. 大乌江镇：多措并举开启党支部标准化规范化建设新征程［EB/OL］. 党建网，2019-08-19.

一策”量身制订整改方案，落实挂牌销号和清单管理制度，建立问题清单和整改台账，明确整改时限和责任人，确保基层党组织全面过硬。①

健全对农村基层党组织一把手村支书的管理制度。比如贵州省遵义市播州区加强对农村基层党组织一把手的管理，坚持选优配强村“两委”班子队伍，实行村党组织书记县级备案制度，对贫困村党组织书记实行区委常委会会议研究任命制，确保把“最能引领发展、最能攻坚拔寨”的人选到村支书岗位上来。2019年来，全区共调整充实村党组织书记17人，通过联审联查清理不符合继续任职村“两委”人员36名，在32个村实行支书主任“一肩挑”，培养储备村级后备干部1095名。着力加强“两委一队三个人”能力素质提升，举办主体培训班集中轮训村党组织书记、主任、驻村第一书记等1000余人，组织村干部到浙江等地考察学习560余人次，通过“流动党校”深入村社上党课340余堂，全区村干部的政策理论水平和为民服务能力不断提升。② 习水县按照每个软弱涣散村党组织由1名县级领导班子成员联村，1名乡镇领导班子成员包村，1名第一书记驻村，1个县以上机关单位结对“四个一”要求，建立健全县级领导联系挂帮、组织部门班子成员分片包保、乡镇（街道）班子成员包村负责、第一书记驻村（社区）帮扶的软弱涣散村（社区）党组织整顿机制，34名联系包保乡镇的县级党员领导干部实地调研评估，逐村分析研判，召开县委常委会会议集体研究，提出整顿名单，做到谁排查、谁负责。③ 四川省达州市开江县实施“一村2名后备力量储备计划”，采取“村党组织举荐、党员群众推荐、个人自荐，村党组织讨论审核、乡镇党委考试审查、县委组织部考察审定”的“三荐三审”方式，重点在致富带头人、退役军人、回乡大中专毕业生、外出务工经商人员、集体经济组织负责人中举荐、推荐或自荐村后备力量。截至目前，该县共储备村后备力量816人。④ 云南省普洱市景东县大水井村强化党组织书记抓党建第一责任人职责。坚持“用责任制管责任人，以责任人带一班人，以一班人活一盘棋”的党建工作理念。抓好带头人队伍建设，加强对党组织书记的培训力度，提高了带

---

①渠县县委组织部. 渠县开展软弱涣散党组织专项整治推动主题教育走深走实［EB/OL］. 渠县新闻网，2019-12-10.

②播州区委组织部. 遵义播州区：建强基层党组织助力“后进”变“先进”［EB/OL］. 当代先锋网，2019-12-04.

③习水县委组织部. 习水县集中整顿软弱涣散基层党组织［EB/OL］. 多彩贵州网，2016-01-15.

④开江县委组织部. 开江县：“四化联动”选优配强“领头雁”［EB/OL］. 四川组工网，2019-11-18.

领群众脱贫致富能力。[1]

健全农村基层党组织队伍建设机制。贵州省遵义市播州区着力培优育强农村基层党组织的“三个人”。大力实施村级后备干部培养工程，着力从退伍军人、返乡创业农民工、致富带头人中培养后备力量，全区178个村（社）共储备村级后备干部1095人。采取举办村干部主体培训班、组织村干部到浙江等地考察学习、通过“流动党校”深入村（社）上党课等方式，强化“两委一队三个人”能力素质提升，着力打造一支强村富民工作队。联审联查“村两委”。区委组织部牵头组织12家成员单位，围绕“有无违法犯罪和违纪行为前科、有无‘村霸’和涉黑涉恶问题、有无群众不良反映”等重点内容，对全区1328名村“两委”干部开展“过筛子”联审联查，共排查出有违法犯罪和违纪行为前科村（社）“两委”人员13名，清理不符合继续任职条件人员7名并及时补齐选强。[2] 正安县对照“党性强靠得住、抓稳定敢管理、能带富办法多、懂政策善服务、人品正威信高”的标准，从农村致富带头人、返乡大学生、退伍军人、行政事业单位干部中择优选取154人担任村党组织书记，坚持“民主、公开、竞争、择优”的原则，配强村级干部队伍特别是90个贫困村的“两委一队三个人”，并依托新时代乡村青年农民学校这一载体，大力培养村级后备干部。[3]

二、建立健全监督考核机制

监督考核机制是指在推动乡村振兴的过程中，农村基层党组织着力加强自身建设，建立健全监督管理机制、考核评价机制、绩效评估机制，加强对农村基层党组织的党务工作、日常业务、财务等进行监督和管理。近年来，西南地区广大农村基层党组织通过加强党组织自身建设，建立健全监督考核机制，推动乡村振兴不断迈向纵深。

比如在贵州省遵义市正安县，针对乡村振兴中农村基层党组织存在的一些问题，大力加强监督考核机制的建设，全面推进党务、村务、财务“三公开”制度，促进农村基层党组织民主管理的规范化、程序化；完善民主议事

---

①李兰．景东大水井：围绕“五大板块”发挥党组织示范引领作用［Z］．课题组收集资料，2022-04-05.

②播州区委组织部．播州区“五看五提升”整顿软弱涣散党组织［EB/OL］．中共遵义市委组织部网站，2019-11-22.

③正安县委组织部．正安县：“五步骤”打牢村党支部“硬底子”［EB/OL］．中共遵义市委组织部网站，2019-11-11.

制度，对村内重大事项决策严格执行“四议两公开”，确保决策的民主化、科学化；完善监督制度，建立健全村务监督委员会，加强对村务决策、执行、公开的监督，切实保障群众的知情权、参与权和决策权。[①] 习水县针对农村基层党组织深入开展“政治体检”。制定出台《习水县村级党组织政治体检办法（试行）》，健全完善村（社区）党组织书记定期研判、规范调整、县级备案管理、背景联审联查等机制，把背景审查作为村级干部选拔任用、评先选优等的前置程序，对拟任用、拟表彰、拟推选为“两代表一委员”，拟发展为党员和拟享受乡镇副科级干部经济待遇的对象背景必审。2019 年上半年，对1003 名在职村（社区）“两委”干部开展背景审查，开展“两委一队三个人”集中研判 1 次，调整贫困村党组织书记 36 人。全面创树“五面红旗”。坚持“整乡推进、整县提升”思路，用好“抓两头、带中间”方法，在全县村（社区）党组织中开展以组织引领、脱贫攻坚、产业发展、基层治理、人居环境为主要内容的“五面红旗”创树工作，选树先进典型，推动“先进村”率先突破、“后进村”后发赶超，按照 2019 年 30%、2020 年 70%、2021 年 90%以上的进度创树“五面红旗”。同步建立创树结果与村干部报酬、乡镇（街道）年度目标考核、干部选拔任用和评先选优等挂钩机制，激励干部担当作用。2019 年上半年，全县创树“五面红旗”村 11 个、“二面红旗居”10 个。[②] 毕节市七星关区撒拉溪镇加强农村基层党组织的监督机制建设，结合“一核多元”基层组织服务体系建设内容及督查要求，制定了《撒拉溪镇 2015 年领导干部考核管理办法》《撒拉溪镇村公章管理制度和值班制度》《撒拉溪镇民生事务代办制度》《撒拉溪镇马上就办制度》等制度，切实加强制度建设。镇党建办每半月对各村推进“一核多元”基层组织服务体系建设工作进行检查，并对完成情况纳入目标考核，对开展工作取得明显成效的村进行通报表扬，并作为示范点进行宣传。对工作滞后的村进行通报批评，下发整改通知书，限期整改。[③] 云南省普洱市江城县加强农村基层党组织的制度建设，比如建立巡察巡党建、述职述党建、督查督党建、问责问党建、考核考党建工作思路，全面强化党支部达标创建监督问效职能。建立各党（工）委“第一责任人”把关制度，列明责任清单，抓好督促落实；坚持组工干部分片联系指导基层

①正安县委组织部．正安县：“五步骤”打牢村党支部“硬底子”［EB/OL］．中共遵义市委组织部网站，2019-11-11.

②习水县委组织部．习水县集中整顿软弱涣散基层党组织［EB/OL］．多彩贵州网，2016-01-15.

③七星关区撒拉溪镇党建办．强化“一核多元”，夯实基层党建［Z］．课题组收集资料，2022-04-05.

党建工作机制，实行“一月一通报、一季一督查、半年一总结、一年一评比”，将创建成果纳入年度目标考核评价体系一抓到底；定期深入基层调研督导，分析目前党支部规范化建设中存在的问题，形成整改清单，采取“一对一”的形式督促整改，力促党支部规范化建设工作迈上新台阶。①

建立健全考核评价机制。比如贵州省遵义市习水县对村级党组织的政治体检以年度为周期，采取日常体检和专项体检的方式进行。日常体检主要包括政治巡察、集中组织研判、背景联审联查、核查信访举报、群众满意度测评5种形式。专项体检由县委组织部负责，一般以班子研判的方式进行，对巡视巡察中反馈问题突出、村级班子中有涉黑涉恶、群众满意度低于60%等情形，根据工作需要随时开展专项体检。根据日常体检和专项体检结果形成体检报告，对村级党组织进行“好、中、差”3个等次综合评价。政治体检结果与“五面红旗村”创树和软弱涣散后进村党组织整顿等工作统筹开展，与村（社区）干部绩效报酬、年度考核、评先选优等挂钩。政治体检结果为“好”，授予组织引领“红旗”，才能被推荐为各级表彰的先进基层党组织；政治体检结果为“中”，由乡镇（街道）党（工）委对村级党组织领导班子集体谈话提醒；政治体检结果为“差”，纳入软弱涣散后进村党组织整顿，由县委组织部对乡镇（街道）党（工）委副书记、组织委员、包村领导、村级党组织书记、第一书记进行集体约谈，问题严重的严肃追究有关责任人责任。② 贵州省黔南布依族苗族自治州贵定县按照《贵定县标准化规范化星级党支部创建量化评定要点（试行）》，突出问题导向，结合各领域和群体党支部特点，明确具体指标，细化评价内容，采取百分制评分，确保党支部建有目标、创有方向、评有依据。建立星级党支部创建工作体系，定期开展量化评定，赋分定级分类管理，90分及以上为“五星级”，85分及以上90分以下为“四星级”，80分及以上85分以下为“三星级”，75分及以上80分以下为“二星级”，70分及以上75分以下为“一星级”，70分以下不定星。③ 四川省泸州市叙永县在对农村基层党组织进行监督检查时严把“验收关”。采取对账销号的办法，按照“倒排工期、责任到人、逐个销号”原则，做到完成一个、验收一个、销号一个；将整治工作纳入今年各级党组织书记抓党建述职评议的重

①江城县委组织部．江城：“五力齐发”全面打造党支部规范化建设［EB/OL］．普洱市党建网，2019-05-31.

②习水县委组织部．习水县围绕“六查”开展村级党组织“政治体检”［Z］．课题组收集资料，2022-04-05.

③贵定县委组织部．贵定“三个注重”打造标准化规范化星级党支部［EB/OL］．搜狐网，2019-07-19.

要内容，明确将对排查不细、整顿不力、转化成效不好、造成严重后果的农村基层党组织和党员进行严肃追责问责，确保压力传导输送到基层“神经末梢”，推动整治工作落细落实。[①] 绵阳市梓潼县建立基层党组织积分评价考核制度，每月党建工作分基础工作、重点工作和自选工作三部分量化积分。基础工作，每月不超过5项，分值60分；重点工作，每月不超过2项，分值40分；自选工作，每月自选3～5项特色工作，每做好一项加10分，累计加分不超过20分。镇党委坚持每月积分排名，对连续3个月排名倒数第一的党支部书记由镇纪委书记约谈问责，连续6个月排名倒数第一的党支部书记由镇党委书记约谈问责，连续12个月排名最后一名的党支部书记进行组织处理，党建指导员和副指导员一并问责。[②] 云南省昭通市永善县黄华镇采取定期检查、随机抽查、季度考核和年终评定相结合的方式进行严格考核，将考核结果作为处分奖励的重要依据，及时总结提炼先进党组织的经验做法，并形成特色亮点进行宣传推广，营造比学赶超的浓厚氛围。[③]

建立激励机制。贵州省黔南布依族苗族自治州贵定县注重激励约束。实行正向激励和负面约束并举，列出激励事项，建立负面清单。正向激励方面，党支部凡获得县级及以上表彰的、承接县级及以上现场观摩会的、工作得到县级及以上大力推广的、在县级及以上会议做交流发言的，在评定的星级基础上直接晋升一个星级。负面约束方面，党支部凡有党员受到严重警告及以上处分的、党建工作弄虚作假一经发现的、党建工作被县级及以上通报批评的、工作失误造成重大损失或重大影响的，取消当年度定星资格，不予定星。[④] 云南省普洱市西盟县充分发挥“激励杠杆”提质增效的作用，始终坚持重心下移、资源下沉的工作思路，从“基础设施、工作机制、培养选拔、政策倾斜”四方面入手，以党建工作科学化水平提升促进乡村振兴、乡村治理工作取得新突破。比如大力强化村组干部激励保障，建立健全村组干部培养选拔机制，将农村优秀青年培养成党员、党员培养成村组干部、优秀村干部培养成乡镇领导班子成员，加大从村干部、大学生村官中考录乡镇公务员、招聘乡镇事业编制人员力度。建立村组干部待遇正常增长机制，逐步提高村

①叙永组．叙永县：“三字诀”整治软弱涣散党组织［EB/OL］．四川党建网，2019-11-22.

②苏保富．梓潼县建立“三联两会一清单”工作法推进基层党建工作落地见效［EB/OL］．四川党建网，2019-11-21.

③永善县委组织部．永善县黄华镇：多措并举推进党支部规范化建设［EB/OL］．永善先锋网，2018-11-09.

④贵定县委组织部．贵定“三个注重”打造标准化规范化星级党支部［EB/OL］．搜狐网，2019-07-19.

民小组干部误工补贴标准，健全正常离任村干部生活补贴制度，建立村组干部绩效考核办法和奖励标准。整合县级部门岗位补贴，并从村集体经济中拿出一定比例的资金按照每人每月不低于100元的标准，为“村民小组脱贫工作委员会”委员发放工资。让带头致富、带领致富较强的农村群众优先享受县级部门岗位补贴、产业扶持、项目资金等优惠政策，充分发挥农村基层党组织领导核心作用，以农村基层党组织为主渠道落实，好事让基层办，好人让基层做。同时，重视发现和选树先进典型，大力宣传农村基层干部、农民群众在脱贫攻坚、乡村振兴、乡村治理等方面的先进事迹，引导社会舆论和新闻媒体客观公正评价宣传农村基层干部、农村群众，树立良好形象，防止“污名化”，在全社会形成重视、尊重、关心、支持农村基层干部、农民群众的良好氛围。通过表彰奖励、关心关爱、畅通培养选拔机制，让有为者有位、吃苦者吃香、流汗流血者流芳，形成“比学赶超”的良好氛围。①

三、建立健全联系群众制度

广大人民群众是党执政的根基。根基不稳，地动山摇；根基扎实，道路坦荡。近年来，西南地区广大农村基层党组织大力加强自身建设，建立健全党组织联系群众制度，推动乡村振兴迈向深入。

比如贵州省遵义市播州区在推动乡村振兴的过程中，坚持“守初心、担使命、找差距、抓落实”，聚焦基层党组织建设中存在的问题，认真开展调查研究，按照主题教育长效整改要求，坚持以“五看五提升”持续整顿软弱涣散村党组织。一是健全党群服务机制。建立完善区行政服务中心、乡镇便民服务中心、村党群服务中心三级联动机制，大力开展村党群服务中心“亮徽”行动，全区178个村（社）全部按照“有一个综合服务大厅、一块工作人员去向公示牌、一个党员固定活动场所、一本便民服务手册、一张便民服务卡、一套服务管理制度”的“六个一”要求建成党群服务中心，严格落实首问负责制、服务承诺制、一次性告知制、限时办结制等制度，着力推动村干部转变作风、沉底一线、主动服务。二是实施“联户联心”工程。按照地域相邻、产业相近的原则，将村民组群众按10～20户划分网格，在无职党员、农村退休干部等人员中为每个网格推选1名中心户长，中心户长负责定期召集群众宣传党的政策、收集社情民意、化解群众纠纷等，织密村党组织联系服务群众的桥梁纽带。龙坪镇上水村在辖区17个村民组推选出中心户长105人，现

---

①刘秋实．西盟县：实施“领头雁”培育行动，跑好脱贫攻坚与乡村振兴接力赛［EB/OL］．普洱市党建网，2020-04-20．

已开展合作医疗、养老保险等政策宣传 150 场 2850 余人次，收集群众关于人畜饮水等意见建议 17 条，提请村委会帮助解决困难问题 11 个，有效打通了服务群众“最后一公里”。① 四川省阿坝州阿坝县实施党内关爱帮扶工程，出台《阿坝县党内关爱帮扶十条措施》，落实死亡党员家属慰问、灾病党员临时救助、困难党员定期慰问三项制度，建立党内关爱帮扶基金 105 万元，为 79 名农村党员提供党内无息小额贷款 23.7 万元；支持 78 名党员领办精准扶贫示范工程 35 个，带动 1200 余名贫困群众增收，增强了农牧民党员的荣誉感、责任感和归属感。②

云南省在推动乡村振兴的过程中，大力加强农村基层党组织建设，通过查处损害群众利益的行为来推动基层党组织联系群众制度化、长效化。紧盯重点人群，紧抓重点环节，紧控关键程序，严肃查处农村低保中涉及贪污侵占、虚报冒领、截留私分、吃拿卡要、优亲厚友等违纪违规问题，坚决纠正农村低保工作中“四个意识”不强、责任不落实、措施不精准、作风不扎实，对困难群众冷漠怠慢，日常监督不深入、不持久、流于形式等问题。其间，组成多个调研督查组，随机抽取或重点选择专项治理工作问题突出或信访人数较多、群众举报问题较多、媒体曝光问题的地方开展调研督查，督促各地各部门立查立纠、立行立改。召开座谈会，听取广大基层干部和困难群众的意见建议，研究解决问题的工作措施。各级纪检监察机关建立典型案例通报曝光制度，定期就典型案例进行通报和曝光。坚持问题导向，深入剖析典型案例，找准农村低保经办服务中的风险点、薄弱点和监管盲区，建章立制、堵塞漏洞，确保农村低保等各项社会救助政策落到实处。③ 云南省普洱市西盟县农村基层党组织在推动乡村振兴的过程中，按照“联得上”“结得好”“稳得住”的思路，在产业扶贫中创新利益联结机制，通过“订单、股份、劳务、租赁、保险、激励”六个联结，让户户有增收项目、人人有脱贫门路，助力贫困群众脱贫致富奔小康。一是订单联结，群众当卖家收“现金”。对有产品销售需求的贫困户，发挥新型经营主体带动作用，引导新型经营主体优先与其签订农产品购销合同，形成稳定的购销关系，按照“保底价格＋浮动价格”等保护价收购。二是股份联结，群众当股东分“股金”。贫困户把土地（林

①播州区委组织部．播州区“五看五提升”整顿软弱涣散党组织［EB/OL］．中共遵义市委组织部网站，2019-11-22.

②阿坝县委组织部．阿坝县“四抓”加强农牧民党员队伍建设［EB/OL］．四川组工网，2019-11-21.

③李灵娜．云南：严肃查处农村低保中违纪问题［EB/OL］．中央纪委国家监委网站，2018-05-29.

地、草地、水面）等资源经营权、自有设施设备、扶贫小额信贷资金以及折股量化到户的集体资源资产资金、财政支农资金等，根据自愿的原则，入股新型农业经营主体，贫困户按照“保底收益＋按股分红”的方式获得收益。三是劳务联结，群众当工人拿“薪金”。一方面，对有一定劳力的贫困人口，引导新型农业经营主体优先吸纳其长期就业或季节性务工，获得工资性收入。另一方面，自营基地或园区的新型农业经营主体，根据经营管理需要，划出基地或园区部分片区、设施设备分包给贫困户管理，贫困户按照“保底工资＋超产分成”的方式获利。四是租赁联结，群众当房东有“租金”。对于贫困户拥有的闲置或低效利用的土地（林地、草地、水面）等资源和设施设备，引导新型农业经营主体优先流转或租赁，实行实物计租货币结算、租金动态调整等计价方式，确保贫困户获得稳定的租金收入。五是保险联结，群众当保户获“保金”。创新农业保险，开展农业价格保险试点，以金融保险兜底达到抵御自然灾害及市场价格波动风险能力，激发农民内生动力，增加经济收入，保障贫困户生产保金收益。六是激励联结，群众当先进得“奖金”。一方面，结合现行劳务收入对外出务工的贫困户实行政策奖励。另一方面，针对畜牧、橡胶、茶叶、甘蔗、文化旅游5个主导产业，制定出台了《西盟县精准扶贫产业扶持政策》，对参与产业发展的建档立卡贫困户实行精准帮扶。①

四川省阿坝藏族羌族自治州九寨沟县白河乡太平村党支部按照“强基础、抓规范、树标杆”的工作思路，以党建标准化为抓手，探索建立农村基层党组织、基层党员联系群众工作机制，切实筑牢基层党组织的战斗堡垒。通过“三联”模式开展“结对共建”。采取支部联建、党员联户、活动联办的方式开展支部“结对共建”活动。通过支部双方签订结对共建协议书明确结对目标、党员分类结对全覆盖结对农户、联合开展党组织活动的方式，实现支部共促、党员共赢、成果共享的结对共建新格局。通过“三渠道”落实“三务公开”。采取定点公示、会议公示、网络公示的方式落实三务公开。除定期将党务、村务、财务在公开栏进行公示外，还充分利用召开群众大会公告、“乡音”微信群发布等载体进行公示。有效发挥了群众监督作用，全面提高了村干部公信力。“四好村”创建激发致富动力。按照“住上好房子、过上好日子、养成好习惯、形成好风气”的原则推进“四好村”创建。通过实施棚户区改造、户道硬化、村规民约宣讲、“五好家庭”评选等载体，切实推动物质

①刘秋实．西盟县：实施“领头雁”培育行动，跑好脱贫攻坚与乡村振兴接力赛［EB/OL］．普洱市党建网，2020-04-20.

文明和精神文明“两手抓”。[①] 广安华蓥市溪口镇平桥村探索建立便民的预案“民事代办”制度，全镇共设民事帮办点16个，民事代办员65人，民生联络员93人，把群众生产生活密切相关的建房用地审批、计生服务、民政优抚、危房改造等10多个项目，采取代办、领办等方式，由驻村干部和村干部帮助办理。对行动不便的老年人、残疾人、重病患者等特殊人群，只要电话联系，代办员及时上门受理，并代买代送生产、生活物资等。2019年9月上旬以来，溪口镇镇村联动受理群众事务230余件，办结率96%以上，群众满意度达到98%，群众称赞干部代办给百姓省钱更省心，进一步密切了干群关系。[②]

小结

党的十九大以来，在习近平新时代中国特色社会主义思想的指引下，全国上下阔步前进，积极响应党的十九大提出的乡村振兴战略，大力推动乡村振兴。西南地区广大农村基层党组织在加强自身建设的过程中更是坚决贯彻习近平新时代中国特色社会主义思想，以习近平总书记关于乡村振兴的重要论述为指导，并结合西南地区广大农村的实际情况，结合西南地区广大农民群众的实际需要，结合西南地区乡村振兴和“三农”工作的发展态势，切实推动农村基层党组织建设，以为乡村振兴提供坚强的组织保障。

一是突出政治引领，推动农村基层党组织当好乡村振兴的“领路人”。党的十九大以来，西南地区广大农村基层党组织坚持以习近平新时代中国特色社会主义思想为指导，突出政治引领，当好乡村振兴的领路人，在推动乡村振兴的实践中砥砺政治意识、锻造政治品质。坚持“四个意识”，坚定“两个维护”；大力宣传党的主张，贯彻党的决定；加强政治建设，培育政治自觉。

二是突出主业主责，推动农村基层党组织抓住乡村振兴的“牛鼻子”。近年来，西南地区广大农村基层党组织在加强自身建设的过程中，不忘主业主责，牢记自己的责任担当，牢记自己的使命承诺，将自身建设与乡村振兴紧密结合起来，以习近平总书记关于乡村振兴的重要论述为指导，抓住乡村振兴的“牛鼻子”，切实做好乡村振兴的“实践者”，推动乡村振兴迈向纵深。突出产业振兴，就是西南地区农村基层党组织在加强自身建设的过程中，抓住产业振兴这一关键因子，以产业振兴带动乡村其他方面的振兴，推动乡村全面振兴。突出精准脱贫，就是西南地区农村基层党组织在推进乡村振兴的

---

①唐建林．九寨沟县白河乡太平村探索建立“353”农村党建工作长效机制［EB/OL］．四川党建网，2019-04-12．

②邱海鹰．乡村有了“民事代办员”［EB/OL］．四川党建网，2021-12-01．

过程中，紧紧盯住农村中的贫困现象和贫困人口，把精准脱贫作为推动乡村振兴的重要抓手，把精准脱贫作为建设美丽乡村的重要一环，把精准脱贫作为农村贫困地区与全国同步全面建成小康社会的重要助推器，着力推动农村基层党组织建设与针对农村贫困地区和贫困人口的精准脱贫有机融合在一起，在精准脱贫的过程中加强农村基层党组织建设，在加强农村基层党组织建设的过程中推动乡村振兴。突出“党建＋合作社”，把农村基层党组织建设与乡村振兴主业与主责紧密结合起来，有力地推动了乡村振兴，大力加强基层党组织建设，推动二者的紧密融合。

三是突出能力提升，推动农村基层党组织成为乡村振兴的“助推器”。在推进乡村振兴的过程中，西南地区广大农村基层党组织切实加强自身建设，着力提高自己的工作能力、工作水平、工作素质，提升自己带动广大乡村、广大农民群众脱贫致富奔小康的能力，提升自己带动广大乡村、广大农民群众建设美丽乡村的能力，当好乡村振兴的“助推器”，为乡村振兴做出重要贡献。大力发挥党组织的创造力，创新乡村经济发展模式，为新时代西南地区的乡村振兴提供动力。大力发挥党组织的凝聚力，汇民力、聚民心，三军用命，齐力推动乡村振兴向纵深推进。大力发挥党组织的战斗力，带领西南地区广大农民群众脱贫致富，针对困难问题有目的地进行解决，建设美丽乡村，助推乡村振兴。

四是突出作风建设，推动农村基层党组织当好乡村振兴的“办事员”。近年来，西南地区农村基层党组织在推进乡村振兴的过程中，大力加强作风建设，锻造农村基层党组织的精气神，提振农村基层党组织的作风、素质与能力，当好乡村振兴的“办事员”，促推乡村振兴迈向深入。大力筑牢理想信念的堤坝，牢记使命，不忘为人民服务的初心，当好乡村振兴的“办事员”，推动新时代乡村振兴向纵深推进。大力加强自身建设，密切党与人民群众之间的鱼水关系，自觉当好乡村振兴的“办事员”，尽力助推乡村振兴迈向纵深。大力砥砺工作作风，锻造品格、素质，提高党性修养，当好乡村振兴的“办事员”，以为乡村振兴储备能量。

五是突出制度建设，推动农村基层党组织做好乡村振兴的“监督者”。近年来，西南地区农村基层党组织在推动乡村振兴的过程中，突出制度建设，把制度挺在党的建设的最前沿，力争做好乡村振兴的“监督者”。大力健全民主管理制度，推动乡村振兴迈向纵深；大力加强党组织自身建设，建立健全监督考核机制，推动乡村振兴上一个新台阶；建立健全党组织联系群众制度，推动乡村振兴迈向深入。

第五章　特征经验：当前西南地区农村基层党组织建设实践创新的基本特征与基本经验

2017年秋，在党的十九大报告中，习近平总书记首次提出要大力实施“乡村振兴战略”，并为新时代广大农民群众描绘出一幅“产业兴旺、生态宜居、乡风文明、治理有效、生活富裕”的振兴图景，从而为新时代的“三农”工作添加了一具发展引擎，给广大农民群众的未来生活带来了无限憧憬和希望。近年来，西南地区广大农村基层党组织在加强自身建设过程中，坚持以习近平新时代中国特色社会主义思想为指导，全面贯彻党中央乡村振兴战略的重要指示精神，竭尽全力建设美丽乡村、推动新农村建设、推动农业农村的现代化，推动西南地区乡村振兴迈向深入。

第一节　基本特征

近年来，西南地区广大农村基层党组织在推动乡村振兴的过程中加强自身建设，一方面大力配合党和国家的政策方针，推动党和国家的政策方针落地落实；另一方面加强自身建设，锻造作风、净化思想、提升能力，以为实施乡村振兴战略提供支撑。值得关注的是，西南地区广大农村基层党组织在推动乡村振兴的过程中，由于时代和自身建设的需要，展现出一些具有时代特色和地域特色的特征。

一、时代性

马克思是一个极具时代色彩的哲学家，他对“时代”保持着极高的关注度。在论述哲学思想及其相关问题时，马克思指出：“哲学家并不像蘑菇那样是从地里冒出来的，他们是自己的时代、自己的人民的产物，人民的最美好、最珍贵、最隐蔽的精髓都汇集在哲学思想里。”[①] 马克思强调：“任何真正的哲学都是自己时代的精神上的精华，因此，必然会出现这样的时代：那时哲学不仅在内部通过自己的内容，而且在外部通过自己的表现，同自己时代的现实世界接触并相互作用。”[②] 显然，在马克思看来，任何一种精神或者说社会思潮，甚至包括战略、策略、理念，都是时代的反映，在其进化和发展的过程中都会不可避免地嵌上时代的印记，烙上时代的标痕。尽管马克思对“时代性”的思考是从哲学研究的视域出发，但这并不妨碍马克思关于“时代性”的论述具有普遍性。比如，西南地区广大农村基层党组织在推动乡村振兴的过程中不断加强自身建设，就体现出鲜明的时代特色。

一是充分展现了农村基层党组织建设美丽乡村、振兴乡村的时代特色。就党的十九大以来农村基层党组织建设的丰富实践来看，可以这样说，围绕乡村振兴、建设美丽新农村这个党和国家在农村的重要工作来加强和改进自身建设是乡村振兴过程中西南地区农村基层党组织最鲜明的时代特色。

乡村振兴战略是党的十九大才提出的战略规划。推动产业振兴是西南地区农村基层党组织在推动乡村振兴的过程中不断加强和改进自身建设的重要目标。比如，安顺市平坝区龙海村在该村党支部的带领下，于 2016 年成立了村级合作社。合作社致力于发展集体经济，实施生猪养殖、林下养鸡等产业，采取“企业（合作社）＋扶贫资金＋贫困户”的方式，通过贵州宏锦园林投资有限公司和岭源养殖公司发展林下鸡、生猪养殖及代养。该村发动贫困户 118 户入社入股，形成联结机制，贫困户每年分红 2000 元，3 年分红 6000 元，3 年期满后企业返还贫困户 5500 元，贫困户每户可直接受益扶贫资金 11500 元。宏锦园林、贵鑫种植基地、绿园生态公司、岭源养殖、茂祥园林等驻村生态企业，带动周边贫困户就近就地就业，每年务工 10000 余人次以上，务工收入 250 万元以上。同时，聚合各方力量，汇集各方资源，共计投入各类扶贫项目资金 3100 余万元，着力在建设通组路和连户路、硬化庭院、安装路灯、饮水工程升级改造、整治村庄环境等方面为广大群众办理了许多实事好事。基础设施的不断完善，大大地促进了该村产业结构调整和经济发展。如今的龙海村，交通得到改善，乡村变美了，产业发展起来了，越来越多的

---

①马克思.《科隆日报》第 179 号的社论［M］∥马克思恩格斯全集：第 1 卷. 北京：人民出版社，1995：219-220.

②马克思.《科隆日报》第 179 号的社论［M］∥马克思恩格斯全集：第 1 卷. 北京：人民出版社，1995：220.

年轻人也陆续返乡创业和就业，逐渐走出了一条持续健康发展的乡村振兴之路。①

组织振兴是乡村振兴的重要内容。西南地区广大农村基层党组织推动乡村振兴的一个重要目的就是推动组织振兴。比如，四川省绵阳市涪城区聚焦农村基层党建工作重点难点，以基层党组织振兴为抓手，充分发挥基层党组织战斗堡垒作用和党员先锋模范作用，全面激发农村发展新活力，奋力开创乡村振兴新局面。按照《涪城区村（社区）党建质量评价制度》要求，不断夯实基层党建工作基础。结合"不忘初心、牢记使命"主题教育，以"巩固先进、推动一般、整顿后进"为目标，对村（社区）党组织开展全覆盖走访摸排、分析研判，分阶段选优配强村（社区）党组织书记。2019 年以来，共排查确定 10 个软弱涣散村党组织，"一村一策"形成针对性强、务实管用的工作方案并指导整顿提升，调整 60 岁以上支部书记 6 名，撤换不胜任不尽职支部书记 2 名。②

二是突出以习近平新时代中国特色社会主义思想为引领。党的十九大确立了习近平新时代中国特色社会主义思想为新时代推进中国特色社会主义建设的指导思想，要求中国共产党必须长期坚持并不断发展。从党的十九大以来西南地区农村基层党组织建设的丰富实践来看，许多农村基层党组织在加强和改进自身建设的过程中自觉地以习近平新时代中国特色社会主义思想为指导，自觉地在思想上政治上行动上同党中央保持高度一致，同当地省委、市委、县委的重大决策、重大任务和中心工作保持高度一致。比如四川省达州市开江县的农村基层党组织建设就始终坚持以党的政治建设为统领，把学习贯彻习近平新时代中国特色社会主义思想作为首要的政治任务，将思想政治建设融入 750 个基层党组织，高质量开展党的群众路线教育实践活动、"三严三实"专题教育、"两学一做"学习教育、"大学习、大讨论、大调研"活动。③

三是极力体现新时代全面从严治党的理念。全面从严治党是习近平总书记加强党的建设的一个重要理念，是新时代习近平总书记管党治党的一个重要指向。比如云南省昭通市永善县在农村基层党组织中全面贯彻落实全面从

①平坝区委组织部．平坝龙海村：布依山歌响 产业发展兴［Z］．课题组收集资料，2022-04-05.

②王东，任宇慧．涪城区：以组织振兴引领开创乡村振兴新局面［EB/OL］．四川党建网，2019-11-18.

③陈旭，杨天平．开江县基层党建工作：党旗引领新时代［N］．达州日报，2019-01-02（04）.

严治党理念，着力纯洁党员队伍，把思想认识深、政治意识强，有才能、敢担当的各领域先进分子和优秀人才作为入党积极分子培养，认真做好入党积极分子的确定和培养教育。对照发展党员5个阶段25个步骤，落实发展党员政治审查、发展预审、党员备案制度，每月对当月发展党员建立备案登记台账和预审登记。严格监督管理。建立党员组织关系长效排查机制，理清理顺党员组织隶属关系；建立失联党员查找联系档案，认真记录失联情形、失联原因、失联时间、查找方式、联系过程等情况，最大限度地减少失联党员，确保每个党员都能及时参加党的组织生活，接受党组织教育、管理和监督；建立流动党员动态管理台账，每月通过云岭先锋综合服务平台向流动党员推送学习资料，每年利用元旦、国庆、春节等假期，组织回乡党员开展集中学习。把积分制管理与“三亮一评”和党员日常表现情况有机结合起来，把积分制管理与本单位本部门干部职工日常管理紧密结合，积分评定结果作为奖惩重要依据；把积分制管理与农村基层治理、乡风文明等结合起来，作为评先评优、善行义举的主要内容和依据。严格激励约束。在党员入党纪念日当天，组织党员开展谈心谈话、重温入党誓词等活动，寄发党员政治生日贺卡、“红色书籍”等，激励党员不忘初心、牢记使命；在“七一”建党节期间组织开展先进基层党组织、优秀共产党员和优秀党务工作者评选表彰工作，树立向先进典型看齐的鲜明导向；在“七一”、春节等重大节庆期间，集中开展走访慰问，了解掌握基层一线民生、民情，密切党群干群关系，落实党内帮扶制度。结合不合格党员处置实施方案，对不合格党员进行限期改正、劝退、除名等处置，进一步纯洁党员队伍。加大“村霸”、庸懒滑贪“四类村干部”整治和扫黑除恶专项斗争工作力度，净化基层治理环境。①

二、地方性

“地方性”概念最早是由美国社会学学者克利福德·吉尔兹提出的。他认为，“地方性”是一种区别于其他类别的社会属性，“将一种高度普遍性而又高度抽象和形式分化成一群高度个别化而又高度具体的许多个体现象表现出来，是一个化身的世界……在每一地点，又在每一地点的几乎每一个社会团体中，它都发出一个独特而确定的变种”②。

马克思非常关注地方性，尽管其没有专门的“地方性”论著，但他一些

①永善县委组织部. 永善县“固本培元工程”着力纯洁党员队伍［Z］. 课题组收集资料，2022-04-05.

②〔美〕克利福德·吉尔兹. 地方性知识［M］. 北京：中央编译出版社，2000：255

相关论述却充分反映了“地方性”的一些元素。譬如，在《共产党宣言》中指出：“人们的观念、观点和概念，一句话，人们的意识，随着人们的生活条件、人们的社会关系、人们的社会存在的改变而改变。”① 这段论述表明，人们的观念、观点和概念其实与人们的生活条件、社会关系、地理环境、生活习俗等有着紧密的关系，一旦人们的生活条件、社会关系、地理环境、生活习俗等发生变化，人们的观念、观点和概念也会发生变化。言外之意也就表明，人们的观念、观点和概念其实具有“地方性”，或者说是“地方性”的反映。马克思还强调：“由于一个国家的气候和其他自然特点不同，食物、衣服、取暖、居住等等自然需要本身也就不同。另一方面，所谓必不可少的需要的范围，和满足这些需要的方式一样，本身是历史的产物。”② 尽管没有明确说出“地方性”三个字，但马克思的论述已经不言而喻地表明，在人类社会的历史发展长河中，地方性是社会事物发展的一个重要特点，地理概况不同，在该地区生长的社会事物就会呈现出不同的特征来，表现出不同的社会面相来。而且，由于地方的风俗、人情、惯习等因素的影响，地方性特征会越发明显、会非常充分。这就好像，在一锅热烈滚烫、鲜香四溢的火锅里加入火红的辣椒，火锅顿时火辣起来，鲜红的色彩使火锅显得底蕴醇厚、火辣热情、口感十足，让人欲罢不能、沉浸其中、迷途忘返。而显然，“辣椒”就是“地方性”基因，有了“辣椒”，就有了“地方性”因子，在“辣椒”的作用下，“地方性”基因闪烁迷离、摇曳生姿、荡魂摄魄。

西南地区农村基层党组织在推动乡村振兴的过程中不断加强自身建设也极具地方性特色。

一是极力推动脱贫攻坚，展现了西南地区的贫穷特点。自古以来，西南地区就非常贫困、落后，该区域存在着大量的贫困人口，是集革命老区、民族聚居区、边疆山区、生态脆弱区和连片贫困区于一体的特殊地区。根据国务院 2011 年发布的《中国农村扶贫开发纲要（2011—2020 年）》，作为我国扶贫攻坚主战场的 14 个连片特困地区中有近一半分布在西南少数民族地区，在国家重点扶持的 592 个贫困县中，有 110 个是位于西南地区的少数民族贫困县，③ 贵州更是自古就有“人无三分银”之说。所以，在推动乡村振兴的过

①马克思，恩格斯．共产党宣言［M］//马克思恩格斯文集：第 2 卷．北京：人民出版社，2009：50-51.

②马克思．资本论［M］//马克思恩格斯全集：第 23 卷．北京：人民出版社，1971：194.

③冯伟林，向从武，毛娟．西南民族地区旅游扶贫理论与实践［M］．成都：西南交通大学出版社，2017：75.

程中，西南地区广大农村基层党组织主要围绕着西南地区广大农村的贫困与落后大做文章，不断加强和改进自身建设，推动精准脱贫；不断在精准脱贫中磨砺农村基层党组织的党性修养，在锻造农村基层党组织的党性修养中推动脱贫攻坚。

比如，贵州省六盘水市六枝特区郎岱镇花脚村党支部针对花脚村处在山区，人多地少，贫困落后，在生活的逼迫下村里大部分村民都外出务工，是一个典型的“空壳村”的实际情况，通过加强花脚村支部建设，强化党员示范带动，成立花果山联村党委，覆盖花脚村、青菜塘村、阿乐村、石糯尾村和头塘村5个村，以猕猴桃、蟠桃和杨梅为产业支撑，打造电商平台、展销平台、农旅开发平台，引导群众参与“三变”改革，将近3600多亩土地全部流转给公司种植猕猴桃2200亩、葡萄300亩、西瓜500亩，土地流转金每年每亩600元，按每年每亩增加20元逐年递增，仅土地租金，每年就给全村带来216万元的收益，人均年增收达700元，加上各类分红，每年增收就将近1500元。全村800户3364人参与“三变”改革，实现了全覆盖，其中建档立卡贫困群众64户267人，同时，采取优先照顾贫困户的原则，花脚村近50名贫困群众在园区务工，每人每天80元，平均月收入2400元，成功实现就地就业、就地致富、就地脱贫。[①]

四川省广元市旺苍县农村基层党组织在推动乡村振兴的过程中，不断加强自身建设，聚焦脱贫攻坚，聚焦精准脱贫，实施村班子成员联户，面对脱贫摘帽的艰巨任务，出台《打赢打好脱贫攻坚“八条纪律”》《村社干部履职规范》等制度，建立问题干部“歇职整改”机制，对脱贫攻坚履职不力、党建责任落实不好的村支部书记进行诫勉谈话，整顿软弱涣散村党组织33个，调整不胜任现职村党组织书记15名，上紧了决战攻坚的“发条”。结合庆祝建党98周年，评选展示村三职干部、帮扶力量、后备干部、村民小组长等“决战脱贫攻坚乡村带头人”100名，拍摄“我的爸爸是扶贫干部”系列微电影，树立了一批脱贫攻坚先进典型，落实村三职干部脱贫攻坚绩效补助500万元，提振乡村班子攻坚士气。推出脱贫摘帽书记谈主题宣传9期，战旗红系列专刊10期，编印《红城战报》通报全县六大战区战果，激发战斗激情。实施万名农村党员擎旗冲锋行动。2019年4月，围绕助力高质量脱贫摘帽，向农村党员发出“擎旗冲锋”行动倡议，全县示范培训农民工党员200名，各乡镇按照不低于农村党员人数30%比例培训农村党员5000余名，让农村党

①六枝区委组织部．听懂了，脱贫致富的劲儿更足了：郎岱镇花脚村宣讲十九大催生脱贫动力［Z］．课题组收集资料，2022-04-05.

员知政策、懂技术、感党恩。全面推行农村无职党员设岗定责和党员结对帮带，指导农村党员在脱贫攻坚主战场带头致富、带领致富。开通党员“金点子”热线，面向全县党员征集评选“金点子”1200余个。新建3个驻外流动党委，回引返乡农民工518名，建成返乡农民工创业示范园38个，北京流动党委主动要求开展远程帮扶，为脱贫攻坚贡献力量。鼓励农村党员创建学习星、法纪星、道德星、致富星、新风星，评选命名“五星级”党员325名。试行“先锋津贴”，对“五星”荣誉保持期达到一年以上的党员，从县管党费中划拨专项资金予以奖励。各乡镇根据实际，采取党员星级与集体经济分红、道德超市积分挂钩，保持党员持续争星热情。①

二是充分体现了西南地区的民族性特点。民族性是西南地区地方社会的一个重要特征。西南地区农村基层党组织在推动乡村振兴的过程中，紧密结合地方实际，从地方社会的民族特色、文化特色、风俗习惯等出发，充分考虑该地区的民族习惯、民族风情等，将农村基层党组织建设充分融入其中。

比如云南省德宏傣族景颇族自治州有傣、景颇、汉、傈僳、阿昌、德昂等民族。党的十九大以来，德宏傣族景颇族自治州广大农村基层党组织结合当地良好的生态资源和浓郁的民俗文化，农村党支部把发展方向放在乡村旅游上，充分发挥“党建＋产业”效应，推动烟草、桑蚕、坚果等特色产业不断壮大，因地制宜发展休闲观光农业和休闲乡村旅游，引导农户参与三产融合，带动农户脱贫致富奔小康。通过“党建＋产业”走活了基层党建、产业发展、服务群众“一盘棋”，真正“惠”在了各族群众心坎上。②

再如贵州省遵义地区的仁怀市后山乡依托文化资源优势，切实将民族文化融入基层党建，积极探索党建工作新路子，以“党的声音进万家”活动为载体，加大对文艺作品的创作。通过整合各方力量，挖掘民族文化资源，突出少数民族的文化特色，创作出一批广大党员群众看得懂、听得进、学得会、用得上的文艺作品。强化节目表演常态化，做到天天有表演，月月有活动，节日有专场演出。通过举办苗族踩山节、民族文化进校园、“六月六”风情节等大型文艺表演活动，吸引各地游客前来观赏，促进了地方经济发展。切实抓好文艺能人党员发展工作，逐步把少数民族民间艺人培养成党员，把有文艺特长的党员培养成党建文艺宣传队骨干，重点在民间技艺传承人才、表演人才和经营人才中发展党员。充分发挥少数民族党员干部会讲民族语言，容

①旺苍县委组织部．集聚红城力量 决战脱贫摘帽 ——旺苍县集聚优势兵力纵深推进抓党建促脱贫攻坚［EB/OL］．四川党建网，2021-11-01．

②德宏州委组织部．强化党建引领 助推乡村发展［EB/OL］．人民网，2019-09-13．

易与民族群众沟通的特殊优势，深入民族村寨宣传科技知识，宣传党的民族政策和国家法律法规，宣传新农村建设和精神文明建设，调解处理矛盾纠纷，走访慰问困难党员群众，解决民族群众实际困难，带领民族群众脱贫致富，促进社会和谐稳定。借助文化平台，通过组队参加全国和全省的各类比赛，传统体育节目“舞高桩”，民族舞蹈《蒙哆帕嗒》、民族声乐大飞歌《咪哚蒙》《迁徙情缘》等作品多次在全国获得大奖，彰显地方少数民族文化特色，提升了文化影响力。同时，将基层党建与文化产业发展结合起来，用党建工作推动产业发展，促进民族群众增收。[①]

三是充分体现了西南地区地理特点。西南地区地处云贵高原，是一个多山地区。西南地区的广大农村更是多处在山区，许多农村一出门便是山连着山，没有个尽头。据相关文献记载：

> 西南地区的四川、西康、云南、贵州4省面积共112万平方公里……全区地形除川西盆地为平原、丘陵地带外，高原山区占全区总面积的94%。四川西北部及西康为青藏高原主体的部分，平均海拔在3000米以上，4500米以上的山峰终年积雪。四川东北部为大巴山脉，横贯于川、陕、鄂3省边界。东部的武陵山脉纵贯川、鄂、湘、黔4省，主峰梵净山位于贵州东北部，多为人迹罕至的原始森林。云南、贵州系云贵高原的主体，岭谷相间，沟壑纵横，丛林密布，地形十分复杂。贵州有“地无三里平”之说。[②]

正所谓“靠山吃山，靠水吃水”。由于是山区，西南地区在发展农业生产上颇受限制，只能依据地理特征出发来进行，比如贵州省黔南布依族苗族自治州福泉市农村基层党组织在推动乡村振兴的过程中，不断加强自身建设，因地制宜，积极调整农业产业结构，把特色生姜做成“一县一品”，把“大福姜”作为福牌系列特色产品进行推广种植，全面调减低效农作物种植面积，推广高产高效经济作物种植，着力将农村产业革命向纵深推进。在“龙头企业＋合作社＋农户”的基础上，积极探索“双公司＋双订单＋双保险＋双支部”农业产业发展模式，成功培育以“大福姜”等为代表的优势特色产业。2019年福泉市陆坪镇罗坳坝区和牛场镇马龙井坝区作为示范种植基地，“大福姜”核心种植面积近2000亩，辐射带动种植面积4000余亩。眼下，“大福姜”已进入采收时节，亩产达6000余斤，亩产值达8000余元，总产值达

---

①本课题组．仁怀市后山乡依托民族文化创新基层党建［Z］．课题组收集资料，2022-04-05．

②中国人民解放军历史资料丛书编审委员会．剿匪斗争：西南地区［M］．北京：解放军出版社，2002：3．

3000余万元。同时带动就业300余人，人均增收4000元以上。通过“大福姜”产业带动老百姓走上一条发家致富的路子，助力当地脱贫攻坚。[①] 贵定县农村基层党组织采取顶层设计“奠基”，让“小刺梨”变“大产业”。出台《贵定县2019年刺梨鲜果收购实施方案》《贵定县刺梨种植项目管理制度》等文件，按照“稳规模、提质量、强加工、扩市场、建标准、创品牌”总体思路，坚持把刺梨作为推动产业革命、打赢脱贫攻坚战的重要抓手，全力构建“良种繁育基地、标准种植基地、产品加工基地、康养文化基地、科技开发基地和产品交易中心”五基地一中心的刺梨产业发展格局。截至目前，刺梨种植面积达18万亩，挂果面积达4万亩，年产量达1.2万吨。利用精深加工“突围”，让“野果”变“金果”。搭建刺梨行业合作平台，有效整合刺梨技术研究、产品精深加工等方面科研技术力量和资源，大力引进山王果、天泷集团、绿视野、维多科技等规模性刺梨加工企业，全力打造种植、研发、生产、深加工及销售一体的刺梨全产业链，推动刺梨产业“接二连三”发展，加大刺梨品牌培育和产品“三品一标”认证，不断提升刺梨产品附加值。截至目前，全县通过SC认证的刺梨加工企业共有7家，刺梨产品达7种，拥有国家地理标志保护产品1个，刺梨加工产值达6亿元。借助项目资金“发力”，让“荒山野林”变“金山银山”。通过申报国家和省级发展资金和贷款贴息项目，充分整合退耕还林、植被恢复造林、石漠化治理、产业扶贫、东西部协作等项目资金，以刺梨标准化和绿色防控示范基地及低产低效林改造示范建设为抓手，有效带动刺梨标准化基地建设2000余亩，带动16870户64106余人（其中贫困户6561户19683余人）年均增收1872元。[②]

三、实践性

实践性是马克思主义理论最鲜明的特征。马克思强调：“全部社会生活在本质上是实践的。”[③] 在马克思看来，实践是人与动物最本质的区别，他指出：“他（费尔巴哈）在《基督教的本质》中仅仅把理论的活动看做是真正人的活动，而对于实践则只是从它的卑污的犹太人的表现形式去理解和确定。因此，

①罗华菊．福泉种植“大福姜”喜获丰收［EB/OL］．人民资讯，2021-09-23.

②贵定县委组织部．贵定：刺梨产业“独占鳌头”成为脱贫攻坚“顶梁柱”［EB/OL］．黔南组织工作网，2019-11-12.

③马克思．关于费尔巴哈的提纲［M］//马克思恩格斯全集：第3卷．北京：人民出版社，1960：8.

他不了解‘革命的’‘实践批判的’活动的意义。”① 所以，在马克思看来，只有立足于深刻的社会实践，才能改造世界。他强调，问题不是在于“用不同的方式解释世界”，而是“在于改变世界”②。“改变世界”其实就是人的实践。马克思还指出：“环境的改变和人的活动或自我改变的一致，只能被看做是并合理地理解为革命的实践。”③ 在这里，马克思强调了环境之于社会实践的重要性，可以这样说，从某种意义上讲，实践是为了改造社会，而社会环境对实践有反作用。任何一种实践，如果不以改造社会为目的，显然是不能够对社会产生推动作用的；相反，社会环境是实践的基础，任何实践都必须建立在一定社会环境之上，不从一定的社会环境出发来推动实践，实践就会阻碍社会，成为社会发展的阻力。

近年来，西南地区广大农村基层党组织在推动乡村振兴的过程中，加强自身建设，展现出深刻的实践性特征来。

一是展现出西南地区广大农村基层党组织立足于乡村振兴过程中农民群众的实际需求。农民需求是乡村振兴的重要动力。乡村振兴什么、如何振兴，是农村基层党组织需要着重考虑的重要问题。历史地看，乡村发展的方向虽然从某种程度上与顶层设计有着重要关系，但不可否认的是，农民的需要或者说农民的需求是推动乡村发展的重要元素，农民对于乡村发展的认同感、获得感和幸福感，是检验乡村振兴成效的试金石。

近年来，西南地区广大农村基层党组织在推动乡村振兴的过程中加强和改进自身建设时就充分立足于广大农民群众的需求。比如黔南布依族苗族自治州谷脚镇谷冰村曾是省级一类贫困村，“前世不休、今生来到谷冰沟”，是这个深度贫困村的代名词，谷冰村地处偏远，出行难、环境差、无产业等问题是制约发展的瓶颈，当地农民群众出门说话都没有底气，眼看着周边乡镇、村寨都在发展养猪、养牛、养鸡等产业，当地农民群众迫切希望富起来。该村党支部提出“一个党员带动一个组、一个委员带富一方群众”的思路，成立“村社合一”合作社，流转土地，将原来零星散状产业聚拢统筹规划管理。以种植、养殖为主导产业，发展葛根、石硅及冷水鱼。同时，村党支部开展

---

①马克思. 关于费尔巴哈的提纲［M］//马克思恩格斯全集：第3卷. 北京：人民出版社，1960：7.

②马克思. 关于费尔巴哈的提纲［M］//马克思恩格斯全集：第3卷. 北京：人民出版社，1960：6.

③马克思. 关于费尔巴哈的提纲［M］//马克思恩格斯全集：第3卷. 北京：人民出版社，1960：8.

悬挂“学党章、作表率、脱贫攻坚争先锋”党员公示牌，引导党员结合“三能两创”参与村党支部联系服务群众工作。同时，以产业发展为核心，打破地域、行业藩篱，整合原有合作社的资源，优化组织形式，以村为单位组建股份制合作社，结合实际把党建链串起产业链，实现资源共享、优势互补。此外，通过党员承诺践诺、无职党员设岗定责，采取划分党员责任区、设立党员先锋岗，吸引致富带头人的方式，实行优先把“村社合一”合作社致富带头人培养成党员，优先引导党员加入“村社合一”合作社培养成为致富带头人的党员培养“两个优先”方式，夯实党建工作基础。① 云南省昭通市永善县青胜乡民胜村党总支部紧紧围绕广大农民群众的实际需求，紧紧围绕农民脱贫致富的需求，坚决打赢脱贫攻坚战、全面建成小康社会的目标，抢抓东西部扶贫协作的良好机遇，凝心聚力，携手并进，推动实现全村旧貌换新颜、阔步奔小康。采取“党支部＋公司＋合作社＋农户”的方式，引进云南伯格勒牧业有限公司成立永善县伯格勒养殖专业合作社，吸纳全乡建档立卡贫困户 1038 户，实现了建档立卡贫困户加入合作社全覆盖。坚持自上而下的统筹与自下而上的精准相结合，根据全村区域特点，在广泛征求意见、反复研究论证的基础上，带领群众发展种植竹子 1400 亩、沃柑 320 亩，让贫困群众有了稳定的致富产业。②

二是展现了西南地区广大农村基层党组织立足于乡村振兴过程中乡村发展的实际需求。乡村振兴必须符合乡村实际、符合乡村发展的运行方向。只有结合乡村实际、符合乡村发展规律的乡村振兴才能真正激发广大农民群众的内生动力，自觉投入乡村振兴的时代大潮，从而引领乡村发展阔步前行，才能真正给广大农民群众带来实惠、给广大乡村带来实质性的进步。近年来，西南地区广大农村基层党组织立足于乡村振兴过程中乡村发展的实际需求来加强和改进自身建设。比如贵州省遵义市道真县桃源乡针对乡村振兴中要促进家庭和谐这一要求，按照“1＋4”“1＋N”帮扶模式，聚集 206 名帮扶干部参与帮扶工作，走村串户，战晴天斗雨天，切实解决人民群众关注的热点、难点问题和生产生活中的实际困难问题。通过帮扶实施季节性水源工程 20 处、农村人饮工程 20 处、人饮“户户通”40 个点，新建“小水窖”90 口；实施易地扶贫搬迁 138 户 606 人；实施农村危房改造 890 户，新农村建设

①王亚瑜．龙里：唱响“村社合一”主旋律 群众小康路上笑开颜［EB/OL］．黔南组织工作网，2019-11-21.

②永善县委组织部．青胜乡民胜村：党建引领聚合力 民定胜天展新姿［Z］．课题组收集资料，2022-04-05.

1166户，农村住房保障1376户，确保脱贫攻坚主体指标全面“清零”，全乡群众生产生活条件得到极大改善。同时，通过走访化解各类家庭矛盾、开展“五好家庭”评选等，大力弘扬传统美德，促进家庭和谐美满。针对产业发展需要，坚持以大户带动小户、以党员带头发展产业，树立典型示范，突出示范带动，让群众在产业发展方面有实实在在、可观可摸的学习借鉴地方，促进全乡产业结构调整及产业发展。全乡常年种植烤烟6000多亩，辣椒、甘蓝等商品蔬菜2000多亩；现有钩藤、黄精等中药材2500亩，布朗李2000亩，李子、桃子、脐橙等经果林2000余亩，蜜蜂2000多群，产业发展初见成效，直接带动全乡1166户群众增收。①

云南省迪庆藏族自治州维西县农村基层党组织针对乡村振兴过程中脱贫攻坚的难题，统筹推进解决“两不愁三保障”未达标问题、脱贫攻坚重点村和难点户脱贫退出问题、千方百计增加群众收入问题、加快推进项目建设问题、提高脱贫质量问题等。一是不断加大对“五类”重点人员的关心关爱。坚持“政策落实和日常关怀”为重点，积极建立“五类人员”（独居老人户、低保户、五保户、重病户、残疾户）关爱关心双重帮带机制。坚决确保“全面小康的路上一个都不能少，共同富裕的路上一个都不能掉队”，进一步提高群众满意度。二是持续提升农村人居环境。针对环境整治的难题，坚持“环境要与人的素质相宜，环境要与产业相融，环境要与群众收入相符”的理念，按照“激、拆、围、清、建、引、业、治”八字要求，积极引导群众牢固树立“我的生活我努力”“我的家庭我美化”“我的村庄我建设”的主动意识和行动自觉，进一步宣传、教育、引导、组织和发动群众用自己的双手把农村建得更美更强，把日子过得更富更好。② 三是具有极强的可操作性、可复制性。从理论上讲，实践要具有生命力，必须具有一定的可操作性。不具备可操作性的实践只能停留在纸面上，只有具备了可操作性的实践才能深入基层、深入群众，在群众中产生实际作用，在基层落地生根、开花发芽。所以，任何一种实践要真在群众中产生实际影响、发生重要作用，就必须具有一定可操作性；而可复制、可模仿就是可操作性的重要体现。因为只有具备了可复制性、可模仿性，才能说明这种实践是具有生命力的，是能够为社会做出实际效益的，能够对社会和人民产生重要作用和影响。

---

①基层组织道真桃源乡：加强党建“五树”推动脱贫攻坚［EB/OL］. 中共遵义市委组织部网站，2019-12-04.

②熊燕，储东华，李恒强，李文君. 坚决打赢打好精准脱贫攻坚战——维西：万“马”奔腾决战贫困［N］. 云南日报，2019-12-02（02）.

近年来，西南地区广大农村基层党组织在推动乡村振兴的过程中加强和改进自身建设就具有极强的可操作性。比如贵州省遵义市播州区尚嵇镇在推动乡村振兴的过程中以“三力”夯实基层党组织建设的模式就极具可操作性、可复制性。一是狠抓思想建设，着力提高政治“定力”。切实将政治建设摆在首位，强化理论学习，在深化消化转化上下功夫，以中心组学习、政治学习例会、新时代农民讲习所等为载体，开展学习100余场，深入学习贯彻党的十九大精神和党的十九届四中全会精神，切实增强党员干部“四个意识”，坚定“四个自信”，自觉做到“两个维护”，提升组织政治定力。二是丰富组织生活，着力提升组织“吸引力”。认真落实“三会一课”、班子成员上党课、党总支书记交叉上党课、党内关怀等制度，推进党务政务公开，创新服务引领群众，紧密党群关系，以“党建＋三治（自治、德治、法治）融合”为抓手，完善“党委（委员）＋党总支（委员）＋支部＋党小组＋党员”的工作机制，发挥党员模范带头作用，激发群众主体地位，组建乡风文明理事会30余个，党员、群众参与化解矛盾纠纷500余件，不断提高基层社会治理成效，助推经济社会各项事业蓬勃发展，切实增强组织吸引力。三是强化作风建设，着力提升组织“执行力”。强化宣传教育，组织党员干部学习党内法规等10余场，强化作风巡查，常态化推进预防提醒谈话，严肃党规党纪，狠抓作风建设，提升执行力。截至2019年11月，开展巡查22次，通报批评9人次，约谈56人次，对在精准扶贫工作中作风不实、弄虚作假的3人，分别处罚责任金1500元，党内警告处分2人。①

云南省迪庆藏族自治州在推动乡村振兴的过程中，为提高农村党支部和农民党员的素质和工作能力，大力实施培训工程，也具有极强可操作性。迪庆藏族自治州通过实施“村干部素质与学历双提升行动计划”，遴选321名村“两委”骨干和致富带头人，参加云南开放大学的大专学历培训，提升了村组干部整体素质。深入实施“万名党员进党校”工程，举办培训班53期，轮训党员17981人。在农村开展“党旗飘飘亮身份”行动，近4万名农牧民党员家庭悬挂党旗、亮出身份、接受监督，强化主题教育，建起了一支能拼搏会战斗的脱贫攻坚骨干队伍。②

---

①播州区委组织部．播州区尚稽镇：“三抓三促”激发基层党建活力［EB/OL］．天眼新闻网，2021-03-15．

②张帆．迪庆州科学谋划精心组织：创新载体锻造 脱贫攻坚“红色引擎”［N］．云南日报，2019-11-25（02）．

四、创新性

本书的研究主题是“乡村振兴战略下西南地区农村基层党组织建设实践创新研究”，“创新”是其中重要的关键词。也就是说，本书重点讨论的是“如何进行创新”或者说“怎么进行创新”的问题。因此，从这层意思出发，也就意味着在现阶段，西南地区农村基层党组织建设实践创新的程度尚且不够，创新的力度需要加大，创新的理念需要更新，创新的方法需要变化，创新的模式需要改造。于是，有人就会得出一个看似合理的结论，既然需要加大创新力度，那么也就说明现阶段西南地区农村基层党组织建设并不具有创新性的特点。这显然是一种很片面或者说理解误差的看法，创新程度不够并不必然意味着不具有创新性。因为从党的十八大以来，习近平总书记就一直主张加强和改进党的建设，主张在党的建设中加大创新力度。甚至可以这样说，创新是中国共产党一以贯之的优良传统，一直贯穿于中国共产党各项工作的始终和全过程。

党的十九大以来，实施乡村振兴战略的过程中西南地区广大农村基层党组织建设就极具创新性特点。比如贵州省贵阳市花溪区孟关乡农村基层党组织基于乡村振兴的需要、基于新农村建设的需要、基于建设美丽乡村的需要，积极推动农村“三变”改革，将“三变”改革拓展到公共服务、公共资源以及各村产业发展等方面，以行政村为单位，根据区位优势、各村实际情况，通过“支部建在产业上，百姓富在产业中”，构建共享共富的社会生态，扎实推进富美乡村建设。上板村依托便利的交通优势和良好的自然资源条件，致力于更好保护生态环境和带动村民致富，打造和谐美丽的旅游休闲胜地，选址上板村境内“大山”建设孟关布依族上板村城市公园，采用一中心一带多点布局（一中心为自然山体景观，一带指山体东、南两侧，多点指公园内修建的观景休闲设施），在保护和利用好原有自然景观和物种多样性的基础上，栽种新品种，使新建绿地景观与总体景观更加和谐自然。石龙村以村集体＋公司＋合作社＋农户的方式，探索“三产融合＋现代观光园”，积极拓展延伸农业多种功能，以贵州石龙山地生态产业示范园为依托，逐步辐射周边村寨，建立符合当地特色的经果林基地，例如，在石龙村长坡、长田、张家凹、笔架、干坝、关山、茶山等组建立3000亩樱桃基地。① 花溪区久安乡则紧紧围绕创新型党组织创建五大工程，认真践行“两学一做”学习教育常态化制度

①花溪区委组织部．三变引领 走新路 奔小康——花溪区孟关乡积极推进“城乡三变”改革［EB/OL］．花溪区党建，2018-02-27.

化，组织所属党支部开展“三晒三评一报告”活动，为实现中共贵州省委对久安提出的“久安千年茶、长利百姓家”和百姓富、生态美目标，让绿色产业“泉涌”发展初见成效，创新探索“四三二”工作法，抓实抓细创新型党组织创建工作。一是让党支部书记“动起来”。实施“领头雁”引领带动，增强增收能力，依托良好生态环境发展林下食用菌产业，推动绿色农产品“泉涌”工程，8月中旬猴头菇上市后，销售额已达上万元；依托市委组织部授予的“贵阳市干部教育培训基地”探索“培训经济”村集体发展模式，创办乡村体验旅游，带动100余户群众增收；依托村集体探索成立花溪区首个农村电商平台，线上线下销售额达20余万元。创新党建工作，培养后备人才，跨领域多渠道选派5名党员挂任副支书，其中1名被推选为省党代表，1名进入村党支部担任副书记。二是让支部党员“动起来”。利用获批的4个贵阳市党员创业带动示范项目，吸引党员带头返乡创业，坚守“生态久安、拒绝污染”，实施“绿色产业化、产业绿色化”发展，41名党员成为践行“绿水青山就是金山银山”的致富带头人。如雪厂村党员吴仕刚，带头返乡发展“醉茶香”茶文旅一体经营，月收入8万元，带动村民就业10余人。三是让乡贤能人“动起来”。邀请新乡贤、致富能人分享创业创新故事，传递正能量，受益群众300余人。在经济发展的同时全力推进文明建设，开展“生态久安、拒绝污染”八大行动，探索村民自治，用“红榜”传良俗、“黑榜”晒恶习，“民声墙”倾听、“回音壁”发声，形成共创共享文明乡村的生动局面。四是让宣讲人才“动起来”。建立由党员干部、茶叶专家、文化骨干等组成的“乡村讲师团”，巡回讲课，传播党的“好声音”、久安“好故事”20余次，通过“茫父故里·古茶之乡”微信公众号推送信息300余条，推进乡土教材《茫父故里 古茶久安》进机关、进学校、进企业、进农村、进家庭，提升村民的文化自信与建设家乡的热情。[①]

四川省眉山市洪雅县农村基层党组织为壮大自身力量，以为乡村振兴储备人才，创造性地提出了“三三模式”来壮大村级后备力量，“三个一批”注重“选”。从优秀青年中发展一批。通过召开户长会、群众大会、入户走访等方式，对村（社区）所有优秀年轻人进行摸排，进行台账管理，逐一了解其回乡发展愿望，将条件成熟的适时发展为村级后备力量。从青年党员中遴选一批。掌握每名农村青年党员的政治素养、能力特长等，从中遴选一批发展潜力大、政治素养高的青年党员进入村级后备干部队伍。从其他渠道吸纳一

---

①花溪区委组织部．“四三二”党建创新工作法，迈出百姓富、生态美新步伐［Z］．课题组收集资料，2022-04-05.

批。联合财政、民政、政法等部门，从退伍军人、致富能人、网格员、党建专干、种养殖技术人员中吸纳村级后备力量。“三项制度”加强“育”。建立结对培养制度。每名乡镇党员领导干部结对培养1～2名后备干部；每名村（社区）“两委”干部同时结对培养本村村级后备干部，同步安排参加村（社区）中心工作。建立实践锻炼制度。按照“两委”干部要求，常态化安排村级后备干部参与志愿服务、环境整治、脱贫攻坚、抢险救灾、征地搬迁等村（社区）实际工作；通过奉献积分制，量化考评后备干部工作贡献率，择优进行重点培养。建立联系群众制度。为每名村级后备干部指定1～2户困难群众或建档立卡贫困户，常态进行结对帮扶，在帮助解决劳力不足、生活困难等方面实际问题的同时，帮助村级后备干部积累工作经验、奠定群众基础。“三条路径”突出“用”。参与日常工作。充分发挥村级后备干部年轻优势，安排参与“三会一课”、党群集中活动、组织生活会等党组织活动，管理村级智慧党建平台，当好支部书记的好帮手。突出定向培养。对现实表现优秀的村级后备干部，由村（社区）“两委”根据其能力特点，安排到具体岗位实习锻炼，提前熟悉农村工作、学习群众工作方法。适当向上输送。将有发展潜力的村级后备干部，通过上挂锻炼的方式，推荐到乡镇各站所、业务办公室进行为期1个月的跟班学习，系统学习业务工作，全面提升后备干部工作能力。① 泸州市叙永县为乡村振兴提供动力，创新探索实践“四巧四育”工作法，奋力谱写农村基层党员教育新篇章。巧借红色文化，筑牢党员信念根基。以红军长征精神为主线，通过现场倾听讲述红军故事、观看红色影片，教导引导广大党员干部坚定理想信念，不忘初心、砥砺前行、忠诚为民。巧借县校共育，搭建党员干事平台。在全县实施村“双带头人”培养计划，通过与高等院校合作，重点筛选优秀退役军人、农民工党员进入高校全脱产学习。巧借技术培育，强化党员致富技能。充分依托党员农业实用技术实训基地，建立“基地＋专家＋党员”的培训模式，由中高级农业技术专家组成技术指导团下村进行农业技术指导，实施结对帮扶工程，将农业栽培、病虫防治、畜牧养殖等专业知识融入农民夜校、现代远程教育等学习培训中，提升农业技术类党员致富带头水平，将党员培育阵地由课堂延伸到田间地头，实现“室内学”到“户外做”的转变。巧借基地选育，提升党员就业本领。以返乡农民工党员、下岗失业党员、退伍军人党员为培训对象，重点开展电子商务、家电维修、烹饪烹调、建筑砌砖等热门实用就业技术培训，定期举办技能鉴

---

①洪雅县委组织部．洪雅县：“三三模式”壮大村级后备力量［EB/OL］．四川党建网，2019-12-03.

定考试，帮助群众掌握技术“敲门砖”，带动就业促增收。[①]

第二节　基本经验

马克思主义政党的一个鲜明政治优势就是善于总结经验，从事物发展的过程中总结经验，从各项工作中总结经验，从生产斗争中总结经验。比如，马克思在回顾1848年至1850年的法兰西阶级斗争的历史时指出：“革命的进展不是在它获得的直接的悲喜剧式的胜利中，相反，是在产生一个联合起来的、强大的反革命势力的过程中，即在产生一个敌对势力的过程中为自己开拓道路的，只是通过和这个敌对势力的斗争，主张变革的党才走向成熟，成为一个真正革命的党。”[②] 尽管马克思这段论述的初衷并非对无产阶级政党领导革命斗争经验的总结，只是对马克思主义政党的未来走向进行了描述性说明，但其实亦可看作对无产阶级政党领导革命斗争的经验进行了总结，马克思的言外之意表明，无产阶级革命政党的发展壮大是建立在无产阶级斗争的基础之上，只有不断地进行斗争，并在斗争的基础上加强和改进自身建设，无产阶级政党才能不断成熟和壮大。再如，马克思在回顾法兰西这段复杂的历史时还指出：“人们自己创造自己的历史，但是他们并不是随心所欲地创造，并不是在他们自己选定的条件下创造，而是在直接碰到的、既定的、从过去承继下来的条件下创造。”[③] 这段论述尽管并非经验总结，但由于马克思这段论述的高度概括性及其凝练性，将其看作人类活动的经验提炼亦无不可。马克思的论述说明，任何人类历史的发展都是建立在一定人类生产活动的基础之上的。总之，马克思这种从历史中不断总结经验的做法后来为无产阶级政党认识和改造世界提供了思路。近年来，西南地区广大农村基层党组织在加强自身建设的过程中，展现出极强的工作能力，积累了丰富的经验。

一、坚持围绕中心工作

马克思主义政党的一个优良传统就是围绕党的中心任务开展工作。人到

---

①胡兴叶，陈磊．叙永县：“四巧四育”同奏响党员教育谱新篇［EB/OL］．四川党建网，2019-11-06．

②马克思．1848年至1850年的法兰西阶级斗争［M］//马克思恩格斯文集：第2卷．北京：人民出版社，2009：79．

③马克思．路易·波拿巴的雾月十八日［M］//马克思恩格斯文集：第2卷．北京：人民出版社，2009：470-471．

半山不停步，船到中流当奋楫。当前，正值乡村振兴战略实施进入关键时期，乡村振兴成为新时代西南地区农村基层党组织的中心工作和重要任务，2020年中央一号文件就指出：“在经济下行压力加大、外部环境发生深刻变化的复杂形势下，做好‘三农’工作具有特殊重要性。必须坚持把解决好‘三农’问题作为全党工作重中之重不动摇，进一步统一思想、坚定信心、落实工作，巩固发展农业农村好形势，发挥‘三农’压舱石作用，为有效应对各种风险挑战赢得主动，为确保经济持续健康发展和社会大局稳定、如期实现第一个百年奋斗目标奠定基础。”① 西南地区农村基层党组织必须紧紧围绕党和国家推进乡村振兴这一中心工作和重要任务开展工作，抓紧抓实，大力创新农村基层党组织推动乡村振兴的政策方针。

近年来，西南地区广大农村基层党组织在加强自身建设的过程中，坚决响应党的号召，以习近平新时代中国特色社会主义思想为指导，贯彻落实习近平总书记关于乡村振兴和“三农”工作的重要论述，把乡村振兴作为新时代西南地区广大农村基层党组织的重要任务和中心工作，坚持围绕乡村振兴这一中心工作来加强农村基层党组织建设。

一是在加强党的建设过程中坚持围绕乡村振兴这一中心工作，将党的建设与中心工作紧密结合。比如，贵州省毕节市黔西县农村基层党组织就着力围绕乡村振兴这一中心工作来加强农村基层党组织建设。该县锦星镇围绕乡村振兴这一目标，以“大党建”为统领，紧扣农业产业革命“八要素”，认真践行“五步工作法”，大力调整农村产业结构，全面推进全镇农业产业向新型化、标准化、规模化、特色化、商品化发展。“众农生态循环农业示范园区”是黔西县于2014年建成的省级现代高效农业示范园区，园区内的草莓基地是锦星镇调整“坝区产业”的成功典范，该镇通过引进生产技术和综合实力均比较强的经营主体，发展优质特色草莓产业，种植规模逐步扩大到现在的600多个大棚。在“支部＋”模式的引领下，草莓基地与贫困户建立起了利益联结机制，以流转土地和固定用工的方式确保贫困户稳定增收致富。“二月春耕昌杏密，百花次第争先出。”锦星镇在做大做强草莓产业的同时，其他特色产业也在齐头并进，形成了一村一特、百花齐放的乡村振兴格局。② 遵义市新蒲新区虾子镇三台村坚持以推动乡村振兴为目的，把集体产权制度改革与基层党建、脱贫攻坚“三变”改革、产业革命、乡村治理相结合。通过村民投资

①中共中央，国务院. 中共中央国务院关于坚持农业农村优先发展做好“三农”工作的若干意见［N］. 人民日报，2019-02-20（1-2）.

②党建引领产业旺人勤春早草莓香［EB/OL］. 黔西市人民政府门户网站，2019-02-26.

入股、招商引资、合作社投资及管理运营，利用地理条件，腾空土地开发建设集游览、娱乐、休闲为一体的景区。通过改造居住环境，在“绿道”搭建起既富百姓又强集体的载体，实现由“建设村庄”向“经营村庄”转变，发展乡村农旅一体化旅游。组织农村劳动力提供劳务，农民既通过打工获得工资收入，又通过合作社获得盈余分红。同时，创新方式延伸村级产业链条，在盘活集体资产的基础上，利用本村“三资”优势多途径、有计划地把项目征收未利用地用于发展观光农业种植，以规模化运作、产业化经营，发展现代农业，改变传统种植模式，投入15万元发展果蔬、辣椒产业400余亩。2019年辣椒种植实现产值50余万元，户均增收2000元以上，有效增加了群众收入和实现村集体经济积累，实现“村村有实体、户户有产业、销售有订单、农户有分红”的产业扶贫新模式。①

二是在制定工作任务上充分体现坚持围绕乡村振兴这一中心工作。云南省昭通市永善县紧紧围绕“乡村振兴战略”各项任务，坚持“双统领”、强化“双保障”、实现“双推进”，牢固树立党的一切工作到支部的鲜明导向，精准施策、靶向发力，确保基本组织不断健全、基本队伍整体素质提升、基本活动正常开展、基本制度得到落实、基本保障有效强化，抓党建促脱贫攻坚效果越来越明显。实施“领头雁”培养工程，全面提升村组干部能力素质。加大把农村党员培养成致富能手、把致富能手培养成党员、把党员致富能手培养成村（社区）干部力度，不断优化基层干部队伍结构，增强整体合力。把青年党员大学生村官、在乡返乡优秀青年、高中及以上待业毕业生等纳入“青年人才党支部”管理，确保每个贫困村每年至少发展35岁以下年轻党员1名，每年至少培养35岁以下入党积极分子1名，为实施乡村振兴助力脱贫攻坚储备优秀人才。紧扣乡村发展实际，有针对性地开展种植养殖、生产加工、经营服务等实用技术培训，确保每个乡镇培养15～20名种养殖大户、农民专业合作社带头人、农村经纪人、农产品或食品加工小企业主。实施结对挂联行动。乡镇党委统筹，细化分解一线挂联和结对帮扶责任，签订一线挂联责任书，压紧压实工作责任。全面落实脱贫攻坚责任金制度，年底根据考核结果统一兑现责任金。每季度开展1次综合督查，对“两线责任”落实打折扣、缩水走样的进行严肃追责问责。进一步明确包村工作组组长、村（社区）党组织书记、驻村扶贫工作队长（第一书记）工作职责，健全一线挂联人员与结对帮扶人员沟通联系机制，做到信息对称、资源共享，心往一处想、劲往

---

①新蒲新区组织部．新蒲新区虾子镇三台村：农村集体产权制度改革强村富民［EB/OL］．遵义市新蒲新区管理委员会网站，2019-11-25．

一处使，形成推动脱贫攻坚各项工作的强大合力。实施党群共建行动，实施公益永善行动，以村（社区）为单位组建服务队伍，定期不定期开展公益活动，通过“做给群众看、带着群众干”，吸引广大党员群众积极参与到公益事业中来。[①] 四川省冕宁县围绕乡村振兴的重要任务大抓农村基层党组织建设，通过“互联网＋支部＋农产品”模式，帮助村党组织带头人、致富带头人、种养大户、合作社社员掌握农村电子商务知识，开设网店，促进樱桃、核桃、马铃薯等特色优势产业线上线下交易走向市场。[②]

事实上，西南地区广大农村基层党组织正是坚持围绕乡村振兴这一中心工作来加强农村基层党组织建设，才使得在党的十九大以来西南地区广大农村发生了显著变化，乡村振兴战略得到切实推进，乡村振兴工作取得切实成效。所以，今后要继续振兴乡村，大力建设美丽乡村，必须充分汲取这一经验，切实有效推动西南地区广大农村基层党组织建设迈向新台阶。

二、坚持理论结合实践

坚持理论与实践的充分结合是中国共产党一以贯之的优良传统。毛泽东就指出：“学习马克思主义理论，要能够精通它、应用它，精通的目的全在于应用。”[③]习近平也强调理论与实践相结合的工作理念，他认为弘扬理论联系实际的马克思主义学风，引导党员学以致用、知行合一，自觉提高政治站位，着力强化责任担当，是新时代马克思主义者的优良作风。总之，从中国共产党斗争史不难看出，中国共产党之所以能够不断发展壮大，其中的一个重要原因就在于能够一直坚持理论与实践相结合。实践一再表明，凡是中国共产党将理论与实践相结合的原则坚持得较好的时期，党的事业就能够切实推进；反之，党的事业就会遭受到重大挫折。党的十九大以来，西南地区广大农村基层党组织在加强自身建设的过程中，秉承理论与实践相结合的原则，从西南地区乡村振兴实际出发、从西南地区广大农民群众需要出发，推动基层党组织建设迈向纵深。

一是在制定政策上坚持理论与实践充分结合的原则。比如，贵州在推动乡村振兴的过程中，结合工作实际情况，总结提炼了政策设计、工作部署、

①永善县委组织部．永善县：“聚力脱贫工程”推动党建扶贫融合发展［EB/OL］．永善党建，2018-06-25.

②冕宁县委组织部．冕宁县采取“互联网＋支部＋X”模式服务农村党员［Z］．课题组收集资料，2022-04-05.

③毛泽东．整顿党的作风［M］//毛泽东选集：第3卷．北京：人民出版社，1991：815.

干部培训、督促检查、追责问责的“五步工作法”，这是贵州实施乡村振兴战略的一个重大理论创造。“五步工作法”提出后，贵州广大农村基层党组织在加强自身建设的过程中，大力坚持理论与实践相结合的原则，一方面，认真贯彻习近平总书记有关党的建设的相关理论、乡村振兴的相关理论、贯彻省委省政府的重大理论创造；另一方面，大力推动农村基层党组织建设实践深入发展。安顺市西秀区旧州镇广大农村基层党组织切实践行“五步工作法”，巩固脱贫攻坚成效，坚持以脱贫攻坚统揽全镇经济社会发展，为乡村振兴战略的实施打下坚实基础。划好打赢脱贫攻坚“跑道线”，科学谋划定基调。近年来，旧州镇广大农村基层党组织积极探索“1＋N”镇村联动模式，文化旅游产业蓬勃发展，美丽乡村建设成效显著，有效带动了百姓创业、就业及全镇经济发展。坚持扶志与扶智相结合，各村积极推行“村社合一”模式，鼓励农户转变思想，主动融入发展，用股权形式将村级分散的资源、资金、人力整合起来，实现产业集约化。发展的食用菌大棚、果蔬采摘园等六大特色产业与全镇 868 户贫困户均合作联结，实现户户有增收项目，人人有致富门路。摆好打赢脱贫攻坚“起跑器”，细化目标讲调度。紧盯基础设施建设及“三保障”落实，实行台账销号管理，在贯通和提升镇内全部通村公路的基础上，全镇建档立卡贫困户教育、医疗、安全住房、联户路、通水、通电、通信等保障逐步得以改善落实。在产业推进上，在资金管理使用、技术指导、日常管护、市场对接、与贫困户利益联结等多个环节均配有专人指导和管理，各项产业稳步推进。建好打赢脱贫攻坚“训练场”，干部培训强本领。老百姓常说“村看村，户看户，群众就是看干部”。近年来，旧州镇广大农村基层党组织创新建立“四个一”培训机制，一周一培训，利用每周一次脱贫攻坚调度会及各村脱贫攻坚应知应会知识专题培训班，对包保干部、村“两委”、第一书记、驻村工作队员进行反复培训，壮大农村基层党组织队伍，提升农村基层党组织工作能力，确保培训取得实效。用好打赢脱贫攻坚“计时器”，督促检查常加压。全镇 13 个行政村严格按照国家第三方评估标准，采用全真模拟方式开展交叉评估检查，对发现的先进做法和不足及时通报，以便各村借鉴完善，不断夯实工作基础。当好打赢脱贫攻坚的“裁判员”，追责问责保作风。坚持将纪律挺在前面，积极配合纪检部门严肃打击脱贫攻坚中存在的形式主义、官僚主义、不作为或乱作为等作风问题，对履职不到位的农民党员干部采取通报批评、待岗停职、上报立案审查等方式处理，密切党群联系，形成不拔穷根誓不休的强大合力。①

二是在推进路径上坚持理论与实践充分结合的原则。贵州在推进乡村振兴的过程中，提出“产业选择、培训农民、技术服务、资金筹措、组织方式、产销对接、利益联结、基层党建”的农村产业革命“八要素”工作法。这一理念凝结了中共贵州省委、贵州广大农村基层党组织的智慧，具有极强的针对性和创新性，是贵州在新时代推动乡村振兴的又一重大理论创造。贵州广大农村基层党组织结合贵州广大农村乡村振兴的需要，结合贵州乡村振兴的深刻实践，推动农村基层党组织建设深入发展。黔南州罗甸县聚焦“八要素”，增强农村基层党组织组织力，持续推进引产业到镇、引企业到村、引技能到户、带增收到人的“三引一带”党建促脱贫攻坚模式，因地制宜创造条件育强经营主体、培育乡土能人和发展新型业态，不断带领贫困群众增收致富，振兴乡村。自 2019 年以来，全县共引导发展“企业＋合作社＋农户”模式 24 个，引进农商旅互联综合体、百香果种植及深加工、九叶青花椒、生猪养殖等项目 7 个；全面完成 746 个农民专业合作社“清理”工作，同步完成合作社规范提升 110 个。培育乡土能人，突破人才引领瓶颈，出台《罗甸县“党员带富能手三年培育行动”实施方案》，全县共建立了 530 名农村党员创业带富队伍台账，实施各类种、养、旅等项目 700 余个，示范带动 4300 户 16000 余人实现脱贫致富。培育新型业态，突破外联营销瓶颈，在农村基层党组织的组织下，2019 年以来，在农村建成“互联网＋精准扶贫农特产品”配送中心及 130 个村级电商站点，完成农产品线上销售 941 吨，切实让群众实现“坐地生财”。②

三是在建强支部上坚持理论与实践充分结合的原则。四川省广大农村基层党组织坚持将习近平总书记有关基层党组织建设的理论与四川乡村振兴的深刻实践结合起来，推动理论落地落实。乐山市马边彝族自治县石丈空村党支部将习近平总书记关于“建强农村支部”的理论与石丈空村的乡村振兴紧密结合起来，以建设学习型党组织为目标，班子成员坚持每个月至少集中学习一次，重点学习习近平新时代中国特色社会主义思想、法律法规、政策方针等。支部班子团结共事，经常协商办事，民主集中，坚持集体研究、民主决策。充分利用四川管理职业学院在该村已设立的“火车头”产业提升基金，积极探索村集体经济发展途径，以富民兴村为根本目标，联合制定了《石丈

①安顺市委组织部．旧州：巧用“五步工作法”巩固脱贫攻坚实效［Z］．课题组收集资料，2022-04-05.

②王武．罗甸县增强党建扶贫牵引力［N］．黔南日报，2019-07-22（01）.

空村产业提升“火车头”专项基金使用管理办法》。办法规定，基金指定用于支持贫困户或村集体经济组织发展种植业、养殖业、农村电商产业、农旅结合产业或壮大集体经济的其他产业，资金长期存在，循环使用。截至2019年，累计已到位资金15万元，通过党建引领产业融合，引导和带动群众参与到产业发展中来，形成“支部引领、党员带动、群众参与”的良好发展格局。开展内容丰富、形式多样的文明新风评选表扬活动，组织村组干部、驻村工作队、帮扶干部到户宣传文明新风，加强群众思想教育，培植了群众文明新风尚。[①]

总之，党的十九大以来西南地区广大农村基层党组织正是始终坚持理论与实践相结合，切实推动乡村振兴不断深入发展，切实推动农村基层党组织建设取得明显成效。

三、坚持以人民为中心

马克思主义政党的一个巨大的政治优势就是注重“人民群众”在党的事业中的重要作用。马克思早在《神圣家族》中就指出：“历史上的活动和思想都是‘群众’的思想和活动”，“历史活动是群众的事业，随着历史活动的深入，必将是群众队伍的扩大”。后来，马克思、恩格斯又在《共产党宣言》中强调共产党始终代表着广大无产阶级的利益，而广大无产阶级其实就是人民群众的主体。事实上，马克思主义之所以具有跨越国度、跨越时代、跨越民族、跨越地域的影响力，就是因为她始终代表着广大人民群众的利益，始终植根于人民之中，为世界无产阶级和广大人民群众指明方向。从中国共产党的斗争历史包括革命、建设和改革的历史来看，人民一直是党的道路、党的事业的重要依靠力量。可以这样说，中国共产党之所以能够不断壮大，从胜利走向胜利，依靠的就是广大人民群众。毛泽东就曾经指出：“共产党的路线，就是人民的路线”[②]；“有无群众观点是我们同国民党的根本区别，群众观点是共产党员革命的出发点与归宿。从群众中来，到群众中去，想问题从群众出发就好办。”[③] 在实践中，中国共产党也将“以人民为中心”贯穿于社会建设的全过程，比如早在1959年，西南地区的贵州省普定县就“已建敬老院

①本史巫果，狄依宁．支部强堡垒砥砺奔小康［EB/OL］．四川党建网，2019-10-28．

②毛泽东．在《解放日报》改版座谈会上的讲话（1942年3月31日）［M］//毛泽东文集：第2卷．北京：人民出版社，1993：409．

③毛泽东．切实执行十大政策（1943年10月14日）［M］//毛泽东文集：第3卷．北京：人民出版社，1996：71．

103个，入院达1093人，其中‘五保’户占入院总人数的76.46%，占全县‘五保’户的64.41%”①。这无疑是“以人民为中心”在实践中的生动体现。

近年来，西南地区广大农村基层党组织在加强自身建设的过程中，始终贯彻习近平总书记“以人民为中心”的发展思想，将人民利益与乡村振兴、乡村发展、新农村建设、农村基层党组织建设有机结合起来。

一是在为民服务上坚持以人民为中心的理念。近年来，贵州省安顺市镇宁布依族苗族自治县广大农村基层党组织始终坚持“以人民为中心”的发展思想，把人民的利益放在心中，始终以解决人民困难为出发点，始终以为人民谋取幸福为宗旨，始终以带领广大人民群众脱贫致富为抓手，将“以人民为中心”的发展思想与乡村振兴、农村基层党组织建设紧密结合在一起。在农村基层党组织的引领下，镇宁县广大农村地区共种植蔬菜29.13万亩，覆盖全县14个乡（镇、街道），产量达45.47万吨，带动贫困户12602户51821人。采取党支部领办、引导等方式，把村组干部、致富带头人、产业大户组织起来，按照“村社合一”的模式建立合作社，推动蔬菜产业规模化、标准化发展。江龙镇水洞、荣兴等村支两委按照“公司＋支部＋合作社＋农户”的发展模式，引进外部公司与镇级平台公司合作，带动水洞、荣兴等村流转土地2500余亩，集中发展精品蔬菜种植，贫困户流转土地每亩可得租金700元，在农忙时节，蔬菜大棚和蔬菜种植基地每天可提供300多人次用工岗位，促进全镇建档立卡贫困户603户、2075人增加收入，户均增收4000余元。②喜妹村在该村党支部的带领下，结合村里的实际情况，流转800亩土地，种上了百香果。为了实现抱团发展，调动村民的积极性，在该村党支部的带领下，该村还成立简嘎畜牧农民专业合作社，采取“公司＋合作社＋农户”的发展模式，引导贫困户通过入股分红、联产经营、土地入股等合作方式，贫困户按照4∶6的效益分红、非贫困户按照5∶5的效益分红，参与产业发展，为贫困村和贫困户增收提供产业扶持。③

二是在工作方法上坚持以人民为中心的理念。云南省昭通地区水富市太平镇紧紧抓住“以人民为中心”这根主线，围绕乡村振兴大战略，以解决人民群众最关心的问题为出发点，大力推动农村基层党组织建设与乡村振兴的

---

①贵州省档案馆．普定县人委对当前敬老院工作的意见：1959-3-9［A］．贵阳：贵州省档案馆（全宗号42，目录号1，案卷号374）．

②镇宁县委组织部．镇宁：党建引领兴产业蔬菜种植促脱贫［Z］．课题组收集资料，2022-04-05．

③镇宁县委组织部．镇宁喜妹村：小小百香果香飘致富路［Z］．课题组收集资料，2022-04-05．

深度融合。为消除“空壳村”现象，该镇农村党支部及村委会干部以发展村级集体经济为初心使命，勇担职责，心往一处想、劲往一处使、力往一处发，先行先干、共谋发展；注册成立了“村集体经济有限公司”，先后投资 260 万元发展生猪、蛋鸡、食用菌等种养业。通过三年来的不断探索和发展，该镇村集体经济实现了从无到有目标，且呈现出了逐年增加的良好态势，年纯收入从起步阶段的 1 万至 2 万元增加到了现在的 3 万至 5 万元，彻底消除了“空壳村”。村集体经济有限公司依纪依规把部分集体经济收益用于基础设施建设、救灾救济、扶弱济困等方面，增强了基层组织公信力。时刻牢记以人民为中心的发展理念，用实际行动践行“我是党员我先干”，带头发展产业，带领广大农民群众脱贫致富奔小康。例如，盐井村党支部女党员凌珍明自筹资金 2 万余元，建立了鸡苗孵化室、土鸡养殖场，年纯收入逾万元，不但增加了自家收入，还带动了周边近 100 户群众发展土鸡养殖。为帮助建档立卡贫困户早日脱贫致富，在同等条件下她主动将孵化出来的鸡苗每只降低市场价 0.5 元至 1.5 元出售给建档立卡贫困户饲养，收到了良好的社会帮扶效益。又如，太平村的残疾党员杨孝兵将自己孵化出来的鸡苗免费发放给残疾特困群众，受到了社会各界人士好评，杨孝兵因此获得了太平镇 2018 年度“太平好人”称号。再如，古楼村柏乡党支部女党员黄勇，自筹资金 30 余万元成立了“水富金凤养殖有限公司”和“水富蛋鸡养殖专业合作社”养殖蛋鸡，年纯收入约 5 万元，在她的带动下有 100 余户群众主动加入她的团队。2017 年，该合作社被水富县妇女联合会授予“巾帼脱贫示范基地”荣誉称号。2019 年 8 月她主动捐款 2000 元资助古楼村当年考上高中、大学的 4 名困难学生（其中建档立卡贫困学生 2 名），受到群众点赞。采取“党支部＋合作社＋大户＋农户”的发展模式，以山区丰富的牧草资源为优势，在“山”字上做“牛”文章，引领 26 户建档立卡贫困户自筹资金 100 万余元养殖西门塔尔、安格斯、本地黄牛等肉牛。入股群众根据股金多少“分红”，年“分红”最高近 1 万元。[①]

三是在联系群众上坚持以人民为中心的理念。四川省内江市广大农村基层党组织始终坚持“以人民为中心”的理念，把人民利益摆在重要位置，打好“乡情牌”，推动乡村党组织抓住春节等假日节点，通过交流座谈、入户走访等多种形式，每年全覆盖走访慰问一次，送上家乡关怀；打好“友情牌”，开展“返乡创业手拉手”等系列活动，动员成功返乡创业农民工与有意愿返

①杨长亲．水富市太平镇“四个一”组织化推进产业发展［EB/OL］．昭通新闻网，2019-11-19.

乡创业优秀农民工结成对子585对，帮助其坚定信心、找准市场定位、生产营销；打好“亲情牌”，依托远程教育站点、党建电商服务站等，开展“亲子远程视频聊天”“向父母写封信”等1838场次活动，强化在外优秀农民工与留守亲人感情连接，增强其家乡情感寄托。打好政策牌。出台《内江市加强农民工服务保障三十条措施及工作方案》《内江市促进返乡下乡创业实施办法》以及农民工返乡下乡创业“八大回家工程”，推动县（市、区）编制完善本地返创政策清单9个，明确对符合条件的创业项目在用地、用电、融资等方面给予政策倾斜，依托内江市小额创业融资担保有限公司等为农民工创业提供无抵押融资担保，个人担保额度最高达15万元，企业担保额度最高达300万元。2019年上半年，全市累计为214名农民工提供无抵押融资担保，共发放创业贷款2390.5万元。打好创业环境牌。依托11个驻外招商机构、3个市内高校及《内江日报》、内江广播电视台等现有媒介对全市创业软环境和创业理念开展广泛宣传，增强返创吸引力。创新建立返乡创业“五个一”政务联络员服务机制，打造市、县、乡、村四级返乡农民工创业服务平台，适时为返乡创业农民工传授创业知识，全过程提供VIP服务；县乡两级定期举办项目推介会、特色节会等，以交流创业经验为载体，为返乡农民工创业提供学习交流、信息沟通的环境，截至目前，已帮助160名优秀农民工选择返乡创业项目。①

总之，在加强自身建设的过程中，西南地区广大农村基层党组织始终坚持“以人民为中心”的发展思想，紧紧围绕人民利益，从人民的实际需求出发，从人民的愿望和要求出发，将基层党建和乡村振兴、农村发展紧密结合起来，推动农村基层党组织建设迈向深入。

四、坚持问题导向原则

问题是事物发展的重要动力。马克思就指出，问题是“表现自己精神状态的最实际的呼声”②。任何事物的发展，从理论上来说都要体现一定问题意识。毛泽东强调：“问题就是事物的矛盾，哪里没有解决的矛盾，哪里就有问题。”③ 问题是推动事物发展的重要动力，没有问题，或者说没有问题的倒逼，

①内江市委组织部．内江市“三张牌”力促“归雁还巢”助力乡村振兴［EB/OL］．四川党建网，2019-08-09.

②马克思．集权问题［M］//马克思恩格斯全集：第40卷．北京：人民出版社，1982：289-290.

③毛泽东．反对党八股［M］//毛泽东选集：第3卷．北京：人民出版社，1991：839.

事物的发展就不能深刻体现其前进的方向。习近平总书记非常注重问题导向，他指出："我们中国共产党人干革命、搞建设、抓改革，从来都是为了解决中国的现实问题。可以说，改革是由问题倒逼而产生，又在不断解决问题中得以深化。"[①] 这说明，事物的发展需要有问题的倒逼，在问题倒逼之下，事物发展才会呈现出向上的态势。习近平总书记还强调："要有强烈的问题意识，以重大问题为导向，抓住关键问题进一步研究思考，着力推动解决我国发展面临的一系列突出矛盾和问题。"[②] 近年来，西南地区广大农村基层党组织在加强自身建设的过程中，坚持问题导向，在对问题的探究中力抓基层党建，在解决问题中推动基层党建与乡村振兴的深度融合。

一是在工作方法上坚持问题导向。比如，黔南布依族苗族自治州三都县仙桥村农村基层党组织以问题为导向，联合该村的驻村工作队，把为人民解决难题作为党组织建设的出发点，帮助该村广大村民解决吃水难的问题。从2019年5月份开始，该村党支部与驻村工作队员便与群众爬高山跨荆棘，经过为期一个多月的不懈努力，终于找到了新的水源，并安排专人负责修建蓄水池、铺设引水管等，驻村工作队定期督促，确保如期完成工程，让群众在冬季能够持续用上放心水。现在，通过修建蓄水池的方式，工期如期完工，确保了冬季供水正常，屯桥村的群众喝到了干净水、放心水、暖心水。此外，该村党支部还针对广大村民脱贫致富的问题，积极入户走访、结对帮扶，以"一切为了群众"为宗旨，努力践行"不忘初心、牢记使命"主题教育，从人民群众角度出发，着力解决广大村民的住房、医疗、教育等短板问题，用心、用情、用力为人民群众办实事、做小事。小小举动，却获得了群众的高度认可。[③] 龙里县广大农村基层党组织以乡村振兴中广大农民群众的呼声为问题的出发点，以"三能两创（能开会、能议事、能管人，创新时代文明实践典范、创党支部标准化规范化）"为抓手，采取"三同步、三联动、三引领"方式，深化"村社合一"巩固脱贫成效，助推乡村振兴。采用单独组建、联合组建等形式，从农民的问题和呼声出发，把新建合作社建立在党建链上，坚持因地制宜，领办、创办产业实体，对牵头领办、创办产业实体的村（社区）合作社，在产业链上必须同步成立党组织，突出村级党组织的政治功能。同时，以农业龙头企业、合作社、农户等经营主体及党组织为纽带，将分散的农户

①习近平．习近平谈治国理政［M］．北京：外文出版社，2014：74．

②习近平．习近平谈治国理政［M］．北京：外文出版社，2014：74．

③三都县委组织部．三都县仙桥村驻村工作队：为民服务解难题收获6面锦旗［EB/OL］．当代先锋网，2020-01-06．

（贫困户）组织起来、分散的产业链接起来，实现“村社合一”规范运行。从脱贫致富需要带头人的现实问题出发，实施“双培养双引领”工作，实行优先把“村社合一”合作社致富带头人培养成党员，优先引导党员加入“村社合一”合作社培养成为致富带头人的党员培养“两个优先”方式，培养党员致富带头人。积极选树带领群众致富增收意识强、责任强、能力强的产业带头人、致富带头人、农业专家和优秀党员典型，在提升产业发展上出主意、在传授技术上传服务、在扩大销售上找路子，做到农产品产销对接走出去、活起来。从乡村振兴迫切需要技术、资金等问题出发，从全县农业农村局、工信局、市场监督管理局等多家单位选派34名党建工作指导员，指导、联系产业党组织工作开展，使党建工作与产业发展同步谋划、同步部署、同步推进，推动党的建设和经济发展深度融合。目前，全县有46个农村“三变”改革试点村，实现74个贫困村全覆盖，培育和引进发展承接经营主体50个，开展合作项目109个，2.59万农民变成了持股股民，覆盖贫困人口9773人，农民股东参与“三变”改革增加收益3628.5万元，整合财政入股资金8040.6万元，社会企业投入资金1.18亿元。①

二是在制度制定上坚持问题导向。四川省眉山市洪雅县广大农村基层党组织针对该区域农村内存资源盘活不足的现实问题，采取“三项举措”盘活农村集体资产，推动乡村振兴。严格执行“四议两公开一监督”制度，充分发挥村务监督委员会作用，对集体经济组织经营管理活动和财务收支进行审核、监督，定期向村党组织报告。完善村财乡（镇）代管、会计委托代理等制度，规范集体经济资产资源登记、保管、使用、处置。定期将财务活动情况及有关账目，通过公示栏、智慧党建平台向全体成员公开，接受民主监督。乡镇每年对村（社区）进行一次财务检查，每三年要对村（社区）“两委”干部进行一次经济责任审计，确保村级财务管理规范，坚决防止集体资产被侵占、流失。充分利用村（社区）集体土地、活动阵地、厂房、校舍、荒山荒坡、水面滩涂、林地等现有资产资源，采取租赁、竞价承包经营、股份合作等多种方式盘活。对有条件的村（社区），出租服务设施、铺面、房屋等进行经营，适当发展集体产权物业经济，提高经营收益，确保保值增值。对集体经济有一定积累的村（社区），鼓励采取参股方式将集体资本融入大型企业，实现资本增值。②

---

①王亚瑜. 龙里：唱响“村社合一”主旋律　群众小康路上笑开颜［EB/OL］. 黔南组织工作网，2019-11-21.

②周小棚. 洪雅县“三项举措”盘活农村集体资产［EB/OL］. 四川党建网，2019-06-03.

小结

近年来，西南地区广大农村基层党组织在加强自身建设的过程中，由于时代发展和自身建设的需要，展现出鲜明的时代特色和地域特征。

一是时代性。西南地区广大农村基层党组织在推动乡村振兴的过程中充分展现了农村基层党组织建设美丽乡村、振兴乡村的时代特色。就党的十九大以来农村基层党组织建设的丰富实践来看，可以这样说，围绕乡村振兴、建设美丽新农村这个党和国家在农村的重要工作来加强和改进自身建设是乡村振兴过程中西南地区农村基层党组织最鲜明的时代特色。

二是地方性。西南地区广大农村基层党组织在推动乡村振兴的过程中围绕西南地区乡村社会“地瘠民贫”的特点做文章，围绕西南地区乡村社会“民族”特色做文章，充分体现了西南地区的地理特点和乡土民情。

三是实践性。西南地区广大农村基层党组织在推动乡村振兴的过程中立足于乡村振兴过程中农民群众的实际需求，立足于乡村振兴过程中乡村发展的实际需求，具有极强的可操作性、可复制性。

四是创新性。西南地区广大农村基层党组织在推动乡村振兴的过程中从西南地区乡村社会的实际出发、从西南地区乡村社会广大农民群众的诉求出发，不断从工作方法、建设模式上加大创新力度。

此外，西南地区广大农村基层党组织在推动乡村振兴的过程中积累了丰富的经验。

一是坚持围绕乡村振兴这一中心工作来加强西南地区农村基层党组织建设。当前，正值乡村振兴战略实施进入关键时期，乡村振兴成为新时代西南地区农村基层党组织的中心工作和重要任务，西南地区农村基层党组织必须紧紧围绕党和国家推进乡村振兴这一中心工作和重要任务开展工作，抓紧抓实，大力创新农村基层党组织推动乡村振兴的政策方针。

二是坚持理论与实践相结合的原则。党的十九大以来，西南地区广大农村基层党组织在推进乡村振兴的过程中，秉承理论与实践相结合的原则，推动基层组织建设迈向纵深。

三是坚持以人民为中心。近年来，西南地区广大农村基层党组织在加强自身建设的过程中，始终贯彻习近平总书记“以人民为中心”的发展思想，将人民利益与乡村发展、新农村建设、农村基层党组织建设有机结合起来。

四是坚持问题导向。近年来，西南地区广大农村基层党组织在加强自身建设的过程中，坚持问题导向，在对问题的探究中力抓基层党建，在解决问题中推动基层党建与乡村振兴的深度融合。

第六章　困境剖析：乡村振兴战略下西南地区农村基层党组织建设实践创新存在的问题

马克思曾说："主要的困难不是答案，而是问题。"[①] 对问题的解析其实是课题的难点所在，因为这直接关系到实证性研究的对策设计与路径建构。甚至可以这样说，没有问题，或者说，对问题的分析不精准，对策探讨就会无的放矢。从课题组针对乡村振兴战略下西南地区农村基层党组织建设现状调研的情况来看，农村基层党组织建设确实取得了一定的成绩，有的农村基层党组织的建设模式也为其他地区加强农村基层党组织建设提供了可资借鉴的经验与启示，其中一些具有创新价值的方法、思路、路径、对策为推动新时代西南地区农村基层党组织建设提供了灵感。但不能忽视的是，在乡村振兴战略下，西南地区有的农村基层党组织在加强自身建设的过程中尚存在一些问题，这些问题束缚了西南地区农村基层党组织建设的健康发展，从而也就阻碍了农村基层党组织在乡村振兴中充分发挥作用与效能。

第一节　农村基层党组织建设实践创新存在的问题

2016 年中央一号文件指出："我国农业农村发展环境发生重大变化，既面临诸多有利条件，又必须加快破解各种难题。"[②] 显然，这种情况也适应于新时代西南地区的农村基层党组织。从课题组调研的情况来看，西南地区农村基层党组织在加强自身建设的过程中，功能发挥得较为充分，作用巨大，成绩突出。这说明农村基层党组织建设实践创新取得的成效非常明显，但也不能否认，农村基层党组织建设实践创新的时候有些工作还不能完全契合新时代乡村振兴的迫切需要，还存在一些问题，这些问题的存在严重制约了乡村振兴的快速发展，制约了新时代"三农"工作推进的需要。

①马克思. 集权问题［M］//马克思恩格斯全集：第 1 卷. 北京：人民出版社，1995：203.

②中共中央，国务院. 中共中央国务院关于落实发展新理念加快农业现代化实现全面小康目标的若干意见［N］. 人民日报，2016-01-28（01）.

一、职责定位模糊，实践创新思路不活

从课题组开展的调研来看，西南地区农村基层党组织对于其在推进乡村振兴过程中的职责定位并不精准，导致农村基层党组织建设实践创新思路不够灵活。

有的农村基层党组织认为党组织既然号称党组织，顾名思义其主要职责就是加强农村基层党组织建设，其重要工作就是抓好农村基层党建，党建抓好了，农村基层党组织的职责也就到位了，工作也就基本完成了。至于其他工作包括“三农”工作、新时代乡村振兴的重要任务都属于农村基层党组织的副业，对农村基层党组织是乡村振兴的引领者、带头人这一定位理解得不深刻、不透彻。甚而有之，有的农村基层党组织认为抓乡村振兴属于上级政府主管和主抓事业，与农村基层党组织本身瓜葛不紧密；如果自己强行参与则属于侵权，搞不好反而弄巧成拙，影响与上级政府部门之间的关系。因此，许多农村基层党组织就片面地认为发展经济、进行乡村治理是“分外”之事。有的农村基层党组织则将自己行使之权力设定得过于宽泛，对于村支部委员会、村党总支、村级党组织与村民委员会之间的权力边界认识不清，把村民委员会的一些权力纳入村支部委员会管辖的范围之内，比如计划生育、治安调解、公共卫生等。有的农村基层党组织则事无巨细，事事关心，对于农村基层党组织的政治引领作用认识不够。有的农村基层党组织尽管认为乡村振兴是当前党和国家的重大战略行动，却认为乡村振兴是广大农民群众自己的事情，农村基层党组织只是起疏导和带动作用，不必要为此纠结和焦虑，乡村振兴不振兴与自己没有太大的关系，或者说至少关系不紧密。有的农村基层党组织甚至将村支部委员会与村民委员会对立起来，二者互不相干，谁都不能干涉谁，对于村支部委员会、村级农村基层党组织的政治引领作用认识不够，作用发挥得也不够。

课题组的调研结果也证明了上述结论。课题组走访了西南地区四个省（市）的多个村寨，对云、贵、川、渝等地广大农村和农民群众进行了详细的访谈和问卷调查，分发了 500 份问卷，回收 496 份问卷，有效问卷 487 份，无效问卷 9 份。从问卷调查有效人数的职业与身份来看，在这 487 份问卷当中，党员有 88 人，约占 18.1%；普通群众有 399 人，约占 81.9%。问卷显示，这 487 人的职业也各不相同，村干部 74 人约占 15.2%，个体户 46 人约占 9.4%，中小学教师 53 人约占 10.9%，农民 308 人约占 63.3%，其他 6 人约占 1.2%（见图 6—1）。从问卷的内容来看，问卷所设计的问题基本上能够反映课题所需要调研和咨询的问题；从问卷所调查对象的职业属性来看，问卷所设计的对象基本上能够概括乡村振兴过程中农村基层党组织所需要面对的人群。

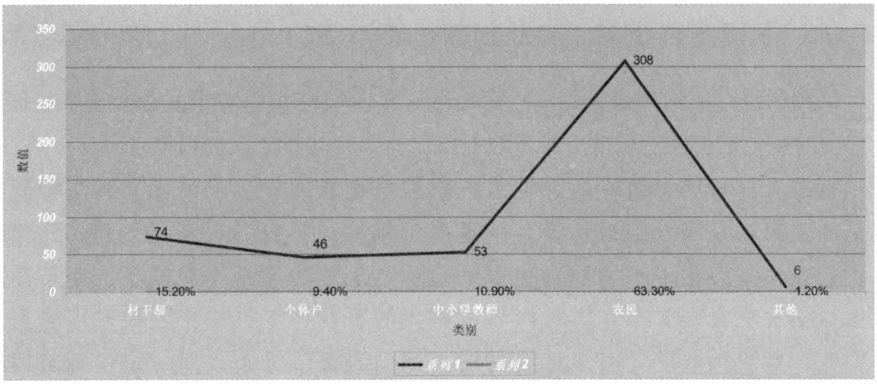

图 6—1　职业成分统计图

问卷调查统计显示，在 487 份问卷中，至少有 156 人占比约 32%的人认为农村基层党组织的主要职责就是抓党建；有 197 人占比约 40.5%的人认为“三农”工作是农村基层党组织的副业；有 66 人占比约 13.5%的人认为发展经济、推动乡村振兴属于上级政府主管和主抓事业；另有约 68 人占比 14%的人对此问题不表态（见图 6—2）。

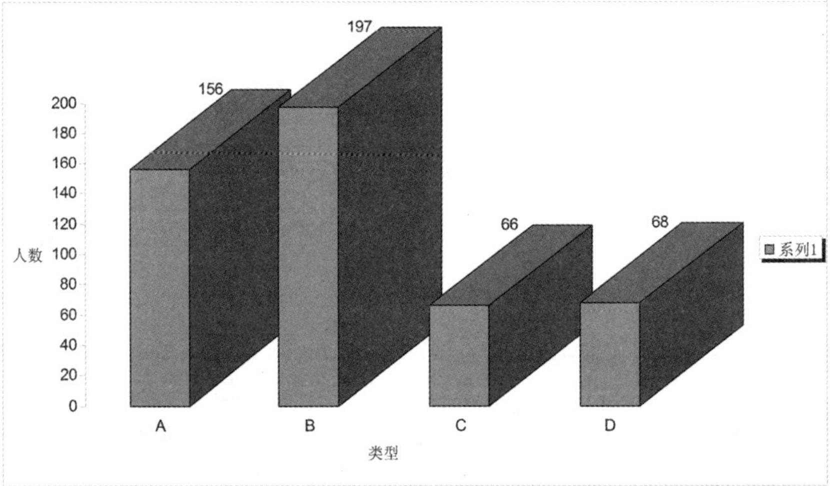

A=抓党建是主要职责

B=“三农”工作是副业

C=发展经济是上一级政府的事情

D=不清楚

图 6—2　西南地区农村基层党组织权责定位统计图

二、政策领悟不够，实践创新平台欠缺

当前党和国家在农村地区的中心工作是实施乡村振兴战略，是大力推动

农村、农业的现代化。2020年中央一号文件就强调要“坚持农业农村优先发展，做好‘三农’工作”。[①] 但就课题组的调研结果来看，西南地区有的农村基层党组织存在对党和国家的政策、方针等领悟不够的情况，导致实践创新平台欠缺。

有的农村基层党组织对于党在十九大提出的“乡村振兴战略”领悟不够、理解不深。按照党的十九大及后来中共中央、国务院通过的一系列政策方针，可以看到乡村振兴战略不仅仅是经济振兴，更重要的是一种乡村全面的振兴，包括政治生态、社会生态、文化生态、党内政治生态等，覆盖乡村的方方面面，是一种整体的、全面的提升或者说振兴。然而，西南地区有的农村基层党组织对于“乡村振兴战略”领悟不够，存在片面理解“乡村振兴战略”的现象，把经济振兴独立出来，在实施经济振兴的同时排斥人才振兴、生态振兴、文化振兴、组织振兴等其他方面的振兴，过分注重经济方面的振兴，认为经济振兴了、农村富裕了、农民生活富足了，就代表着乡村振兴的目标实现了，这显然是片面的，也是不客观的。也有的农村基层党组织对“乡村振兴战略”中的政策实施进行片面理解，认为乡村振兴战略与上面单位、政府的拨款和支持有着密切关系，“等靠要”现象严重，而不注重自我提升，在激发群众自主参与乡村振兴的工作上存在不足。有的农村基层党组织甚至认为推动乡村振兴只是上级党委、上级政府、上级有关单位部门的事情，自己在其中只是发挥联系作用，更不用说调动广大农民群众参与乡村振兴的积极性。显然，这种片面的思维桎梏了乡村振兴的进一步推进。有的农村基层党组织对于各地关于实施“乡村振兴战略”的具体政策、措施理解得不够精准，存在过激的现象，在实际操作中将普通群众的一些传统习惯等同于乡村振兴应该摒除的不良习俗，导致群众颇有怨言。而且，事实也证明农村、农民的一些传统习俗对于推动乡村振兴有正面作用，具有一定的正能量。有的农村基层党组织不能将党和国家关于推动乡村振兴的方针政策与地方实际紧密结合起来，静态地看待政策与地方实际的结合点，而不是动态地去思考政策与地方社会的结合，对于政策与地方实际相融合的深度上下功夫不够，没有从地方社会的实际需要来充分考虑政策实施的可能性与实用性，导致政策与地方社会实际相脱节，部分政策在执行时偏离地方社会的实际需要和农民的实际诉求。比如有的地方在执行宅基地政策时，侵犯农民的利益；在发展乡村产业时，使用“一刀切”政策，侵犯农民的利益和合法权利。

---

①中共中央，国务院．中共中央国务院关于坚持农业农村优先发展做好“三农”工作的若干意见［N］．人民日报，2019-02-20（1-2）．

课题组在进行田野调研时，仡佬族村民“GS”就懊恼地说：

我们这里的村干部不准我们种玉米，把我们种的玉米全部扒光，说什么是上面的政策，说什么种玉米不赚钱，要种上面经济效益比较好的农作物，比如水果、药材、食用菌等什么的。但是我们是农民，土生土长的农民，一辈子都是种玉米的，因为种玉米耐旱，经得住天干，而且，管理时间少，我们可以抽空出去打工，赚一点生活费。这样，既种了玉米，有粮食可以糊口；而且，在玉米从生长到成熟这一段时间，还可以赚点小钱，补贴家用。这样一举两得。但现在不让我们种，种了还要拔，我们农民想不通。因为我们缺少种植水果、药材、食用菌等的技术和经验，你要我们怎么办。我们不理解。①

问卷调查（分发 500 份问卷，回收 496 份问卷，有效问卷 487 份，无效问卷 9 份）统计显示，在 487 份问卷中，至少有 316 人占比约 64.9%的人认为农村基层党组织对党和国家关于乡村振兴的政策的认识和理解有偏差；有 57 人占比约 11.7%的人认为农村基层党组织执行的政策侵犯了自己的利益；有 93 人占比约 19.1%的人认为农村基层党组织在贯彻政策时与地方实际结合不够；另有约 21 人占比 4.3%的人对此问题不表态（见图 6—3）。

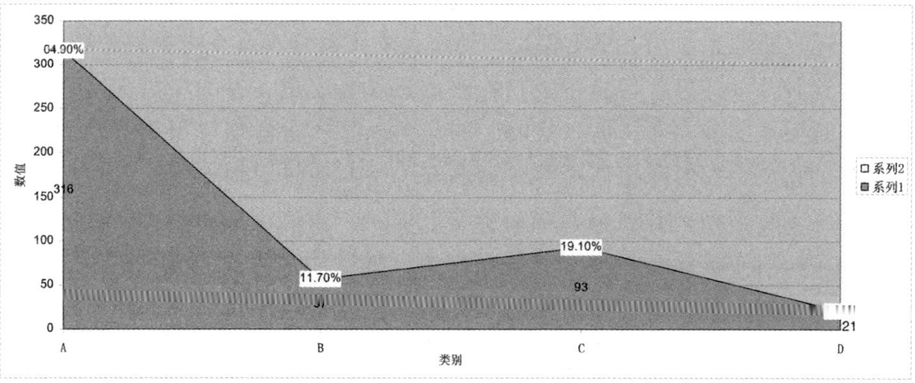

A＝认识有偏差

B＝侵犯农民利益

C＝与地方实际结合不够

D＝不清楚

图 6—3　西南地区农村基层党组织政策领悟力统计图

---

①根据课题组 2019 年 7 月 26—31 日在贵州省遵义市道真仡佬族苗族自治县棕坪乡瓦子坪村的调研资料整理。

三、队伍建设不力，实践创新核心不实

农村基层党组织队伍建设事关乡村振兴战略推进的效果。而在农村基层党组织整个队伍中，基层党组织的带头人是农村基层党组织的核心成员，是农村基层党组织的"关键少数"。从课题组针对西南地区云、贵、川、渝四个省（市）等地广大农村和农民群众的调研采访来看，队伍和班子建设不力，实践创新核心缺乏是乡村振兴过程中西南地区农村基层党组织建设存在的一个不应忽视的现象。

调研显示，有的农村基层党组织在加强自身组织建设方面流于形式，常年未发展素质较高、能力较强，有一定政治觉悟、有着坚定理想信念的青年人入党，反而是将一些文化程度不高、理想信念动摇的人选入支委班子，支委班子严重老龄化。比如，在贵州省纳雍县，就存在农村基层党组织弱化、党员"老龄化"的情况；石阡县有的基层党组织未按期换届，农村党员"老龄化"突出。[①] 有的农村基层党组织带头人作风蜕化，"四个意识"不强，引领乡村振兴能力不足，在推动乡村振兴过程中实践创新能力不强。有的农村基层党组织在发展党员时怀有私心，"小九九"较多，选择性地发展一些关系户和有血缘关系的亲朋好友，出现"家族化"现象，《贵州日报》就指出："有的农村基层党组织发展党员有家族化、宗派化倾向。"[②] 调研还显示，有的农村基层党组织自身建设严重滞后，形式主义严重，组织生活长期处在懈怠状态，有的农村基层党组织基本上不开组织生活会，组织生活会只是停留在纸面上和文件中；即便召开组织生活会，也是形式远大于内容，读一读上级党委文件了事，既不做批评与自我批评，也不认真学习党的理论方针政策，更不用心学习习近平新时代中国特色社会主义思想。有的农村基层党组织作风建设不实，与人民群众关系不密切，脱离群众现象严重，不帮助群众解决实际问题，有高高在上的做派，对人民群众的诉求置之不理，或者说视而不见、听而不闻，把人民群众的利益不当一回事，做一天和尚撞一天钟，形式主义、官僚主义、教条主义严重。有的农村基层党组织贪污腐败，利用手中的权力谋取私利，不但不能在为民服务上保持活力与激情，反而成为农村的"蛀虫"，祸害甚远。

比如，贵州大方县巡察组在对 19 个深度贫困村采取"网上＋线下"的监

①黔清风．十二届中共贵州省委第二轮巡视公布 29 个县（市）巡视反馈情况［N］．贵州日报，2018-06-11（06）．

②许邵庭．"护林"就要见森林见树木见症状见病因［N］．贵州日报，2017-07-21（03）．

督模式，通过官网、微信、公开栏、寨子集中墙壁公布举报电话，集中设点受理，“点穴式”约谈干部，“突击式”走访群众，认真核实有关资料和扶贫项目实施情况时发现，截至 2018 年 6 月，已发现问题线索 106 个，督促部门整改 70 个，移交纪检部门核查 36 个，立案 12 件，纪律处分 16 人。① 再如，贵州省黔东南苗族侗族自治州雷山县永乐镇大寨村党支部原书记杨天才伙同他人私分惠民资金问题。2010 年至 2016 年期间，杨天才侵占五保户危房改造补助 4198 元；伙同他人侵占独居老人危房改造补助 1.04 万元、以其他村民名义骗取农村低保金 6.9 万余元、侵占大寨村自然灾害救助金和冬春救助资金 3200 元。杨天才受到开除党籍处分，涉嫌违法问题移送司法机关处理。② 四川省自贡地区富顺县紧盯村组长等重点对象治理“微腐败”，通过村干部数据与全县享受低保人员数据进行比对，发现富顺县富世镇谷草山社区主任徐梦菲违规享受低保。③ 云南省保山市龙陵县针对村级党员干部“雁过拔毛”式腐败问题进行监督监察，共查处村干部违纪违法案 9 件 18 人，为国家和集体挽回经济损失 72.6 万元。④ 有的农村基层党组织与黑恶势力勾结，与不法分子勾结，在农村横行霸道、肆无忌惮，充当黑恶势力的“挡箭牌”与“保护伞”，有的甚至充当黑恶势力的打手与帮凶，为黑恶势力铺设护栏与篱笆，损害农民的利益，严重损毁农村的政治生态。譬如贵州省纳雍县库东关乡大坡村“龙霸王”横行乡里：

> 大坡村，村如其名，山高坡大，全村六个村民小组，沿着山脊，从山顶至山脚散居在丛林深处。大坡缺水，水制约着全村的发展，牵动着村民的神经。
>
> 然而长期以来，大坡村的饮水问题，却被村里的“龙门父子”把持，群众敢怒不敢言。……
>
> 2011 年，大坡村换届，1941 年出生的龙德江当了 30 年村干后因年岁过高“退位”，可并未交出管水大权，他用水做筹码把次子龙文懂推上村干部的“宝座”。2013 年、2016 年换届中，龙德江上演同样的戏码，稳住龙文懂的大权。
>
> 担任村党支部书记的龙文懂也如法炮制，想要培养自己的儿子，把村里换届演变成龙家“世袭制”。

---

①张勤．大方着力察揪深度贫困村“微腐败”［N］．贵州日报，2018-06-07（10）．

②许邵庭．省纪委通报 4 起贪污私分扶贫资金典型案例［N］．贵州日报，2017-07-25（02）．

③秦勇．自贡向基层贪腐挥“蝇拍”［N］．四川日报，2017-06-26（08）．

④朱金磊，王龙芹．保山：龙陵县加强监督基层贪腐问题［N］．云南日报，2016-08-11（03）．

> "为了让他儿子龙广'继位'，龙文懂没有经过村委会同意就把儿子加入预备党员名单，而这一切龙广本人并不知情。"老村干曹鹿勋表示，一段时间以来，大坡村毫无政治生态可言、毫无民主决策可言，党员的自我认同感严重弱化，村民对基层党组织毫无信任。[①]

《云南日报》也记载：

> 在曲靖市陆良县，钱某某伙同兄弟依靠家族势力，纠集社会闲散人员，采用暴力威胁、软禁、封官许诺等方式拉拢选民，操控村委会选举，以非法手段当上村委会主任。把持村委会后，无视党纪国法随意更换村（社）干部，随意安排心腹人员在村委会工作，暴力阻止他人参选。钱某某还以维护嘎古村治安为由成立"护村队"，队员统一配发迷彩服、对讲机、橡胶棒、钢管、大刀等工具，实际为服务个人的黑社会性质组织。钱某某利用"护村队"震慑村民，以"暴"立威，横行乡里，敲诈村民，乱收费用，为个人和组织成员谋取私利，严重影响了当地群众的正常生产生活秩序。[②]

《贵州日报》就针对贵州农村基层党组织与黑恶势力勾结、沆瀣一气的现象指出："要夯实基层基础，持续整顿软弱涣散基层党组织，大力惩戒'蝇贪'坚决打击'村霸'、家族宗族恶势力，切实筑牢防范打击黑恶势力的第一道防线。"[③] 有的农村基层党组织领头人思想素质不高，政治意识不强，理想信念不坚定，作风不实，能力欠缺，难当新时代乡村振兴的重任。

问卷调查（分发500份问卷，回收496份问卷，有效问卷487份，无效问卷9份）统计显示，在487份问卷中，至少有175人占比约35.93%的人认为农村基层党组织领头人作风不实、能力不强；有112人占比约22.99%的人认为农村基层党组织班子队伍建设不力；有126人占比约25.88%的人认为农村基层党组织存在贪腐问题；有59人占比约12.12%的人认为农村基层党组织与黑恶势力勾结；另有约15人占比3.08%的人对此问题不表态（见图6—4）。

---

①黔清风．大水冲垮"龙王庙"丝丝清凉沁人心［N］．贵州日报，2018-07-26（09）．

②尹瑞峰．我省重拳打击家族黑势力［N］．云南日报，2019-04-20（03）．

③许邵庭．部署中央扫黑除恶第19督导组反馈问题整改工作［N］．贵州日报，2019-05-31（01）．

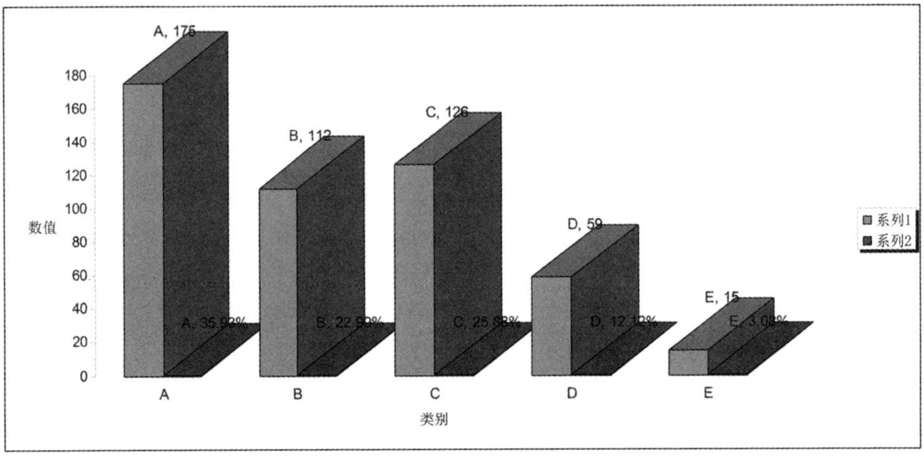

A＝领头人作风不实

B＝班子队伍建设不力

C＝存在贪腐问题

D＝与黑恶势力勾结

E＝不清楚

图 6—4　西南地区农村基层党组织队伍建设统计图

四、服务意识不强，实践创新路径狭窄

从课题组的调研情况来看，当前西南地区农村基层党组织囿于自身建设的不足，导致为民服务意识不强，使得农村基层党组织建设实践创新路径狭窄，在推进乡村振兴的路径与方法上严重滞后。

有的农村基层党组织囿于自然环境的局限，在推动乡村振兴上依然停留在“靠天吃饭”“靠山吃山、靠水吃水”的思想境界，仍然按照过去传统农业的耕作方式、生产方式进行劳作，在服务意识上故步自封，不能突破地理环境和人文条件的限制，不敢突破原有传统农业的生产与耕作习惯，不敢大胆创新乡村振兴的路径与方法，推进乡村振兴的路径与方法单调、单一，导致农村基层党组织对于乡村振兴的路径与方法创新严重不足。有的农村基层党组织自身素质不高、见识不广，在服务意识上缺乏远见和对事物的认知与辨别力，导致农村基层党组织在推动乡村振兴时束手束脚、捉襟见肘，不敢尽力创新农村基层党组织在推动乡村振兴中的方法与路径。有的农村基层党组织对于新事物接受能力不强，喜好停留于用旧思维、旧理念、旧意识思考问题，在实践创新上严重滞后，不能将外来的新事物、新观念、新思维应用于本地的乡村振兴实践中去，反而对于其他管用的、被实践已经证明了的有实效的乡村振兴的方法、路径持排斥态度，或者由于自身的素质和能力的限制，导致对于那些管用的、被实践已经证明了的有实效的乡村振兴的方法、路径在运用于本地的乡村振兴实践上有误差、有偏差，从而导致有的农村基层党组织在推动乡村振兴的方法与路径上故步自封，计划远远跟不上时代的变化，与现实实践脱节，赶不上农民的现实需要。有的农村基层党组织则邯郸学步，不顾本地实际情况将外地的经验不经筛选、不经过滤、不经耦合在本地进行使用，导致外地农村基层党组织的经验在本地水土不服，不但不能对本地的乡村振兴产生推动作用，反而使本地的乡村振兴受到阻碍。

课题组针对西南地区广大农村和农民群众进行了详细的访谈，有直言不讳的土家族农民群众指出：

> 我们村搞乡村振兴，其实就是停留在嘴巴上，无非把我们种植的玉米砍掉，要我们种一些经济作物。我们其实也不是不种，主要是我们这里更适合种玉米，其他作物倒不太适合；最主要的是，村里没有什么好的办法给我们解决技术、资金、人才、政策等问题。①

问卷调查（分发 500 份问卷，回收 496 份问卷，有效问卷 487 份，无效问卷 9 份）统计显示，在 487 份问卷中，至少有 113 人占比约 23.2%的人认为农村基层党组织的乡村振兴方法守旧，跟不上时代变化；有 132 人占比约 27.11%的人认为农村基层党组织乡村振兴方法是生搬硬套照搬外地经验，不适合本地农村、农业发展和乡村振兴；有 107 人占比约 21.97%的人认为农村基层党组织乡村振兴方法没有体现农村和农民的需要；有 101 人占比约 20.74%的人认为农村基层党组织乡村振兴方法创新尺度不够，还有待提升；另有约 34 人占比 6.98%的人对此问题无所谓（见图 6—5）。

①根据课题组 2019 年 4 月 17—23 日在铜仁市思南县大河坝乡转角村、昝岩村等村的调研资料整理。

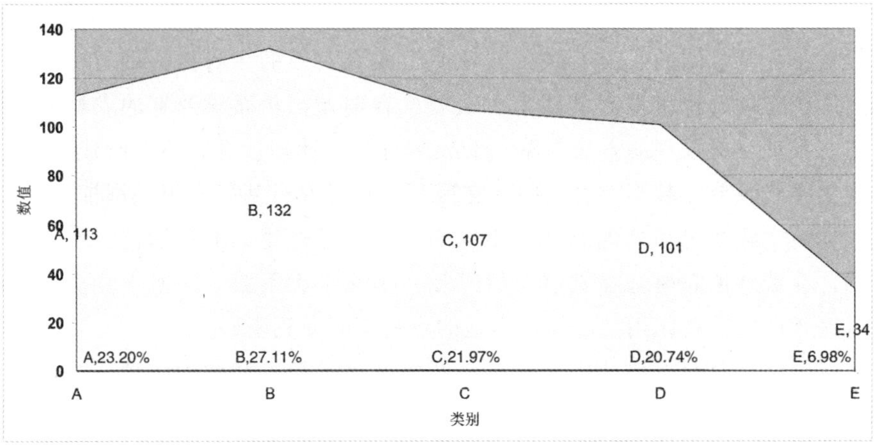

A＝乡村振兴方法守旧，跟不上时代变化

B＝乡村振兴方法生搬硬套照搬外地经验

C＝乡村振兴方法没有体现农村和农民的需要

D＝乡村振兴方法创新尺度不够，还有待提升

E＝无所谓

图6—5　西南地区农村基层党组织推动乡村振兴路径统计图

五、汇聚合力不够，实践创新动能不足

组织凝聚、协调能力是农村基层党组织执政能力的一个重要表现，组织凝聚、协调能力不足会极大地影响农村基层党组织各项社会工作的推进，会极大地影响新时代农村基层党组织推动乡村振兴，会极大地影响新时代农村基层党组织建设社会主义美丽新农村。因此，提升农村基层党组织组织凝聚、协调能力是加强农村基层党组织建设的一个重要内容。从课题组的调研来看，西南地区有的农村基层党组织在加强自身建设推动乡村振兴上存在的一个重要问题就是组织凝聚、协调能力不够，导致农村基层党组织建设实践创新内生动能不足。

调研显示，西南地区有的农村基层党组织视野狭小，眼中只有自身的一亩三分地，拘泥于自己门前的草坪，不能将其他组织机构、社会团体等充分耦合、有机调动起来，而是自己单打独斗，造成在乡村振兴的过程中与其他组织机构、社会团体诸如上级机关单位中的财政、社会保障、税收、教育、文化、发改局、驻村帮扶部门、共青团以及企业、慈善机构、基金会等联动参与乡村振兴的积极性不够，导致财政部门在拨款上有迟滞，不能针对地方社会乡村振兴的实际需要、农民群众的实际诉求慷慨解囊；导致税收部门不能针对本地的产业采取切实有效的优惠政策，还利于百姓和企业，让企业能够在乡村振兴中大展身手，成为带领广大乡村、广大农民群众脱贫致富奔小康的带头人和领头雁；导致教育、文化、发改局、社会保障部门等不能针对农村社会的实际颁发有利于农村发展、农民脱贫致富的方针政策；导致共青团、慈善机构等不能成为乡村振兴的重要动力。有的农村基层党组织在凝聚群众方面做得还不够，从理论上来说，广大农民群众是乡村振兴的主体，可以这样说，离开农民群众来实施乡村振兴是不客观也是不现实的。但是有的农村基层党组织自身官僚做派严重，与农民群众关系较远，在密切联系群众上做得不够，尤其是在调动广大普通农民群众参与乡村振兴上做得不够，许多乡村致富能人、乡贤、乡村退伍军人、乡村知识分子（这里所指的乡村知识分子是指有一定文化知识，达到初中毕业、高中毕业的农民群体）、返乡大学生等不能被有效调动参与乡村振兴、参与建设新时代社会主义新农村。有的农村基层党组织社会活动能力不强，胆小怕事，缺乏与外界的沟通、交往能力，缺乏与外界的协同和通融能力，不能针对本村的实际情况和乡村振兴的实际需要去外面要政策、要资金、要人才、要支持。有的农村基层党组织处理事情的能力、机动性不够，比如对于空宅宅基地、撂荒地、山坡地、烧荒的林地等的聚合、流转、利用等方面尚欠经验，不能将这些资源有效转化为推动乡村振兴的内在资源。有的农村基层党组织由于天然的血缘和地缘关系，其社会网络关系简单，世代都是老实巴交的农民，这也就妨碍农村基层党组织在整合各方社会资源上存在不足。

课题组针对西南地区广大农村和农民群众进行了详细的访谈，返乡布依族农民大学生“DBK”说：

> 我们村支委和村干部都是些老实巴交的农民，而且年龄偏大，从小就窝在山窝里难得出去，“出不得众”，所以哪有什么社会交往和沟通能力。你要他们去联系企业、联系什么社会团体，这显然是一件较难的事情。他们缺少与企业老板、赞助人等打交道的能力。还有，他们缺少与政府人员的交往能力，他们有点害羞，还有点害怕。①

问卷调查（分发500份问卷，回收496份问卷，有效问卷487份，无效问卷9份）统计显示，在487份问卷中，至少有203人占比约23.2%的人认为农村基层党组织的社会交往、沟通能力不足；有81人占比约27.11%的人认为农村基层党组织在聚集资源、资金能力上存在不足；有129人占比约

①根据课题组2019年10月15—18日在贵州省六盘水市六枝特区岩脚镇的调研资料整理。

21.97%的人认为农村基层党组织在凝聚群众，号召广大农民群众参与乡村振兴能力上存在不足；有 53 人占比约 20.74%的人认为农村基层党组织素质能力欠缺，导致社会资源聚合能力不足；另有约 21 人占比 6.98%的人对此问题持无所谓态度（见图 6—6）。

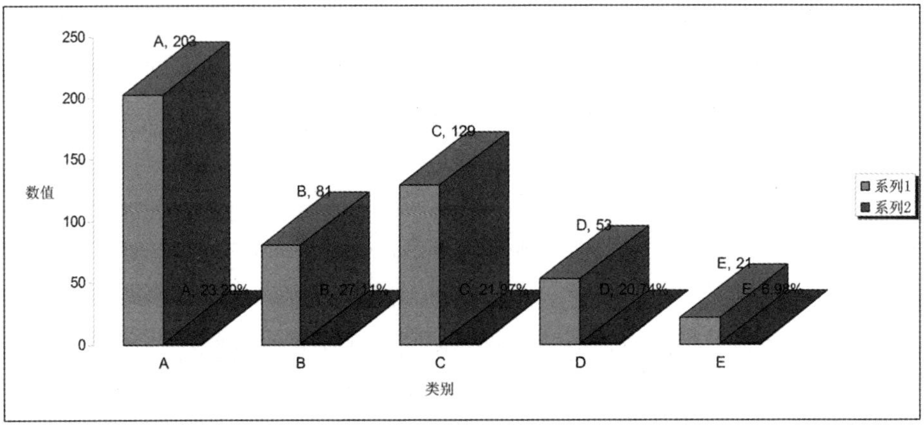

A=农村基层党组织的社会交往、沟通能力不足

B=农村基层党组织在聚集资源、资金能力上存在不足

C=农村基层党组织在凝聚群众，号召广大农民群众参与乡村振兴能力上存在不足

D=农村基层党组织素质能力欠缺，导致社会资源聚合能力不足

E=无所谓

图 6—6　西南地区农村基层党组织汇聚合力情况统计图

六、管理约束不严，实践创新制度滞后

从课题组的相关调研来看，由于西南地区农村基层党组织在加强自身建设引领乡村振兴的过程中，管理约束不严，导致西南地区有的农村基层党组织实践创新制度滞后。

有的农村基层党组织的党员限于自身知识面、理解力、领悟力等原因，对于党的政治纪律、组织纪律、廉洁纪律、群众纪律、工作纪律、生活纪律等理解有偏差，或者说认知不足，这也就导致他们在遵纪守法的行动上慢半拍。有的农村基层党组织的党员甚至把管理制度摆在台面上，停留在纸面或者说文件中，组织纪律对于他们来说只是一种摆设，嘴巴上说得非常好听，但实际操作中却无视组织纪律，对于组织纪律的约束反而有抵触，在现实生活中经常出现违反党的组织纪律的现象。有的农村基层党组织制度建设不力，诸如讲政治制度、学习制度、“三会一课”制度、联系群众制度、帮扶制度、坐班制度、发展党员制度、考勤制度、创先争优制度、目标管理制度、绩效考核制度等的建设严重滞后，或者在制度建设上缺乏长远规划和周密设计，即使设计出来的制度也远远跟不上时代要求和社会发展，与地方社会实际不能充分结合，与乡村广大农民群众的实际需要不能充分结合。乡村振兴是当前农村基层党组织的重要责任，但有的农村基层党组织并没有将推进乡村振兴的成效与农村基层党组织的绩效挂钩，从而严重影响农村基层党员干事创业的激情，严重影响农村基层党员推动乡村振兴的积极性与创造性。有的农村基层党组织在执行管理制度时有选择性进行，看菜吃饭、量体裁衣，拣软柿子捏，不敢碰硬钉子、不敢蹚浑水、不敢啃硬骨头；甚而有之，有的农村基层党组织的带头人只是在嘴巴上要求别人讲政治纪律、遵守党纪党规，自己却带头不遵守，党的纪律、规章制度对于他来说只是一种形式，破坏党的政治规矩，无视党的组织纪律，给群众和社会造成不良影响。有的农村基层党组织在制度的执行上呈现出散漫、松懈、混乱的姿态，导致广大农民群众看在眼里、记在心里，私下里颇有怨言，上行下效，从而给乡村政治生态、社会生态、社会秩序造成不良影响，给乡村振兴带来严重不良后果。

课题组在对相关人员进行调研访谈时，贵州省遵义市绥阳县旺草镇石羊村的一位驻村第一书记“WSB”谈到了他驻村以来的感受：

> 我驻村近一年来，深刻感受到我们村的村主任和村支部书记两人的组织纪律就比较淡薄。二人都是党员，但二人在遵守党的组织纪律上却难以配得上“共产党员”的称呼。比如两人面和心不和，经常闹矛盾。两人不但在工作上不配合，私下里还经常相互拆台，两人的工作不能形成合力。可以说这是严重违反党的组织纪律的。重要的是，村主任还找我出去吃饭，叫我帮他买单，这是千真万确的事实；还欺负我是一个外地人（我老家甘肃的，硕士毕业后到贵阳某一省直机关单位工作，2017 年派遣驻村），找我借钱也不还，数额达 6000 元之多（只还了 5000 元，其余 1000 元不了了之），可以说这是严重违反了党的廉洁纪律和生活纪律的。但这位村主任不以为意。所以我认为，乡村振兴重要的就是抓组织纪律，把这些害群之马进行处理，还乡村社会风清气正的政治生态。①

课题组的问卷调查（分发 500 份问卷，回收 496 份问卷，有效问卷 487 份，无效问卷 9 份）统计也显示，在 487 份问卷中，至少有 276 人占比约 56.67%的人认为农村基层党组织的制度建设严重滞后；有 52 人占比约

①根据课题组 2017 年 12 月 9 日在贵州省遵义市绥阳县旺草镇石羊村的调研资料整理。

10.68%的人认为农村基层党组织把制度停留在表面；有 42 人占比约 8.63%的人认为农村基层党组织领头人带头不遵守制度；有 112 人占比约 23%的人认为农村基层党组织在制度的执行上具有选择性；另有约 5 人占比 1.02%的人对此问题持无所谓态度（见图 6—7）。

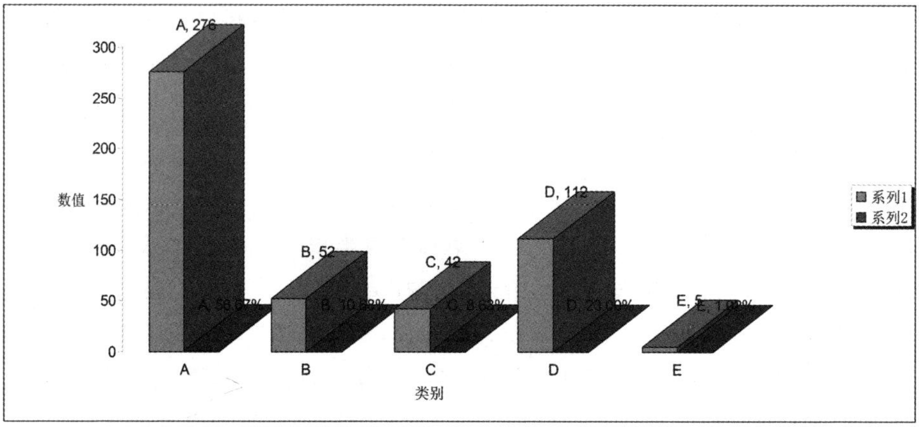

A＝农村基层党组织的制度建设严重滞后

B＝农村基层党组织把制度停留在表面

C＝农村基层党组织领头人带头不遵守制度

D＝农村基层党组织在制度的执行上具有选择性

E＝无所谓

图 6—7　西南地区农村基层党组织制度建设情况统计图

第二节　农村基层党组织建设实践创新存在问题原因探究

对问题原因的探究有利于对问题的产生、发展以及规划解决问题的对策、路径、方法等的解析。从课题组的调研情况来看，乡村振兴战略下农村基层党组织建设实践创新确实取得一定成绩，但也应该承认，其中存在的问题也不该忽视。当然，重要的是，还应该对产生这些问题或者说引诱这些问题发生的原因进行仔细探究。

一、乡村地理环境制约

从理论上来说，地理并不是一个易变因子，而是一个非易变因子。学术界一般把地理因子视为社会变迁与社会发展的决定性因素，并认为地理基因是推动社会变动的恒久性元素，但这种元素并不为人所熟识，而是经常被人忽略。法国历史社会学者布罗代尔对地理之于社会的关系进行了深入研究，比如他在分析地中海之于欧洲的影响时说："在北部，欧洲紧靠地中海地区，受到地中海的众多冲击。它的反冲击也很多，并且经常起着决定性的作用。"[①]正是通过对地中海及地中海周边世界的分析，布罗代尔指出地理对社会的影响是异常深刻的，"地理不再是目的本身，而成一种手段。地理能够帮助人们重新找到最缓慢的结构性的真实事物。并且帮助人们根据最长时段的流逝路线展望未来。我们可以像对历史一样，对地理提出一切要求。这样的地理学就特别有利于烘托一种几乎静止的历史"[②]。布罗代尔是"长时段""中时段""短时段"理论的提出者，在他看来，地理因子属于长时段属性的基因。布罗代尔认为，在历史的车轮中，地理起重要作用，其影响不可忽视，"在这个层面上，而不是在其他任何层面上，人们能够正当地从苛求的历史时间图式中解脱出来，以后有了其他的关注和问题，便可以用新眼光再回顾这一图式。总之，相对于这种缓慢的、层积的历史而言，整体的历史可以重新思考，正如要从底层结构开始一样。无数的层面和无数次历史时间的剧变都能根据这些深层结构、这种半停滞的基础得到解释。所有事物都围绕这个基础转"[③]。

就地理位置来看，西南地区广大农村的交通状况相较于城市来说欠发达，信息也欠发达，许多农村地区更是天高路远，山高岭大，路险土薄，石多地少，恶劣的地理生态严重束缚了西南地区农村基层党组织建设实践创新时创新思路、拓宽视野，从而也就严重束缚了西南地区农村基层党组织推动乡村振兴的路径与方法。比如贵州省毕节地区的广大农村"山地 15524 平方千米，占全区总面积 57.8%；丘陵 9168 平方千米，占 34.1%；平地 2161 平方千米，占 8%"。[④] 高山、多石的地理结构严重制约了毕节地区的一些农村基层党组织建设的发展和推进，闭塞了农村基层党组织与外界联系的信息渠道，也局限了农村基层党组织推进乡村振兴的思路思维。正是因为毕节市农村基层党组织存在软弱涣散的情况，所以当地党委加大了对农村基层党组织的整顿，七星关区委副书记、区长胡敬斌深入七星关区朱昌镇小屯社区和山脚村调研

①〔法〕费尔南·布罗代尔. 菲利普二世时代的地中海和地中海世界：第 1 卷［M］. 北京：商务印书馆，1996：20.

②〔法〕费尔南·布罗代尔. 菲利普二世时代的地中海和地中海世界：第 1 卷［M］. 北京：商务印书馆，1996：19-20.

③〔法〕费尔南·布罗代尔. 论历史［M］. 北京：北京大学出版社，2008：36.

④贵州省毕节地区地方志编纂委员会. 毕节地区志·地理志［M］. 贵阳：贵州人民出版社，2004：3.

指导，认真听取了小屯社区和山脚村关于软弱涣散村党组织整改工作推进落实和整改成效的汇报，详细了解小屯社区和山脚村党组织建设和整顿工作开展情况，分析当前工作中存在的困难和问题，为该村党建引领、脱贫攻坚、产业发展和乡村振兴工作“把脉开方”。[①]

二、农村集体经济薄弱

马克思主义认为，经济基础决定上层建筑，“关系的经济方面也比政治方面同样基础性得多”[②]，有什么样的经济形态，社会上层建筑就会呈现出什么样的社会结构。马克思就指出：“不仅一个民族与其他民族的关系，而且一个民族本身的整个内部结构都取决于它的生产以及内部和外部的交往的发展程度。”[③] 马克思认为，社会结构的变化与经济基础的关系有着紧密联系，经济形态直接决定了社会的发展和变化，他指出：“人们在自己生活的社会生产中发生一定的、必然的、不以他们的意志为转移的关系，即同他们的物质生产力的一定发展阶段相适合的生产关系。这些生产关系的总和构成社会的经济结构，即有法律的和政治的上层建筑竖立其上并有一定的社会意识形式与之相适应的现实基础。”[④] 马克思强调人们的观念也是受经济、生产等决定的：“人们的观念、观点、概念，简言之，人们的意识，是随着人们的生活条件、人们的社会关系、人们的社会生活改变而改变的。”[⑤] 因此，要考察事物在社会中的发展与变迁，必须“根据经验来揭示社会结构和政治结构同生产的联系，而不应当带有任何神秘和思辨的色彩”。[⑥] 也就是说，必须详细考察社会的经济形态，考察一定社会的生产关系和生产力状况。

从课题组的调研来看，受地理环境的制约，西南地区很多的农村都是纯农业乡村，甚至山多地稀，靠天吃饭，农村经济不发达，集体经济薄弱。集体经济薄弱导致农村基层党组织建设实践创新缺乏有效的经济支撑，而经济

①张广为. 胡敬斌到七星关区朱昌镇调研指导软弱涣散基层党组织整顿工作［N］. 毕节晚报，2019-12-19（02）.

②恩格斯. 反杜林论［M］//马克思恩格斯全集：第20卷. 北京：人民出版社，1971：175.

③马克思，恩格斯. 德意志意识形态［M］//马克思恩格斯文集：第1卷. 北京：人民出版社，2009：520.

④马克思.《政治经济学批判》序言［M］//马克思恩格斯文集：第2卷. 北京：人民出版社，2009：591.

⑤马克思，恩格斯. 德意志意识形态［M］//马克思恩格斯全集：第4卷. 北京：人民出版社，1958：488.

⑥马克思，恩格斯. 德意志意识形态［M］//马克思恩格斯文集：第1卷. 北京：人民出版社，2009：524.

支撑是农村基层党组织实践创新的重要基础。没有经济支撑，农村基层党组织想干事干不了，想创新没有钱，想为人民办事缺少钱，正所谓巧妇难为无米之炊。重要的是，缺少经济支撑，农村基层党组织就被绑住手脚，即使有点子，也无法施展浑身解数，即使想出了路子，却迈不开步子，想办的事很多，办不成的事更多。比如贵州省遵义市播州区新民镇朝阳村就存在着党组织涣散，宗旨意识不牢，集体经济薄弱。而从唯物史观来看，经济基础决定上层建筑，“他们的物质关系形成他们的一切关系的基础。这些物质关系不过是他们的物质的和个体的活动借以实现的必然方式罢了”①。所以，朝阳村集体经济薄弱在某种程度上影响了农村基层党组织的服务意识，导致广大农村基层党组织和村干部宗旨意识不强，干群关系也比较紧张。再加上辖区面积大、人口众多，让朝阳村发展一直处于全镇排名末端。② 四川省芦山县中坝村是较为偏远的一个行政村，山高岭大、交通闭塞，经济发展滞后，集体经济薄弱，是典型的“空壳村”。③ 云南省有的民族地区农村存在“农业产业组织化、规模化、市场化程度不高，村集体经济普遍薄弱、带动帮扶能力不强等问题”。④ 课题组在进行田野调查时，贵州省六盘水市六枝特区岩脚镇水寨村的一位苗族农民党员干部“WYM”说：

> 村里面几乎没有什么集体经济，村里面的行政运转经费完全靠镇里面拨款。有时候村委会开会，都要考虑不要开得太久。因为开得太久，如果到吃中午饭的时间，就必须留下这些开会的人吃中饭。但是村里面没有钱，要解决中午饭显然是一件为难的事情。再有，到年终考评，其他村都有绩效，就我们村里面没有，这无疑影响村干部的积极性，影响党员的积极性。这些都是由于我们村集体经济上不去。⑤

课题组的问卷调查（分发 500 份问卷，回收 496 份问卷，有效问卷 487 份，无效问卷 9 份）统计也显示，在 487 份问卷中，至少有 269 人占比约

---

①马克思．马克思致巴·瓦·安列柯夫（1846 年 12 月 28 日）［M］∥马克思恩格斯全集：第 27 卷．北京：人民出版社，1972：478.

②潘树涛，杨柳，李兴群．筑牢村级堡垒，迸发强劲动力——播州区新民镇实施村级党组织标准化建设［N］．贵州日报，2019-08-26（11）.

③陈曦，姚文刚．芦山：强村富民 做大做强集体经济“蛋糕”［N］．四川日报，2019-07-30（10）.

④本报评论员．高标准高质量打赢脱贫攻坚战——论深入贯彻落实省委经济工作会议精神［N］．云南日报，2020-01-16（03）.

⑤根据课题组 2019 年 10 月 15—18 日在贵州省六盘水市六枝特区岩脚镇水寨村的调研资料整理。

55.24％的人认为集体经济薄弱对农村基层党组织实践创新有严重影响；至少有117人占比约24.02％的人认为集体经济薄弱对农村基层党组织实践创新有影响，但影响一般；有52人占比约10.68％的人认为集体经济薄弱对农村基层党组织实践创新没有什么影响；有49人占比约10.06％的人对此问题持不清楚态度（见图6－8）。

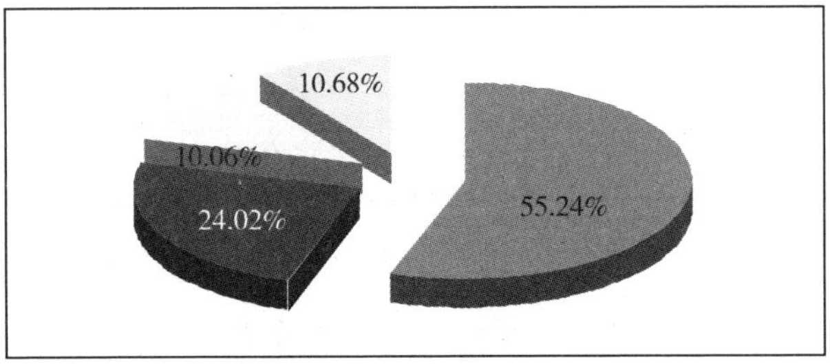

A＝集体经济薄弱对农村基层党组织实践创新有严重影响

B＝集体经济薄弱对农村基层党组织实践创新有影响，但影响一般

C＝集体经济薄弱对农村基层党组织实践创新没有什么影响

D＝不清楚

图6－8　西南地区集体经济对农村基层党组织实践创新影响统计图

三、文化知识水平不高

文化知识水平是推动新时代农村基层党组织实践创新的重要因子。文化知识水平越高，对外界事物的领悟能力、理解能力、创新能力就会越高，西南地区农村基层党组织实践创新的活跃程度就会越高，就越能推动农村基层党组织实践创新迈向纵深；反之，如果文化水平不高，领悟能力、理解能力、创新能力都会相应地受到影响，从而严重制约西南地区农村基层党组织实践创新。

从课题组的相关调研情况来看，制约西南地区农村基层党组织建设实践创新的一个重要原因在于有的农村基层党组织普遍文化水平不高。从课题组的问卷统计来看，在对88名农民党员的调查问卷中，至少有51人占比约57.95％的农民党员为小学及以下文化水平；有19人占比约21.59％的农民党员几乎不识字；有6人占比约6.82％的农民党员属于大专以上文化；有12人占比约13.64％的农民党员为初中至高中（中专）文化（见图6－9）。

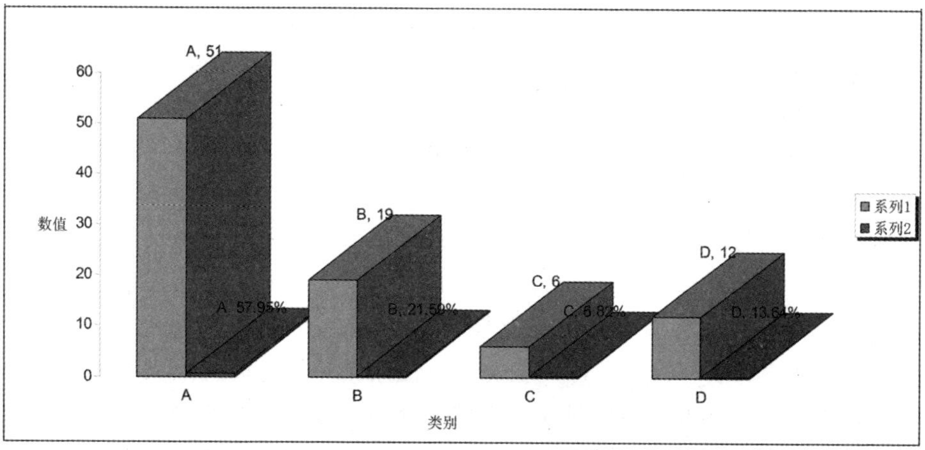

A＝小学及以下文化水平

B＝几乎不识字

C＝大专以上文化

D＝初中至高中（中专）文化

图 6—9　西南地区农村基层党组织文化程度统计图

课题组针对西南地区广大农村和农民群众进行了详细的田野访谈，年逾花甲的苗族农民群众“LBF”说：

> 我们村的党员都普遍老龄化，一开会，底下坐的一大半都是60岁以上的老党员，他们没读过什么书，有些老党员大字都不认识几个，有的甚至连自己的名字都不会写。会识字的几个党员还是当兵回来后才学会认识字的，他们其实也没有读过什么书，也就是读读初中，有的初中都没有读完。你说，这种文化水平，你要他们带领广大农民群众去脱贫致富、去搞什么乡村振兴，显然是有困难的。即使是村支书，他还算有一点文化，但也没有读过高中，是在部队（当兵）里学的文化。①

总之，文化知识水平的欠缺严重制约了农村基层党组织建设实践创新。正是文化知识水平不够，导致很多农民党员政治素养、理论素养、科技素养、法律知识等严重不足，特别是其经济常识更是与新时代市场经济发展的要求还有很大差距、与新时代农村产业革命有着很大差距，不但生产经营水平科技含量低，而且很多农民党员不会甚至不懂科学管理方法。重要的是，政治素养、理论素养的欠缺导致农民党员巧妇难为无米之炊，尽管心里想创新，但苦于水平能力欠缺，产业调整意识滞后，从而严重制约新形势下农业发展、

①根据课题组2019年4月17—23日在铜仁市思南县大河坝镇农林村的调研资料整理。

农民增收、农村进步，严重制约农村基层党组织建设实践创新的步伐。

四、带头人缺乏创新精神

支部强不强，关键看头羊。从课题组关于西南地区农村基层党组织建设实践创新的调研情况来看，不少农村基层党组织明显缺少一个务实肯干、敢于担当、素质与能力均颇佳的带头人。从调研看，有的农村基层党组织带头人年龄偏大，行事态度都是一派老式作风，尽管在作风上无可厚非，有担当精神，勤奋务实，政治理想也较为坚定，但观念较为陈旧，思维较为死板，不能紧跟新时代农村社会的深刻变化，不能紧紧抓住新时代广大农民群众的时代诉求，对新生事物有所排斥，不接受新生事物，不愿意参与新生事物的发展。有的农村基层党组织带头人谨小慎微，胆小怕事，在创新上喜好人云亦云，不敢越雷池一步，生怕做错事情受处分，宁愿迟一步风轻云淡，也不愿进一尺海阔天空，在推动农村基层党组织建设实践创新上非常犹豫，不敢创新农村基层党组织建设对策，不敢创新农村基层党组织推进乡村振兴的方法与路径。有的农村基层党组织带头人小农意识突出，集体意识缺乏，心中只有自己的一亩三分地，想着的也是自扫门前雪，所以在推动农村基层党组织建设实践创新方面束手束脚、畏首畏尾。有的农村基层党组织带头人在创新上缺乏长远规划，缺乏大局观，眼光短浅，见识不长，其在推动农村基层党组织建设实践创新方面也是远远赶不上时代的需要、赶不上社会的变化，很容易为时代所淘汰，其所创新的理念不具有太强的可操作性。

课题组针对西南地区广大农村和农民群众进行了详细的田野访谈，关心村务的瑶族农民“LYL”说：

> 我们村的村支书已经当了10多年了，10多年来，你说我们村没有变化不太客观，说有变化又不太准确，但事实上我们村几乎是一潭死水。路还是靠政府资助修的，村支部也就是发发补助，几乎不干什么大事情。反正我们村没有产业，不需要管什么事情。你说要他们搞什么产业，我觉得难啰。①

课题组的问卷调查（分发500份问卷，回收496份问卷，有效问卷487份，无效问卷9份）统计也显示，在487份问卷中，至少有114人占比约23.41%的人认为农村基层党组织带头人年龄偏大；至少有123人占比约25.26%的人认为农村基层党组织带头人谨小慎微，缺乏创新精神；有155人

---

①根据课题组2019年8月8—13日在黔西南布依族苗族自治州望谟县油迈瑶族乡纳绒村的调研资料整理。

占比约31.82％的人认为农村基层党组织带头人小农意识突出；有86人占比约17.66％的人认为农村基层党组织带头人缺乏长远规划；有9人占比约1.85％的人对此问题持不清楚态度（见图6－10）。

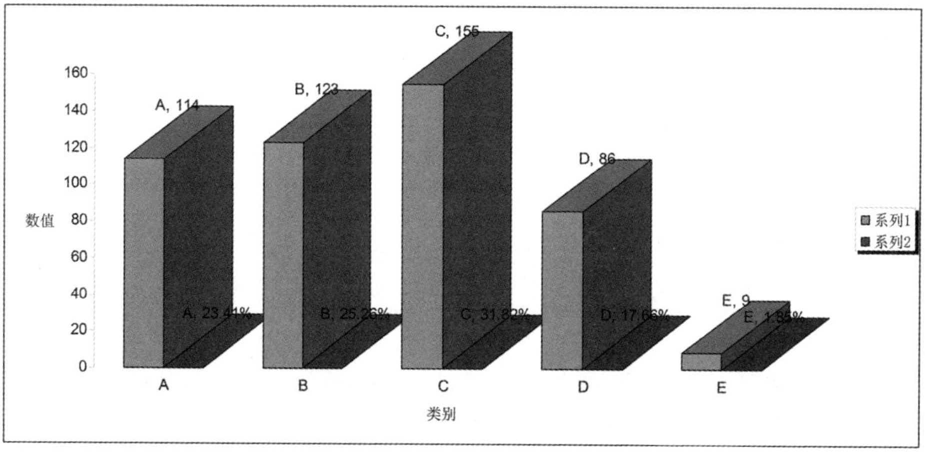

A＝农村基层党组织带头人年龄偏大

B＝农村基层党组织带头人谨小慎微，缺乏创新精神

C＝农村基层党组织带头人小农意识突出

D＝农村基层党组织带头人缺乏长远规划

E＝不清楚

图6－10　西南地区农村基层党组织带头人情况统计图

小结

从课题组调研的情况来看，西南地区农村基层党组织在加强自身建设的过程中，功能发挥得较为充分，作用巨大，成绩突出。这说明西南地区农村基层党组织建设实践创新取得的成效非常明显。但也不能否认，西南地区农村基层党组织建设实践创新的时候有些工作还不能完全契合新时代乡村振兴的迫切需要，还存在一些问题。一是职责定位模糊，实践创新思路不活；二是政策领悟不够，实践创新平台欠缺；三是队伍建设不力，实践创新核心不实，农村基层党组织班子建设出现问题，动摇了实践创新基础；四是服务意识不强，实践创新路径狭窄，推动乡村振兴的对策、方法、模式不能跟上时代变迁和社会发展需要；五是汇聚合力不够，实践创新动能不足，农村基层党组织缺乏凝聚力和组织力，不能有效聚合社会各方力量为乡村振兴服务；六是管理约束不严，实践创新制度滞后。

对这些问题进行探究，可知产生这些问题或者说引诱这些问题发生的原因：一是西南地区乡村地理环境的制约。西南地区广大农村的交通状况相较于城市来说欠发达，信息也欠发达，许多农村地区更是天高路远，山高岭大，路险土薄，石多地少，恶劣的地理生态严重束缚了西南地区农村基层党组织建设实践创新时创新思路、拓宽视野，也就严重束缚了西南地区农村基层党组织推动乡村振兴的路径与方法。二是集体经济薄弱，导致农村基层党组织建设实践创新缺乏有效的经济支撑，而经济支撑是农村基层党组织实践创新的重要基础。三是文化水平的欠缺严重制约了农村基层党组织建设实践创新。正是文化水平不够，导致了很多农民党员政治素养、理论素养、科技素养、法律知识等严重不足，特别是其经济常识更是与新时代市场经济发展的要求还有很大差距、与新时代农村产业革命有着很大差距，严重制约新形势下农业发展、农民增收、农村进步，严重制约农村基层党组织建设实践创新的步伐。四是带头人缺乏创新精神，有的农村基层党组织带头人年龄偏大，有的农村基层党组织带头人谨小慎微，有的农村基层党组织带头人小农意识突出，有的农村基层党组织带头人缺乏长远规划，这些都制约着农村基层党组织建设实践创新的发展。

第七章　方法支撑：乡村振兴战略下西南地区农村基层党组织建设实践创新的方法论

方法论是“把方法作为对象，研究方法的内在逻辑和成立依据的哲学理论”①。恩格斯一直以来都认为马克思主义是社会科学的重要研究方法，并不因时代的变化而显得过时，他强调：“马克思的整个世界观不是教义，而是方法。它提供的不是现成的教条，而是进一步研究的出发点和供这种研究使用的方法。”② 历史和实践一再证明，马克思、恩格斯在总结前人全部哲学理论、经验及其方法的基础上，立足于客观物质世界，从现实的、历史的、抽象的社会实践出发，探寻出一套马克思主义者认识世界、解释世界和改造世界的方法体系，实现了对世界观和方法论的根本变革。用马克思主义方法论来考究事物的产生、发展与运行是探究事物内在逻辑特征的重要抓手，有利于对事物本质特征和外在现象的深入考察。

要精准剖析乡村振兴战略下西南地区农村基层党组织建设实践创新的路径与对策，不仅要深入考察乡村振兴战略下西南地区农村基层党组织建设实践创新的现状、基本特征、基本经验和存在的问题及引发这些问题产生的原因，还有必要深入考察乡村振兴战略下西南地区农村基层党组织建设实践创新的方法论，探讨乡村振兴战略与西南地区农村基层党组织建设实践创新的互动规律，如此，方可为乡村振兴战略下西南地区农村基层党组织建设实践创新的对策提供方法论支撑。就乡村振兴战略下西南地区农村基层党组织建设实践创新的现状与演进方向来看，其间蕴含着一定的方法论思想。

---

①肖前．马克思主义哲学原理：下册［M］．北京：中国人民大学出版社，1994：598．

②恩格斯．恩格斯致韦尔纳·桑巴特（1895 年 3 月 11 日）［M］//马克思恩格斯文集：第 10 卷．北京：人民出版社，2009：691．

第一节　守正与创新相结合

守正与创新相结合是马克思主义方法论的重要内容，是中国共产党始终保持旺盛生命力的重要法宝。从辩证法的角度来看，守正与创新是对待事物的两个方面。守正强调的是如何保持事物原有的精神状态，而创新强调的是事物在发展的过程中能够积极进取、以一种开阔的视野推动事物在继承原有精神状态的基础上创造性发展、创新性完善。

一、守正与创新相结合是中国共产党的优良传统

历史和现实证明，中国共产党之所以能够不断发展壮大，一个重要原因就在于中国共产党能够一直保持着守正与创新相结合的优良传统，并将这种传统贯穿到党的事业的全过程，贯穿党进行伟大斗争的每一个环节。早在建党初期，中国共产党就在“选择哪一种理论作为党的指导思想”上进行了抉择，通过详细论证，也是通过深刻的社会实践，中国共产党最终选择了马克思主义作为党的指导思想。可以说，这在党的历史上是一种巨大的创新，正是通过马克思主义，或者说以马克思主义为指导，中国共产党最终取得了革命的胜利。当然，不应该忽视的是，中国共产党在建党之初，其实也将中国传统文化中的一些优良传统继承了下来，比如不屈不挠的斗争精神、视死如归的牺牲精神、大义凛然的正义思想等，并在后来的中国革命中发挥得淋漓尽致，无数的革命英雄和仁人志士正是怀着对马克思主义的坚定信仰、抱着百折不挠的斗争精神走在革命的第一线。整个革命年代，中国共产党都在守正与创新中坚守自己的初心和使命，一以贯之的是中国共产党的纯洁性和先进性，是中国共产党坚贞不屈、奋不顾身、一往无前的革命精神，是中国共产党全心全意为人民服务、始终为人民解放不懈奋斗的初心；不断创新的是中国共产党的指导思想和具体的、与时俱进的斗争策略。新中国成立后，中国共产党持之以恒地坚持自己的优良传统，并不断创新理念、方法和原则。《人民日报》就记载：

> 陕西省安塞县的王家湾，是毛主席在一九四七年转战陕北、指挥全国解放战争时，曾经生活和战斗过的地方。……王家湾是一个自然条件十分艰苦的山村。为了战胜干旱，大队党支部决定，在村前的榆山沟里筑起一座大坝，修成一个可以蓄水二百万方，浇地三

百亩的水库，并在水库上修建一座小发电站。在毛主席光辉著作《愚公移山》发表二十五周年的日子里，大战榆山沟的战斗打响了。社员们把这座坝定名为“愚公坝”，表示要以愚公移山的革命精神，去修筑大坝。……革命的传统教育，激励着贫下中农发扬延安精神，向干旱开战。他们千方百计想办法，把能灌溉的地全部进行了灌溉，水流不上去的坡地、山地，就人挑、畜驮，浇水点种。王家湾大队社员硬是用汗水浇出了胜利果，在大旱之年夺得了丰收。①

上述史料就充分表明中国共产党大力弘扬延安精神，将中国共产党不服输、不气馁的精神继承下来，并与地方社会实际相结合，推动党的工作的创新与落实。

改革开放后，中国共产党继续坚持守正与创新相结合，不仅将中国共产党的一些优良传统发扬光大，比如务实肯干、勇于担当、乐于进取的奉献精神；比如不畏艰难、迎难而上、敢于挑战的战斗精神；比如不忘人民、把人民摆在重要位置、为人民服务的民本精神；比如扎根实践、从实践中来又回到实践中去的治国理政理念。此外，还不断创新党的指导思想、政策、理论、方针等。比如，在党的指导思想上，在继承马克思主义、毛泽东思想的基础上将中国实际与理论创新有机结合起来，创造性地提出了邓小平理论、“三个代表”重要思想、科学发展观和习近平新时代中国特色社会主义思想等。其中，习近平新时代中国特色社会主义思想更是新时代中国共产党坚持守正与创新相结合的马克思主义方法论的典范。正如党的十九大报告所指出的那样，习近平新时代中国特色社会主义思想，是对马克思列宁主义、毛泽东思想、邓小平理论、“三个代表”重要思想、科学发展观的继承和发展，是马克思主义中国化最新成果，是党和人民实践经验和集体智慧的结晶。② 重要的是，习近平新时代中国特色社会主义思想内容宏富、理论精深、体系严密，但其内容之所以如此丰富、逻辑之所以如此严谨，可以说一个很重要的原因在于其对马克思主义、毛泽东思想、邓小平理论、“三个代表”重要思想、科学发展观等的继承和发展。比如，有关乡村振兴的重要论述就是对中国共产党乡村建设思想的继承与发展、有关农村基层党组织建设的重要论述是对中国共产党党的建设思想的继承与发展、有关生态文明建设的重要论述是对中国共产党环保思想的继承与发展，等等。这一系列的创新既是对中国共产党优秀传

①继承革命传统发扬延安精神［N］. 人民日报，1972-07-01（03）.

②习近平. 决胜全面建成小康社会　夺取新时代中国特色社会主义伟大胜利——在中国共产党第十九次全国代表大会上的报告［M］. 北京：人民出版社，2017：20.

统基因的继承，也蕴含了中国共产党最前沿的执政思想，体现了中国共产党与时俱进的创新理念。

二、以守正与创新相结合推动西南地区农村基层党组织建设实践创新

党的十九大以来，习近平总书记在多个场合多次强调要将守正与创新相结合，推动中国共产党治国理政迈向深入。2019 年 3 月 4 日，习近平总书记在参加全国政协十三届二次会议文化艺术界、社会科学界委员联组会时的讲话中指出："正本清源、守正创新，一个国家、一个民族不能没有灵魂。"① 2019 年 6 月 24 日，习近平总书记在中央政治局第十五次集体学习时再次强调："要坚持守正和创新相统一，坚守党的性质宗旨、理想信念、初心使命不动摇，同时要以新的理念、思路、办法、手段解决好党内存在的各种矛盾和问题。"② 2019 年 10 月，习近平总书记在对中医药工作做出重要指示时指出："要遵循中医药发展规律，传承精华，守正创新，加快推进中医药现代化、产业化，坚持中西医并重，推动中医药和西医药相互补充、协调发展。"③ 当前，在乡村振兴战略推进得如火如荼之际，必须以守正与创新相结合，大力推动西南地区农村基层党组织建设实践创新取得切实成效。

"守正"是基础，是根本。在本书的语境中，守正其实就是指继承传统、弘扬传统中的优秀基因。从理论上来说，任何一种创新都是建立在前人或者说历史的基础之上的，马克思之所以能够取得理论上的重大突破，究其根由是其仔细研究并继承了黑格尔、费尔巴哈、德谟克利特和伊壁鸠鲁等人的理论，继承了德意志的古典哲学、英国古典政治经济学和英法空想社会主义等理论中的合理元素，然后在此基础上不断推陈出新、创造发展。中国共产党非常重视守正，重视继承传统。早在 1938 年，毛泽东就指出："我们是马克思主义的历史主义者，我们不应当割断历史。从孔夫子到孙中山，我们应当给以总结，承继这一份珍贵的遗产。"④ 他还曾指出："中国共产党人是我们民族一切文化、思想、道德的最优秀传统的继承者，把这一切优秀传统看成和

①习近平. 一个国家、一个民族不能没有灵魂［J］. 当代党员，2019（9）：4.

②新华社. 习近平在中央政治局第十五次集体学习时强调：全党必须始终不忘初心牢记使命，在新时代把党的自我革命推向深入［N］. 人民日报，2019-06-26（01）.

③新华社. 对中医药工作作出重要指示——习近平：传承精华守正创新［N］. 人民日报，2019-10-26（01）.

④毛泽东. 中国共产党在民族战争中的地位［M］// 毛泽东选集：第 2 卷. 北京：人民出版社，1991：534.

自己血肉相连的东西，而且将继续加以发扬光大。”① 由此可见，守正或者说继承优秀文化和优秀经验是我们党不断发展壮大的重要条件。中国共产党在加强党的建设的过程中，积累了一系列丰富的经验，比如党的政治建设强调增强“四个意识”，强调必须坚持马克思主义指导地位，坚持用习近平新时代中国特色社会主义思想武装全党；作风建设强调加强党与人民群众的血肉联系，强调反“四风”，树立风清气正的党内政治生态；党的组织建设强调增强基层党组织的政治领导力、组织覆盖力、群众凝聚力、社会号召力、发展推动力和自我革新力等。当前，推动西南地区农村基层党组织建设实践创新，必须将我们党优良传统不断发扬光大，尤其要将党的建设中的优秀基因传承下来并付诸党的建设的深刻实践，推动西南地区农村基层党组织建设迈向纵深。

创新是动力，是条件。事物要发展，仅有继承显然是不够的，还必须不断进行创新。就乡村振兴过程中西南地区农村基层党组织建设实践创新的现状来看，显然还存在一些问题，这些问题不仅严重制约着农村基层党组织建设的健康有序发展，而且严重制约着农村基层党组织推动西南地区乡村振兴的实施与成效。新变化带来新问题，新变化提出新要求，新变化需要新策略。当前，正值乡村振兴的关键时期，正值脱贫攻坚工作决胜决战之际，农村基层党组织的作用越发重要，特别是其在乡村振兴中的政治引领作用、社会组织作用、发展推动作用、凝聚群众作用等更是不可忽视。雄关漫道真如铁，而今迈步从头越。所以，农村基层党组织越发需要厘清自己的职责，明确自己的定位，从自己的职责和使命出发，敢于担当、敢于挑战、敢于奉献，在继承各级组织加强党的建设的优秀经验的同时大力推动创新，创新农村基层党组织党的建设工作理念、实践模式、推进路径、建设策略等，使农村基层党组织在乡村振兴的过程中成功扮演引路人、领头雁的角色。

事实上，从乡村振兴战略下西南地区农村基层党组织建设实践创新的相关案例来看，其实存在不少坚持守正与创新相结合，推动西南地区农村基层党组织建设实践创新的典范。比如贵州塘约村地处贵州省安顺市平坝区乐平镇西北部，总面积 5.7 平方千米，辖 10 个自然村寨、11 个村民组、944 户 3505 人，辖区内有汉、苗、布依等 5 个少数民族。近年来，塘约村农村基层党组织在实施乡村振兴战略的过程中，着力推动农村基层党组织建设实践创

---

①中共中央文献研究室，中央档案馆. 建党以来重要文献选编（1921—1949）：第 20 册［M］. 北京：中央文献出版社，2011：318.

新，探索实施“村社一体，合股联营”发展模式、“1+6”脱贫模式及“3+X”信贷模式，实行“红九条”“黑名单”等管理制度，推动农村产权改革、农村金融改革及社会治理改革，推进了合作社运行制度化、农村资源价值化、农民身份股东化、村民收益多元化、农业产业现代化、人与自然和谐化“六化同步”，实现了“一分七统”的发展目标，即实施土地承包经营、山林归属、集体土地、集体建设用地、房屋、小型水利工程和农村集体财产“七权”同确，分清集体与个人财产权利。资金统一核算、土地统一规划、村干部统一使用、劳动力统一配置、农产品统一种植销售、美丽乡村统一建设、红白喜事统一操办。盘活了农村自然资源、存量资产、人力资本，释放了改革红利。通过“三权”促“三变”实现“四起来”。塘约村以确权、赋权、易权为抓手，积极搭建农村产权确权信息管理平台，对全村土地承包经营权、林权、集体土地所有权、集体建设用地使用权、房屋所有权、小型水利工程产权和农村集体财产权“七权”精准确权，明晰了集体与个人各类产权，实现了产权所有权、经营权、承包权分离，为农业生产集约化、标准化、规模化发展创造了条件。相关数据显示，塘约村人均年收入从 2013 年的 4000 元增加到 2016 年的 10030 元，2017 年年底，人均年收入达到了 14685 万元，成为名副其实的小康示范村。①

值此农村全面深化改革不断深入，农民群众日益增长的美好生活需要日益迫切，越发需要农村基层党组织坚持守正与创新相结合的马克思主义方法论原则，合理继承党的在各时期、各个阶段加强党的建设的优良传统和优秀经验，大力推动实践创新，创新指导思想、工作理念、推进模式、工作方法等，充分发挥党组织战斗堡垒作用和党员先锋模范作用，以便进一步为农村改革发展稳定提供坚强政治和组织保证。

第二节　共性与个性相结合

从哲学的角度而言，共性是一般，而个性是特殊。共性与个性相结合是马克思主义方法论的重要内容，也是本书研究的重要方法论支撑。

一、共性与个性相结合是马克思主义政党的优良传统

共性与个性是马克思主义哲学的基本问题之一。马克思主义认为，共性

①徐荣峰. 高起点规划，受灾村一步到位入小康［N］. 贵州日报，2018-05-11（06）.

是指不同事物的普遍性质，个性指一事物区别于他事物的特殊性质。

马克思对于共性与个性问题的研究是以对人性的研究作为逻辑起点的。早在《1844年经济学哲学手稿》中，马克思就指出了人与动物之间的一般性区别："一个种的全部特征、种的类特性就在于生命活动的性质，而人的类特性恰恰就是自由的、自觉的活动。"① 恩格斯也认为："人则通过他所做出的改变来使自然界为自己服务来支配自然界，这便是人同其他动物的最终的本质的差别，而造成这一差别的又是劳动。"② 在这里，马克思、恩格斯强调的人的活动、劳动，其实正是人的一般特性，属于人的"共性"。劳动创造了人，发展了人，劳动成为人的一般特性，也就是说人的"共性"。马克思后来在《资本论》中也强调，劳动是人的"生命的表现和证实"③。进一步说明了人的一般特性或者说人的共有的属性是劳动。

在马克思主义哲学中，不仅有对共性、一般性哲学问题的精深论证，而且深刻论述了从共性、一般性哲学问题出发的个性即特殊性问题，"人是名副其实的社会动物，不仅是合群的动物，而且是只有在社会中才能独立的动物"④。在这里，马克思强调了人的独立性，其实就是在强调人的特殊性、强调人的个性。马克思强调："我在我的生产中物化了我的个性和我的个性的特点，因此我既在活动时享受了个人的生命表现，又在对产品的直观中由于认识到我的个性是物质的、可以直观地感知的因而是毫无疑问的权力而感受到个人的乐趣。"⑤ 这说明马克思充分认识到人的思想情感与其所处的外部环境直接影响到人的个性的形成，正是在这些人的思想情感与其所处的外部环境的影响下，人的个性才越发丰富多彩。

不过，马克思也指出："特殊的人格的本质不是人的胡子、血液、抽象的肉体的本性，而是人的社会特质，而国家的职能等等只不过是人的社会特质的存在和活动的方式。"⑥ 显然，在马克思看来，特殊性是离不开一般性的，

---

①马克思. 1844年经济学哲学手稿［M］//马克思恩格斯全集：第42卷. 北京：人民出版社，1979：96.

②恩格斯. 自然辩证法［M］//马克思恩格斯全集：第20卷. 北京：人民出版社，1971：518.

③马克思. 资本论［M］//马克思恩格斯全集：第25卷. 北京：人民出版社，1974：921.

④马克思. 经济学手稿（1857—1858年）［M］//马克思恩格斯全集：第30卷. 北京：人民出版社，1995：25.

⑤马克思. 詹姆斯·穆勒《政治经济学原理》一书摘要［M］//马克思恩格斯全集：第42卷. 北京：人民出版社，1979：37.

⑥马克思. 黑格尔法哲学批判［M］//马克思恩格斯全集：第1卷. 北京：人民出版社，1956：271.

特殊性甚至寓于一般性之中；也就是说，个性寓于共性之中。马克思还认为，共性与个性不仅是融合在一起的，而且二者也是互相促进的，相互推动、互相发展，“不是在某一种规定性上再生产自己，而是生产出他的全面性；不是力求停留在已经变成的东西上，而是处在变易的绝对运动之中”①。

马克思主义政党的一个优良传统是坚持共性与个性的统一。早在无产阶级政党刚刚成立的时候，马克思、恩格斯就提出无产阶级政党并没有自己特殊的利益，也不是特殊的群体，而是代表着整个人类和广大人民群众的利益：“共产党人不是同其他工人政党相对立的特殊政党。他们没有任何同整个无产阶级的利益不同的利益。他们不提出任何特殊的原则，用以塑造无产阶级的运动。共产党人同其他无产阶级政党不同的地方只是：一方面，在各国无产者的斗争中，共产党人强调和坚持整个无产阶级共同的不分民族的利益；另一方面，在无产阶级和资产阶级的斗争所经历的各个发展阶段上，共产党人始终代表整个运动的利益。”②

中国共产党继承了马克思主义政党坚持共性与个性相统一的优良传统，并将之付诸革命、建设和改革的深刻实践中。

抗战时期，中国共产党将中华民族和中国人民的共同利益与中国共产党的奋斗目标统一起来，领导全国人民同心协力进行抗战，最终取得抗战的胜利。但在抗战的时候，中国共产党不忘初心，始终将实现民族解放和为人民服务、为广大人民群众谋取幸福写在自己高高飘扬的党旗上，旗帜鲜明地标示中国共产党是代表人民群众利益的马克思主义政党，从而与资产阶级政党以及其他剥削阶级政党划清界限。

社会主义建设时期，中国共产党在推动农村农业改革的时候，既响应中央号召，改造农业生产技术、改革生产工具，也从不同的社会实际出发，针对西南地区农民多不识字、文化水平低的情况，大力推动农村扫盲运动，提升农民文化水平。无疑，这正是共性与个性相结合的典范，是一般与特殊统一的结果。

改革开放后，中国共产党在加强党的建设的过程中，也坚持共性与个性相结合。比如，党的十八大后，中国共产党在全国普遍性地开展一系列的整顿党的作风的教育活动如党的群众路线教育实践活动、“三严三实”专题教

---

①马克思. 1857—1858年经济学手稿·笔记本Ⅴ·政治经济学批判［M］//马克思恩格斯全集：第30卷. 北京：人民出版社，1995：480.

②马克思，恩格斯. 共产党宣言［M］//马克思恩格斯文集：第2卷. 北京：人民出版社，2009：44.

育、“两学一做”学习教育及其常态化制度化、“不忘初心、牢记使命”主题教育等，切实转换党的作风、净化党的思想、提升党的能力；但同时，也针对农村基层党组织的一些“微腐败”大力加强农村基层党组织建设，拍蝇拍蚊，塑造农村基层党组织风清气正的党内政治生态，推动农村基层党组织建设迈向纵深。

二、坚持共性与个性相结合推动西南地区农村基层党组织建设实践创新

坚持共性与个性相结合，就是从事物的一般性出发，适当考虑事物的特殊性，让事物在特殊的环境下充分发展起来，充分展现其个性特征，充分发挥其地方优势。当前，正值乡村振兴战略实施如火如荼之际，有必要坚持共性与个性相结合，切实推动西南地区农村基层党组织建设实践创新迈向新阶段。

就共性而言，就是指西南地区农村基层党组织在加强自身建设引领乡村振兴的过程中，必须以习近平新时代中国特色社会主义思想为指导，特别是要充分贯彻习近平总书记关于农村基层党组织建设的重要论述，充分贯彻习近平总书记关于乡村振兴的重要论述，推动中央和地方的相关政策、方针落地落实，推动农村基层党组织建设往深里走、往实里走、往心里走。

其次，大力贯彻党中央有关党的建设的各项方针、制度，推动全面从严治党向基层延伸。大力加强党的政治建设，树立“四个意识”，坚定“四个自信”，把准政治方向，站稳政治立场，强化政治责任，保持政治定力，坚定不移地贯彻执行党的政治路线。加强作风建设，净化政治生态，密切党与人民群众的血肉联系，树立真挚的人民情怀，心中装着人民、心里想着人民、脑海里牵挂着人民，始终把人民放在最高位置。加强纪律建设，要严明党的政治纪律和政治规矩，通过严明政治纪律带动党的其他纪律严起来，通过严明政治规矩促进党的政治生态风清气朗。以提升组织力为重点，加强组织建设。加强制度建设，健全党内法律法规，筑牢不能腐的制度机制。推动反腐倡廉建设，从小抓起，抓实抓严，对任何“微腐败”绝不手软，一抓到底。

就个性而言，就是指在实施乡村振兴战略的过程中，从西南地区广大乡村社会的实际情况出发，将习近平总书记关于农村基层党组织建设的重要论述、关于乡村振兴的重要论述与西南地区乡村社会的实际联系起来，特别是与广大农村的实际情况如贫困、落后、闭塞等联系起来，与广大农民群众的实际需要、实际诉求如广大农民群众日益增长的对美好生活的需要等联系起

来，在制定政策、设计规划、谋划发展、推动落实等的每一个环节都必须充分考虑实际情况，一步一个脚印，每一个步骤都力争做到回应人民的呼声、响应人民的期待。比如，贵州省毕节市农村基层党组织针对毕节地区一些山高路远、交通不便、信息不畅、文化闭塞的农村中的少数民族农民识字不多、信息接受能力不强、知识领悟能力较弱的情况，建立“新时代农民讲习所”。这种讲习所跟常见的培训班不同，它的特点是“讲”和“习”并重，“讲”重在讲解、培训、宣传、教育，讲出农民群众的新生活、新状态、新思想，讲透农民群众的新需要、新诉求、新呼声，让农民听得懂、说得出、学得会，管用有效，能解决问题、能带动群众。“习”重在实践，着重于农民群众的新作为、新成效、新模式，着力于农民群众的新实践、新创造、新方法，把党中央的重要方针、政策落实到农村经济社会发展的各个方面，落实到新时代乡村振兴的全过程，贯穿到新时代农村基层党组织建设的始终，确保讲习活动取得实实在在的效果。再如，贵州省铜仁市德江县楠杆乡农村基层党组织始终坚持“民心党建＋‘三社’融合促‘三变’＋春晖社”深入开展农村综合试点改革。一是深入推进“民心党建”。牢固树立群众意识，发挥党密切联系群众的最大优势，着力建强战斗堡垒，实现党心连民心，干群心连心。二是切实用好“三社”平台。进一步用好农村信用社金融平台，充分利用供销社与市场联系紧密的特点，构建市场经济条件下的产销一体化链条，实现商家、农民、消费者共赢。三是扎实做好“三变”改革。农民以自愿的方式将个人的资源、资产、资金、技术、技艺等，入股到经营主体，成为股东、参与分红。四是认真开展“春晖行动”。以春晖发展基金、春晖使者、社会各界人士、党委政府和受益群众形成“五位一体”联动的扶贫机制，聚力脱贫攻坚。①

总之，新时代乡村振兴战略实施之际，必须坚持共性与个性相结合，以此推动西南地区农村基层党组织建设实践创新迈向深入。

第三节　重点与全面相结合

马克思主义认为，事物的发展必须抓住重点，抓住事物的主要矛盾，以重点带动全局，以重点推动全局，如此，方能推动事物发展呈现新态势。当

①根据课题组 2019 年 5 月 8—12 日在贵州省铜仁市德江县楠杆乡的调研资料整理。

前，在乡村振兴的大背景下，要推动西南地区农村基层党组织建设实践创新，必须坚持重点与全面相结合。

一、重点与全面相结合是马克思主义重要方法论

重点论是马克思主义辩证法中的重要方法论。马克思主义认为，重点论是指在研究复杂事物的发展进程时，要着重地把握它的主要矛盾，研究事物的主要矛盾，抓住事物的主要矛盾，以此推动事物的发展。毛泽东就曾经指出："在复杂的事物的发展过程中，有许多的矛盾存在，其中必有一种是主要的矛盾，由于它的存在和发展规定或影响着其他矛盾的存在和发展。"①

作为一种辩证的思维方法，重点是相对于全局而言。一般来说，在任何事物发展的过程中，先推动事物的重点部分发展，然后再以重点带动全局，以重点作为事物发展的引领，推动事物不断迈向深入。这样，既注重重点带动，也注重全局发展，二者缺一不可，相辅相成，有机互补。

毛泽东在"重点与全面相结合"上颇有心得。新中国成立初期，他在《论十大关系》中提出了新中国成立初期国民经济发展需要处理的十对矛盾关系，并且将"经济发展"列为十大关系中的重中之重，就是抓住了重点。但同时，毛泽东也不忽视整个社会的发展，诸如是非关系、党与非党的关系、汉族与少数民族的关系等，可以说，综合考虑全盘，推动国家经济社会发展。

邓小平在处理重点论的关系问题上，表现了高超的艺术。比如他在改革开放初期面对百废待兴的状况，强调首先把经济搞上去，并认为这是改革开放初期的工作重点。在农村改革上，邓小平面对改革开放初期农村尚不能解决温饱的现实情况，亦强调先把农村经济搞上去，先解决农村吃饱饭的问题，在农村推广"家庭联产承包责任制"。在两个文明建设关系的问题上，主张两个文明一起抓，虽然工作重点是抓物质文明建设，但不能因此而忽视精神文明建设，"也就是说，在抓紧社会主义物质文明建设的同时，必须抓紧社会主义精神文明建设，决不能顾此失彼，也不能一手硬，一手软"②。可以看出邓小平在两个文明建设上既强调重点抓物质文明，但也强调不忽视精神文明建设，而应该整体推进，全局均衡发展。同时，在先富与共富的问题上，邓小平坚持以先富带动共富。在这里，先富就是重点，共富就是全局。允许一部分人、一部分地区先富起来，并让这部分先富起来的人、先富起来的地区带动其他人、其他地区也富起来，既体现了社会主义的本质属性，又抓住了重

①毛泽东. 矛盾论［M］//毛泽东选集：第1卷. 北京：人民出版社，1991：320.
②邢崇智. 坚持"两手抓"［N］. 人民日报，1989-09-02（04）.

点并从重点出发盘活带动了全局。共同富裕不等于同步同等富裕，抓住先富就是抓住了重点。但同时，共富是共同愿望，是社会主义的本质要求，这一点必须遵守。所以，在先富的基础上以先富带动后富推动共富，才是真正地将“重点与全局相结合”，二者互相促进，共同耦合。

此后，江泽民提出的“三个代表”重要思想、胡锦涛提出的科学发展观，无一不贯穿和蕴含着“重点与全局相结合”的辩证思想方法，无一不将这一方法论创造性地运用到中国特色社会主义建设的深刻实践中。

党的十八大以来，习近平总书记在多个场合多次重点阐述“重点与全局相结合”的辩证方法，他指出：“面对复杂形势和繁重任务，首先要有全局观，对各种矛盾做到心中有数，同时又要优先解决主要矛盾和矛盾的主要方面，以此带动其他矛盾的解决。我们提出要协调推进全面建成小康社会、全面深化改革、全面依法治国、全面从严治党，是当前党和国家事业发展中必须解决好的主要矛盾。我们既要注重总体谋划，又要注重牵住‘牛鼻子’。在任何工作中，我们既要讲两点论，又要讲重点论，没有主次，不加区别，眉毛胡子一把抓，是做不好工作的。”①

在事物发展的过程中，重点与全面是事物发展的两个方面，二者均对事物的发展有重要作用，都是推动事物发展的重要基因。重点注重事物发展的主流方向，抓住重点其实就意味着抓住事物发展的主要矛盾或者说矛盾的重要方面，抓住事物发展的关键部分，有利于事物的长远规划与长远发展。抓住全面意味着注重事物的整体发展，意味着“一个都不能少”，意味着政策的全局性、完整性与广泛性，意味着战略的广覆盖、全布局与整体观。当前，在全面贯彻执行乡村振兴战略的大背景下，要推动西南地区农村基层党组织建设实践创新，必须坚持重点与全面相结合的方法论。

二、以重点与全面相结合推动西南地区农村基层党组织建设实践创新

就当前西南地区农村基层党组织在加强自身建设引领乡村振兴的过程中，要推动实践创新，必须首先抓住重点对象。从某种程度上来说，在全面贯彻执行乡村振兴战略的大背景下西南地区农村基层党组织建设实践创新的主体是西南地区农村基层党组织，所以必须抓住这一重点对象，从政治、思想、组织、作风、纪律、制度等方面实现重点“关注”，紧紧盯住这一关键少数，

①新华社．习近平在中共中央政治局第二十次集体学习时强调：坚持运用辩证唯物主义世界观方法论 提高解决我国改革发展基本问题本领［N］．人民日报，2015-01-25（01）．

加强西南地区农村基层党组织的政治建设、思想建设、组织建设、作风建设、纪律建设、制度建设，做到在思想上更加坚定对共产主义的信仰，更加坚定对中国特色社会主义的信念；在政治建设上更加坚定“四个意识”，更加坚定执行党的理论路线方针政策，特别是在贯彻执行乡村振兴战略的过程中更为务实；在作风建设上更加纯洁，锻造一支铁一般的队伍，有着铁的信仰、铁的担当，为民服务宗旨始终不变，为民服务承诺一以贯之；在组织建设上更加坚强有力，不断优化组织结构，夯实组织队伍，推动西南地区农村基层党组织成为乡村振兴的重要动力；在纪律、制度建设上更加严谨，推动纪律、制度成为西南地区农村基层党组织推动乡村振兴的重要保障。事实上，只有抓住农村基层党组织这一重点对象、这一关键少数，才能以农村基层党组织建设实践创新带动乡村振兴战略在西南地区的实施和贯彻，才能将农村基层党组织和西南地区乡村振兴有机结合起来，推动乡村振兴迈向深入。

在全面贯彻执行乡村振兴战略的大背景下，要推动西南地区农村基层党组织建设实践创新，必须抓住西南地区农村基层党组织推动乡村振兴的重点区域，如贫困农村、边远农村、山地农村等。乡村振兴是一场全面振兴，是西南地区整个农村的振兴，任何一个贫困农村都不能掉队、不能落伍。正所谓“一个都不能少”，少一个，乡村振兴的效果和质量就大打折扣。因此，要针对一些重点区域做文章，推动农村基层党组织在这些区域沉下身子、埋头苦干，来一场新时代乡村的大振兴。就调研情况来看，有一些重点区域确实值得重点对待。比如贵州省望谟县截至 2019 年年底仍然有 4 个村是贵州省 2020 年挂牌督战的重点贫困村，其中猫寨村现有未脱贫人口 50 户 186 人，贫困发生率为 9.88％；坡头村现有未脱贫人口 28 户 134 人，贫困发生率为 9.90％；大湾村剩余未脱贫人口 47 户 194 人，贫困发生率为 9.90％；新华村现有未脱贫人口 56 户 203 人，贫困发生率为 9.91％。① 面对这些重点贫困村，农村基层党组织的任务更重，使命更艰巨，需要农村基层党组织进一步压紧压实脱贫攻坚、乡村振兴责任，加快推进脱贫摘帽工作落实落地，确保按时高质量打赢脱贫攻坚战，推动乡村振兴落到实效。

重点与全面相结合必须抓住重点工作。就乡村振兴战略下西南地区农村基层党组织建设实践创新的现状来看，西南地区农村基层党组织的重点工作就是乡村振兴。可以这样说，乡村振兴既是当前西南地区农村基层党组织建设实践创新的试金石，也是西南地区农村基层党组织建设实践创新的目标。

①根据课题组 2020 年 2 月 27—28 日在黔西南布依族苗族自治州望谟县乐旺镇的调研资料整理。

抓住这一重点工作既有利于西南地区“三农”工作的开展，也有利于农村基层党组织与乡村振兴的融合。而且，只有坚定不移地推动乡村振兴，农村基层党组织才能以乡村振兴为契机，推动其他工作迈上新台阶；也只有以乡村振兴为重点工作，农村基层党组织建设才有奋斗方向和奋进目标。

重点与全面相结合还必须抓住农村工作的主要矛盾。就乡村振兴战略下西南地区农村基层党组织建设实践创新的现状来看，主要矛盾就是新时代农民日益增长的对美好生活的需要与西南地区广大乡村社会不平衡不充分的发展之间的矛盾。新时代带来新变化，新时代带来新需求，新时代带来新挑战。随着社会生产力的发展、社会结构的变化、社会要素的变化以及农村改革的全面推进，农民日益增长的对美好生活的需要与西南地区广大乡村社会不平衡不充分的发展之间的矛盾成为当前农村社会发展、改革的主要矛盾。只有抓住这个主要矛盾，才能在农村基层党组织建设实践创新中靶向精准、目标明确，才会有的放矢、对症下药；才能更好地推动乡村振兴。当然，必须指出的是，在抓住主要矛盾的基础上，还必须视野开阔，有全局意识，有全局眼光，有整体思维，在整体工作全面推进的基础上做到既满足西南地区广大农民群众日益增长的对美好生活的需要，也解决西南地区广大乡村社会不平衡不充分的发展之间的矛盾。如此，乡村振兴战略下西南地区农村基层党组织建设实践创新才会取得切实成效。

总之，在乡村振兴战略下推动西南地区农村基层党组织建设实践创新，必须坚持重点与全面相结合的方法论，以重点带动全面，以全面促推重点。

第四节　战略与策略相结合

战略与策略相结合是马克思主义方法论的重要内容，也是当前大力实施乡村振兴战略，推动西南地区农村基层党组织建设实践创新的重要方法论。

一、战略与策略的结合是中国共产党的优良传统

战略脱胎于战争，其最初的含义是指对战争全局的策划和指导。在马克思主义经典作家中，斯大林对战略进行了阐述，他指出：“战略就是规定无产阶级在革命的某一阶段上的主要打击方向，制定革命力量（主要和次要的后备军）的相应的布置计划，在革命这一阶段的整个过程中保持为实现这一计

划而斗争。”[①] 这说明战略是在竞争或对抗中为达到一定目标或者说实现一定的任务而进行的全局性、长远性、根本性的谋划，对整个事物的发展具有决定性作用或者说重大影响。毛泽东就指出：“研究带全局性的战争指导规律，是战略学的任务”；“战略问题是研究战争全局的规律的东西。”[②]

策略是在战略的总体指导下对战略方针、战略目标、战略规划进行分解并进行详细设计，以制订更翔实、更符合战略目标发展要求的规划。从内容上来说，策略属于对战略的解释；从形式上来说，策略是对战略的一种设计与规划；从关系上来说，策略是为战略服务，战略为策略提供目标和任务，二者是相辅相成的，不可剥离。斯大林将策略解释为：“策略就是规定无产阶级在运动的来潮和退潮、革命的高涨或低落这个较短时期内的行动路线，就是通过以新的斗争形式和组织形式代替旧的斗争形式和组织形式，以新的口号代替旧的口号，通过把这些形式配合起来等等来为实现这条路线而斗争。”[③] 他还指出：“策略是同无产阶级的斗争形式和组织形式有关的，是同这些形式的交替和配合有关的。策略在革命的某一阶段上可以随着革命的来潮或退潮、革命的高涨或低落而变更好几次。”[④] 显然，在斯大林看来，策略是对战略的一种更细、更精确的设计和规划；在制定策略的过程中，必须根据局势的变化、任务的要求、战略目标的变化而改变策略，不能一成不变、千篇一律、胶柱鼓瑟。毛泽东尽管没有专门对策略进行过阐述，但从其相关论述可以看出他的策略思想。比如，毛泽东认为：“研究带局部性的战争指导规律，是战役学和战术学的任务。”[⑤] 这事实上就是在论述策略，只不过没有明确提出策略二字。在毛泽东看来，策略与战略必须统一，“懂得了全局性的东西，就更会使用局部性的东西，因为局部性的东西是隶属于全局性的东西的。……对于全局和各阶段的关照得好或关照得不好。如果全局和各阶段的关照有了重要的缺点或错误，那个战争是一定要失败的”[⑥]。

中国共产党一向注重将战略与策略结合起来，并将之付诸革命、建设和

---

①斯大林．论列宁主义基础［M］//斯大林选集：上卷．北京：人民出版社，1979：246-247．

②毛泽东．中国革命战争的战略问题［M］//毛泽东选集：第1卷．北京：人民出版社，1991：175．

③斯大林．论列宁主义基础［M］//斯大林选集：上卷．北京：人民出版社，1979：248．

④斯大林．论列宁主义基础［M］//斯大林选集：上卷．北京：人民出版社，1979：249．

⑤毛泽东．中国革命战争的战略问题［M］//毛泽东选集：第1卷．北京：人民出版社，1991：175．

⑥毛泽东．中国革命战争的战略问题［M］//毛泽东选集：第1卷．北京：人民出版社，1991：175．

改革的深刻实践。抗战时期，中国共产党针对日本的国力和中国的实际情况以及国际形势提出“持久战”的战略方针。围绕“持久战”的战略方针，中国共产党又设计了详细的抗战计划和抗战手段，比如建立抗日根据地，并创设一些形式的抗战手段如集中优势兵力消灭敌人、包围迂回战术、地道战、地雷战、破袭战、游击战、运动战等，最终将日本侵略者赶出了中国，取得了抗战的最终胜利。社会主义建设时期，中国共产党针对朝鲜战争爆发时中国与美国在战场上的装备差距以及国家长远发展规划，并结合中国的实际情况，提出了优先发展重工业的战略方针。围绕这一重大战略方针，中国制定了“一五”计划，并在农村、城市采取了一系列发展策略，如钢铁、煤、电力、石油、机器制造发展规划。党的十一届三中全会后，中国共产党针对国际国内形势，根据社会主义发展的实际需要、根据广大人民群众的强烈呼声，提出了改革开放战略方针。围绕这一重大战略方针，中国共产党大力进行改革策略设计，如在农村实行家庭联产承包责任制，推行企业改革，在其他行业改革人事制度、税制、土地、承包制度等，大力推行市场经济发展策略，从而使中国的改革开放取得举世瞩目的成绩。党的十八大后，习近平总书记针对世情、国情、党情和民情，提出了“四个全面”战略布局，围绕这一重大战略布局，中国共产党大力加强各方面的改革和规划，如在党的建设上极力推进全面从严治党，在经济建设上提出“创新、协调、绿色、开放、共享”，在生态文明建设上提出“绿水青山就是金山银山”的生态理念，在军队建设上提出新时代的强军理念，在国际关系上提出人类命运共同体这一重大理论命题等。

二、以战略与策略相结合推动西南地区农村基层党组织建设实践创新

当前，乡村振兴战略实施方兴未艾，西南地区农村基层党组织在加强自身建设引领乡村振兴的过程中，推动实践创新，必须坚持战略与策略的高度融合，以战略指导策略，以策略推动战略的实施和落地。

从战略的角度而言，党站在国家、民族和人民的高度，从国际形势、国内实际情况、人民利益出发，制定党、国家、社会发展的宏观政策。从策略的角度而言，以党和国家的战略规划为指导，联系国际国内实际情况、联系社会发展的实际需要、联系人民群众的实际诉求，制定一系列围绕战略规划的发展政策、方针和推进路径。

比如，乡村振兴战略是党的十九大以来提出的重要战略方针。这一重要

战略方针提出后，党中央围绕打赢脱贫攻坚战、实施乡村振兴战略做出了一系列重大部署，出台了一系列政策措施，这一系列重大部署和政策措施正是围绕乡村振兴战略做出的策略规划。比如，完善农村基本经营制度，扎实推进农村土地制度改革，深入推进农村集体产权制度改革，加大对农业农村投融资金融支持力度，优化农业农村投资环境、引导和鼓励工商资本下乡，启动实施现代农业设施投资项目，出台推进乡村人才振兴的意见，有组织地动员城市科研人员、工程师、规划师、建筑师、教师、医生下乡服务，加强农村基层党组织建设等。其中，最核心的一点就是加强农村基层党组织建设，党中央针对农村基层党组织是乡村振兴的带头人、在乡村振兴中有重要作用这一特点，提出一系列加强农村基层党组织建设的策略。2020 年中央一号文件强调：

> 持续整顿软弱涣散农村党组织，发挥党组织在农村各种组织中的领导作用。严格村党组织书记监督管理，建立健全党委组织部门牵头协调，民政、农业农村等部门共同参与、加强指导的村务监督机制，全面落实“四议两公开”。加大农村基层巡察工作力度。强化基层纪检监察组织与村务监督委员会的沟通协作、有效衔接，形成监督合力。加大在青年农民中发展党员力度。持续向贫困村、软弱涣散村、集体经济薄弱村派驻第一书记。加强村级组织运转经费保障。健全激励村干部干事创业机制。……在乡村开展“听党话、感党恩、跟党走”宣讲活动。①

当前，西南地区农村基层党组织在加强自身建设引领乡村振兴的过程中，进一步推动农村、农业、农民“三农”工作的提升和改进，就必须在乡村振兴战略的指引下，制定一系列的改进和提升政策、策略、方针和模式，推动农村基层党组织建设创新。如加强农村基层党组织政治建设，提升农村基层党组织的政治意识和政治站位，坚定政治方向，自觉践行党的政治路线；加强农村基层党组织思想建设，用习近平新时代中国特色社会主义思想武装农村基层党组织，让习近平新时代中国特色社会主义思想成为新时代农村基层党组织建设实践创新的理论指南；加强农村基层党组织队伍建设，围绕乡村振兴战略任务壮大农村基层党组织的队伍和组织，使农村基层党组织成为新时代西南地区乡村振兴的领头雁和带头羊；加强农村基层党组织的作风建设，极力推动纠“四风”，构筑山清水秀的政治生态；加强农村基层党组织的制度

①中共中央，国务院. 中共中央国务院关于坚持农业农村优先发展做好“三农”工作的若干意见［N］. 人民日报，2019-02-20（10）.

建设，让权力在阳光下运行，让制度为农村基层党组织实施乡村振兴战略保驾护航；着力推动反腐倡廉建设，不回避、不畏惧任何乡村恶势力，让农村基层党组织成为一片净土，为新时代乡村振兴提供坚强的组织保障。

在西南地区的广大乡村，不少农村基层党组织在加强自身建设的过程中引领乡村振兴，就必须坚持战略与策略相结合，推动实践创新，促推乡村振兴。例如，贵州省毕节市黔西县金碧镇农村基层党组织以“四个三”建强农村基层组织促推乡村振兴。“三个起来”筑牢党建基础：支部建在产业链上（建起来）、建立联系党小组（联起来）、发挥党员示范引领作用（领起来）。“三个定制”让农村党员学习乐趣多多：定制教材让农村党员想看、定制党课让农村党员想听、定制名牌让农村党员想做。“三个比”提升党员服务水平：比学习，练一流本领；比服务，树一流作风；比业绩，创一流佳绩。“三个保障”确保贫困群众奔小康：保障参与群众增收致富、保障贫困户利益最大、保障集体资金阳光运行。围绕“支部建在产业链、党员聚在产业链、农民富在产业链”工作主线，走出了一条党建引领、产业助力、群众参与、共同致富的脱贫攻坚、乡村振兴新路子。①

总之，战略与策略相结合的马克思主义方法论是推动西南地区农村基层党组织建设实践创新、推动乡村振兴深入发展的重要条件，必须大力坚持，来不得半点含糊。要将乡村振兴战略与西南地区农村基层党组织建设实践创新有机结合起来，既有总体的战略规划，也有实实在在、极具可操作性的实施策略、办法与政策；如此，农村基层党组织方能在乡村振兴的大背景下有所作为。

小结

用马克思主义方法论来考究事物的产生、发展与运行是探究事物内在逻辑特征的重要抓手，有利于对事物本质特征和外在现象的深入考察。要精准剖析乡村振兴战略下西南地区农村基层党组织建设实践创新的路径与对策，不仅要深入考察乡村振兴战略下西南地区农村基层党组织建设实践创新的现状、基本特征、基本经验和存在的问题及引发这些问题产生的原因，还有必要深入考察乡村振兴战略下西南地区农村基层党组织建设实践创新的方法论，探讨乡村振兴战略与西南地区农村基层党组织建设实践创新的互动规律，如此，方可为乡村振兴战略下西南地区农村基层党组织建设实践创新的对策提

①根据课题组 2019 年 3 月 4—7 日在贵州省毕节市黔西县金碧镇的调研资料整理。

供方法论支撑。就乡村振兴战略下西南地区农村基层党组织建设实践创新的现状与演进方向来看，其间蕴含着一定的方法论思想。

守正与创新相结合是马克思主义方法论的重要内容，是中国共产党始终保持旺盛生命力的重要法宝。“守正”是基础，是根本。在本书的语境中，守正其实就是指继承传统、弘扬传统中的优秀基因，其中特别是要弘扬马克思主义政党为人民服务的优良传统，弘扬中国共产党在革命、建设、改革不同时期积累的成功经验。创新是动力，是条件。事物要发展，仅有继承显然是不够的，还必须不断进行创新。新变化带来新问题，新变化提出新要求，新变化需要新策略。值此农村全面深化改革不断深入，农民群众日益增长的美好生活需要日益迫切，越发需要农村基层党组织坚持守正与创新相结合的马克思主义方法论原则，合理继承党在各时期、各个阶段加强党的建设的优良传统和优秀经验，大力推动实践创新，创新指导思想、工作理念、推进模式、工作方法等，充分发挥党组织战斗堡垒作用和党员先锋模范作用，以便进一步为农村改革发展稳定提供坚强政治和组织保证。

共性与个性相结合是马克思主义方法论的重要内容，也是本书研究的重要方法论支撑。就共性而言，就是指西南地区农村基层党组织在加强自身建设引领乡村振兴的过程中，在指导思想上必须以习近平新时代中国特色社会主义思想为指引，特别是要充分贯彻习近平总书记关于农村基层党组织建设的重要论述，充分贯彻习近平总书记关于乡村振兴的重要论述，推动中央和地方的相关政策、方针落地落实，推动农村基层党组织建设往深里走、往实里走、往心里走。就个性而言，就是指在实施乡村振兴战略的过程中，从西南地区广大乡村社会的实际情况出发，将习近平总书记关于农村基层党组织建设的重要论述、关于乡村振兴的重要论述与西南地区乡村社会的实际联系起来，特别是与广大农村的实际情况如贫困、落后、闭塞等联系起来，与广大农民群众的实际需要、实际诉求如广大农民群众日益增长的对美好生活的需要等联系起来，不管是在制定政策、设计规划、谋划发展、推动落实等都必须充分考虑实际情况，一步一个脚印，每一个步骤都力争做到回应人民的呼声、响应人民的期待。

战略与策略相结合是马克思主义方法论的重要内容，也是当前西南地区农村基层党组织在加强自身建设引领乡村振兴的过程中，推动实践创新的重要方法论。要将乡村振兴战略与西南地区农村基层党组织建设实践创新有机结合起来，既有总体的战略规划，也有实实在在、极具可操作性的实施策略、办法与政策；如此，农村基层党组织方能在乡村振兴的大背景下有所作为。

重点与全面相结合是马克思主义重要方法论，亦是乡村振兴战略下西南地区农村基层党组织建设实践创新的重要方法支撑。就当前西南地区农村基层党组织在加强自身建设引领乡村振兴的过程中，要推动实践创新，必须首先抓住重点对象，抓住西南地区农村基层党组织推动乡村振兴的重点区域，抓住重点工作，抓住农村工作的主要矛盾，以重点带动全面，以全面促推重点。如此，乡村振兴战略下西南地区农村基层党组织建设实践创新才会取得切实成效。

第八章　对策探讨：乡村振兴战略下西南地区农村基层党组织建设实践创新的路径

恩格斯说："目的比用来达到目的的手段更为基础。"① 正如恩格斯所言，在实证性研究中，对策与方法的探讨才是实证研究的目的。调查手段、分析方法、论证思路等其实都是为实证研究的对策与方法的探讨做铺垫的。换言之，对策探讨是实证研究的必然结果，也是实证研究的重要目的之一。实证研究以对现实社会中的现实情况、现实现象、现实事物等进行调查研究，并借助调查研究的结果以及资料和方法，进一步探讨针对事物发展和运行的具有针对性、时效性、实用性的对策以及应对策略。本书前面的研究着重探讨了乡村振兴战略下西南地区农村基层党组织建设实践创新的现状、特点、基本经验、存在问题等。在本章中，本书将着重探讨乡村振兴战略下西南地区农村基层党组织建设实践创新的路径，其中重要的关键词在于"创新"。可以这样说，本章是本书的重心所在，习近平总书记就强调："创新是乡村全面振兴的重要支撑。"② 鉴于此，本书拟从六方面进行展开，探讨乡村振兴战略下西南地区农村基层党组织建设实践创新的路径。

第一节　统一思想认识，厘清农村基层党组织在乡村振兴中的职责定位

马克思主义认识论认为，思想认识来源于实践，但又对实践有反作用，往往是事物进一步发展的重要条件。实践要有所创新，必须以认识事物作为事物发展的逻辑起点，马克思、恩格斯就指出："在思辨终止的地方，在现实

①恩格斯．反杜林论［M］∥马克思恩格斯全集：第20卷．北京：人民出版社，1971：175．

②新华社．习近平对科技特派员制度推行20周年作出重要指示强调：坚持人才下沉科技下乡服务"三农"，用科技助力脱贫攻坚和乡村振兴［N］．人民日报，2019-10-22（01）．

生活面前，正是描述人们实践活动和实际发展过程的真正的实证科学开始的地方。”① 在不断推进乡村振兴的过程中，西南地区农村基层党组织建设实践创新要取得突破，必须首先在思想认识上下功夫，进一步厘清农村基层党组织在实施乡村振兴战略中的职责定位，以为推进乡村振兴提供支撑。

一、认真领会习近平总书记关于农村基层党组织建设和乡村振兴重要论述的精神实质

习近平总书记与农村有着深厚的感情。40多年前，正值风华正茂的青年时代，他以一名知识青年的身份到陕西省延川县梁家河村蹲点。这是一段难以忘怀、丰满而充实的岁月。梁家河的知青岁月给予了习近平与农民、与农村、与土地近距离、多维度的接触机会；重要的是，梁家河的知青岁月让习近平深切感受到农民的苦与甜、农村的痛与乐、农业的悲与喜。所以，当习近平总书记成为党和国家的重要领导人之后，他对农民、农村、农业的关注可以说是非常真切与真诚的，是发自内心的。

党的十八大以来，习近平总书记在多个场合多次对农村基层党组织和乡村振兴的相关问题发表重要论述。从习近平总书记关于农村基层党组织和乡村振兴的重要论述来看，乡村振兴是一场全面的振兴，不仅仅包括农村产业振兴，也包括人才振兴、组织振兴、生态振兴、文化振兴等多个方面。农村基层党组织是乡村振兴的引领者，是新时代实施乡村振兴战略的坚强战斗堡垒。

当前，西南地区农村基层党组织在加强自身建设引领乡村振兴的过程中，完成乡村振兴的各项历史使命、时代任务和预定的基本指标，必须极力加强自身建设，认真领会习近平总书记关于农村基层党组织和乡村振兴重要论述的精神实质，统一思想认识，以进一步厘清农村基层党组织在实施乡村振兴战略中的职责定位。

一要端正学习态度。从某种意义上来说，态度决定事物发展的高度。要认真领会习近平总书记关于农村基层党组织和乡村振兴重要论述的精神实质，进一步厘清农村基层党组织在实施乡村振兴战略中的职责定位，必须端正学习态度。习近平总书记关于农村基层党组织和乡村振兴的重要论述是新时代西南地区农村基层党组织实施乡村振兴战略、推动新时代农村发展的重要指导思想，来不得半点含糊，来不得丝毫马虎，必须认真、正确对待。

---

①马克思，恩格斯．德意志意识形态［M］∥马克思恩格斯全集：第3卷．北京：人民出版社，1960：30-31.

要把习近平总书记关于农村基层党组织的重要论述当作指导新时代西南地区农村基层党组织建设实践创新的重要指南，把习近平总书记关于乡村振兴的重要论述当作指导新时代西南地区乡村振兴的重要指南，从心底里养成对习近平总书记关于农村基层党组织和乡村振兴的重要论述认真学习的严肃态度，从内心树立对习近平总书记关于农村基层党组织和乡村振兴的重要论述深刻领会的严谨态度。

二要认真仔细学习。端正学习态度后，行动成为推动事物发展的关键元素。习近平总书记关于农村基层党组织和乡村振兴的重要论述思想宏富、内容精深、内涵深刻，不经过认真学习显然难以领会其精神实质和思想精髓。要做到认真仔细地学习，就必须制订明确的学习计划，有规律、有层次、有布局、分时段地安排好学习内容。学习计划制订好后，要严格执行，不能把学习计划停留在纸面上、停留在文件中、停留在口头上，要推动学习计划落实落地。针对不同的学习对象、学习内容灵活运用可行的学习方法，要认认真真地学、仔仔细细地学，要一丝不苟地学、心无旁骛地学，要循序渐进地学、由表及里地学，要一字一句地学、精益求精地学。同时，抓好学习督查，检查学习成效，力争把习近平总书记关于农村基层党组织和乡村振兴的重要论述学深学透，学到心里、学到实里，达到学用结合、知行合一，改造主观世界的同时，提升农村基层党组织指导实践、改造客观世界的能力。

三要领会精神实质。学习的目的是领会，是把学习内容学深悟透，不断领会其中的精神实质和思想精髓。因此，要采取边学边悟、深学顿悟的方法，一边认真学习，一边认真思考，在不断学习中领会习近平总书记关于农村基层党组织和乡村振兴的重要论述的精神实质，在不断思考中悟透习近平总书记关于农村基层党组织和乡村振兴的重要论述的思想精髓。

理论的生命力在于实践。要做到领会、悟透其中的精神实质和思想精髓，必须把学到的知识、理论运用于实践，并在实践中提升对知识、理论的领悟和理解，在实践中加深对知识和理论的领会与运用；如此，方能做到深刻领会其精神实质和思想精髓，做到外化于行、内化于心。所以，要不断推动习近平总书记关于农村基层党组织和乡村振兴重要论述与乡村振兴战略实施背景下西南地区农村基层党组织建设的深刻实践深度融合、与乡村振兴背景下农村的深刻变化高度融合、与乡村振兴背景下广大农民群众的实际诉求高度融合，以此推动对习近平总书记关于农村基层党组织和乡村振兴的重要论述的学习、领悟向纵深迈进。

要在学习的基础上把思想认识统一到习近平总书记关于农村基层党组织

和乡村振兴重要论述的精神实质上来，以习近平总书记关于农村基层党组织和乡村振兴重要论述作为行动指南，进一步指导新时代西南地区农村基层党组织建设实践创新。

二、明确角色，厘清农村基层党组织在乡村振兴战略实施中的职责定位

毛泽东曾经指出："如果要直接地认识某种或某些事物，便只有亲身参加于变革现实、变革某种或某些事物的实践的斗争中，才能触到那种或那些事物的现象，也只有在亲身参加变革现实的实践的斗争中才能暴露那种或那些事物的本质而理解它们。这是任何人实际走着的认识路程。"① 当前，西南地区农村基层党组织正致力于实施乡村振兴战略，推动乡村振兴，这对于农村基层党组织来说是一场伟大而又深刻的社会实践。西南地区农村基层党组织在推动乡村振兴的深刻实践中、在新时代乡村社会发生深刻变革中不断解放思想，认识事物发展的现象和本质，大力进行实践创新，推动农村基层党组织在实施乡村振兴战略中进一步厘清自己的职责定位，以为进一步推动乡村振兴提供支撑。

一是必须坚持农民在乡村振兴中的主体地位。就当前西南地区农村基层党组织在加强自身建设、推动乡村振兴的深刻实践来看，农民是乡村振兴当仁不让的主体。习近平总书记就曾经指出："要坚持不懈推进农村改革和制度创新，充分发挥亿万农民主体作用和首创精神，不断解放和发展农村社会生产力，激发农村发展活力。"②《乡村振兴战略规划（2018—2022 年）》也强调，要"切实发挥农民在乡村振兴中的主体作用，调动亿万农民的积极性、主动性、创造性"③。由此可见，"坚持农民主体地位"是西南地区农村基层党组织实施乡村振兴战略的基本原则，是乡村振兴的根本要求，是乡村振兴一切工作的出发点和落脚点。乡村振兴不仅需要农民去积极参与，而且乡村振兴的具体成效最终也会体现在农民身上，乡村振兴所带来的乡村变迁、乡村发展、乡村融合最终会集中体现在农民的获得感、幸福感和安全感上。

二是必须坚持农村基层党组织在乡村振兴过程中的领导核心地位。习近

①毛泽东．实践论［M］//毛泽东选集：第 1 卷．北京：人民出版社，1991：287.

②新华社．习近平在中共中央政治局第二十二次集体学习时强调：健全城乡发展一体化体制机制，让广大农民共享改革发展成果［N］．人民日报，2015-05-02（01）.

③新华社．中共中央国务院印发《乡村振兴战略规划（2018—2022 年）》［N］．人民日报，2018-09-27（12）.

平总书记曾经指出：

> 党组织必须建设成为带领农民群众为实现党的路线和他们的切身利益而斗争的坚强核心，使广大农民群众从实践中得出共识："要想脱贫致富，必须有个好支部。"……切实发挥党组织的核心作用。在农村村一级，有党支部、村委会、团支部、妇代会、民兵组织、村合作经济组织等各种组织，承担着政治、经济、社会管理等多方面的工作，其中党支部是领导核心，这一格局只能坚持和完善，不能动摇或削弱。党组织的核心地位，是党组织发挥核心作用的前提，我们要在指导思想上、组织保证上使党组织在农村的社会主义建设中，真正能站到"前台"，真正能居于"第一线"，而不是名不副实。①

《乡村振兴战略规划（2018—2022年）》也强调："加强农村基层党组织对乡村振兴的全面领导……坚持农村基层党组织领导核心地位。"② 由此可见，农村基层党组织是新时代乡村振兴的领导核心，是新时代实施乡村振兴战略的领路人和带头羊。显然，新时代乡村振兴战略实施过程中农村基层党组织的角色和职责定位是符合事实的，也是顺应乡村振兴的客观要求的。

农村基层党组织对乡村振兴进行全面领导。所谓全面领导，无疑包括对乡村政治振兴、经济振兴、文化振兴、组织振兴、生态振兴、人才振兴等全方位乡村振兴的领导。在实施乡村振兴战略时，农村基层党组织要充分发挥其政治领导力、组织覆盖力、群众凝聚力、社会号召力、发展推动力和自我革新力，以此来推动乡村振兴。乡村政治振兴、经济振兴、文化振兴、组织振兴、生态振兴、人才振兴等全方位乡村振兴无论哪一桩都离不开农村基层党组织的领导，农村基层党组织在其中起着核心作用，不仅有政治引领功能，还有经济促推功能、凝聚群众功能、社会治理功能、文化融合功能。更重要的是，在促推乡村振兴的过程中，农村基层党组织是乡村振兴的核心部分和关键少数，是乡村振兴过程中带领农民群众共同致富的中流砥柱，习近平总书记就曾经指出，农村基层党组织要成为带领农民群众共同致富的主心骨和坚强战斗堡垒。③

---

①习近平．摆脱贫困［M］．福州：福建人民出版社，1992：120-121.

②新华社．中共中央国务院印发《乡村振兴战略规划（2018—2022年）》［N］．人民日报，2018-09-27（12）.

③李学仁，谢环驰．习近平在海南考察时强调：以更高站位更宽视野推进改革开放，真抓实干加快建设美好新海南［N］．人民日报，2018-04-14（01）.

三是必须坚持二者的高度融合。乡村振兴既离不开农民的积极参与，也离不开农村基层党组织的引领。从辩证法的角度来看，农民的积极参与与农村基层党组织的引领对于乡村振兴均起着不可替代的作用。农民是乡村振兴的主体，乡村振兴其实从某种意义上来说是农民物质生活、精神生活、居住之地农村生活环境的振兴。农村基层党组织是乡村振兴的领导核心，对乡村振兴实现全面领导。实施乡村振兴战略，既需要农村基层党组织充分发挥其领导作用，实现对乡村的政治引领，如以习近平总书记关于农村基层党组织和乡村振兴重要论述为指导，加强乡村的政治建设、思想建设和组织建设，推动乡村经济发展、文化振兴、社会治理、人才回归，需要农村基层党组织发挥其领导组织才能，聚合各方资源，如党政机关部门、财政、税收、教育、文化、医疗、社会保障、环保、网络、卫生等资源，推动乡村振兴，也需要农民的积极参与与配合，如提供劳动力和活动载体，提供土地、资金、管理、智慧等要素和资源，推动乡村振兴。二者是紧密联系在一起的，相辅相成，不可分割。二者只有有机耦合，才能形成工作合力，形成推动乡村振兴的巨大力量。

三、树立担当意识，勇挑时代责任

当前，要科学、有效地实施乡村振兴战略，推动乡村振兴有序、协调、健康发展，就必须在明确角色、厘清农村基层党组织在乡村振兴战略实施中的职责定位的基础上树立担当意识，推动西南地区农村基层党组织不断加强自身建设，勇挑乡村振兴的时代责任，推动乡村振兴深入发展。

一是不能越位。角色和职责定位既然已经清晰、明确，那么在实施乡村振兴战略的过程中，农村基层党组织就必须切实找准自己的角色定位，不能肆意越位。比如说，对农民自己要干的事情代包代办，以为大包大揽就能体现农村基层党组织的亲和力、领导力、执行力，体现对农民的关怀与关心。但事实上这样做有一个问题，那就是忽视了农民在乡村振兴中的主体作用，不能有效充分发挥农民的积极性、主动性、创造性。重要的是，长此以往，农村基层党组织在引领乡村振兴的过程中将不能“授人以渔”，而是“授人以鱼”，反而变相养成了农民“等、靠、要”的恶习，养成了农民“庸、懒、散”的陋俗。而且不难看出，这种做法虽然在短期上可以解决一些问题，但不利于乡村的长期发展，不利于乡村振兴的长远规划，不利于农民的“真脱贫”和“脱真贫”。再有，西南地区有的农村基层党组织在乡村治理中不能充分发挥村民自治委员会的作用。村民自治委员会是村民自我管理、自我教育、自我服务的基层群众性自治组织，在乡村治理中有重要作用，发挥着重要的社会功能，在联系群众、密切群众关系、拉近群众距离等方面能起到农村基层党组织意想不到的作用。所以，西南地区农村基层党组织不能越俎代庖，而应利用村民自治委员会与群众之间的关系推动乡村振兴。

越位在这里还有越权之嫌。从课题组的基层调研来看，西南地区不少农村基层党组织在加强自身建设的过程中引领乡村振兴存在越权之嫌，超出农村基层党组织正常的职权范围，干涉村民自治委员会行使职权，这也就给乡村振兴战略的实施带来一些问题，导致农村基层党组织与村民自治委员会之间职权不分、职责不明，这些问题的存在严重阻碍了西南地区农村基层党组织建设的实践创新，严重阻碍了西南地区农村基层党组织推动乡村振兴。因此，西南地区不少农村基层党组织在加强自身建设的过程中引领乡村振兴，不能越权，要注重权力的边界，泾渭分明，不能侵犯农民的权益、不能干涉村民自治委员会的权力。

二是不能缺位。在实施乡村振兴战略的过程中，西南地区农村基层党组织不能越位，但也不能缺位。从战略学的角度来讲，位置是执行一项战略的重要元素。在战略推进的过程中，每一个位置都对应着相应的责任、对应着相应的工作、对应着相应的推进流程；一个位置不能任意被另一个位置代替，一旦被肆意代替，有可能给接下来的工作带来困境和麻烦。比如在一场堵截战争中，伏击点的位置不能被代替，一旦缺失，有可能给整场战役带来不可估量的后果。

所以，在推动乡村振兴的过程中，农村基层党组织不应该缺位，归属农村基层党组织的责任就应该义不容辞地担当，不能推三阻四、百般推诿；属于农村基层党组织的工作就应该责无旁贷地完成，不能虚与委蛇、敷衍了事。

不缺位还意味着在执行的过程中没有不作为，不挂羊头卖狗肉。调研显示，西南地区有的农村基层党组织打着执行的招牌却无所事事、尸位素餐，做一天和尚撞一天钟。这种“不作为”的态度其实就是一种缺位，是对工作不负责任，是渎职的一种表现。要坚决摒弃这种不作为的态度，抵制在执行的过程中滥竽充数、无所作为的思想和态度。

三是要树立担当精神。担当是党员干部干事创业必备的基本素质。习近平总书记多次强调党员领导干部的担当精神，他指出：“干部就要有担当，有多大担当才能干多大事业，尽多大责任才会有多大成就。”①

---

①习近平．习近平谈治国理政［M］．北京：外文出版社，2014：145.

当前，西南地区农村基层党组织要在大力实施乡村振兴战略的过程中加强实践创新，必须尽力树立担当精神，以习近平总书记关于担当精神的重要论述为指导，坚决贯彻习近平总书记关于乡村振兴和农村基层党组织建设的重要论述，推动农村基层党组织在乡村振兴的深刻实践中践行担当意识、力行担当精神，担负乡村振兴的时代使命，勇挑乡村振兴的时代责任。树立担当精神意味着碰到困难不畏惧，碰到挑战不后退，越是艰险越向前，越有困难越战斗，越挫越勇，以一种“红军不怕远征难，万水千山只等闲。五岭逶迤腾细浪，乌蒙磅礴走泥丸”的勇气去化解难题、解决问题、应对挑战、处理危机。

树立担当精神还意味着要严格按照党的规章制度和程序办事。正如习近平总书记强调的，“要强化程序观念，该报告的必须报告，该打招呼的必须打招呼，该履行的职责必须履行，该承担的责任必须承担，少些‘迈过锅台上炕’的做法，也少些‘事后诸葛亮’的行为。要有担当意识，遇事不推诿、不退避、不说谎，向组织说真话道实情，勇于承担责任”。[①]

树立担当精神还意味着“在大是大非面前敢于担当、敢于坚持原则”[②]，不退缩、不犹豫、不迟疑，保持政治定力，站稳政治立场，坚定政治方向，履行政治原则，践行政治道路，在实施乡村振兴战略的过程中极力推动农村基层党组织建设实践创新上一个新台阶。

第二节　搭建政策平台，创新农村基层党组织引领乡村振兴的政策方针

必须指出的是，这里所指的政策平台，是指可以为农村基层党组织创新乡村振兴的政策方针提供的基础和条件。政策平台是乡村振兴战略下农村基层党组织建设实践创新的重要元素。在新时代贯彻实施乡村振兴战略，西南地区农村基层党组织在加强自身建设的过程中必须坚持创新思维，创新思路，推动搭建政策平台，加大政策的融合力度，加强政策的执行力，从而推动西南地区乡村振兴深入发展。

---

①中共中央纪律检查委员会，中共中央文献研究室．习近平关于党风廉政建设和反腐败斗争论述摘编［M］．北京：中国方正出版社，2015：32.

②中共中央纪律检查委员会，中共中央文献研究室．习近平关于党风廉政建设和反腐败斗争论述摘编［M］．北京：中国方正出版社，2015：73.

一、推动搭建政策平台

当前，西南地区农村基层党组织在加强自身建设引领乡村振兴的过程中，就必须加强政策创新；而要加强政策创新，就必须搭建合理的政策平台。

（一）加强基层调研

基层调研是中国共产党科学制定政策的重要前提条件，也是中国共产党一以贯之的优良传统。毛泽东曾经强调："没有调查，没有发言权。"① 习近平同志2011年11月16日在中央党校秋季学期第二批入学学员开学典礼上的讲话中也指出："重视调查研究，是我们党在革命、建设、改革各个历史时期做好领导工作的重要传家宝。马克思主义的辩证唯物主义、历史唯物主义世界观和方法论，党的实事求是的思想路线，党的从群众中来、到群众中去的根本工作路线，都要求我们的领导工作和领导干部必须始终坚持和不断加强调查研究。只有这样，才能真正做到一切从实际出发、理论联系实际、实事求是，真正保持党同人民群众的密切联系，也才能从根本上保证党的路线方针政策和各项决策的正确制定与贯彻执行。"②

所以，要搭建合理的政策平台，一个非常重要的前提条件就是要加强基层调研。农村基层党组织要有计划、有目的地制订调研方案，每一个步骤都要严格遵照中央和上级党委、政府部门的规划，每一个环节都要严格按照政策制定科学思路进行，不能逾越法律的红线、不能跨越人民利益的边界；而是要按部就班、层次分明地有序推进，要一步一个脚印，循序渐进。

加强基层调研一定要从群众中来、到群众中去，广泛听取群众意见。必须把人民利益摆在重要位置，切实听取西南地区广大农民群众的呼声，坚决响应农民群众的诉求，尽力回应农民群众的需要，"同群众一起讨论问题，倾听他们的呼声，体察他们的情绪，感受他们的疾苦，总结他们的经验，吸取他们的智慧"③。总之，加强基层调研必须遵从广大人民群众的意愿，农民群众高兴的政策多设计，农民群众满意的政策多实施。

调研要全面，不能囿于一隅，局限于某一领域、某一环节、某一地域，"既要调查机关，又要调查基层；既要调查干部，又要调查群众；既要解剖典

---

①毛泽东．反对本本主义［M］//毛泽东选集：第1卷．北京：人民出版社，1991：109．

②习近平．谈谈调查研究——中央党校秋季学期第二批入学学员开学典礼上的讲话［N］．学习时报，2011-11-16（02）．

③习近平．谈谈调查研究——中央党校秋季学期第二批入学学员开学典礼上的讲话［N］．学习时报，2011-11-16（02）．

型，又要了解全局；既要到工作局面好和先进的地方去总结经验，又要到困难较多、情况复杂、矛盾尖锐的地方去研究问题。基层、群众、重要典型和困难的地方，应成为调研重点，要花更多时间去了解和研究。只有这样去调查研究，才能获得在办公室难以听到、不易看到和意想不到的新情况，找出解决问题的新视角、新思路和新对策”①。唯有如此，全方位地展开调研才能合理推动政策平台搭建。

（二）增强分析判断能力

调研之后要增强对调研结果的分析判断能力。习近平同志指出：“调查研究，是对客观实际情况的调查了解和分析研究，目的是把事情的真相和全貌调查清楚，把问题的本质和规律把握准确，把解决问题的思路和对策研究透彻。”② 基层调研只是搭建政策平台的一种手段，关键在于对调研情况进行总结、分析与判断。

农村基层党组织只有通过仔细分析、详细论证、正确判断，才能精准提炼出有价值、有针对性的政策设计和应对策略。所以，要加强对调研结果的分析与判断，提炼与总结。要对调研结果进行详细统计、分析，做到数据不能掺假、不能有水分、不能有泡沫，而是要实打实，要针尖对麦芒，不能搞小动作，弄虚作假。

在进行分析论证的过程中，既要有关于农业、农村、农民工作以及农村基层党组织建设方面的专家全程参与把脉问诊，又要听取基层一线人员如基层党员、驻村干部、农村能人、普通民众等的意见建议；既要有正面导向，又要有监督、批评，要能听得进反对的声音，不能搞一团和气、面不改色，谁都不愿意说真话，谁也不愿意听真话。总之，在总结、判断、提炼的过程中，农村基层党组织要有前瞻视野，要有大局眼光，政策制定必须符合乡村振兴与农村基层党组织建设的需要，必须符合广大人民群众的利益。

（三）合理利用大数据等现代信息工具搭建政策平台，提升政策平台的创新力

大数据是信息时代党委、政府进行决策、执政的重要工具。学界普遍认为，现代政府要实现公共决策的科学化、规范化与民主化，必须利用大数据

---

①习近平．谈谈调查研究——中央党校秋季学期第二批入学学员开学典礼上的讲话［N］．学习时报，2011-11-16（02）．

②习近平．谈谈调查研究——中央党校秋季学期第二批入学学员开学典礼上的讲话［N］．学习时报，2011-11-16（02）．

来提升政策制定水平和质量。从某种意义上说，数据是某个时段对某一问题的集中反映，也就是说数据不会造假，比较客观、真实，所以要借助大数据网络平台，真实地展现民意与民情，展现社会实际的需要与需求。

当前，要推动乡村振兴战略下西南地区农村基层党组织建设实践创新，必须合理利用大数据、互联网、智能云等现代信息工具搭建政策平台，让大数据等信息工具走进政策制定的舞台，让大数据成为政策制定的重要依据，让大数据不管是从模式上还是从理念上都对改变政策制定者的思维范式和决策路径起重要作用。不但要在政策制定的过程中充分利用大数据，还要利用大数据对政策的运用、实践进行反馈，搜集更为广泛的信息和数据，让农民的呼声在大数据中有所体现，让农民的愿望在大数据中有所表现，让农民成为运用大数据推动政策制定的受益者。总之，要合理利用大数据等现代信息工具搭建政策平台，提升农村基层党组织推动乡村振兴，加强政策制定的创新力。

二、加大政策融合力度

这里所指的政策融合是指西南地区农村基层党组织在加强自身建设的过程中，极力将各地、各部门、各单位推动乡村振兴的政策有机融合起来，有序整合，形成合力。

（一）提高对政策的领悟力

西南地区农村基层党组织要不断加强自身建设，提高对政策的领悟与理解。从某种意义上说，政策属于抽象的理论部分，要正确、精准地理解政策显然需要一定的知识和文化水平。但从农村基层党组织的社会构成看，西南地区基层农民党员普遍文化水平不高，对新东西、新事物特别是对一些蕴含着一定理论知识的新观念接受能力不足。因此，必须加强对知识和文化的学习，通过学习来提升其对知识和文化的储备，从而提升对政策的理解和领悟。

要加强农村基层党组织对时事的了解和掌握。从某种意义上说，时事是社会政策执行的一部分，往往会反映政策的动态，反映政策的建构与修订。所以，适度了解时事对于理解和领悟政策的深刻内涵有重要作用。因此，要加强对时事的了解与掌握，通过时事培训、时事宣传、时事广播加深农村基层党组织和农民群众对政策的领悟与理解。

提高对政策的领悟力还必须增强对政策的认同感。认同是一种心理意识，反映认同者对事物的看法与心态。认同是推动事物发展的重要条件，尽管有时候“不认同”也起着同样的作用，但不能由此否定认同的价值。从某种意义上说，对政策的认同就是赞同政策的正面作用。农村基层党组织要以认同党和国家推动乡村振兴的政策为起点，不断增强对政策的理解和领悟。

（二）理顺中央、地方各级党委在推动乡村振兴政策设计之间的关系，推动政策融合

从政策的效力层面来说，中央一级的政策具有最高效力，随后依次是省（市）、市（州）、县（区）、乡（镇）等一级的政策，其效力依次递减。从内容层面来说，中央一级的政策一般是规范性文件，罕见做具体性规定；而省（市）、市（州）、县（区）、乡（镇）等一级的政策内容相对翔实。从行为层面来说，中央一级的政策往往起指导性作用，省（市）、市（州）、县（区）、乡（镇）等一级的政策遵照中央的政策，依次对下一级政策起指导作用。

农村基层党组织在加强自身建设的过程中，要加大政策融合，就必须坚决响应中央的号召，把党中央的政策学深悟透，逐字逐句地进行理解，不懂的地方要通过学习、实地考察、实践调研来释疑解惑，以此来加深对政策的理解和领悟。要着力推动中央和地方各级党委、政府部门政策的融合。尽管每一层级的政策作用不同，内容由简至繁、由宏观至细微，但并不影响各个层级政策之间的融合。要把中央政策与地方实际结合起来，地方政策在中央政策的指导之下进行修订，以此符合地方实际需要和广大农民群众的需要。要推动地方政策之间的融合，地方差异是一个不容忽视也不能回避的现实情况，必须引起重视，要在辨析地方差异化的基础上推动地方政策之间的融合，以此制定更符合地方实际需要的政策，推动政策创新。

（三）推动理论结合实践

从理论上来说，政策属于理论层面。但理论必须回到实践，只有回到实践，才能对实践起重要作用，才能指导并推动实践的发展。

西南地区农村基层党组织在加强自身建设的过程中推动乡村振兴，要加大政策融合，必须推动理论与实践相结合。在政策制定的过程中，要不断推动政策与实践对接，让政策与实践面对面交流，让政策在实践中检验其生命力，让实践成为政策的对标尺。政策如果一旦不能推动实践，作为政策的制定者与执行者就应该重点考虑政策的合理性与可行性，从政策是否体现农民群众需要、体现乡村振兴的需要、体现乡村发展的需要等方面入手，条分缕析，把政策与实践脱钩、与农民群众实际需要脱钩、与乡村振兴脱钩的部分清理出来，进行分析论证，重新修订政策，创设新的政策方案。比如，针对西南地区的一些山区农村进行移民搬迁的政策如果套用到一些具有民族特色、

有民族文化氛围、有民俗文化涵养的农村就不一定适用，如果霸王硬上弓、生搬硬套，极有可能造成民族文化断裂，反而会给乡村振兴带来困难和不适。这时候，就应该因地制宜、因人而异地贯彻落实乡村振兴政策，如发展民族特色小镇、民族文化产业园等，以此推动这些农村的转型从而促推乡村振兴。

要不断推动“政策→实践→政策”，往返周始，加强政策的实践性，推动实践对政策的检验与校正，以此推动政策的创新与融合。如此，方能在乡村振兴的过程中，不断推动西南地区农村基层党组织建设实践创新，特别是推动农村基层党组织振兴乡村的政策创新。

（四）要加大政策的规划和设计力度

针对政策设计的调研、分析与论证一旦基本完成后，对政策的规划和设计就会日益提上日程。而且，从政策设计的角度来说，针对政策设计的调研、分析与论证其实也是政策设计的一部分，只不过属于政策设计的前期基础。政策的设计是一个复杂的系统工程，其间牵涉无数的人力、财力与物力资源。但其中最关键的部分是政策的设计者，政策设计者即制定者的思维结构、视野、智慧、知识、学术积累、政策素养、实践程度等直接影响政策的内容、结构与模式。所以，要适度加大对政策设计者即制定者的培训，政策设计者不仅要加大对相关理论知识、时事政治、国际形势、国情、民情、党情、区情等的学习力度，更重要的是要学习专门的理论知识，学习相关的法律法规，力争需要制定什么样的政策，就具有与该政策有关的专门的知识结构。其间，还要顺畅政策设计者与基层社会联系的渠道。一方面，政策设计者即制定者要加强实践调研，特别是加强与农民群众的联系，亲密接触乡村社会，近距离感知乡村社会，从乡村社会和农民群众中寻找设计政策的灵感，寻找制定政策的智慧；另一方面，农村基层党组织作为领导基层治理的核心力量，肩负着上情下达和下情上通的重任，应该积极主动加强与不同层级政策制定部门之间交流的频次，多渠道、多方式、多点位主动展示和汇报所在农村社会的社情民意，畅通上下联系的政策平台，从而为实现政策设计的科学性、时效性、针对性、可行性奠定基础。

三、加强政策的执行力

从政策的推广模式来看，政策的执行直接决定了政策的效果与效率。一个好的政策，如果得到有效的执行，可以促推事物的发展。

（一）要做政策的坚定执行者

必须承认，农村基层党组织是中国共产党在基层实施政策的重要领导者与执行者。事实上，从党和国家的相关政策在广大农村的实践来看，农村基层党组织一直扮演着领导者与执行者的角色。《中国共产党农村基层组织工作条例》（2019）指出，农村基层党组织“宣传和贯彻执行党的路线方针政策和党中央、上级党组织及本村党员大会（党员代表大会）的决议”。[①] 当前，要进一步推动乡村振兴，让党和国家的乡村振兴政策在新时代的社会主义美丽乡村建设中发挥重要作用，农村基层党组织要做政策的坚定执行者。

要坚定信心。信心是事物发展的重要条件，有信心方能推动事物不断砥砺向前，有信心方能推动事物改造变迁。从中国共产党领导的革命、建设、改革的奋斗历程所取得的辉煌成就来看，从新中国成立以来广大农村发生的深刻巨变来看，农村基层党组织都要坚定信心，坚定对马克思主义的信仰、对中国特色社会主义的信念，坚信社会主义新农村在新时代中国共产党人的领导下，必定会迎来美丽而又灿烂的明天。

要自觉担当。担当是中国共产党人的优良政治本色。中国共产党之所以一路走来，虽然历经风雨但始终不变色，靠的就是自觉担当的政治本色。当前，要推动党和国家的乡村振兴政策在西南地区广大农村有力实施，农村基层党组织必须树立自觉担当的意识，把在西南地区广大农村推行党和国家的乡村振兴政策作为自己的初心和使命，作为自己的责任和担当，更作为自己人生奋斗历程中的事业与价值追求。

要迎难而上。马克思主义辩证法认为，事物的发展与前进从来不是一帆风顺的；相反，困难无处不在。在西南地区广大农村推行党和国家的乡村振兴政策的过程中，困难是无处不在的。特别是在推行一些农民群众不理解、不认同的政策时，困难的程度尤其大。所以，西南地区广大农村基层党组织要树立迎难而上的意识，不畏困难，正所谓“踏平坎坷成大道，斗罢艰险又出发”，把困难的存在看成政策推进路上的常态，摆正心态、端正态度、抖擞精神，在与困难的斗争中提升政策的执行力。

要率先垂范。农村基层党组织是党在农村工作的重要引领者。所以，在西南地区广大农村推行党和国家的乡村振兴政策时，必须率先垂范，特别是对于一些农民群众不清楚、不理解的政策，要有率先垂范的态度，勇于站在政策执行的前列，勇于做第一个吃螃蟹的人，敢于尝试，敢于带头，让广大农民群众对政策放心，让广大农民群众在响应了政策之后安心，推动党和国家乡村振兴政策落地落实。

---

①新华社．中国共产党农村基层组织工作条例［N］．人民日报，2019-01-11（06）．

（二）要动态监管政策的执行

应该承认，政策在执行的过程中，不免有与现实情况脱节的地方，不免有与广大农村实际情况脱节的地方，不免有与农民实际诉求脱节的地方。所以，在政策执行的过程中，应加大政策执行监管力度，不断调整政策的执行方向与运行轨迹，使政策与实际不断合拍，从而加强政策的执行力。

从这个角度出发，西南地区农村基层党组织在加强自身建设引领乡村振兴的过程中，有必要不断加强对政策执行情况的调研，从中分析政策与现实的差距，并对引发差异的原因进行深刻分析论证，推动政策与实际的吻合。要因地制宜地加强政策的执行。从理论上来说，任何政策都有局限性。而要减少政策的局限性，最合理的办法就是在政策执行时，因地制宜，根据乡村社会的实际情况、根据农民的实际需要、根据乡村振兴的长远发展来不断调整政策与乡村社会的适应度，而不是一成不变，生搬硬套，削足适履，这样只会加剧政策与地方社会、与乡村实际、与农民要求的差距。要与时俱进、实事求是地修订政策。一旦发现政策脱离实际，或者说一旦发现政策不能满足广大农民群众的需要，就必须启动修订预案，按照一定的程序对不合时宜的政策进行修订与校正，在修订的过程中，重点考虑的原则是人民的需要、现实情况，不能好高骛远，而应该脚踏实地、实事求是地进行修订。

（三）要以制度带动政策的执行

在推动乡村振兴的过程中加强西南地区农村基层党组织建设，必须加强政策的执行力，最重要的驱动元素莫过于制度。制度是事物不断向前发展的重要保障。政策在执行和推进的过程中，尤其需要制度为伴，以制度作为政策行稳致远的基石，将制度贯彻于政策执行的每一个环节、每一个领域、每一个人群，将制度贯穿于政策执行的始终。当前，西南地区农村基层党组织在加强自身建设引领乡村振兴的过程中，必须把制度作为政策执行的重要保障。

要合理建立政策执行制度。根据政策的执行情况包括执行效果，政策执行者的执行态度、执行能力、执行方法以及执行地区的民情、地理、风俗习惯等来合理制定政策执行制度，按照时间、类别、区域、事件、对象等进行分类，每一类政策的执行都有相应的制度进行规范，每一类政策的推进都有相应的制度进行保障，从而切实做到以制度推动政策的执行。

要坚决树立制度的权威性。制度是刚性约束，应该不怒而威、不笑而严。制度的运行有其自身的逻辑、有其自身的规律。所以，政策执行制度一旦确定，不能随意变更、随意修改，或者因人而异、因时而异、因事而异，造成制度失去应有的尊严。要确立制度的权威性，必须尊崇制度，任何人、任何事在制度面前一律平等，严格按照制度办事，对于任何违反制度的人和事坚决进行查处，绝不手软、绝不姑息，特别是对于那些“你和他讲制度，他和你讲人情；你和他讲政策，他和你讲原则”的人更是要以制度进行约束、以制度进行规制，坚决杜绝把制度挂在嘴上但在实施过程中手软脚软的制度形式化现象。

要大力推动制度与政策的融合。政策在执行的过程中，离不开制度。制度有利于政策的推进，有利于规范政策制定者、执行者的行为、思想和心态，坚持政策制定原则，端正政策制定立场，纠正政策执行方法、执行模式和执行路径，推动政策落地落实落细。所以，要不断加强制度与政策的相互融合，以制度促进政策的制定与执行，以政策砥砺制度的规范和推进。

第三节　抓好班子建设，建强农村基层党组织作为乡村振兴的领导核心

“帮钱帮物，不如帮助建个好支部。”西南地区农村基层党组织班子建设、队伍建设事关西南地区农村基层党组织的战斗力、凝聚力和创新力，事关西南地区农村基层党组织的执政能力，事关西南地区农村基层党组织在西南地区广大农村贯彻实施党的路线方针政策，事关西南地区乡村振兴战略的推进。当前，要切实贯彻党的乡村振兴战略，推动西南地区乡村振兴，西南地区农村基层党组织必须加强实践创新，而要推动实践创新，抓好班子建设，建强乡村振兴的领导核心，无疑是其中一个重要内容。

一、抓好带头人

习近平总书记非常重视农村基层党组织的带头人建设。党的十八大以来，习近平总书记多次针对农村基层党组织的带头人发表过重要讲话，如 2015 年 11 月，习近平总书记在中央扶贫开发工作会议上强调，要把夯实农村基层党组织同脱贫攻坚有机结合起来，选好一把手、配强领导班子。[①] 2018 年 3 月 8 日，习近平总书记在参加全国人大会议一些代表团审议时强调，要推动乡村组织振兴，打造千千万万个坚强的农村基层党组织，培养千千万万名优秀的

①鞠鹏．习近平在中央扶贫开发工作会议上强调：脱贫攻坚战冲锋号已经吹响，全党全国咬定目标苦干实干［N］．人民日报，2015-11-29（01）．

农村基层党组织书记。[①] 2018 年 11 月 26 日，习近平总书记在中央政治局会议上强调，选好配强农村党组织书记、实行县级备案管理，建立选派第一书记长效机制。[②] 2019 年 3 月 8 日，习近平总书记在参加全国人大会议一些代表团审议时强调，要“采取切实有效措施，强化农村基层党组织领导作用，选好配强农村党组织书记，整顿软弱涣散村党组织，深化村民自治实践，加强村级权力有效监督”[③]。

火车跑得快，全靠车头带。在推进乡村振兴的过程中，必须有一个合格的带头人，或者说有一个坚强有力的领导者，有一个能够引领广大乡村群众、引领各种乡村社会组织、凝聚广大乡村社会各种社会资源振兴乡村、建设美丽新农村的领导核心。而以这个要求来看，农村基层党组织带头人无疑就是村支部书记。

（一）要选优配强西南地区农村基层党组织带头人

执行力强不强，关键在于领头羊。在乡村振兴的过程中，农村基层党组织的带头人是推动乡村振兴的关键，是建设美丽新农村的至关重要一环，是党的农村工作有效开展的关键少数。因此，西南地区农村基层党组织要推动乡村振兴迈向深入，必须选优配强带头人。在选举农村基层党组织带头人之前，坚持在基层调查、基层调研的基础上，成立调研组，围绕“六个摸清（摸清现任村级党组织、村支部现状，摸清后备党员干部队伍现状，摸清换届党员干部合适人选，摸清社情民意，摸清普通党员群众思想动态，摸清影响换届选举的因素）”，对每个村和村基层党组织的选情进行分析研判。在村支部书记换届选举中，要做到规范、严格、科学、有效八字方针。

要求在换届工作中，开会必记录、参会必签字，有记录、有记载，查有实据；换届每个环节过程性和结果性资料，必须公开、透明，由指导组签字确认，不会写字、不识字的党员要画押确认，确保换届程序到位、操作规范、科学有效。解决剔除“轮流坐庄”“内部商量”现象，对不合格、不尽职、不负责、不作为、不胜任等“五不”村支书坚决进行撤换；对超龄的党组织书

①姚大伟. 习近平李克强王沪宁赵乐际韩正分别参加全国人大会议一些代表团审议［N］. 人民日报，2018-03-09（01）.

②新华社. 中共中央政治局召开会议，审议《中国共产党农村基层组织工作条例》和《中国共产党纪律检查机关监督执纪工作规则》，中共中央总书记习近平主持会议［N］. 人民日报，2018-11-27（01）.

③李学仁. 习近平李克强王沪宁韩正分别参加全国人大会议一些代表团审议［N］. 人民日报，2019-03-09（01）.

记采取合理合情的方法进行引退，或者发挥余热、以老带新；对违法的党支部书记坚决进行查处。

大力创新选拔任用机制，从一些热心为民服务、理想信念坚定、踏实务实肯干、能力素质突出的党员中选拔党支部书记，确定一批敢作为、勇担当、尽责任、干实事、体民情的党员担任新党支部书记，做到选出来的党支部书记绝对是真诚为民服务、热心为群众干事创业的党员。积极探索“妇女村官”“乡贤选任”“能人返任”“跨村选任”、下派“第一书记”等做法，推选思想政治素质好、办事能力突出、责任心强、人缘好、群众基础好、威望高、有市场经济头脑、有相关法律政策知识、头脑灵活、思维开放、善于做群众工作的优秀党员干部担任农村党组织书记，做到选拔出来的西南地区农村基层党组织带头人是有着真心干事创业、热心为民服务、衷心为党工作、一心推动发展、细心抓好组织的“五心”带头人。

（二）坚定西南地区农村基层党组织带头人的政治站位

政治意识是中国共产党党员应该具备的基本素养。习近平总书记在党的十九大报告中强调：“旗帜鲜明讲政治是我们党作为马克思主义政党的根本要求。党的政治建设是党的根本性建设，决定党的建设方向和效果。保证全党服从中央，坚持党中央权威和集中统一领导，是党的政治建设的首要任务。”①所以，要坚定西南地区农村基层党组织带头人的政治站位。

要立足“坚持和加强党的全面领导，强化农村党组织领导核心地位”的政治站位，加强对西南地区农村基层党组织带头人的政治思想教育，推动西南地区农村基层党组织带头人自觉讲政治，有政治担当、政治觉悟、政治素养、政治风格、政治品位、政治作为、政治品德，能够把准政治方向，坚持党的政治领导，夯实党的政治根基，涵养党的政治生态，防范政治风险，永葆政治本色，在实施乡村振兴战略中不断提高政治能力和政治本领。

（三）大力提升西南地区农村基层党组织带头人的素质、能力和作风

要切实建强农村基层党组织，必须大力提升农村基层党组织带头人的素质、能力和作风。要加强农村基层党组织带头人能力素质的培训，培训的主要内容不仅包括党的相关理论政策，尤其是马克思主义中国化最新理论成果，而且还要包括相关技能、专业知识的培训，如法律知识、市场经济知识、领导科学管理知识、乡村治理知识、沟通协调能力等。要加强西南地区农村基

---

①习近平. 决胜全面建成小康社会　夺取新时代中国特色社会主义伟大胜利——在中国共产党第十九次全国代表大会上的报告［M］. 北京：人民出版社，2017：62.

层党组织带头人的作风整顿，严格要求，细微处见真功夫，勇于查处“微腐败”。加强农村基层党组织带头人的创新意识，尤其是将党的理论、路线方针政策与农村社会具体实情紧密结合、融会贯通的思维意识。将那些工作思路不宽、工作思维陈旧，喜好循规蹈矩，安于现状、不思进取，抱着“船到桥头自然直”想法的带头人坚决清除出带头人队伍，大力培育农村基层党组织带头人的创新和开拓意识，为新时代开创乡村振兴新局面提供坚强的组织和领导保障。

（四）强化组织引导

上级党委、党组织及相关单位、部门、机构的组织引导是西南地区农村基层党组织不断发展壮大、能够干事创业的重要条件。上级党组织应以召开座谈会、谈心会、推进会、调度会、理论务虚会、院坝会，甚至与基层群众摆龙门阵等方式，加大对农村基层党组织带头人面上情况的了解，并对所了解情况进行分析研判、综合判断论证，注重加强对农村基层党组织带头人的面上指导，注重对农村基层党组织带头人的宏观指导与政治引导。支持农村基层党组织带头人在党和国家的乡村振兴政策下放开手脚、大胆开展工作，同时加大监管力度，特别是在农村基层党组织带头人的任职上要秉持“老人老办法，新人新办法”，做到不激化矛盾，维持团结，保持和谐。做到不逾越权力的边界，注重保持农村基层党组织党内政治生态的平衡。

二、加强队伍建设

加强农村基层党组织队伍建设是推动西南地区农村基层党组织富有战斗力、凝聚力、创新力的重要条件。习近平总书记非常关心农村基层党组织的队伍和班子建设，2018 年 4 月，习近平总书记在海南考察时强调，农村基层党组织要成为带领农民群众共同致富的主心骨和坚强战斗堡垒。[①] 2018 年 11 月 26，习近平总书记在主持审议《中国共产党农村基层组织工作条例》和《中国共产党纪律检查机关监督执纪工作规则》的会议上强调，要加强农村党支部建设，坚持支部建在村上，实现对农村各领域全覆盖，持续整顿软弱涣散村党组织，发展农村优秀青年入党，加强农村基层党员、干部教育培训，

①李学仁，谢环驰．习近平在海南考察时强调：以更高站位更宽视野推进改革开放，真抓实干加快建设美好新海南［N］．人民日报，2018-04-14（01）．

使每一个农村党支部都成为坚强战斗堡垒。① 2019年3月8日，习近平总书记在参加全国人大会议河南代表团审议时强调："要及时纠正脱贫攻坚中反映的干部作风问题，深化扶贫领域腐败和作风问题专项治理，完善和落实抓党建促脱贫制度机制，加强贫困地区农村基层党组织建设。"② 当前，乡村振兴正处在关键时期，农村基层党组织的战斗力、凝聚力、创新力直接关系着乡村振兴战略的推进，关系着农村全面建成小康社会的成效，关系着西南地区贫困农村脱贫致富，关系着广大西南地区农民群众的幸福感、获得感与安全感，所以，加强农村基层党组织队伍建设成为西南地区农村基层党组织推动乡村振兴的关键一招。

（一）在发展党员上，要聚贤纳能

西南地区特别是一些民族地区农村情况复杂多样，有的农村宗派、家族思想严重，发展党员时有私心，小心眼特别多，利益交换、权力寻租现象严重，发展的党员多有血缘裙带关系，或者说地域关系；有的农村党员队伍"老化""青黄不接"，几个党员实行"终身制"，包办到底，这显然不利于党员队伍的健康发展，不利于党的事业的推进；有的农村地区在发展党员上方向不对路、路子不清晰，只发展一些与自己关系好、有利益往来、有血缘关系的人入党，也不管这些人能力强不强，是否懂得政策法规；从而导致党的事业受损、党的正确主张难以变为人民群众的自觉行动，等等。

所以，要大力拓宽选拔渠道，不拘一格降人才，把那些符合条件的乡村振兴能手、农村致富能人、"田专家""土秀才"、乡贤名望、热心人、外出务工经商的优秀人才、回乡创业头脑灵活的人、复员转业军人、回乡大中专毕业生充实到党员队伍中来，把他们培养成为农村基层党组织的优秀后备人才。

要成立农村基层党组织后备人才库，把一些头脑灵活、思维开放、事业心强的年轻人纳入农村基层党组织后备人才库，作为农村基层党组织的后备人才进行培养，在发展党员时从中择优、择能选录，如此，方能使得农村基层党组织人才不匮乏，永远保持青春与活力、动力与激情。要建立党员清退机制。对一些缺乏革命意志、不履行党员义务、不符合党员条件且屡教不改的，对那些没有正当理由连续六个月以上不参加党的组织生活、不交纳党费、

---

①新华社．中共中央政治局召开会议，审议《中国共产党农村基层组织工作条例》和《中国共产党纪律检查机关监督执纪工作规则》，中共中央总书记习近平主持会议［N］．人民日报，2018-11-27（01）．

②谢环驰．习近平李克强栗战书汪洋王沪宁赵乐际韩正分别参加全国人大会议一些代表团审议［N］．人民日报，2019-03-08（01）．

不做党所分配工作的，应按照程序给予清退或除名，特别是对于一些害群之马、损害党的利益、抹黑党的形象、严重违反党纪党规甚至国法的党员，要严格按照程序给予党纪处分。

（二）要大力推动西南地区农村基层党组织标准化、规范化建设

《中国共产党支部工作条例（试行）》（2018）指出："当前，推进伟大斗争、伟大工程、伟大事业、伟大梦想，必须贯彻落实新时代党的组织路线，把党支部建设放在更加突出的位置，加强党支部标准化、规范化建设，不断提高党支部建设质量。"① 农村基层党组织是党在农村地区的支部组织，是党在农村开展工作的基本单元，是党在农村的战斗堡垒，是党在农村的全部工作和战斗力的基础，担负直接教育农民党员、管理农民党员、监督农民党员和组织农民群众、宣传农民群众、凝聚农民群众、服务农民群众的职责。

推动农村基层党组织标准化、规范化建设首先就要把党的政治建设摆在重要位置，要坚定"四个意识"，大力贯彻党的路线方针，践行党的政治路线，宣传和执行党中央、上级党组织及本党支部的决议。

把理想信念教育作为推动农村基层党组织标准化、规范化建设首要任务。组织党员认真学习马克思列宁主义、毛泽东思想、邓小平理论、"三个代表"重要思想、科学发展观，特别是要认真学习习近平新时代中国特色社会主义思想，推进"两学一做"学习教育常态化制度化，坚定对马克思主义的信仰和对共产主义远大理想以及中国特色社会主义共同理想的信念。

要加强作风建设，砥砺广大党员到脱贫攻坚的一线、到乡村振兴的一线、到农村工作的一线，在带领群众脱贫致富、振兴乡村的火热斗争中营造风清气正的政治生态。

（三）要大力推动互联网党建工作

互联网党建工作是推动农村基层党组织班子建设的重要抓手。习近平就指出："各级党委要高度重视信息化发展对党的建设的影响，做到网络发展到哪里党的工作就覆盖到哪里，充分运用信息技术改进党员教育管理、提高群众工作水平，加强网络舆论的正面引导。"②

开辟"互联网＋党建"新模式，运用云计算、大数据、移动社交等技术，

---

①新华社．中共中央印发《中国共产党支部工作条例（试行）》［N］．人民日报，2018-11-26（01）．

②中共中央文献研究室．在全国组织部长会议上的讲话［M］//十七大以来重要文献选编：下册．北京：中央文献出版社，2013：690．

依靠网络、手机、电脑、现代智能等信息化平台，利用QQ、微信、微博、钉钉、论坛等工具，构建四微支部“微支部、微课堂、微视频、微学习”，实现信息资讯、业务管理、学习教育、线上活动、交流服务、考核监督六项核心功能信息化，通过“智慧党建”探索组织生活网络化，把组织建在网上、党员连在线上，搭建网上党校、网上微党课、网上“三会一课”等，推动农村基层党建工作线上线下深度融合、无缝对接，让党建工作更接地气、更有活力、更具生气、更富激情，推动农村基层党建工作质量持续提升、工作实效持续增加、工作效率不断提高，为新时代西南地区农村基层党组织推动乡村振兴提供支撑。

三、增强执政能力

农村基层党组织建设得强不强、功能发挥得好不好、作用体现得够不够，最终要体现在执政能力上。就本书而言，农村基层党组织的执政能力就是在新时代推动乡村振兴的过程中，不断加强自身建设，提升自身工作态度，净化工作作风，带领广大农民群众脱贫致富得幸福、振兴乡村奔小康。农村基层党组织执政能力的强弱直接关系到新时代乡村振兴战略的推进，关系到新时代乡村的发展和稳定，关系到党在农村基层社会执政地位的巩固，关系到千百万广大农民群众的利益和幸福。当前，要大力贯彻乡村振兴战略，推动乡村振兴纵深发展，必须切实增强西南地区农村基层党组织的执政能力。

（一）培养执政意识

执政意识是增强执政能力的重要一环，可以这样说，如果一个农村基层党组织连执政意识都不具备，那么这个农村基层党组织的执政能力就堪忧；更重要的是，如果连执政意识都不具备，那么这个农村基层党组织要完成推进乡村振兴、推动乡村治理、领导广大农民群众脱贫致富奔小康等使命就变得极不现实。所以，培育农村基层党组织的执政意识对于提升执政能力来说非常重要。习近平总书记就强调：“基层党组织担负着领导社区治理的重要职责，要把党的惠民政策宣传好，把社区居民和单位组织好，打造共建共治共享的社区治理格局。”① 尽管在这里，习近平总书记所强调的提升执政能力是针对社区基层党组织而言，但把这段话放在西南地区广大农村基层党组织推动乡村振兴的时代背景里来说，也是非常适用的，并对西南地区广大农村基

①鞠鹏，谢环驰．习近平在湖北考察时强调：坚持新发展理念打好“三大攻坚战”奋力谱写新时代湖北发展新篇章［N］．人民日报，2018-04-29（01）．

层党组织在推动乡村振兴的过程中不断提升执政能力具有重要的指导意义。

培养执政意识就是要坚定有执政能力的自信心。自信心是一种反映个体对自己是否有能力成功地执行某项活动、推进某项工作、完成某项任务的信任程度的心理特性。自信心对个体的成长非常重要，是推动个体不断成长壮大、不断提升成才的重要基因。从课题组调研的情况来看，西南地区有的农村基层党组织自信心不够，导致其在推进乡村振兴的过程中缺乏魄力和勇气，缺乏干事创业的“精气神”，干起事来缩手缩脚、瞻前顾后，不能有效发挥其组织特长和政治功能，从而给乡村振兴带来困境。所以要大力培育西南地区农村基层党组织执政能力上的自信心。

培养执政意识还要培养担当精神。从某种程度上来说，执政也是一种担当，是一种主动作为的担当，需要勇气、责任、智慧和坚定的信念支撑。西南地区农村基层党组织在加强自身建设引领乡村振兴的过程中，要大力培育担当意识，促使农村基层党组织自觉担负起推动乡村振兴的重要责任，自觉担负起推动新时代“三农”工作的重要历史使命，自觉担负起推动新时代广大农民群众的嘱托，净化作风、改进方法、转化思想，以自觉的担当精神提升西南地区农村基层党组织的执政意识。

（二）提升执政本领

中国共产党一贯都注重提升执政本领。早在 1939 年，毛泽东同志就告诫全党：“我们队伍里边有一种恐慌，不是经济恐慌，也不是政治恐慌，而是本领恐慌。”[①] 西南地区农村基层党组织要推动乡村振兴，就必须大力提升执政本领。就乡村振兴这一时代课题而言，农村基层党组织推动乡村振兴的执政本领主要包括学习本领、政治领导本领、改革创新本领、科学发展本领、依法执政本领、群众工作本领、狠抓落实本领、驾驭风险本领[②]以及斗争本领九大本领，要促使这九大本领统筹推进，一个本领也不落下，做到齐头并进、方骖并路，没有短板、没有漏洞，以全面适应新时代乡村振兴的过程中党的全面领导和执政实践的需要，确保西南地区农村基层党组织成为西南地区乡村振兴的领导核心。其中，加强学习，善于学习，增强学习本领，是提升执政本领的有力途径。要不断加强对党的政治理论的学习，尤其要学习习近平新时代中国特色社会主义思想，增强道路自信、理论自信、制度自信、文化

---

①毛泽东．在延安在职干部教育动员上的讲话［M］//毛泽东文集：第 2 卷．北京：人民出版社，1993：178.

②习近平．决胜全面建成小康社会　夺取新时代中国特色社会主义伟大胜利——在中国共产党第十九次全国代表大会上的报告［M］．北京：人民出版社，2017：68-69.

自信。要加强对专业知识的学习，以提升西南地区农村基层党组织推动乡村振兴的专业素养和专业能力，进一步提升西南地区农村基层党组织推动乡村振兴的执政本领。要在调查研究上下功夫、长本领，学会做加法和减法。首先做加法，不怕苦、不畏难，对西南地区基层社会、基层群众来一个全方位的大调研，多渠道、多层面、多方位掌握了解西南地区基层农村社会乡村振兴现状；然后做减法，通过走访和深度调查，根据中央和地方党委关于乡村振兴的相关政策，采取分类法、排除法、统计法，有序推动乡村振兴，有序推进农村基层党组织建设，达到靶向精准的效果。

（三）推动全面从严治党向基层延伸，为增强执政能力提供坚强保障

习近平总书记强调："坚定不移全面从严治党，不断提高党的执政能力和领导水平。"① 从严治党是增强执政本领的重要抓手。中国共产党要真正做到长期执政、稳定执政、执好政，必须把全面从严治党贯穿于增强执政能力的全过程，把全面从严治党贯穿于长期执政能力建设的始终。要以自我革命的政治勇气、滴水穿石的恒心毅力、愚公移山的务实精神，从严管党、治党，大力提升西南地区农村基层党组织推动乡村振兴的执政能力。要加强作风建设，以铁的纪律正风肃纪、以铁的意志全面从严治党，兴利除弊，反腐倡廉，激浊扬清，务实、踏实、求实，抓实干、抓落实，抓细、抓小，不漂浮、不虚夸，咬定青山不放松，推动全面从严治党向基层延伸，延伸到农村基层党组织建设的每一个角落，延伸到农村基层党组织战斗的每一个战场，延伸到农村基层党组织推动乡村振兴的每一个环节，全力提升西南地区农村基层党组织推动乡村振兴的执政能力。要加强制度建设，以制度规范党的建设，以制度推动全面从严治党，以制度砥砺党的执政能力，推动西南地区农村基层党组织执政能力的不断提升与改善，建强推动西南地区乡村振兴的领导核心。

①习近平．决胜全面建成小康社会　夺取新时代中国特色社会主义伟大胜利——在中国共产党第十九次全国代表大会上的报告［M］．北京：人民出版社，2017：61．

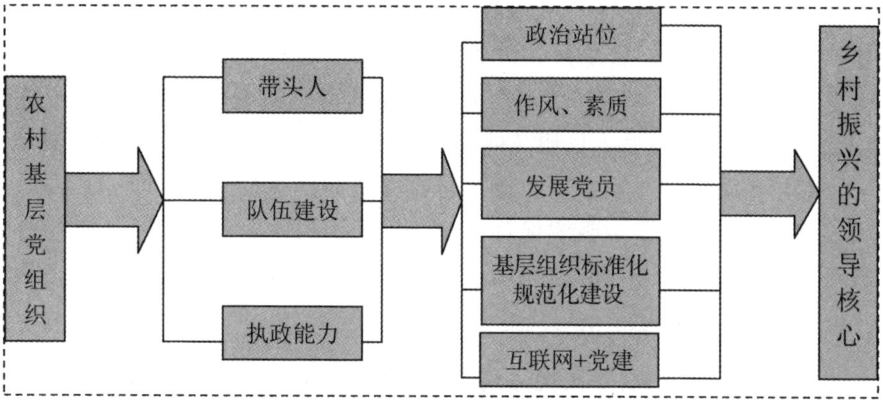

图 8—1　农村基层党组织班子建设图

第四节　强化服务宗旨，探索农村基层党组织推动乡村振兴的有效路径

服务群众、服务乡村振兴、服务党的事业是新时代西南地区农村基层党组织的重要指向。中国共产党一贯以来都坚持为人民服务的宗旨并贯彻付诸实践。当前，西南地区农村基层党组织在加强自身建设引领乡村振兴的过程中，必须贯彻党中央的乡村振兴战略，大力强化为民服务宗旨，竭力探索西南地区农村基层党组织推动乡村振兴的有效路径。

一、牢固树立全心全意为人民服务的宗旨意识

从某种意义上说，宗旨是行动的原则，有了宗旨，个体在进行社会行为的过程中才会有必须遵循的原则。全心全意为人民服务是中国共产党的宗旨，也是中国共产党一以贯之的优良传统。可以这样说，中国共产党近百年来之所以屹立在东方古国并愈益焕发出灿烂的光彩、散发出迷人魅力的一个根本原因就在于其始终胸怀人民，始终把全心全意为人民服务写在高高飘扬的党旗上。毛泽东就极为强调共产党人的宗旨意识，他指出："共产党人的一切言论行动，必须以合乎最广大人民群众的最大利益，为最广大人民群众所拥护为最高标准。"[①] 习近平总书记也多次强调我们党的宗旨就是为人民服务。比

①毛泽东．论联合政府［M］//毛泽东选集：第 3 卷．北京：人民出版社，1991：1096.

如，2015 年 1 月 12 日，习近平在中央党校县委书记研修班学员座谈会上的重要讲话中指出："我们讲宗旨，讲了很多话，但说到底还是为人民服务这句话。"[①] 2019 年 4 月，习近平总书记在重庆专题调研脱贫攻坚的讲话中再次强调："我们是全心全意为人民服务的党，追求老百姓的幸福。"[②] 船到中流浪更急，人到半山路更陡。当前，正值乡村振兴战略推进的关键时期，西南地区广大农村基层党组织要加强实践创新，必须牢固树立全心全意为人民服务的宗旨意识，以此推动乡村振兴。

（一）要站稳人民立场

习近平总书记强调："人民立场是中国共产党的根本政治立场，是马克思主义政党区别于其他政党的显著标志。党与人民风雨同舟、生死与共，始终保持血肉联系，是党战胜一切困难和风险的根本保证，正所谓'得众则得国，失众则失国'。"[③] 人民是历史的创造者，是推动党的事业不断向前发展的内在动力。当前，要推动乡村振兴，同样离不开人民，同样需要站稳人民立场。只有坚定地依靠人民，与人民同呼吸、共命运、心连心，与人民群众打成一片，尽力拉近与人民群众之间的距离，把服务人民、保障人民利益、为人民谋取幸福作为党前进的根本动力，作为党的事业的出发点与落脚点，作为新时代乡村振兴的逻辑起点，才能推动新时代农村基层党组织在乡村振兴的过程中发挥重要作用。

站稳人民立场就是要坚持以人民为中心的理念。习近平总书记指出："人民对美好生活的向往就是我们的奋斗目标。"[④] "千里莺啼绿映红，水村山郭酒旗风。"这是古人对人民幸福生活的一种描绘，其实今天西南地区广大农民群众的梦想也在于此，生态优美、生活富足、乡风文明、家庭和谐、社会安定。西南地区农村基层党组织在加强自身建设的过程中推动乡村振兴，必须把人民对美好生活的向往作为奋斗目标，把人民对幸福日子的追求当作前进动力，要立足新时代西南地区乡村社会的实际情况，立足于新时代西南地区乡村社会的新矛盾，立足于新时代西南地区广大农民群众的新诉求。正所谓"衙斋卧听萧萧竹，疑是民间疾苦声。些小吾曹州县吏，一枝一叶总关情"，着力解决好新时代西南地区乡村社会发展不平衡不充分的问题，着力加强自身建设。

---

①习近平．做焦裕禄式的县委书记［M］．北京：中央文献出版社，2015：24.

②杜尚泽，张晓松．"这件事我要以钉钉子精神反反复复地去抓"——记习近平总书记在重庆专题调研脱贫攻坚［N］．人民日报，2019-04-19（01）.

③习近平．习近平谈治国理政：第 2 卷［M］．北京：外文出版社，2017：40.

④习近平．习近平谈治国理政［M］．北京：外文出版社，2014：101.

再如习近平总书记所强调的那样，“要加强乡村两级基层党组织建设，更好发挥在脱贫攻坚中的战斗堡垒作用，提高党在基层的治理能力和服务群众能力”①。如此，方能更好地满足新时代西南地区乡村社会广大农民群众在经济、政治、文化、社会、生态、医疗、卫生、环保、保险、法律、教育、社会保障、养老等方面日益增长的需要，更好地维护和实现新时代西南地区乡村社会广大农民群众的根本利益，更好地实现马克思主义“人的全面发展”的理念，更好地推动乡村振兴往深里走、往实里走。

（二）要着力践行“服务”理念

这里所强调的“服务”是指“力行”。《礼记·中庸》云：“力行近乎仁。”强调的就是“力行”，意思就是一旦确定目标，就要全身心地投入实践、付诸实践，而不是停留在嘴上；如此，方能推动事物朝着预定的目标前行。“喊破嗓子，不如做出样子。”

西南地区农村基层党组织在加强自身建设的过程中推动乡村振兴，要切实贯彻“力行”的原则，切实把“服务”理念敦实践行。要干字当头。从新时代西南地区乡村社会的实际出发，从新时代西南地区乡村社会广大农民群众的实际需要出发，干广大农民群众最需要的事情，回应广大农民群众最迫切的呼声，“不以善小而不为，不以恶小而为之”。要迎难而上。西南地区农村基层党组织是西南地区广大乡村社会的骨干和核心，是推动西南地区乡村振兴的关键少数，要有不畏困难、应对挑战的信心和决心，以“知其难为而为之”的气魄，以“一往无前，愈挫愈勇”的毅力，以“红军不怕远征难，万水千山只等闲”的决心，以“明知山有虎、偏向虎山行”的胆识，像“过河卒”一样，一旦出发就决不后退，敢于蹚险滩、敢于涉深水、敢于过雪山、敢于爬草地，大力加强农村基层党组织建设，大力推动实践创新，大力推动乡村振兴。要改进作风。习近平总书记指出：“党的作风是党的形象，是观察党群干群关系、人心向背的晴雨表。党的作风正，人民的心气顺，党和人民就能同甘共苦。”② 只有改进党的工作作风，才能促推党群关系和谐，促推农村基层党组织为民服务的理念落地落实。

（三）要树立问题意识

马克思主义认为，世界就是由无数个问题构成的。推动工作，其实就是

---

①鞠鹏，刘彬，谢环驰. 习近平在重庆考察并主持召开解决“两不愁三保障”突出问题座谈会时强调：统一思想一鼓作气顽强作战越战越勇 着力解决“两不愁三保障”突出问题［N］. 人民日报，2019-04-18（01）.

②习近平. 习近平谈治国理政：第2卷［M］. 北京：人民出版社，2017：44.

不停地去发现问题、分析问题并解决问题。在推进工作的过程中，一个问题解决了，另一个问题又会倒逼而生，“在认识世界和改造世界的过程中，旧的问题解决了，新的问题又会产生”①，周而复始，往返不断，如此，方能推动事物不断发展。习近平总书记就强调：“要学习掌握事物矛盾运动的基本原理，不断强化问题意识，积极面对和化解前进中遇到的矛盾。问题是事物矛盾的表现形式，我们强调增强问题意识、坚持问题导向，就是承认矛盾的普遍性、客观性，就是要善于把认识和化解矛盾作为打开工作局面的突破口。”②

西南地区农村基层党组织在推动乡村振兴、践行为人民服务理念的过程中，必须树立问题意识。要通过调研分析论证，把问题厘清，作为西南地区农村基层党组织践行为人民服务理念的前提条件。要从西南地区农村最困难的群体入手，从西南地区农村最突出的问题着眼，从西南地区乡村社会最具体的工作抓起，通堵点、疏痛点、消盲点，全面解决好同西南地区乡村社会广大农民群众生活息息相关的“教育、就业、社保、医疗、住房、环保、社会治安等问题，集中全力做好普惠性、基础性、兜底性民生建设。要着力抓好安全生产、食品药品安全、防范重特大自然灾害、维护社会稳定工作，不断增强人民群众获得感、幸福感、安全感”③。

二、打造服务阵地，推动乡村振兴

从某种意义上说，阵地就是平台，没有平台，服务就是一句空话、一句套话。服务阵地是中国共产党践行为人民服务理念的重要平台。当前，西南地区农村基层党组织在加强自身建设引领乡村振兴的过程中，就必须着力打造服务阵地，推动乡村振兴。

（一）科学定位，明确阵地建设方向

要充分结合新时代西南地区广大乡村社会的实际需要，充分结合新时代西南地区乡村社会广大农民群众的实际需求，充分结合新时代西南地区乡村振兴的需要，以为人民服务为原则，打造服务阵地，推动乡村振兴。应该承认，新时代农村的服务阵地是农村基层党组织为人民服务的一个全新的场所，

---

①习近平．习近平谈治国理政［M］．北京：人民出版社，2014：74.

②新华社．习近平在中共中央政治局第二十次集体学习时强调：坚持运用辩证唯物主义世界观方法论，提高解决我国改革发展基本问题本领［N］．人民日报，2015-01-25（01）.

③鞠鹏，刘彬，谢环驰．习近平在重庆考察并主持召开解决“两不愁三保障”突出问题座谈会时强调：统一思想一鼓作气顽强作战越战越勇 着力解决“两不愁三保障”突出问题［N］．人民日报，2019-04-18（01）.

其功能定位与以往的服务阵地明显不同。一是在服务理念上应该坚持以人民为中心。把为人民服务摆在重要位置，作为服务阵地的核心理念进行坚守和推行。二是在观念上要实现由“管理”向“服务”转变。要采取多种方式，引导西南地区农村基层党组织自觉摒弃行政命令、直接指挥、统抓统管的旧方法、旧模式，加快改进服务阵地的工作方法和工作模式，改进领导方式和工作作风，尊重西南地区农民群众的首创精神、尊重西南地区农民群众的主体地位，强化服务意识，更新服务观念，转化服务模式，提供服务能力，真正实现由“管理”到“服务”的转变。三是在职责功能上实现由“单一”向“复合”转变。西南地区农村基层党组织要以群众多层次、多样化需求为导向，大力创新服务阵地，推动服务阵地的多样化设置、多层次构建、多维度打造，让服务阵地具有多重功能，能够为西南地区广大农民群众提供多层次、多样化、多维度的服务。四是推动服务阵地“共享”。服务阵地不仅是农村基层党组织党员干部集中学习、服务群众、锤炼党性、民主决策的重要阵地，也是西南地区广大农民群众的重要活动平台，是每一名农民办事、建议的平台，所以有必要秉持“统筹资源、共享共用”的原则，不断推动服务阵地“共享”化，使服务阵地成为新时代西南地区农村基层党组织推动乡村振兴、推动农村基层党组织建设高质量发展的重要平台。

（二）大力创新服务阵地

要按照标准化、规范化的原则，遵循布局合理、简约高效、美观大方、特色鲜明、群众满意、氛围浓厚的要求，加强基础建设，科学构筑服务阵地。一是民主议事场所。围绕加快基层民主政治建设的原则，设置活动阵地，活动阵地必须具有召开党支部会议、村民代表会的功能，设置“一墙一窗”，公布重大村务和财务情况，公布基层党组织建设如发展党员、召开民主生活会等情况，以便落实党员群众的知情权和监督权。二是教育培训阵地。要着眼于党员干部培训和新型农民培训这两个出发点，设置新时代农民讲习所、道德讲堂和知识课堂，宣讲党的理论方针政策，宣讲乡村振兴所需要的专业知识、法律知识、科技技术等。三是文化娱乐中心。要适应新时代西南地区广大农民群众精神文化活动的需要，设置群众文化活动室、农家书屋（乡村图书馆）、老年活动室、儿童活动室、少儿心理咨询室、多媒体信息室、摄影展览室等，配备乐器、电脑、电视、音响、话筒、健身器材等。四是便民服务窗口。以利民、便民为目的，设置便民服务窗口，设置医疗卫生室、纠纷调解室、养生馆、休息室等，处理群众的民事纠纷、医疗、卫生、社保、教育、保险、各项收缴费用等。五是发展经济平台。利用各种通信传媒、现代信息工具、远程教育系统等，开发各种类型的发展经济平台，提供生产、销售、市场、电商等“一条龙”经济发展服务。六是党建拓展阵地。设置党群服务中心、党员活动室，党建制度上墙，定期召开“三会一课”“主题党日”“红色读书会”等活动，做到标准到位、功能到位、人员到位、服务到位，使西南地区农村基层党组织的服务阵地建设科学化、规范化、标准化。

（三）尽力拓展服务功能

西南地区农村基层党组织在加强自身建设引领乡村振兴的过程中，践行为人民服务的宗旨和原则，必须着力拓展服务功能。要大力完善组织领导责任体系，健全农村基层党组织服务群众制度。要以提升服务方式、服务环境、服务态度、服务形象、服务程序、服务内容、服务标准、服务效率等“八服务”为主要内容开展服务创建活动。要大力加强针对服务的各项教育培训，对西南地区农村基层党组织进行分专题、分层次、分类别、分系统教育培训，提升服务西南地区乡村振兴的能力、服务西南地区农民群众脱贫致富奔小康的能力。要大力加强服务体制机制建设。推动完善服务制度，转变工作作风，提升服务质量，提高服务效果。实行办事公开制、限时限人办结制，不断简化办事程序，规范办事规则，明确责任人，明晰分工，公开办事措施等。对办事结果要及时反馈于群众，让群众放心；对于不能及时办结的事情也要及时告知群众，让群众做到心里有数。

三、以为民服务为依归，改进乡村振兴路径

习近平总书记强调：“对于我们共产党人来说，老百姓是我们的衣食父母。要像爱自己的父母那样爱老百姓，为老百姓谋利益，带老百姓奔好日子。”[①] 习近平总书记的深刻论述表明，为人民服务是中国共产党的宗旨使命，是中国共产党的工作原则，任何时候、任何情况下中国共产党都应该把人民放在心中，做人民的公仆，践行为人民服务的工作原则；任何时候、任何情况下中国共产党都应该把为人民谋求幸福生活作为自己的奋斗目标，“我们的人民热爱生活，期盼有更好的教育、更稳定的工作、更满意的收入、更可靠的社会保障、更高水平的医疗卫生服务、更舒适的居住条件、更优美的环境，期盼着孩子们能成长得更好、工作得更好、生活得更好。人民对美好生活的向往，就是我们的奋斗目标”[②]。当前，西南地区农村基层党组织在加强自身

①习近平. 习近平谈治国理政［M］. 北京：外文出版社，2014：432.
②习近平. 习近平谈治国理政［M］. 北京：外文出版社，2014：4.

建设引领乡村振兴的过程中，必须以为民服务为依归，大力改进乡村振兴路径，推动乡村振兴往深里发展。

（一）以推动共富为目的，打通乡村产业发展路径

共富是中国共产党一直以来的目标和任务，是中国共产党终生为之奋斗的理想。当前，西南地区农村基层党组织在加强自身建设引领乡村振兴的过程中，必须树立共富理念，按照“政策引导、党群参与、专家引领、专业高效”的原则，建立或者孵化主体多元化、产业多样化、组织系统化、服务专业化的产业体系，促进农民增收。

要以农村基层党组织为领导核心，在农村基层党组织的引领下，推动建立“党组织＋合作社＋农户”“党组织＋能人（产业大户）＋农户”“党建＋（工作、宣传、网络、共享、监督、活动）平台”“党建＋关键人物”“党建＋大数据”“党建＋品牌效应”以及“党组织（党员）＋贫困农民”等创业链，充分发挥农村基层党组织、党员和产业大户、专业合作社在政策引导、技术指导等方面的联动优势，同时坚持以党员或党组织为先锋模范，坚持先锋引领、先锋带动，瞄准发展方向和发展路子，瞄准奋进目标和奋斗区域，靶向精准，有的放矢，鼓励广大农民群众大胆试、大胆干、勤奋学、勤思考，带领群众抓机遇、兴产业、拓富路、奔小康，生活富足，日子幸福，正所谓“农功各已收，岁事得相佐。东邻酒初熟，西舍彘亦肥”。

要深入调研，精准研判发展产业措施。西南地区农村基层党组织在加强自身建设引领乡村振兴的过程中，必须组织相关专家、相关企业、相关产业发展能人开展产业调研研判工作，详细了解各村地理条件、自然资源条件、村集体经济发展等情况，根据专家建议和各村实际、农民群众实际需求，提出发展产业的思路，全力实施“党组织＋合作社＋农户”“党组织＋能人（产业大户）＋农户”以及“党组织＋公司＋合作社＋党员”等发展模式，带动贫困群众脱贫致富，推动乡村振兴。

以新时代“三乡工程”为抓手，服务产业发展。要积极推动以新时代“市民下乡、能人回乡、企业兴乡”的“三乡工程”为抓手，设立“能人回乡”工作室、“市民下乡”服务站、“企业兴乡”车间，打造集多功能于一体的产业布局，突出开放性、共享性。

结合新时代“新青年下乡”活动，打造新时代“乡村创业梦工场”，为青年大学毕业生到农村创业就业提供条件、创造平台，推动乡村振兴迈向新阶段。推动庭院经济全覆盖，庭院经济要发展成为“花园＋果园＋乐园”，花园中种中草药，如丹参；果树为橘子、葡萄、柚子、栗子等；花园种花，从而

推动农家庭院绿化、美化，让农家庭院充满了生气，正所谓“留连戏蝶时时舞，自在娇莺恰恰啼”。

（二）以挖掘特色为驱动，贯通乡村振兴发展路子

特色是事物在发展的过程中展现的显著区别于其他事物的风格和形式，具有独特性和专有性，特色的形成与事物发展过程中的外部环境与内在因素有重要关系。2018 年 4 月，习近平总书记在海南考察时强调，要鼓励和扶持农民群众立足本地资源发展特色农业、乡村旅游、庭院经济，多渠道增加农民收入。① 由此可见特色产业之于乡村振兴的重要性。

要积极推动一村一品，根据西南地区乡村社会的实际情况、根据西南地区农民的技术和实际需要，发展特色产业，力争做到每一个农村都有自己的特色产业，正所谓“开轩面场圃，把酒话桑麻”。具有特色民俗文化的村寨发展旅游业，适合种植经济作物的村寨因地制宜种植相应的经济作物，如适合种植金银花的村寨可以开发金银花产业，适合种植茶叶的村寨开发茶叶产业，适合种刺梨的村寨发展刺梨产业，适合种石斛的村寨发展石斛产业，适合搞食用菌的村寨发展食用菌产业等。

除了在产业方面发展特色之外，服务也应具有特色。比如积极开展送政策、送服务“进村庄、进农户”的活动，加大对农民的培训力度，“培训农民，教农民怎么种，加强技术服务，整个生产过程、育种、田间管理都要搞好服务”，“不间断地对农民进行培训，培育造就一支庞大的创新力强的职业农民队伍”。②

推动能人带动模式，选择一批在发展农村产业、带动农民脱贫致富、乡村振兴中具有一定突出才能、突出技术，具有创新理念、全局眼光的农村产业能人、“土专家”、“田秀才”、乡村贤达、乡贤典范等定期或不定期地对农民进行培训，用自己的实际行动在乡村振兴过程中和精准脱贫过程中发挥“传”“帮”“带”作用。推动创建农村基层党建微平台，实现数字化管理，打通乡村振兴过程中农村基层党组织联系服务群众“最后一公里”。

（三）以兜底为基准，落实乡村振兴发展重要部署

所谓“兜底”就是指在乡村振兴的过程中要充分落实习近平总书记“两

---

①李学仁，谢环驰．习近平在海南考察时强调：以更高站位更宽视野推进改革开放，真抓实干加快建设美好新海南［N］．人民日报，2018-04-14（01）．

②许邵庭．孙志刚：抓实春风行动推进农村产业革命，奋力夺取关键之年脱贫攻坚决定性胜利［N］．贵州日报，2018-04-02（01）．

不愁三保障”的理念。“两不愁”即不愁吃（包括吃饭、饮水）、不愁穿；“三保障”即义务教育、基本医疗、住房安全有保障。当前，西南地区农村基层党组织推动乡村振兴，必须坚决落实习近平总书记“两不愁三保障”的理念，以共富为目标，以兜底为基准，推动乡村产业发展。

推动农村重点贫困户、贫困群众积极参与到合作社中来，做到重点贫困户、贫困群众在合作社中收益，有一定经济收入。

推动农民就业，正所谓“乡村四月闲人少，才了蚕桑又插田”，村无闲人，要采取“外输（就业）＋扶贫车间＋增收驿站＋居家就业”的方式推动农民就业，让增收驿站带动居家就业，居家就业后，把产品交给增收驿站，增收驿站检验合格后交给扶贫车间，从而通过就业全覆盖推动农民家庭增收、农民增收，推动乡村振兴。

针对贫困农民采取“保底收益（债）＋利润分配（股）”方式，采取发展产业收入、投资入股分红收入、劳务转移收入、政策性收入四种措施，多种收入方式增加贫困户收入。

加强农村基础设施建设，为乡村振兴的兜底工作打下坚实基础，正如习近平总书记 2019 年 3 月 8 日在参加十三届全国人大二次会议河南代表团审议时强调的那样，要按照乡村振兴的要求，推动生产、生活、生态协调发展，按照先规划后建设的原则，通盘考虑土地利用、产业发展、居民点布局、人居环境整治、生态保护和历史文化传承，编制多规合一的实用性村庄规划，加大投入力度，创新投入方式，引导和鼓励各类社会资本投入农村基础设施建设，逐步建立全域覆盖、普惠共享、城乡一体的基础设施服务网络，重点抓好农村交通运输、农田水利、农村饮水、乡村物流、宽带网络等基础设施建设。①

要采取订单合作保底收购模式，为西南地区农村贫困户产业发展提供保障。合作公司、企业要按同期市场价的保底价甚至高于市场价 1%～3%的价格进行收购，签订订单式收购合同，为农民发展产业解决后顾之忧。要采取“以奖代补”的模式，在贫困户完成某项指标任务后，可以奖励和补贴一定的实物，如米、面、油等；采取“以评促改的模式”，通过向贫困户开展评比活动，创先争优，奖励和补贴实物。

要在全社会形成关注农业、关心农村、关爱农民的良好风气，在全社会

①李学仁. 习近平李克强王沪宁韩正分别参加全国人大会议一些代表团审议［N］. 人民日报，2019-03-09（01）.

营造关注农业、关心农村、关爱农民的浓厚氛围，① 让关注农业、关心农村、关爱农民的“三关”风气成为新时代社会主义新农村中良好社会生态的重要一环，为西南地区农村基层党组织打赢脱贫攻坚战、推进新时代农业农村改革发展、实现乡村振兴做出重要贡献。

第五节　整合各方资源，形成农村基层党组织推进乡村振兴的工作合力

乡村振兴是一个复杂的系统工程，其中既需要农村基层党组织的引领带动，也需要社会其他各方力量的有机耦合，共同合作。如此，全社会汇聚成乡村振兴的磅礴合力，方能推动乡村振兴迈向纵深。因此，西南地区农村基层党组织在加强自身建设引领乡村振兴的过程中，必须提升农村基层党组织的社会整合力，形成农村基层党组织推进乡村振兴的工作合力，大力整合各方资源，有效推动乡村振兴。

一、充分发挥农村基层党组织的组织力

从学科分类的角度来看，组织力属于管理学理论，一般运用到企业或者相关团体在承担某项任务、计划或者说为实现某种目的、达到某个目标而实施的组织、凝聚、动员、影响基层社会、基层群众等各方面力量的能力。组织力运用到农村基层党组织建设中是党的建设的一个重大创新，具体而言，农村基层党组织的组织力主要包括政治领导力、组织覆盖力、群众凝聚力、社会号召力、发展推动力和自我革新力。习近平总书记在党的十九大报告中指出：“要以提升组织力为重点，突出政治功能，把企业、农村、机关、学校、科研院所、街道社区、社会组织等基层党组织建设成为宣传党的主张、贯彻党的决定、领导基层治理、团结动员群众、推动改革发展的坚强战斗堡垒。”②

（一）要充分发挥农村基层党组织的政治领导力

在农村基层党组织的组织力要素中，政治领导力是最为核心的要素。政

①新华社. 在第二个“中国农民丰收节”到来之际习近平向全国广大农民和工作在“三农”一线的同志表示诚挚问候［N］. 人民日报，2019-09-24（01）.

②习近平. 决胜全面建成小康社会　夺取新时代中国特色社会主义伟大胜利——在中国共产党第十九次全国代表大会上的报告［M］. 北京：人民出版社，2017：65.

治领导力强不强直接关系到农村基层党组织的战斗力、凝聚力、向心力和创新力。当前，西南地区农村基层党组织在加强自身建设引领乡村振兴的过程中，就必须大力提升西南地区农村基层党组织的政治领导力，就必须树牢“四个意识”、坚定“四个自信”，不断提高西南地区农村基层党组织的政治觉悟和政治能力。要着力引导西南地区农村基层党组织坚定理想信念，加强对党的理论、政策、方针的学习，尤其要加强对习近平新时代中国特色社会主义思想的学习，做到深学践悟、细照笃行。要坚定不移地贯彻路线、方针、政策，确保每一项工作与党中央保持一致，确保每一项工作任务得到贯彻落实。

（二）要切实增强农村基层党组织的组织覆盖力

中国共产党是组织严密的马克思主义政党，拥有严密的组织体系。新时代，要推动乡村振兴往深里走，就必须大力加强农村基层党组织的组织覆盖力。要极力贯彻中国共产党将“支部建在连上”的优良传统，推动西南地区农村基层党组织将“支部建在村组上”，做到每一个村小组都有自己的党支部，做到每一个村小组的党支部都能及时将党的理论、方针、政策传递到每一户农民家庭，做到党的声音进万家。严格组织制度，加强西南地区农村基层党组织的民主集中制建设，落实“三会一课”制度，健全民主生活会、组织生活会、民主评议党员等制度，扩大西南地区农村基层党组织覆盖面，着力解决一些农村基层党组织弱化、虚化、边缘化问题。

（三）要大力提升农村基层党组织的群众凝聚力

西南地区农村基层党组织在加强自身建设引领乡村振兴的过程中，必须牢固树立马克思主义群众观，并切实按照马克思主义群众观的要求加强人民群众之间的联系，按照马克思主义群众观的要求推动西南地区乡村振兴。要坚决贯彻习近平总书记的“以人民为中心”的发展思想，把人民装在心中，把人民摆在重要位置，持之以恒推动党的各项惠民、富民的群众政策落地落实，帮助解决群众困难，极力回应群众呼声，大力维护群众利益；坚持想群众之所想、忧群众之所忧，急群众之所急、应群众之所呼，解群众之所难、化群众之所困；权为民用，情为民系，利为民谋，切实推动西南地区乡村振兴迈向深入。

（四）要着力提高农村基层党组织的社会号召力

社会号召力，是指一定主体在事物发展的过程中对客体所产生的影响与动员能力。当前，西南地区农村基层党组织推动乡村振兴，就必须大力提升其社会号召力，以为乡村振兴凝聚动力。要充分发挥农村基层党组织的先锋模范作用，农村基层党组织在干事创业中率先垂范，创先争优，在农村形成党员示范岗、先锋模范岗，对乡村社会产生示范和带动效应，“通过示范和为此提供社会帮助”。[①] 通过选派“第一书记”“驻村干部”，通过文化、科技、卫生、资本等下乡，推行“一线工作法”和“党员联户”等措施，大力提升西南地区农村基层党组织推动乡村振兴的社会号召力。

（五）要大力提升农村基层党组织的发展推动力

“本固而枝荣，根深则叶茂。”经济基础决定上层建筑。从某种程度上而言，农村基层党组织的发展推动能力直接关系到新时代西南地区乡村振兴的效果。所以，要推动西南地区乡村振兴深入发展，就必须大力提升农村基层党组织的发展推动力，把农村基层党组织建设成为西南地区农民群众脱贫致富的坚强堡垒，成为西南地区乡村振兴的中流砥柱。要不断创新发展理念、改进发展方式、优化发展路径、转换发展模式，并将这些转化运用到西南地区广阔的乡村实践中，演变为发展推动力，推动西南地区乡村振兴。

（六）要有效提升农村基层党组织的自我革新力

西南地区农村基层党组织在加强自身建设引领乡村振兴的过程中，战斗力、创新力、向心力是必备要素。而要提升战斗力、创新力、向心力，必须有自我革新的精神，一以贯之坚定初心使命的同时，与时俱进适应时代之变，不断加强自身建设，克服因循守旧、故步自封的思想障碍，克服井底之蛙的小境界，突破利益固化的藩篱，突破小农意识，争做改革的创新者、执行者、推动者和引领者，调动一切积极因素，形成改革合力，为推动新时代西南地区乡村振兴提供支撑。此外，还要加强政治、思想、组织、作风、纪律、制度等方面的建设力度，增强班子队伍的凝聚力、战斗力和创新力，为新时代西南地区乡村振兴保驾护航。

二、大力激发农民群众推动乡村振兴的内生动力

农业强不强、农村美不美、农民富不富，直接决定着新时代乡村振兴的效果和质量，决定着新时代农民的幸福指数和幸福额度，决定着新时代全面建成小康社会的成色和社会主义现代化的质量，决定着新时代社会主义新农村的建设成效。当前，西南地区农村基层党组织在加强自身建设引领乡村振

---

①恩格斯．法德农民问题［M］//马克思恩格斯全集：第 22 卷．北京：人民出版社，1965：580.

兴的过程中，必须统筹谋划，科学推进，大力激发西南地区广大农民群众推动乡村振兴的内生动力。习近平总书记就强调："要充分尊重广大农民意愿，调动广大农民积极性、主动性、创造性，把广大农民对美好生活的向往化为推动乡村振兴的动力，把维护广大农民根本利益、促进广大农民共同富裕作为出发点和落脚点。"①

（一）充分发挥农民群众是西南地区乡村振兴主体的重要作用

乡村是亿万农民群众的家园，乡村是亿万农民群众的乐土，乡村有亿万农民群众剪不断的乡愁，乡村振兴的主体是农民。西南地区农村基层党组织在加强自身建设引领乡村振兴的过程中，必须广泛动员农民群众积极参与乡村振兴，激发农民群众作为乡村振兴主体的主人翁意识，调动农民群众主动作为的内生动力，充分发挥农民群众在乡村振兴中的主体作用，才能切实推动西南地区的乡村振兴。

建立农民群众自主参与乡村经济活动、推动乡村经济发展的内在动力机制，让农民群众在全面振兴乡村的过程中有充分的经济活动话语权，推进以家庭经营为载体、以农民家庭为单位的"小农户＋大产业"的乡村经济活动发展模式，引导农民群众自觉加入创业的队伍中来，自觉成为乡村产业的一部分，推动乡村振兴。要充分发挥农民群众在乡村振兴中的战斗主体作用。打赢乡村振兴这场时不我待的战役，需要充分发挥农民的积极性，发挥农民群众的战斗力，以昂扬的斗志、抖擞的精神、蓬勃的朝气、旺盛的精力推动乡村振兴上一个新台阶。

要积极培养农民群众的主人翁意识。主人翁意识的培养有利于激发农民群众的社会认同，提振农民群众的积极进取精神，提升农民群众推动乡村振兴的战斗力，让农民群众从心底里认同自己作为乡村的一分子，乡村振兴的主体，乡村发展的受益者，对于乡村振兴的态度应该实现从"要我振兴"到"我要振兴"的自觉转变，坚定信心，下定决心，自觉担负起改变家乡落后面貌的责任与使命。

（二）变"输血"为"造血"，激发农民群众推动乡村振兴的内生动力

从动力学的角度来讲，"造血"式发展属于内生可持续发展，"输血"式发展属于依靠外界资源输入的不可持续发展。从资源供给的角度讲，"输血"式发展需要大量的外部资源，如资金、土地、原材料等，否则发展难以为继；而"造血"式发展对外部资源的依赖程度小于"输血"式发展。

---

①张文，齐志明，何勇等. 乡村振兴、小康成色更足［N］. 人民日报，2018-03-20（12）.

当前，西南地区农村基层党组织在加强自身建设引领乡村振兴的过程中，就必须有效激发农民群众推动乡村振兴的内生动力，变“输血”为“造血”，让农民群众在推动乡村振兴时所占有的资本实现自我积累与发展，既要授之以鱼，更要授之以渔。要加强引导、教育和培训农民，大力更新农民观念，极力转换农民思维，但同时尊重农民的主体地位，大力提高农民群众自我管理水平和自我发展能力，提升农民群众的自我造血功能，使西南地区广大农民群众能够立足自身实际实现脱贫致富，成为推动乡村振兴的重要力量。

要让农民群众主动地去创造财富、获得资源，自觉地通过生产关系和社会结构的调整，把手里的资源、土地、资产盘活，大力推动“资源变股权、资金变股金、农民变股民”的所谓“三变”改革，让农民群众在实施乡村振兴战略的过程中“有资源支配、有资产经营、有资格入市”，成为新时代乡村振兴的利益主体、责任主体、市场主体、实践主体，推动乡村振兴迈向深入。

（三）要充分激发农民群众的创造力

小康不小康，关键看老乡。西南地区农村基层党组织在加强自身建设引领乡村振兴的过程中，必须充分激发农民群众的创造力，充分发挥农民群众的重要作用，将农村基层党组织建设与激发农民群众推动乡村振兴的活力有机结合起来。

要大力推动西南地区广大农民群众积极掌握现代农业生产技术，推动西南地区广大农民群众熟悉农产品经营，在科技知识、劳动技能、经营素质和管理经验等方面的水平都明显提高。

大力推动西南地区广大农民群众向新型职业农民转变，比如推动农民成为生产经营型的农民，如种植养殖大户、家庭农场主、农民专业合作社骨干等。

推动农民成为专业技能型农民，比如在蔬菜种植、茶叶种植、水果种植、畜牧业、渔业、食用菌种植、中药材种植等方面具有一定的专业技术、技能。

推动农民成为社会服务型农民，让农民成为农村环保管理员、蔬菜质检员、治安巡视员、水果销售商、农产品经纪人、农业专业顾问等，做到在各方面都有一定专业技术人才，能够全方位推动农村、农业的改革和发展，推动乡村振兴。

支持农民成为农民专业合作社、专业技术协会、龙头企业等的带头人或者积极参与者，能够各有专技、各有所长，在乡村振兴中大显神通、大展宏图。

三、全力汇聚各方力量，推动乡村振兴

尽管乡村振兴的主体在农村，但西南地区农村基层党组织在加强自身建设引领乡村振兴的过程中，其推动力或者说动力显然不能局限于农村地区或者说农民，而是要全力汇聚各方力量，合作共赢，方能有效推动乡村振兴。

（一）汇聚帮扶力量，推动帮扶主体多样化，推动乡村振兴

西南地区农村基层党组织在加强自身建设引领乡村振兴的过程中，除了要充分发挥农民群众乡村振兴的主体作用之外，还有必要加大帮扶力度，汇聚各方帮扶力量，推动帮扶主体多样化。只有这样，才能推动西南地区乡村振兴往深里走。

要以农村基层党组织为引领，推动乡村振兴系统化、组织化、科学化。支持农村基层党组织对乡村振兴的全面领导，包括乡村政治建设、思想建设、经济建设、文化建设、生态建设、社会建设等多个方面，都必须充分体现党的领导。党的乡村振兴政策之所以能够得以实施，目标之所以能够得以实现，必须借助农村基层党组织的组织载体，通过农村基层党组织把党的意志、党的理论、党的精神、党的政策等转化为新时代乡村振兴的具体实践。

要支持党政机关单位、相关部门驻村帮扶，推动帮扶机制的系统化、制度化，实现第一书记、驻村干部帮扶贫困村与软弱涣散村全覆盖，支持党政机关单位、相关部门领导干部结对帮扶，做到“驻村帮困不漏户、家家都有干部扶”，按照“一村一队、一队×人”的要求，对贫困村与软弱涣散村进行整体帮扶。正如习近平总书记所强调的那样：“在村级层面，要注重选派一批思想好、作风正、能力强的优秀年轻干部和高校毕业生到贫困村工作，根据贫困村的实际需求精准选配第一书记、精准选派驻村工作队。”①

支持财政、教育、医疗、卫生、保险、发改、林业、农业、网络信息、交通、文化、旅游、产业等部门对贫困村与软弱涣散村进行帮扶，实现帮扶主体的多样化。“要探索各类党组织结对共建，通过贫困村同城镇居委会、贫困村同企业、贫困村同社会组织结对等多种共建模式，为扶贫带去新资源、输入新血液。”②

推进社会扶贫，构建社会力量帮扶机制，鼓励企业、社会组织、社会团

---

①习近平．在中央扶贫开发工作会议上的讲话（2015 年 11 月 27 日）［M］∥中共中央文献研究室．十八大以来重要文献选编：下册．北京：中央文献出版社，2018：47.

②习近平．在中央扶贫开发工作会议上的讲话（2015 年 11 月 27 日）［M］∥中共中央文献研究室．十八大以来重要文献选编：下册．北京：中央文献出版社，2018：48.

体、慈善机构履行社会责任，有选择性地对贫困村与软弱涣散村进行帮扶。

推动“大就业”活动，支持相关企业、社会组织努力开发公益性就业岗位，为农村剩余劳动力提供就业机会，为乡村振兴提供就业保障，为乡村振兴中贫困农民提供收入来源。引导东西部协作推动乡村振兴，实行东部经济发达县（区）、乡（镇）、村对口支援，结对帮扶西部贫困县的县（区）、乡（镇）、村，合理利用东部经济发达县（区）、乡（镇）、村的资本、人才、技术、政策、管理优势，携手推动乡村振兴。

（二）汇聚资本、人才、土地等要素，推动乡村振兴

乡村振兴是全方位的振兴，并不是局限于某一个方面，也不是局限于某一个领域。“资本”是撬动乡村振兴的关键要素，西南地区农村基层党组织在加强自身建设引领乡村振兴的过程中，必须推动“资本下乡”，推动资本在乡村社会聚集，使资本成为乡村振兴的重要动力。

西南地区农村基层党组织要积极推动招商引资，要不断改善西南地区广大乡村社会的投资环境，因为投资环境是个“磁场”，投资环境好，磁场就强，就能引来更多的资本进入乡村，盘活农村经济，为乡村振兴提供资本支撑。

要积极组建“乡亲扶贫协会”，以乡愁为引子，把分散在外的成功人士调度、统筹、聚集、盘活起来，引导他们返乡或投资创业，或改善基础设施建设，或美化乡村，把资金回报给故乡，把资本聚集在故土，助力乡村振兴。

要汇聚就业岗位，开展“春风行动”“送岗位下乡”“民营企业招聘”等，提供大量就业岗位，为贫困劳动力就业提供“一对一”服务，为乡村振兴提供就业支撑。推动“人才下乡”。人才是乡村振兴的重要元素，可以这样说，乡村振兴离不开人才的奉献，只有把各类人才充分调动起来，才能助力乡村振兴进入新局面。早在 2019 年 10 月 22 日，习近平总书记在对科技特派员制度推行 20 周年做出重要指示时强调：“要坚持把科技特派员制度作为科技创新人才服务乡村振兴的重要工作进一步抓实抓好。”①

要打造一支强大的乡村振兴人才队伍，把优秀人才派到最需要的农村去，让他们在新时代的新农村大展身手，在新时代的新农村大有作为，在新时代的新农村大展宏图，成为新时代乡村振兴的助推器。推动“教育下乡”，创建各类教育平台，实施“扶贫、扶智、扶志”相结合，为乡村振兴提供智力

①新华社．习近平对科技特派员制度推行 20 周年作出重要指示强调：坚持人才下沉科技下乡服务“三农”，用科技助力脱贫攻坚和乡村振兴［N］．人民日报，2019-10-22（01）．

支持。

要盘活农村土地资源，盘活农村存量土地，在增量上下足功夫。加快农村土地改革，为乡村振兴提供土地支撑。做好土地利用规划，倒逼土地应该怎么用。加快农村宅基地改革，推动土地流转，为新时代乡村振兴提供土地支撑。

（三）借鉴其他地区经验，助推乡村振兴

从某种意义上讲，经验是推动事物发展的重要力量。西南地区农村基层党组织在加强自身建设引领乡村振兴的过程中，必须注重借鉴外界经验。

要吸收借鉴、消化融合东中部地区农村基层党组织加强自身建设、推动乡村振兴的共性经验，为己所用，助推乡村振兴。比如，湖南省永兴县湘阴渡镇堡口村农村基层党组织在推动乡村振兴的过程中，推选在外创业致富能手黄付平作为该村党支部书记，黄付平头脑活、眼界宽、思路广、能力强。在黄付平的带动下，堡口村接连被评为“省级新农村建设示范村”“省级同心美丽乡村”等荣誉称号，乡村振兴道路正焕发着勃勃生机。这种选好乡村振兴带头人的做法无疑值得新时代西南地区在推进乡村振兴时进行借鉴。再如，上海金山区和平村农村基层党组织在乡村振兴工作中，紧密结合“创新社会治理，加强基层建设”的工作原则，通过“党建引领＋X”的模式推动乡村振兴。这种把社会治理与农村党建、乡村振兴有机结合在一起的创新模式对乡村振兴战略下西南地区农村基层党组织建设有着一定的启示作用。

同时，可以借鉴西方国家推动乡村建设模式中的可行性因素为己所用。比如韩国从1970年开始开展新村运动，并于1974年将新村运动向城市的各个领域延伸，走出了一条城乡协调发展的现代化之路。值得注意的是，韩国仅用了约30年的时间，就完成了发达国家上百年甚至几个世纪才完成的农村富余劳动力转移过程，而且没有出现严重的失业问题和社会动荡。① 再如英国在新农村建设的过程中，既注重自然人文保护，使一些传统乡村习俗得以保留下来，建成了一批对游客充满吸引力的特色小镇，也注重政策制定紧跟需求，强调乡村政策与乡村经济、社会、文化和环境之间的相互依存；还注重发展计划立足长远，注重乡村发展的可持续性。可以这样说，西方的这些乡村建设的经验可为新时代西南地区农村基层党组织推动乡村振兴提供可资借鉴的启示与智慧。西南地区农村基层党组织在推动乡村振兴的过程中应该大

---

①解安．将新农村建设向城市延伸（热点研究）——韩国新村运动的实践及其启示［N］．人民日报，2007-06-08（15）．

力吸收其中的优秀经验和基因，将之消化、吸收或者说转化，以为己用，为推动乡村振兴提供经验支撑。

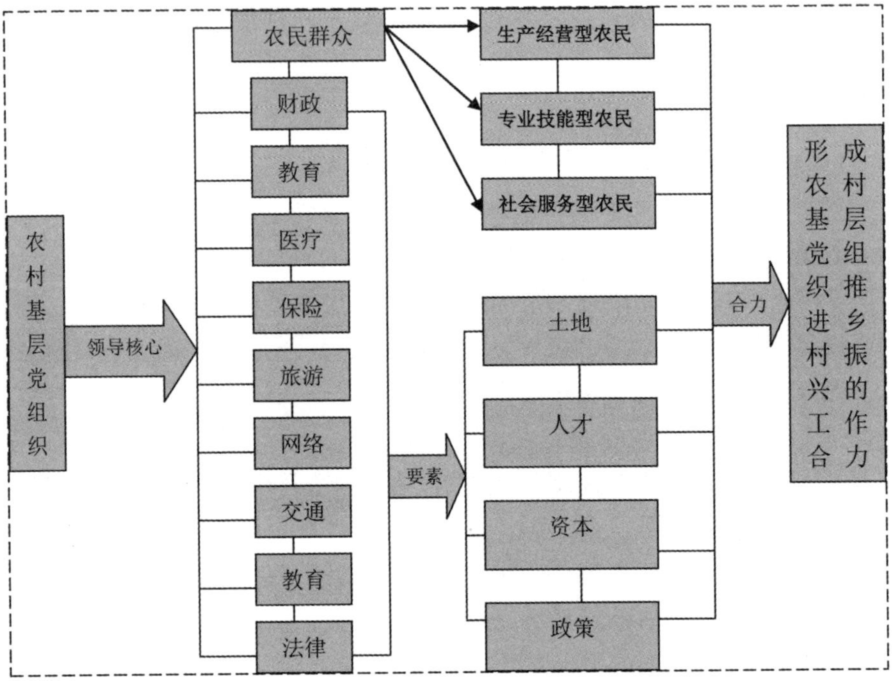

图 8—2　农村基层党组织整合资源推进乡村振兴的工作合力图

第六节　严格考核奖惩，创新农村基层党组织助推乡村振兴的工作制度

制度是事物运行的保障。任何一种事物的运行都必须有制度的辅佐，在制度的约束和规制下，事物的发展会呈现出良性状态，会展现出积极的姿势。加强法治乡村建设是乡村振兴战略的重要内容。在加强法治乡村建设的过程中，制度是法治乡村建设的重要抓手。中央全面依法治国委员会印发的《关于加强法治乡村建设的意见》就指出，要结合相关法律法规规章施行情况，尽快制定出台涉农法律法规配套制度措施。当前，西南地区农村基层党组织在加强自身建设引领乡村振兴的过程中，就必须着力加强乡村振兴的各项工作制度的建设，以为新时代西南地区的乡村振兴提供制度支撑。

一、加强制度创新

制度创新是推进乡村振兴的关键一招。习近平总书记强调，要“不断推进理论创新、实践创新、制度创新、文化创新以及其他各方面创新”①。乡村振兴是一项系统复杂的工程，非有严格敦实的制度不能达到目的；非有科学合理的制度不能推动其深入发展；非有精准严密的制度不能提升其效果。所以，西南地区农村基层党组织在加强自身建设引领乡村振兴的过程中，必须加强农村基层党组织的制度建设，不断推动制度创新。如此，方能有效推动乡村振兴迈向深入。

（一）制度创新是乡村振兴过程中西南地区农村基层党组织深化农村改革的需要

马克思指出：“一切存在物，一切生活在地上和水中的东西，只是由于某种运动才得以存在、生活。”② 马克思主义认为，事物从来不是停止不进的、不是静止的，而是处在不断发展和变化的过程中，运动是事物的常态，只有不断变化、不断发展，事物才能显现出强大的生命力。制度也是一样。制度虽然制定了，但是并不代表制度就必须永恒不变、永远保持静止的状态，不能改变，也不能创新。也就是说，制度的制定并不表明制度的修订之路已经完结。恰恰相反，制度应该随着客观事物的变化、随着外界环境的变化与时俱进地进行修订和完善，只有这样，制度才能时刻保持其鲜活的生命力，与社会实际保持一致，与客观事物相对呼应，与人民群众的呼声遥遥相应。乡村振兴是新时代中国共产党的重大战略行动，其中涉及的对象既包括农民，也包括农村基层党组织，还包括社会的方方面面，如资本、土地、技术、教育、文化、网络等。可以这样说，几乎社会的每一个子系统都被牵涉进来，社会的每一个组织都成为新时代中国共产党推动乡村振兴重要元素。随着社会的不断变化，特别是随着新时代乡村社会的不断变化，乡村的客观实际、农民群众的需求都相应地发生深刻变化，中国共产党对农村、农业、农民的战略、政策特别是制度等也应该随着这些变化而不断发生深刻变化。比如，农村承包地确权登记制度不再是简单地将土地进行登记，给农民颁发其使用土地的证明书，而是要在西南地区农村基层党组织的领导下，将土地使用证

①习近平．决胜全面建成小康社会　夺取新时代中国特色社会主义伟大胜利——在中国共产党第十九次全国代表大会上的报告［M］．北京：人民出版社，2017：26．

②马克思．哲学的贫困［M］//马克思恩格斯文集：第1卷．北京：人民出版社，2009：600．

与西南地区广大农民在农村创业、融资、折股量化、收益分配、有偿退出、股份转让、规模化经营、土地流转、抵押担保、土地继承、宅基地使用等有机融合在一起，以此推动制度创新，从而进一步推动乡村振兴的深入发展。

（二）制度创新是乡村振兴过程中西南地区农村基层党组织建设发展的需要

农村基层党组织在加强自身建设的过程中推动乡村振兴，会碰到各式各样的问题，需要处理各式各样的难题，面对各种不同的挑战。面对这些问题、难题和挑战，急需农村基层党组织在加强自身建设的过程不断创新制度。如果农村基层党组织以一种僵化的思维模式，或者说习惯于旧的制度框架、制度模式、制度内容来推进的工作，是难以满足党建工作和乡村振兴需要的。比如，在2020年年初面对新型冠状病毒引发的肺炎，农村基层党组织的值班制度就相应地发生变化，不再拘泥于坐在办公室，而是根据新型冠状病毒引发的肺炎疫情的变化，及时调整值班制度，根据党中央指示精神和疫情防控的需要，拓展值班空间，由传统的办公室延伸至基层一线、地头村口；拓展值班时间，由过去的8小时工作制演变为24小时轮班制，无缝对接；拓展值班方式，由以往固定于办公室被动等待需要办事的农民群众上门，演变为走出办公室主动进入广大农村群众家里了解其家庭人员流动信息、家庭困难等，以便第一时间化解风险矛盾；拓展值班人员安排，由过去的村委会成员值班转化为发动广大农村基层党员共同参与家乡的安全保障工作，为一方水土保平安，为一方百姓保平安。如此，方可以说农村基层党组织的制度创新迎合了乡村振兴的需要、迎合了乡村广大农民群众的需要。习近平总书记就强调：“把制度建设贯穿其中……不断提高党的建设质量。”[①] 所以，在乡村振兴的过程中，西南地区农村基层党组织要紧密结合乡村振兴的实际、结合广大农民群众的实际，不断将制度与农民群众的诉求高度耦合起来，不断增强制度的适用性，不断推动制度创新。

（三）制度创新是乡村振兴过程中西南地区农村基层党组织推进工作的需要

乡村振兴是一盘大棋，制度就是这盘棋的规则。一盘棋下得好不好，虽然与棋手有着很重要的关系，但不能忽视下棋的规则。在推进乡村振兴的过

①习近平．决胜全面建成小康社会　夺取新时代中国特色社会主义伟大胜利——在中国共产党第十九次全国代表大会上的报告［M］．北京：人民出版社，2017：62.

程中，尽管农村基层党组织是乡村振兴战略的重要实施者、推进者与实践者，但在推进乡村振兴的过程中，必须有制度进行规制，否则，就可能会出现一些基层农民党员、农村基层党组织逾越红线、逾越纪律、违法犯罪、乱纪腐败的行为，从而给乡村社会带来混乱，使乡村振兴陷入困境和危机。所以，制度在乡村振兴战略的推进中尤其显得重要。习近平总书记就强调："把权力关进制度的笼子。"① 值得关注的是，制度与现实往往会有一定的距离，比如说地区区隔、地域界限、民族差别、文化差异等，正是这些差异的存在往往会导致制度在执行的时候出现失范或者说出现与现实不合拍，这就需要加大制度创新的力度，用制度来矫正现实的差距，让制度来矫正失范的行为；让制度的每一次创新，都成为乡村发展的动力；让制度的每一次创新，都成为农村基层党组织活力迸发的源泉。当前，西南地区农村基层党组织为了更好地推进工作、推动乡村振兴，就必须加强制度创新，要以创新的制度引导西南地区农村基层党组织更加健康地发展，引导农村基层党组织更加积极向上、更为合理地推进工作，引导农村基层党组织推动乡村振兴进入一个新阶段。

二、狠抓制度设计

必须承认，制度设计是制度运行的重要前提条件。任何一种制度，如果要进行规范，必须首先从制度的设计开始；不从制度设计开始的规范其实都不可能给制度带来科学和规范；易言之，任何一种制度，如果不以设计作为制度规范的逻辑起点，那么这种制度就不是科学、完善、规范的制度。2015年2月，习近平总书记在省部级主要领导干部学习贯彻党的十八届四中全会精神，全面推进依法治国专题研讨班开班式上发表的重要讲话中强调："要抓紧对领导干部推进法治建设实绩的考核制度进行设计，对考核结果运用作出规定。"② 2017年7月，习近平总书记在全国金融工作会议上就强调："要推进'一带一路'建设金融创新，搞好相关制度设计。"③ 尽管习近平并不是对制度设计进行专门说明，但其就"一带一路"问题发表的有关制度设计的重要论述其实也非常适用于其他方面的问题。当前，西南地区农村基层党组织

---

①习近平. 决胜全面建成小康社会　夺取新时代中国特色社会主义伟大胜利——在中国共产党第十九次全国代表大会上的报告［M］. 北京：人民出版社，2017：67.

②马占成. 习近平在省部级主要领导干部学习贯彻十八届四中全会精神，全面推进依法治国专题研讨班开班式上发表重要讲话强调：领导干部要做尊法学法守法用法的模范 带动全党全国共同全面推进依法治国［N］. 人民日报，2015-02-03（01）.

③李涛. 习近平在全国金融工作会议上强调：服务实体经济防控金融风险深化金融改革　促进经济和金融良性循环健康发展［N］. 人民日报，2017-07-16（01）.

在加强自身建设引领乡村振兴的过程中，就必须大力加强制度设计，从源头上规范制度。

（一）抓住制度的设计者这一关键少数

从制度的效果与效力来看，制度的效果与效力往往决定于制度的设计者。也就是说，制度设计者的素质与能力其实直接关系到制度设计的规范与否、科学与否、合理与否。所以，从这个意义层面上来说，只有加强对制度设计者的教育和培训，才能充分保障制度设计的规范与科学。所以，当前西南地区农村基层党组织在加强自身建设引领乡村振兴的过程中，必须抓住制度的设计者这一关键少数。

要大力加强对制度设计者的思想政治教育，提升制度设计者的思想政治素质。西南地区农村基层党组织推动乡村振兴的过程中，其中的制度不仅仅包括中央、省（市）、市（州）等一级颁发的有关农村基层党组织建设和乡村振兴的制度，还包括县（区）、乡（镇）、村（寨）等一级颁发的制度。所以，制度的设计者不仅包括中央、省（市）、市（州）等一级，也包括县（区）、乡（镇）、村（寨）等一级。所以，要着力提升制度设计者的宗旨意识以及政治意识、大局意识、核心意识、看齐意识，坚定制度设计者的理想信念，坚定制度设计者为人民服务的理念，净化制度设计者的工作作风，密切制度设计者与西南地区广大农民群众的联系，培育制度设计者的人民情怀和乡村情结，让制度设计者在为人民服务中践行自己的理想与宗旨，让制度设计者在为人民服务中提升制度设计的能力。

要加强对制度设计者的专业技术技能培育。从某种意义上而言，对任何一种制度进行设计都需要专门的知识积累。“门外汉”是很难制定有效、科学、合理的制度的。所以，要加强对制度设计者的专业知识和技能的培育，培养制度设计者的乡村工作知识、相关法律知识、林业知识、农业知识、种植知识、养殖知识、水产知识、市场知识、信息技术、金融知识等，让制度在进行设计时能够针尖对麦芒，而不是瞎子摸象、一窍不通。要以专门的农业知识素养来厘清制度设计者对制度设计的思路，要以专门的农业知识素养来提升制度设计者对制度设计的效果。

（二）推动制度在设计时接地气

制度不能高高在上，而应该接地气。只有接地气的制度才有生命力、才有活力与激情。在推进乡村振兴的过程中，中央、省（市）、市（州）等一级制定的有关农村基层党组织建设和乡村振兴的制度是对乡村的整体规划，而县（区）、乡（镇）、村（寨）等一级制定的制度则更接近基层、更接近群众、更接近乡村社会，所以，县（区）、乡（镇）、村（寨）一级的制度设计者在推动制度创新时必须考虑的一个原则就是要突出创新制度的接地气。比如，西南地区贵州省黔西南布依族苗族自治州望谟县乐旺镇的很多农村就属于少数民族地区，由于历史原因，长期以来交通不便，信息闭塞，很多农民从小都没有走出过大山，连汉话都说不流利。重要的是，由于长期居于深山峻岭之中，足不出山，他们的生活习惯较为原生态，比如在上厕所方面，竟然沿袭千年来的传统，有些村庄竟然连一个独立的卫生间都没有，所有农民均露天上厕所，并习以为常。这种情况严重影响了乡村的美化和环境卫生，给乡村治理带来了难题。面对这种问题，该地的农村基层党组织显然不能采取"一刀切"的办法，"刚性"建立严禁露天大小便的制度；而应该采取引导、教育、规劝等办法，循序渐进地进行推进，要尊重该地方农民千年的习惯，在不影响民族团结、社会和谐的情况下，实施"厕所革命"制度，坚决贯彻习近平总书记关于"厕所革命"的重要论述，"解决好厕所问题在新农村建设中具有标志性意义"①，"厕所问题不是小事情，是城乡文明建设的重要方面，不但景区、城市要抓，农村也要抓，要把这项工作作为乡村振兴战略的一项具体工作来推进，努力补齐这块影响群众生活品质的短板"②，以推动乡村振兴迈上新阶段。总之，西南地区农村基层党组织推动制度在设计时接地气其实就是推动制度创新能够反映广大农民群众的呼声和愿望、能够反映广大农民群众的需求和利益，只有从农民群众的愿望和呼声出发、从农民群众的需求和利益出发，接近群众、接近地气，才能切实推动制度创新走上新台阶，从而进一步推动乡村振兴迈向深入。

（三）是制度创新的内容要以具有可操作性为原则

西南地区农村基层党组织在加强自身建设引领乡村振兴的过程中，推动制度创新，其创新的内容必须以具有可操作性为原则，要使每一项内容、每一项具体规划都要有可操作性，都能在实践中得到检验。正如习近平总书记所说的，要"统筹推进科学立法、严格执法、公正司法、全民守法"③。加大决策机制、市场机制、竞争机制、用人机制、绩效考核、工作评估、资金使

---

①霍小光，王骏勇，兰红光，李学仁．习近平在江苏调研时强调：主动把握和积极适应经济发展新常态，推动改革开放和现代化建设迈上新台阶［N］．人民日报，2014-12-15（01）．

②本报记者．习近平近日作出重要指示强调：坚持不懈推进"厕所革命"，努力补齐影响群众生活品质短板［N］．人民日报，2017-11-28（01）．

③马占成．习近平在省部级主要领导干部学习贯彻十八届四中全会精神，全面推进依法治国专题研讨班开班式上发表重要讲话强调：领导干部要做尊法学法守法用法的模范 带动全党全国共同全面推进依法治国［N］．人民日报，2015-02-03（01）．

用等制度方面的创新。比如针对西南地区农村基层党组织运转经费，“完善村级组织运转经费保障机制，通过财政转移支付和党费支持等办法，保障村干部报酬、村办公经费和其他必要支出”①。比如针对农村基层党组织推动乡村振兴的效果，防止某些农村基层党组织在推进乡村振兴战略时不积极作为、消极怠工现象，上级党组织应该探索建立“片区责任”督导制度，对应成立指导组，每季度由组长带队到本片区乡村调研督导党建和乡村振兴工作开展情况，及时反馈存在问题，并“派单”督促整改落实；如果调研发现部分党务工作人员党建业务不熟，导致乡村振兴质量不高，调研组应该主动与之沟通，探索推行轮训机制，有效促进党建工作水平提升。

针对有些农村基层党组织推动乡村振兴工作马虎、拖沓的情况，探索成立“季度调研”制度，上级党组织每季度都深入农村基层党组织全覆盖了解“两委一队三个人”履职、“三会一课”制度落实等情况，研判队伍建设、产业发展、乡村振兴、村级合作社运转等存在的问题，形成“季度调研、逐村反馈、逐村培训、结果运用、督促整改”的抓党建闭环机制，逐步提升村级党建质量，以助推乡村振兴。针对党建与合作社的联合关系，推行“农村党支部＋合作社”制度模式，并纳入村级党组织考核重要内容，强化目标责任，推动党建模式落地生根，见到实效。

针对有些农村基层党组织推动乡村振兴疲软、工作不力的情况，探索建立“三级联动”制度，由县一级党组织加强统筹调度，要求各乡镇党组织制定详细推进计划表，明确规范化建设完成时限，明确乡镇分管领导重点抓、全力抓活动阵地建设，村两委全程参与监督建设，逐渐形成三级联动抓调度的良好局面，为西南地区决战决胜脱贫攻坚提供坚实保障，为新时代西南地区乡村振兴提供有力支撑。比如，针对农村基层党组织推进乡村振兴的具体情况，制定“农村基层党组织推进乡村振兴考核考评细则”，具体内容要包括产业振兴、人居环境、组织振兴、人才振兴、乡风文明、脱贫攻坚、社会保障、生态文明等多个方面，做到细化、量化。

三、严格制度运行

制度的创新不仅仅包括制度的设计、制定，也包括制度的运行和推进。而且，从某种意义上说，制度的推进和运行是制度创新的一个更为重要的组成部分。甚至可以这样说，再好的制度，如果在执行的过程中不能做到有制

①习近平．在中央扶贫开发工作会议上的讲话（2015 年 11 月 27 日）［M］// 中共中央文献研究室．十八大以来重要文献选编：下册．北京：中央文献出版社，2018：48.

必依、执制必严、违制必究，同样可以导致制度的腐败和混乱。正所谓一分部署，九分落实，强调的就是制度运行的科学、规范与高效。当前，西南地区农村基层党组织在加强自身建设引领乡村振兴的过程中，就必须切实严格制度的运行。

（一）培育制度意识

什么是制度，或者制度是什么，这不是一个简单的问题。《易·节》云："天地节，而四时成。节以制度，不伤财，不害民。"这是中国古代文化中说的"制度"，说的是对事物的"节制"，尽管与现代意义上的"制度"概念有一定差异，但不可否认，"制度"的雏形已经具备。现代意义上的"制度"是指要求大家共同遵守的公共办事规程或公共行动准则。马克思认为制度是人民的意志，他说："国家制度本身只表现为一种规定，即人民的自我规定。"①中国共产党一贯崇尚制度，党的十九届四中全会就是以"坚持和完善中国特色社会主义制度、推进国家治理体系和治理能力现代化"作为主题召开的一次重要大会，大会提出，要"坚持改革创新，突出坚持和完善支撑中国特色社会主义制度的根本制度、基本制度、重要制度，着力固根基、扬优势、补短板、强弱项，构建系统完备、科学规范、运行有效的制度体系，加强系统治理、依法治理、综合治理、源头治理，把我国制度优势更好转化为国家治理效能，为实现'两个一百年'奋斗目标、实现中华民族伟大复兴的中国梦提供有力保证"②。这说明中国共产党把制度的制定与运行当作新时代中国特色社会主义事业的一部分。当前，西南地区广大农村基层党组织要贯彻实施乡村振兴战略，使乡村振兴运行在一条合理、正确的轨道上，制度的保障是必要的。因此，要着力培育西南地区农村基层党组织的制度意识，树立正确的制度观念，提升农村基层党组织的制度素养，力争让制度在西南地区农村基层党组织推进乡村振兴的道路上发挥重要作用，为乡村振兴提供制度保障。

（二）严格督查督改

2019 年 3 月 8 日，习近平总书记在参加十三届全国人大二次会议河南代表团审议时强调，要采取切实有效措施，整顿软弱涣散村党组织，加强村级

---

①马克思. 黑格尔法哲学批判［M］//马克思恩格斯全集：第 3 卷. 北京：人民出版社，2002：39.

②新华社. 中共中央关于坚持和完善中国特色社会主义制度，推进国家治理体系和治理能力现代化若干重大问题的决定（2019 年 10 月 31 日中国共产党第十九届中央委员会第四次全体会议通过）［N］. 人民日报，2019-11-05（05）.

权力有效监督。[①] 要以制度为抓手，大力抓督查督改。

要设置制度执行的督查组。督查要采取日常督查、全面督查、重点督查三种方式进行。日常督查每周一次，通过调阅资料、电话了解等方式，调度制度执行的进度和力度、制度执行的效果和效力；全面督查不定期开展，通过上门走访、基层调研、查阅资料、个别谈话等方式，了解制度执行全面情况以及对制度自信存在不力问题的阶段性整改工作；重点督查根据制度执行的情况开展，通过发函督办、上门走访、抽样调查等方式进行，了解制度在重点问题、重点事项如推动乡村振兴、脱贫攻坚等问题上的办理情况。

严格督查督改要强化问责机制。要以问责机制倒逼制度执行力，要以问责机制倒逼制度落实落地，要围绕责任清单、任务清单、问题清单，从严督查问责、推动整改，要敢于较真、敢于发声、敢于碰硬、敢于涉险、敢于亮剑，切实督查、严厉督改，层层传导压力，层层落实责任。

（三）提升制度执行力，推动制度落地落实落细

制度不能飘在空中，浮在水面，而应该落地落实落细。不能落地的制度不是好制度；不能落在实处的制度会给实践带来损害；不能落细的制度会伤害人民群众的利益。要大力改变制度的设计、运行、执行与推进模式，推动制度接地气，推动制度与实际相结合，推动制度切实贯彻到民间、贯彻到基层、贯彻到广大的农民群众中去。要精准发力、精准施策、精准执行，严格制度落实、推动制度落地，使制度在执行的过程中上通下达，每一个步骤、每一个环节都上下贯通、内外链接，没有梗阻，没有障碍。

要坚持问题导向，全面摸清制度执行过程中存在的问题与困境，找准找实存在的问题，靶向精准，目标明确，不断加强调研、加强对问题的分析与论证，有针对性地采取措施，推动制度落地落实。要加强制度执行者的学习培训，切实提升制度执行者的工作能力和水平，有效提高制度执行的规范性、精准性和实效性。

要建立台账制度，设立清单，做到每日的事情每日办结，对不能办结的进行整改。做到每日的工作清单有明确的记载，每件事情的办结都有明确的细目，不马虎、不敷衍、不拖沓，条分缕析，清清楚楚，推动台账制度规范化、科学化、明细化、制度化。

要严格兑现奖惩制度，该追责就追责，绝不手软；该奖励就奖励，绝不

---

①李学仁．习近平李克强王沪宁韩正分别参加全国人大会议一些代表团审议［N］．人民日报，2019-03-09（01）．

吝啬。“要把能不能遵守法律、依法办事作为考察干部重要内容。”①

要严格树立制度的权威性和合法性，在全民形成尊重制度、服从制度的良好习惯，让制度规范西南地区农村基层党组织的言行，让制度规范西南地区农村基层党组织的工作，让制度成为新时代西南地区农村基层党组织推动乡村振兴、贯彻乡村振兴战略的重要保障。

小结

通过课题组的调查研究，本书在着重探讨乡村振兴战略下西南地区农村基层党组织建设实践创新的现状、特点、基本经验、存在问题等基础上，拟从六方面着力探讨乡村振兴战略下西南地区农村基层党组织建设实践创新的路径，并提出针对性对策为切实提升农村基层党组织建设的成效建言献策。

在乡村振兴推进的过程中，西南地区农村基层党组织建设实践创新要取得突破必须做到以下几点：

一是在不断推进乡村振兴的过程中，西南地区农村基层党组织建设实践创新要取得突破，必须首先在思想认识上下功夫，进一步厘清农村基层党组织在实施乡村振兴战略中的职责定位，以为推进乡村振兴提供支撑。

二是要搭建政策平台，创新农村基层党组织引领乡村振兴的政策方针。政策平台是乡村振兴战略下农村基层党组织建设实践创新的重要元素。新时代，西南地区农村基层党组织在加强自身建设引领乡村振兴的过程中，必须着力创新思维、创新思路，推动搭建政策平台，加大政策的融合力度，加强政策的执行力，从而为推动西南地区乡村振兴深入发展提供助力。

三是要抓好班子建设，建强农村基层党组织作为乡村振兴的领导核心。“帮钱帮物，不如帮助建个好支部。”西南地区农村基层党组织班子建设、队伍建设事关西南地区农村基层党组织的战斗力、凝聚力和创新力，事关西南地区农村基层党组织的执政能力，事关西南地区农村基层党组织在西南地区广大农村贯彻实施党的路线方针政策，事关西南地区乡村振兴战略的推进。当前，西南地区农村基层党组织在加强自身建设引领乡村振兴的过程中，必须加强实践创新，而要推动实践创新，抓好班子建设，建强乡村振兴的领导核心，无疑是其中一个重要内容。

四是要强化服务宗旨，探索农村基层党组织推动乡村振兴的有效路径。

---

①马占成．习近平在省部级主要领导干部学习贯彻十八届四中全会精神，全面推进依法治国专题研讨班开班式上发表重要讲话强调：领导干部要做尊法学法守法用法的模范 带动全党全国共同全面推进依法治国［N］．人民日报，2015-02-03（01）．

当前，西南地区农村基层党组织在加强自身建设引领乡村振兴的过程中，必须切实强化为民服务宗旨，探索西南地区农村基层党组织推动乡村振兴的有效路径。

五是要整合各方资源，形成农村基层党组织推进乡村振兴的工作合力。西南地区农村基层党组织在加强自身建设引领乡村振兴的过程中，必须大力加强农村基层党组织建设，增强农村基层党组织的社会整合力，形成农村基层党组织推进乡村振兴的工作合力，大力整合各方资源，有效推动乡村振兴。

六是要严格考核奖惩，创新农村基层党组织助推乡村振兴的工作制度。制度是事物运行的保障。当前，西南地区农村基层党组织在加强自身建设引领乡村振兴的过程中，必须狠抓制度设计，抓住制度的设计者这一关键少数，推动制度在设计时接地气，制度创新的内容要以具有可操作性为原则；严格制度运行，着力培育制度意识，严格督查督改，大力提升制度执行力，推动制度落地落实落细。

结 论

农村基层党组织建设从来就是为党在农村的中心工作服务的，是与党的中心工作、重要任务紧密联系在一起的。乡村振兴是当前党在农村的中心工作和重要任务，时不我待、迫在眉睫，需要广大农村基层党组织不忘初心，自觉担当新使命，自觉践行新作为，自觉解放思想，自觉推动创新，自觉把农村基层党组织建设融入乡村振兴的各方面和全过程，探索农村基层党组织建设与乡村振兴无缝对接的新模式，构建以农村基层党组织为引领、统筹推进乡村振兴的新机制，使农村基层党组织更好地引领、服务和促进乡村振兴。

马克思指出："社会关系和生产力密切相联。随着新生产力的获得，人们改变自己的生产方式，随着生产方式即保证自己生活的方式的改变，人们也就会改变自己的一切社会关系。手推磨产生的是封建主为首的社会，蒸汽磨产生的是工业资本家为首的社会。人们按照自己的物质生产的发展建立相应的社会关系，正是这些人又按照自己的社会关系创造了相应的原理、观念和范畴。……生产方式、生产力在其中发展的那些关系并不是永恒的规律，而是同人们及其生产力发展的一定水平相适应的东西，人们生产力的一切变化必然引起他们的生产关系的变化。"① 马克思这段发人深省的深刻论述表明，社会关系是与社会生产力、社会发展紧密联系在一起的，二者从本质上来看有着辩证逻辑关系。随着新的社会生产力的推动或者说发展，社会关系包括社会意识形态、观念、伦理、秩序等会相应地发生变化；而社会关系等的变化，反过来也会推动社会生产力的变革，推动其他社会现象和社会事物的变化。二者在不断砥砺推进的过程中相互融合，互为条件，辩证发展。党的十八大以来，中国特色社会主义事业进入新时代，这标志着中国共产党和中国特色社会主义站在新的历史起点上。新时代带来新变化，其中西南地区广大乡村社会的变化尤为深刻、尤为令人瞩目。比如，农村产业结构得到调整，特色经济有所发展，农民的人均纯收入逐渐提高，农民生活水平得到改善，

①马克思．政治经济学的形而上学［M］//马克思恩格斯全集：第4卷．北京：人民出版社，1958：144.

农民对生态、环保、社会保障、医疗、卫生、文化等方面的新要求、新渴望日益强烈。但不可否认的是，尽管西南地区广大农村发生了深刻变化，但距离党的十九大报告所描绘的“产业兴旺、生态宜居、乡风文明、治理有效、生活富裕”的乡村振兴目标仍然还有一段距离。这些问题的存在急需西南地区农村基层党组织在新时代发挥引领作用、发挥主观能动性，能够厘清新时代农村基层党组织实践创新面临的一系列新任务、新情况、新挑战，切实担当新时代党在西南地区农村工作的重要历史使命，将新时代党在西南地区的农村工作推向纵深。

从乡村振兴战略下西南地区农村基层党组织建设实践创新来看，涌现了一些新的模式和范式，比如云南省昭通市的“龙头企业＋合作社＋村级集体经济＋卡户”发展模式、贵州省安顺市的“塘约道路”、贵州省息烽县的“固定分红＋劳动力分红＋收益分红”“固定分红＋541 产业分红”等模式、四川省绵竹市的“党支部＋合作社＋贫困户”模式等。事实上，这些乡村振兴模式正是以农村基层党组织为引领，以广大农民群众为乡村振兴的主体，以西南地区广大乡村社会为农村基层党组织和广大农民群众大展身手的舞台，着力推动新时代西南地区乡村振兴迈向深入。必须承认，这些模式在一定程度上可以复制，具有较强的可操作性。但其中存在的问题也耐人寻味，比如，农村基层党组织权责定位模糊、职能不明；政策领悟不够，对政策的理解有偏差，在执行时与地方社会不太合拍；队伍建设不力，农村基层党组织班子建设出现问题，特别是农村基层党组织好的带头人到底如何来寻找、培养、选拔、使用、考核；西南地区有的农村经济不发达，集体经济薄弱等。

尽管本书在充分调研的基础上对上述存在的问题进行了分析与解剖，但囿于知识、经验与学术水平的欠缺，对一些问题的分析尚有提升的空间。比如，对于农村“精英政治”的剖析，这直接牵涉到新时代民族村寨寨老和族长、头人权力的更迭；对于好的实践模式的借鉴需要机制进一步完善，以促进水土相服，这种机制如何建立；东西部地区在推动乡村振兴过程中农村基层党组织建设的对比研究等。对这些问题该如何破解，这都是本书的不足，急需学术界的相关研究进行支撑，也是本书后续研究的方向。

应该承认，通过对乡村振兴战略下西南地区农村基层党组织建设相关内容的深刻研究发现，西南地区农村基层党组织建设要实现创新，有几个原则必须遵循：一是党的领导的原则。党的领导是乡村振兴的重要保障，只有在党的领导下，乡村振兴才能有坚强的核心，才能顺利推动乡村振兴迈向深入。二是以人民为中心的原则。农民是乡村振兴的利益主体、责任主体、市场主体、实践主体，只有坚持以人民为中心的原则，农村基层党组织在推动乡村振兴的过程中才会抓住中心不偏离，给西南地区广大农民群众带来实惠和利益。三是社区共同体原则。尽管西南地区有的农村自然村寨分散零乱，但西南地区广大农村并非一个个单独的个体，农村基层党组织在加强自身建设的过程中推动乡村振兴，要将这些分散的农村整合起来，形成利益整体、实践整体，破解农村单打独斗的误区，共同行动，合作共赢，推动乡村振兴。四是尊重地方特色的原则。西南地区属于少数民族聚居区，农村基层党组织在推动乡村振兴的过程中要尊重地方特色，不能忽视民族惯习，而应该在尊重民族习俗的基础上，破解民族陋习，推动乡村振兴、农民、农村基层党组织建设三者的高度融合。

"莫笑农家腊酒浑，丰年留客足鸡豚。箫鼓追随春社近，衣冠简朴古风存。"这是南宋大诗人陆游对南宋时期农村乡风乡貌的描绘，呈现出的正是一派丰衣足食、生活幸福、民风古朴的祥和、安宁气象。事实上，如果将这首诗置放于今天乡村振兴的大背景下，又何尝不是如此，可谓感同身受、异曲同工。今天，西南地区农村基层党组织推动乡村振兴，其实也就是在追求农村的祥和、幸福、满足与快乐，追求农村的生态美、乡风朴、家庭和、日子醇。所以，西南地区农村基层党组织应该将自身建设紧紧融合于西南地区乡村振兴的深刻实践中去，在自我净化、自我革新、自我完善、自我提高中不断增强农村基层党组织的战斗力、创造力、凝聚力与执行力，推动西南地区乡村振兴迈上新台阶。

参考文献

一、马克思主义经典著作

[1] 马克思，恩格斯. 马克思恩格斯文集［M］. 北京：人民出版社，2009.

[2] 列宁. 列宁全集［M］. 北京：人民出版社，1991.

[3] 毛泽东. 毛泽东选集［M］. 北京：人民出版社，1991.

[4] 毛泽东. 毛泽东文集［M］. 北京：人民出版社，1999.

[5] 邓小平. 邓小平文选：第 2 卷［M］. 北京：人民出版社，1994.

[6] 邓小平. 邓小平文选：第 3 卷［M］. 北京：人民出版社，1993.

[7] 江泽民. 江泽民文选［M］. 北京：人民出版社，2006.

[8] 胡锦涛. 胡锦涛文选：第 3 卷［M］. 北京：人民出版社，2016.

[9] 习近平. 习近平谈治国理政［M］. 北京：外文出版社，2014.

[10] 习近平. 习近平谈治国理政：第 2 卷［M］. 北京：外文出版社，2017.

[11] 习近平. 摆脱贫困［M］. 福州：福建人民出版社，2014.

[12] 习近平. 做焦裕禄式的县委书记［M］. 北京：中央文献出版社，2015.

[13] 习近平. 干在实处，走在前列：推进浙江新发展的思考与实践［M］. 北京：中共中央党校出版社，2006.

[14] 习近平. 决胜全面建成小康社会　夺取新时代中国特色社会主义伟大胜利——在中国共产党第十九次全国代表大会上的报告［M］. 北京：人民出版社，2017.

[15] 习近平. 习近平关于党风廉政建设和反腐败斗争论述摘编［M］. 北京：中国方正出版社，2015.

[16] 习近平. 习近平主席新年贺词（2014—2018）［M］. 北京：人民出版社，2018.

［17］习近平．在哲学社会科学工作座谈会上的讲话［M］．北京：人民出版社，2016．

［18］习近平．习近平论扶贫工作——十八大以来重要论述摘编［J］．党建，2015（12）．

［19］习近平．全面贯彻落实党的十八大精神要突出抓好六个方面工作［J］．求是，2014（1）．

［20］习近平．习近平谈扶贫［N］．人民日报（海外版），2016－09－01．

［21］习近平．把乡村振兴战略作为新时代“三农”工作总抓手［J］．社会主义论坛，2019（7）．

［22］中共中央文献研究室．习近平关于协调推进“四个全面”战略布局论述摘编［M］．北京：中央文献出版社，2015．

［23］本书编委会．中国共产党历次党章汇编（1921—2012）［M］．北京：方正出版社，2012．

［24］中共中央组织部，中共中央党史研究室，中央档案馆．中国共产党组织史资料［M］．北京：中共党史出版社，2000．

［25］中央档案馆．中共中央文件选集［M］．北京：中共中央党校出版社，1989．

［26］中共中央文献研究室．十四大以来重要文献选编［M］．北京：人民出版社，1999．

［27］中共中央文献研究室．建国以来重要文献选编：第5册［M］．北京：中共中央文献出版社，1993．

［28］中共中央文献研究室．十七大以来重要文献选编［M］．北京：中央文献出版社，2013．

［29］中共中央文献研究室．十八大以来重要文献选编：下册［M］．北京：中央文献出版社，2018．

［30］中共中央文献研究室，中央档案馆．建党以来重要文献选编（1921—1949）：第20册［M］．北京：中央文献出版社，2011．

二、档案资料、专著、论文及其他资料

［1］民政厅转报我省高寒贫瘠山区农业生产落后情况请参考：1953－09－19［A］．贵阳：贵州省档案馆（全宗号42，目录号1，案卷号167）．

［2］普定县人委对当前敬老院工作的意见：1959－03－09［A］．贵阳：贵州省档案馆（全宗号42，目录号1，案卷号374）．

[3] David Crook，Isabel Crook. *The First Years of Yangyi Commune* [M]. London：Routledge & Kegan Paul Limited for the International Library of Sociology and Social Reconstruction，1966.

[4]〔美〕威廉·韩丁. 翻身：一个中国村庄的革命纪实 [M]. 北京：北京出版社，1980.

[5] 贺萧. 记忆的性别：农村妇女与中国集体化历史 [M]. 北京：人民出版社，2017.

[6] 傅高义. 共产主义下的广州：一个省会的规划与政治（1949—1968）[M]. 广州：广东人民出版社，2011.

[7]〔美〕弗里曼，毕克伟，赛尔登. 中国乡村，社会主义国家 [M]. 北京：社会科学文献出版社，2002.

[8]〔美〕费正清. 剑桥中国晚清史 [M]. 北京：中国社会科学出版社，2007.

[9]〔美〕费正清. 剑桥中华民国史（1912—1949 年）[M]. 北京：中国社会科学出版社，1993.

[10]〔美〕罗伯特·默顿. 社会理论和社会结构 [M]. 南京：译林出版社，2008.

[11]〔法〕费尔南·布罗代尔. 菲利普二世时代的地中海和地中海世界：第一卷 [M]. 唐家龙，曾培耿，等译. 北京：商务印书馆，1996.

[12]〔法〕费尔南·布罗代尔. 法兰西的特性：空间和历史 [M]. 北京：商务印书馆，1994.

[13]〔法〕费尔南·布罗代尔. 论历史 [M]. 北京：北京大学出版社，2008.

[14]〔英〕马林诺夫斯基. 科学的文化理论 [M]. 北京：中央民族大学出版社，1999.

[15] 商务印书馆编辑部. 辞源（修订本） [M]. 北京：商务印书馆，1979.

[16] 辞海编辑委员会. 辞海（修订本）[M]. 上海：上海世纪出版有限公司、上海辞书出版社，1999.

[17] 梁漱溟. 乡村建设理论 [M]. 上海：上海人民出版社，2006.

[18] 陈国新. 云南少数民族的社会主义发展道路 [M]. 昆明：云南大学出版社，1999.

[19] 贵州省地方志编纂委员会. 贵州省志·水利志 [M]. 北京：方志出

版社，1997.

[20] 贵州省毕节地区地方志编纂委员会. 毕节地区志·地理志 [M]. 贵阳：贵州人民出版社，2004.

[21] 司马迁著. 张大可注，史记新注 [M]. 北京：华文出版社，2000.

[22] 〔清〕田雯. 黔书 [M]. 罗书勤，等点校. 贵阳：贵州人民出版社，1992.

[23] 中共云南省委党史研究室. 云南边疆民族地区民主改革 [M]. 昆明：云南大学出版社，1996.

[24] 江西省档案馆，中央江西省委党校党史教研室. 中央革命根据地史料选编：上册 [M]. 南昌：江西人民出版社，1982.

[25] 贵州省安龙县史志办公室. 中国共产党安龙县历史 [M]. 北京：中共党史出版社，2013.

[26] 中国人民解放军历史资料丛书编审委员会. 剿匪斗争：西南地区 [M]. 北京：解放军出版社，2002.

[27] 田静. 教育与乡村建设——云南一个贫困民族乡的发展人类学探究 [M]. 北京：中央编译出版社，2013.

[28] 马占成. 习近平在省部级主要领导干部学习贯彻十八届四中全会精神，全面推进依法治国专题研讨班开班式上发表重要讲话强调：领导干部要做尊法学法守法用法的模范 带动全党全国共同全面推进依法治国 [N]. 人民日报，2015－02－03.

[29] 张占斌. 重农时代：新农村建设机遇 [M]. 上海：上海远东出版社，2006.

[30] 曾奕辉，钟晖. 新农村建设规划 [M]. 贵阳：贵州科技出版社，2011.

[31] 李昌平. 我向总理说实话 [M]. 西安：陕西人民出版社，2009.

[32] 方国瑜. 中国西南历史地理考释·略例 [M]. 北京：中华书局，1987.

[33] 吕恩琳. 西南环境治理 [M]. 昆明：云南教育出版社，1992.

[34] 马力. 中国气象灾害大典·重庆卷 [M]. 北京：气象出版社，2008.

[35] 刘建华. 中国气象灾害大典·云南卷 [M]. 北京：气象出版社，2006.

[36] 卢先福，龚永爱. 农村基层党建历程 [M]. 长沙：湖南师范大学出版社，2011.

[37] 肖前. 马克思主义哲学原理 [M]. 北京：中国人民大学出版社，1994.

[38] 林毅夫. 给新农村建设的几个建议 [J]. 中国（城乡桥），2006（5）.

[39] 张海鹏，郜亮亮，闫坤. 乡村振兴战略思想的理论渊源、主要创新和实现路径 [J]. 中国农村经济，2018（11）.

[40] 庹进烨. 对习近平乡村振兴战略思想理论渊源和时代基础的研究 [J]. 农业教育研究，2018（2）.

[41] 施由明. 论当代中国"乡村振兴战略"在中国百年乡村建设思想史上的意义 [J]. 农业考古，2019（1）.

[42] 郗世伟. 乡村振兴战略实施的意义及实现途径 [J]. 产业与科技论坛，2018（22）.

[43] 张红宇. 乡村振兴战略的新时代意义 [J]. 中国农村科技，2018（8）.

[44] 范建华. 如何理解乡村振兴战略的重大意义？[J]. 中国生态文明，2018（1）.

[45] 秦中春. 实施乡村振兴战略的意义与重点 [J]. 新经济导刊，2017（12）.

[46] 徐俊忠. 十九大提出"乡村振兴战略"的深远意义 [J]. 经济导刊，2017（12）.

[47] 郝栋. 生态文明建设视域下乡村振兴战略研究 [J]. 行政与法，2019（3）.

[48] 祁巧玲. 乡村振兴与生态文明建设协同推进 [J]. 中国生态文明，2018（5）.

[49] 倪静. 生态文明视野下的乡村振兴 [J]. 经贸实践，2018（18）.

[50] 张伟荣. 习近平乡村振兴战略的理论渊源与实践基础 [J]. 学理论，2018（12）.

[51] 温铁军. 生态文明与比较视野下的乡村振兴战略 [J]. 上海大学学报（社会科学版），2018（1）.

[52] 郝振荣. 乡村振兴战略下的乡土文化力量研究 [J]. 现代交际，2019（10）.

[53] 吕宾. 乡村振兴视域下乡村文化重塑的必要性、困境与路径 [J]. 求实，2019（2）.

[54] 范欣. 以乡村文化建设助力乡村振兴研究 [J]. 财经界，2019（3）.

[55] 马骁. 农村文化建设与乡村振兴的双向互动 [J]. 人民论坛，2019 (5).

[56] 田云刚，张元洁. 乡村振兴的乡村文化产业化路径探析 [J]. 山西农业大学学报（社会科学版），2019 (1).

[57] 裴玉蓉. 以文化助推乡村振兴战略的思考与建议 [J]. 佳木斯职业学院学报，2018 (9).

[58] 胡豹，谢小梅. 高质量推进乡村振兴的浙江典型模式与路径创新 [J]. 浙江农业学报，2019 (3).

[59] 肖晴晴，王小娟，彭沄. 实施乡村振兴战略的路径选择 [J]. 黑河学刊，2019 (2).

[60] 李国鹏. 以城乡融合发展推动乡村振兴的路径探析 [J]. 农业经济，2019 (3).

[61] 陈兆红. 美国乡村振兴的运行机制与实现路径 [J]. 中国国情国力，2019 (3).

[62] 罗尧. 实施乡村振兴战略的路径选择 [J]. 河南农业，2018 (35).

[63] 崔佳，赵明媚，郭伟. 乡村学院：乡村振兴战略的现实路径 [J]. 河北大学成人教育学院学报，2018 (4).

[64] 赵爱琴. 社会转型背景下农村基层党组织执政能力建设探索 [J]. 中共云南省委党校学报，2018 (1).

[65] 许启强. 基层党组织执政能力建设研究 [J]. 社科纵横，2008 (11).

[66] 周宇. 也论加强农村基层党组织执政能力建设 [J]. 中共南昌市委党校学报，2008 (2).

[67] 陈学峰. 农村基层党组织执政能力建设的调查与思考 [J]. 内蒙古农业大学学报（社会科学版），2008 (4).

[68] 朱召师. 加强农村基层党组织执政能力建设的思考 [J]. 黑龙江教育学院学报，2009 (4).

[69] 张录平，周育平. 社会建设视角下基层党组织功能调适的逻辑定位与实践要求 [J]. 湖湘论坛，2019 (2).

[70] 韩禹. 论新农村建设中基层党组织的社会功能 [J]. 理论观察，2013 (7).

[71] 杨新红. 新时期基层党组织在社会治理中的功能及路径发挥 [J]. 攀登，2018 (3).

[72] 桑田，李精华. 论政治功能是基层党组织的必然使命 [J]. 大庆师

范学院学报，2017（4）．

［73］吴晓俊，何渭巍．农村基层党组织在新农村建设中的功能及其完善［J］．江西社会科学，2011（6）．

［74］祖延辉．对新农村建设背景下的农村基层党建工作的分析［J］．农民致富之友，2019（7）．

［75］赵廷斌．浅析新农村视域下农村基层党建工作的创新思路［J］．改革与开放，2018（20）．

［76］梁振耀．新农村建设视野下农村基层党建研究［J］．低碳世界，2017（13）．

［77］邓艳香．农村基层党组织在社会主义新农村建设中的作用［J］．新西部，2017（21）．

［78］刘文胜．农村基层党组织：推进新农村建设的关键［J］．求实，2008（3）．

［79］靳秀芳．充分发挥农村基层党组织在乡村振兴中的战斗堡垒作用［J］．农村·农业·农民（B版），2019（2）．

［80］吴成林．乡村振兴与农村基层党组织组织力的提升［J］．长白学刊，2019（1）．

［81］张瑜，倪素香．乡村振兴中农村基层党组织的组织力提升路径研究［J］．学习与实践，2018（7）．

［82］付大华．乡村振兴战略背景下贵州乡村党组织振兴再认识［J］．知行铜仁，2018（Z1）．

［83］肖东，文叶飞，万芬．抓实基层党建 促进乡村振兴［J］．当代贵州，2019（4）．

［84］杨翠珍．云南藏区农村基层党组织建设问题探析［J］．经济研究导刊，2014（24）．

［85］田东林，杨永建，李业荣，等．云南边疆民族地区农村基层党组织执政能力实证分析［J］．云南农业大学学报（社会科学版），2013（2）．

［86］刘震．四川山区乡村振兴路径研究［J］．四川农业科技刊，2018（7）．

［87］段重庆．隋唐五代西南地区自然灾害及对策研究［D］．重庆：西南大学，2012．

［88］王文光．中国西南边疆近代民族关系史研究［D］．昆明：云南大学，2012．

[89] 张兴无. 西南少数民族财富观念研究 [D]. 北京：中央民族大学，2009.

[90] 胡伟. 1952—1953年西南地区司法改革运动研究 [D]. 重庆：西南政法大学，2008.

[91] 贾林东. 抗战时期西南地区社会生活研究——以《旅行杂志》为中心 [D]. 重庆：西南大学，2011.

[92] 本报评论员. 牢牢把握农业农村现代化这个总目标——论学习习近平总书记关于实施乡村振兴战略重要讲话精神 [N]. 人民日报，2018－09－30.

[93] 韩松. 中国科幻是迅速复兴的古老文明对未来的大胆想象，它的征途是星辰大海和广阔未来：新科幻 出东方（高峰之路） [N]. 人民日报，2019－01－01.

[94] 高云才. 鲜花要送 鼓掌且慢（三农微观察）[N]. 人民日报，2016－10－23.

[95] 暨佩娟，李欣怡，郭祥. “中国终将取得更大的成功”——记非洲国家驻华使节参观“伟大的变革——庆祝改革开放40周年大型展览”[N]. 人民日报，2019－01－17.

[96] 鞠鹏. 习近平在中央扶贫开发工作会议上强调：脱贫攻坚战冲锋号已经吹响 全党全国咬定目标苦干实干 [N]. 人民日报，2015－11－29.

[97] 张毅. 乡村振兴要瞄准薄弱环节（金台视线） [N]. 人民日报，2017－11－14.

[98] 新华社. 乡村振兴战略规划（2018—2022年） [N]. 人民日报，2018－09－27.

[99] 兰红光. 习近平到河北阜平看望慰问困难群众时强调：把群众安危冷暖时刻放在心上 把党和政府温暖送到千家万户 [N]. 人民日报，2012－12－31.

[100] 中央农村工作领导小组办公室，上海市委农村工作办公室. 习近平总书记在上海工作期间对推动“三农”发展的思考与实践 [N]. 人民日报，2018－09－28.

[101] 中共中央，国务院. 中共中央国务院关于坚持农业农村优先发展做好“三农”工作的若干意见 [N]. 人民日报，2019－02－20.

[102] 严瑜. 中国乡村振兴战略惠全球（国际论道）[N]. 人民日报（海外版），2018－02－12.

[103] 社论. 建设社会主义的新农村 [N]. 人民日报，1956—07—02.

[104] 本报讯. 参加建设社会主义新农村，张家口市机关干部纷纷要求到农村去安家 [N]. 人民日报，1957—11—11.

[105] 赵敬党. 把青春贡献给社会主义新农村 [N]. 人民日报，1965—02—06.

[106] 社论. 动员和组织城市知识青年积极参加建设社会主义新农村 [N]. 人民日报，1964—02—16.

[107] 谢佼. 家庭联产承包责任制让亿万中国人告别饥饿 [N]. 人民日报，2016—07—16.

[108] 新华社. 中共中央、国务院转发农牧渔业部和部党组报告：各地要开创乡镇企业新局面 [N]. 人民日报，1984—03—18.

[109] 新华社. 中华人民共和国村民委员会组织法 [N]. 人民日报，2011—02—14.

[110] 新华社. 关于深入开展农村社会主义精神文明建设活动的若干意见 [N]. 人民日报，1995—11—30.

[111] 新华社. 中共中央关于农业和农村工作若干重大问题的决定 [N]. 人民日报，1998—10—19.

[112] 新华社. 中共中央关于制定国民经济和社会发展第十一个五年规划的建议 [N]. 人民日报，2005—10—19.

[113] 新华社. 中共中央国务院关于推进社会主义新农村建设的若干意见 [N]. 人民日报，2006—02—22.

[114] 汤富. 生产发展、生活宽裕、乡风文明、村容整洁、管理民主；紧扣五句话 建设新农村 [N]. 人民日报，2005—11—29.

[115] 编者. 农村空心化：困局如何破解 [N]. 人民日报，2013—02—03.

[116] 张芳曼. 中共中央国务院印发《关于全面深化农村改革加快推进农业现代化的若干意见》[N]. 人民日报，2014—01—20.

[117] 张冬科，张建军，王浩. 中央一号文件提出让农村成为农民安居乐业的美丽家园：中国要美，农村必须美 [N]. 人民日报，2015—02—05.

[118] 新华社. 中共中央国务院印发《乡村振兴战略规划（2018—2022年）》[N]. 人民日报，2018—09—27.

[119] 本报评论员. 坚定信心，继续前进——帮助农民正确理解部分农业社减产的原因 [N]. 人民日报，1956—12—31.

［120］何平，沈祖润，何加正，樊如钧．江泽民在安徽省党政领导干部会上发表重要讲话强调：全面推进农村改革，开创我国农业和农村工作新局面［N］．人民日报，1998－09－28．

［121］毛磊，徐隽．人大常委会分组审议并专题询问国务院关于推进新农村建设工作情况的报告［N］．人民日报，2014－12－28．

［122］兰红光．中央农村工作会议在北京举行：习近平李克强作重要讲话，张德江、俞正声、刘云山、王岐山、张高丽出席会议［N］．人民日报，2013－12－25．

［123］李学仁，黄敬文．习近平在湖北考察改革发展工作时强调：坚定不移全面深化改革开放，脚踏实地推动经济社会发展［N］．人民日报，2013－07－24．

［124］新华社．中共中央关于全面深化改革若干重大问题的决定［N］．人民日报，2013－11－16．

［125］王晔．中央城镇化工作会议在北京举行：习近平李克强作重要讲话，张德江、俞正声、刘云山、王岐山、张高丽出席会议［N］．人民日报，2013－12－15．

［126］庞兴雷．习近平在深度贫困地区脱贫攻坚座谈会上强调：强化支撑体系加大政策倾斜，聚焦精准发力攻克坚中之坚［N］．人民日报，2017－06－25．

［127］鞠鹏，谢环驰．习近平在湖北考察时强调：坚持新发展理念打好“三大攻坚战”奋力谱写新时代湖北发展新篇章［N］．人民日报，2018－04－29．

［128］姚大伟．习近平、李克强、王沪宁、赵乐际、韩正分别参加全国人大会议一些代表团审议［N］．人民日报，2018－03－09．

［129］青海省党建研究会，青组研．邓小平党的制度建设思想及其现实意义［N］．青海日报，2014－10－13．

［130］谢环驰．习近平在十九届中央纪委二次全会上发表重要讲话强调：全面贯彻落实党的十九大精神，以永远在路上的执着把从严治党引向深入［N］．人民日报，2018－01－12．

［131］新华社．习近平在中共中央政治局第六次集体学习时强调：把党的政治建设作为党的根本性建设，为党不断从胜利走向胜利提供重要保证［N］．人民日报，2018－07－01．

［132］鞠鹏．习近平在决战决胜脱贫攻坚座谈会上强调：坚决克服新冠肺

炎疫情影响，坚决夺取脱贫攻坚战全面胜利［N］．人民日报，2020－03－07.

［133］谢环驰．习近平在陕西考察时强调：扎实做好“六稳”工作落实“六保”任务，奋力谱写陕西新时代追赶超越新篇章［N］．人民日报，2020－04－24.

［134］曹智，李刚．习近平向军事科学院、国防大学、国防科技大学授军旗、致训词出席座谈会并发表重要讲话［N］．人民日报，2017－07－20.

［135］佚名．预防新的灾荒［N］．人民日报，1950－06－12.

［136］苏更．中国用40年创造了一个奇迹［N］．人民日报，2018－08－16.

［137］贺雪峰．打通乡村建设的“最后一公里”［N］．人民日报，2018－01－09.

［138］万秀斌，汪志球，郝迎灿，黄娴．富在农家、学在农家、乐在农家、美在农家：遵义农村从里到外透着美［N］．人民日报，2015－01－13.

［139］赵永平．找回记忆中的乡愁［N］．人民日报，2015－02－15.

［140］新华社．在第一个中国农民丰收节到来之际，习近平向全国亿万农民祝贺中国农民丰收节［N］．人民日报，2018－09－23.

［141］新华社．习近平在中共中央政治局第八次集体学习时强调：把乡村振兴战略作为新时代“三农”工作总抓手，促进农业全面升级农村全面进步农民全面发展［N］．人民日报，2018－09－23.

［142］高云才，赵永平，郁静娴．对标硬任务，做好“三农”工作——访中央农办主任、农业农村部部长韩长赋［N］．人民日报，2019－02－20.

［143］李涛．习近平在全国金融工作会议上强调：服务实体经济防控金融风险深化金融改革，促进经济和金融良性循环健康发展［N］．人民日报，2017－07－16.

［144］吴冰，罗艾桦，姜晓丹，李刚．从“煤矿村”到“厨师村”［N］．人民日报，2019－09－06.

［145］中共中央组织部．2018年中国共产党党内统计公报［N］．人民日报，2019－07－01.

［146］王达品．马克思主义意识形态：内涵、挑战及对策［N］．北京日报，2016－10－24.

［147］新华社．关于加强基层服务型党组织建设的意见［N］．人民日报，2014－05－29.

［148］新华社．中国共产党农村基层组织工作条例［N］．人民日报，

2019－01－11.

［149］新华社. 中国共产党支部工作条例［N］. 人民日报，2018－11－26.

［150］董向荣. 基本国情是判断标准：中国的发展中国家地位不应受到质疑［N］. 人民日报，2019－08－28.

［151］新华社. 中共中央印发《中国共产党农村工作条例》［N］. 人民日报，2019－09－02.

［152］杨奎，王勇平. 江口县“六亮”工程激发党建活力［N］. 贵州民族报，2017－08－14.

［153］谢朝政. 永远在路上·声音［N］. 贵州日报，2016－06－21.

［154］黄和春，张铁林. 赫章县：多举措强化脱贫攻坚作风建设［N］. 毕节日报，2018－11－06.

［155］佚名. 中共会东县委十三届三次全会解读之三：“基层党建提升年”提升基层组织能力［N］. 凉山日报，2017－08－05.

［156］成组轩. 凝聚融城旺乡的力量——成都抓党建推动乡村组织振兴观察［N］. 中国组织人事报，2018－10－10.

［157］范成荣. 大坝：乡村振兴的生动实践——生态宜居篇［N］. 安顺日报，2018－07－05.

［158］佚名. 中共唐山市委在四个支部进行整党典型实验的报告［N］. 人民日报，1951－12－22.

［159］中共中央组织部. 关于农村中富农成分的党员的党籍问题［N］. 人民日报，1952－09－07.

［160］林铁. 坚决反对官僚主义，认真整顿党的基层组织［N］. 人民日报，1953－02－13.

［161］中共河北省通县地委会. 中共天竺村支部整党中纠正了强迫命令作风［N］. 人民日报，1953－02－07.

［162］金石开. 葛楼乡的整党工作推动了合作互助生产［N］. 人民日报，1953－04－04.

［163］龚子荣. 整风运动是一个伟大的法宝——学习《毛泽东选集》的几点体会［N］. 人民日报，1961－01－05.

［164］纪照青. 进一步加强农村党的基层组织工作［N］. 人民日报，1959－07－07.

［165］于竞祁. 巩固人民公社核心、加强农村战斗堡垒——四川大批优秀

分子入党［N］. 人民日报，1958—12—20.

［166］佚名. 建设社会主义农村的伟大纲领［N］. 人民日报，1956—10—27.

［167］佚名. 中共中央关于向全体农村人口进行一次大规模的社会主义教育的指示［N］. 人民日报，1957—08—10.

［168］佚名. 全国农村出现整改高潮，三十多万党支部结合社会主义教育整顿组织［N］. 人民日报，1958—01—11.

［169］佚名. 德惠采取措施改进领导方法充实基层力量，加强农村支部核心作用［N］. 人民日报，1959—12—01.

［170］河北省三河县西定府庄公社小辛店大队党支部. 开门整党好［N］. 人民日报，1969—07—03.

［171］安徽省合肥解密铸造厂党支部. 只有依靠群众才能搞好整党建党工作［N］. 人民日报，1969—07—03.

［172］张严平，吴学林. 全国农村党的基层组织建设工作座谈会提出抓好五项工作：调整和建设好乡镇党委领导班子，把农村党组织建设得更坚强有力［N］. 人民日报，1985—12—04.

［173］孔利民. 探索农村党建和深化改革相结合的路子［N］. 人民日报，1991—11—15.

［174］黔清风. 十二届中共贵州省委第二轮巡视公布 29 个县（市）巡视反馈情况［J］. 贵州日报，2018—06—11.

［175］许邵庭. “护林”就要见森林见树木见症状见病因［J］. 贵州日报，2017—07—21.

［176］张勤. 大方着力祭揪深度贫困村“微腐败”［J］. 贵州日报，2018—06—07.

［177］许邵庭. 省纪委通报 4 起贪污私分扶贫资金典型案例［J］. 贵州日报，2017—07—25.

［178］秦勇. 自贡向基层贪腐挥“蝇拍”［J］. 四川日报，2017—06—26.

［179］朱金磊，王龙芹. 保山：龙陵县加强监督基层贪腐问题［J］. 云南日报，2016—08—11.

［180］黔清风. 大水冲垮“龙王庙”丝丝清凉沁人心［J］. 贵州日报，2018—07—26.

［181］尹瑞峰. 我省重拳打击家族黑势力［J］. 云南日报，2019—04—20.

［182］许邵庭. 部署中央扫黑除恶第 19 督导组反馈问题整改工作［J］.

贵州日报，2019－05－31.

［183］张广为. 胡敬斌到七星关区朱昌镇调研指导软弱涣散基层党组织整顿工作［J］. 毕节晚报，2019－12－19.

［184］李学仁，谢环驰. 习近平在海南考察时强调：以更高站位更宽视野推进改革开放，真抓实干加快建设美好新海南［N］. 人民日报，2018－04－14.

［185］新华社. 中共中央政治局召开会议，审议《中国共产党农村基层组织工作条例》和《中国共产党纪律检查机关监督执纪工作规则》，中共中央总书记习近平主持会议［N］. 人民日报，2018－11－27.

［186］谢环驰. 习近平李克强栗战书汪洋王沪宁赵乐际韩正分别参加全国人大会议一些代表团审议［N］. 人民日报，2019－03－08.

［187］新华社. 中共中央印发《中国共产党支部工作条例（试行）》［N］. 人民日报，2018－11－26.

［188］霍小光，王骏勇，兰红光，李学仁. 习近平在江苏调研时强调：主动把握和积极适应经济发展新常态，推动改革开放和现代化建设迈上新台阶［N］. 人民日报，2014－12－15.

［189］杜尚泽，张晓松. “这件事我要以钉钉子精神反反复复地去抓”——记习近平总书记在重庆专题调研脱贫攻坚［N］. 人民日报，2019－04－19.

［190］鞠鹏，刘彬，谢环驰. 习近平在重庆考察并主持召开解决“两不愁三保障”突出问题座谈会时强调：统一思想一鼓作气顽强作战越战越勇 着力解决“两不愁三保障”突出问题［N］. 人民日报，2019－04－18.

［191］本报记者. 习近平近日作出重要指示强调：坚持不懈推进“厕所革命”，努力补齐影响群众生活品质短板［N］. 人民日报，2017－11－28.

［192］许邵庭. 孙志刚：抓实春风行动推进农村产业革命，奋力夺取关键之年脱贫攻坚决定性胜利［N］. 贵州日报，2018－04－02.

［193］李学仁. 习近平李克强王沪宁韩正分别参加全国人大会议一些代表团审议［N］. 人民日报，2019－03－09.

［194］张文，齐志明，何勇，等. 乡村振兴、小康成色更足［N］. 人民日报，2018－03－20.

［195］新华社. 习近平对科技特派员制度推行20周年作出重要指示强调：坚持人才下沉科技下乡服务“三农”，用科技助力脱贫攻坚和乡村振兴［N］. 人民日报，2019－10－22.

[196] 解安. 将新农村建设向城市延伸（热点研究）——韩国新村运动的实践及其启示 [N]. 人民日报，2007—06—08.

[197] 李奕萱. 维的乡“三个一批”增加贫困群众收入 [N]. 楚雄日报，2018—10—17.

三、其他资料

[1] 杨通顺. 贵州铜仁市“四抓”提升基层党组织“四力” [EB/OL]. 党建网，2019—04—03.

[2] 朱万敏. 马尔康市大藏乡：筑牢“四个意识”全面从严治党 [Z]. 课题组收集资料，2022—04—05.

[3] 兰坪县石登乡人民政府. 强化“四个意识”，廉政党课走进农村党支部 [EB/OL]. 兰坪县人民政府网站，2015—07—15.

[4] 鲁建萍. 宁洱县梅子镇党委“五聚焦五强化”稳步推进农村党支部建设标准化 [EB/OL]. 普洱市党建网，2018—08—31.

[5] 兰瓔. 平昌县岩口乡：农村人居环境整治、产业发展落实于行动 [Z]. 课题组收集资料，2022—04—05.

[6] 韩沅宏. 施秉县肃清脱贫攻坚驻村帮扶不扎实歪风，助推全省脱贫攻坚 2019 夏秋决战 [Z]. 课题组收集资料，2022—04—05.

[7] 道真县委组织部. 道真三桥镇：突出政治功能推进支部标准化建设 [Z]. 课题组收集资料，2022—04—05.

[8] 德昌县委组织部. 德昌县委书记瓦西亚夫到小高镇杉木村宣讲党的十九大精神 [Z]. 课题组收集资料，2022—04—05.

[9] 岁聪泙. 孟连县勐马镇腊福村“两项措施”确保主题教育党员学习全覆盖 [EB/OL]. 孟连傣族拉祜族佤族自治县人民政府网站，2019—11—12.

[10] 蒋政，贵初轩. 贵定：“五带”模式引领农村产业革命纵深推进 [EB/OL]. 黔南组织工作网，2019—11—06.

[11] 周书鹏. 巧家出实招发展壮大村级集体经济 [EB/OL]. 巧家新闻网，2019—06—11.

[12] 巴中市南江县委组织部. 南江县：做实“家”文章引来“雁”归巢 [EB/OL]. 四川组工网，2019—07—16.

[13] 龙丹梅. 资产收益＋就近就业＋订单农业：巫溪多向发力推进产业扶贫 [EB/OL]. 上游新闻网，2019—02—02.

[14] 刘深林. 龙里龙山：多举措巩固提升脱贫攻坚成果 [EB/OL]. 黔

南组织工作网，2019－11－08.

［15］城口县委组织部. 城口县抓基层打基础，让“小支部”发挥“大能量”［EB/OL］. 七一网，2019－04－26.

［16］赵彬，赵文全. 贵州安顺西秀区：“村社合一”新模式拓宽乡村致富路［EB/OL］. 腾讯网，2021－03－11.

［17］绵竹市委组织部. 绵竹市党建引领，主抓产业促增收［EB/OL］. 四川组工网，2019－01－17.

［18］许逢超，曾弟均，周兴文. 永善县以水兴果，昔日茅草坡变金窝窝［EB/OL］. 搜狐网，2019－08－16.

［19］息烽县九庄镇党政办. 息烽县九庄镇“大党建＋”搭建乡村振兴与脱贫攻坚连心桥［Z］. 课题组收集资料，2022－04－05.

［20］陈艾婧. 洪雅县将军乡伏钟村：建强“三大体系”助乡村美丽“蜕变”［EB/OL］. 四川党建网，2019－11－14.

［21］西盟县委组织部. 西盟县：党建引领促提升脱贫攻坚显成效［EB/OL］. 搜狐网，2019－08－23.

［22］刘深林. 龙山镇：半年时间，这个村由“后进”变为“厚劲”［EB/OL］. 黔南组织工作网，2019－11－15.

［23］王东，任宇慧. 涪城区：以组织振兴引领开创乡村振兴新局面［EB/OL］. 四川党建网，2019－11－18.

［24］贵定县委组织部. 贵定县：聚“四力”擂响攻克深度贫困“新战鼓”［EB/OL］. 黔南组织工作网，2017－08－21.

［25］永善县委组织部. 举全镇之力向贫困宣战——务基镇召开决战脱贫攻坚誓师大会暨专题培训会［Z］. 课题组收集资料，2022－04－05.

［26］东兴区委组织部. 东兴区“三力三度”促软弱涣散村党组织整顿提升［Z］. 课题组收集资料，2022－04－05.

［27］贵定县委组织部. 贵定昌明：加强思想扶贫助力脱贫攻坚［EB/OL］. 黔南组织工作网，2017－10－10.

［28］三穗县委组织部. 三穗县：雪洞镇“五个一”助推党建工作常态化［Z］. 课题组收集资料，2022－04－05.

［29］景谷县委组织部. 景谷县五项措施助推“两学一做”学习教育深入开展［EB/OL］. 景谷先锋网，2016－07－14.

［30］胡兴叶，陈磊. 叙永县：“四巧四育”同奏响党员教育谱新篇［EB/OL］. 四川党建网，2019－11－06.

[31] 陶林. 罗甸："三围绕" 提升群众认可度 [EB/OL]. 黔南组织工作网，2019－06－20.

[32] 吴科刚. 细沙乡：大同村 "四心" 做实群众工作 [EB/OL]. 永善党建，2018－09－04.

[33] 白全安. 仁寿县板燕乡："四式联动" 焕发基层党建活力 [EB/OL]. 四川党建网，2021－11－12.

[34] 青白江区委组织部. 青白江区：探索 "一户三票" 推进党群服务中心亲民化改造 [EB/OL]. 四川党建网，2018－09－10.

[35] 贵初轩. 贵定县 "六送" 破解搬迁群众生产生活难题 [EB/OL]. 黔南组织工作网，2019－10－24.

[36] 唐建林，杨甜. 九寨沟县白河乡："三举措" 推动基层党建全面进步过硬 [EB/OL]. 四川党建网，2019－04－11.

[37] 习水县委组织部. 习水县集中整顿软弱涣散基层党组织 [EB/OL]. 多彩贵州网，2016－01－15.

[38] 江城县委组织部. 江城："五力齐发" 全面打造党支部规范化建设 [EB/OL]. 普洱市党建网，2019－05－31.

[39] 余庆县委组织部. 大乌江镇：多措并举开启党支部标准化规范化建设新征程 [EB/OL]. 党建网，2019－08－19.

[40] 渠县县委组织部. 渠县开展软弱涣散党组织专项整治推动主题教育走深走实 [EB/OL]. 渠县新闻网，2019－12－10.

[41] 播州区委组织部. 遵义播州区：建强基层党组织助力 "后进" 变 "先进" [EB/OL]. 当代先锋网，2019－12－04.

[42] 开江县委组织部. 开江县："四化联动" 选优配强 "领头雁" [EB/OL]. 四川组工网，2019－11－18.

[43] 李兰. 景东大水井：围绕 "五大板块" 发挥党组织示范引领作用 [Z]. 课题组收集资料，2022－04－05.

[44] 播州区委组织部. 播州区 "五看五提升" 整顿软弱涣散党组织 [EB/OL]. 中共遵义市委组织部网站，2019－11－22.

[45] 正安县委组织部. 正安县："五步骤" 打牢村党支部 "硬底子" [EB/OL]. 中共遵义市委组织部网站，2019－11－11.

[46] 七星关区撒拉溪镇党建办. 强化 "一核多元"，夯实基层党建 [Z]. 课题组收集资料，2022－04－05.

[47] 习水县委组织部. 习水县围绕 "六查" 开展村级党组织 "政治体检"

[Z]. 课题组收集资料，2022－04－05.

［48］贵定县委组织部. 贵定“三个注重”打造标准化规范化星级党支部［EB/OL］. 搜狐网，2019－07－19.

［49］叙永组. 叙永县：“三字诀”整治软弱涣散党组织［EB/OL］. 四川党建网，2019－11－22.

［50］苏保富. 梓潼县建立“三联两会一清单”工作法推进基层党建工作落地见效［EB/OL］. 四川党建网，2019－11－21.

［51］永善县委组织部. 永善县黄华镇：多措并举推进党支部规范化建设［EB/OL］. 永善先锋网，2018－11－09.

［52］刘秋实. 西盟县：实施“领头雁”培育行动，跑好脱贫攻坚与乡村振兴接力赛［EB/OL］. 普洱市党建网，2020－04－20.

［53］阿坝县委组织部. 阿坝县“四抓”加强农牧民党员队伍建设［EB/OL］. 四川组工网，2019－11－21.

［54］李灵娜. 云南：严肃查处农村低保中违纪问题［EB/OL］. 中央纪委国家监委网站，2018－05－29.

［55］唐建林. 九寨沟县白河乡太平村探索建立“353”农村党建工作长效机制［EB/OL］. 四川党建网，2019－04－12.

［56］邱海鹰. 乡村有了“民事代办员”［EB/OL］. 四川党建网，2021－12－01.

［57］平坝区委组织部. 平坝龙海村：布依山歌响产业发展兴［Z］. 课题组收集资料，2022－04－05.

［58］永善县委组织部. 永善县“固本培元工程”着力纯洁党员队伍［Z］. 课题组收集资料，2022－04－05.

［59］六枝区委组织部. 听懂了，脱贫致富的劲儿更足了：郎岱镇花脚村宣讲十九大催生脱贫动力［Z］. 课题组收集资料，2022－04－05.

［60］旺苍县委组织部. 集聚红城力量决战脱贫摘帽——旺苍县集聚优势兵力纵深推进抓党建促脱贫攻坚［EB/OL］. 四川党建网，2021－11－01.

［61］德宏州委组织部. 强化党建引领助推乡村发展［EB/OL］. 人民网，2019－09－03.

［62］本课题组. 仁怀市后山乡依托民族文化创新基层党建［Z］. 课题组收集资料，2022－04－05.

［63］罗华菊. 福泉种植“大福姜”喜获丰收［EB/OL］. 人民资讯，2021－09－23.

［64］贵定县委组织部. 贵定：刺梨产业“独占鳌头”成为脱贫攻坚“顶梁柱”［EB/OL］. 黔南组织工作网，2019－11－12.

［65］王亚瑜. 龙里：唱响“村社合一”主旋律群众小康路上笑开颜［EB/OL］. 黔南组织工作网，2019－11－21.

［66］永善县委组织部. 青胜乡民胜村：党建引领聚合力民定胜天展新姿［Z］. 课题组收集资料，2022－04－05.

［67］基层组织道真桃源乡：加强党建“五树”推动脱贫攻坚［EB/OL］. 中共遵义市委组织部网站，2019－12－04.

［68］播州区委组织部. 播州区尚稽镇：“三抓三促”激发基层党建活力［EB/OL］. 天眼新闻网，2021－03－15.

［69］花溪区委组织部. 三变引领走新路奔小康——花溪区孟关乡积极推进“城乡三变”改革［EB/OL］. 花溪区党建，2018－02－27.

［70］洪雅县委组织部. 洪雅县：“三三模式”壮大村级后备力量［EB/OL］. 四川党建网，2019－12－03.

［71］党建引领产业旺人勤春早草莓香［EB/OL］. 黔西市人民政府门户网站，2019－02－26.

［72］新蒲新区组织部. 新蒲新区虾子镇三台村：农村集体产权制度改革强村富民［EB/OL］. 遵义市新蒲新区管理委员会网站，2019－11－25.

［73］永善县委组织部. 永善县：“聚力脱贫工程”推动党建扶贫融合发展［EB/OL］. 永善党建，2018－06－25.

［74］冕宁县委组织部. 冕宁县采取“互联网＋支部＋X”模式服务农村党员［Z］. 课题组收集资料，2022－04－05.

［75］安顺市委组织部. 旧州：巧用“五步工作法”巩固脱贫攻坚实效［Z］. 课题组收集资料，2022－04－05.

［76］本史巫果，狄依宁. 支部强堡垒砥砺奔小康［EB/OL］. 四川党建网，2019－10－28.

［77］镇宁县委组织部. 镇宁：党建引领兴产业蔬菜种植促脱贫［Z］. 课题组收集资料，2022－04－05.

［78］镇宁县委组织部. 镇宁喜妹村：小小百香果香飘致富路［Z］. 课题组收集资料，2022－04－05.

［79］杨长亲. 水富市太平镇“四个一”组织化推进产业发展［EB/OL］. 昭通新闻网，2019－11－19.

［80］内江市委组织部. 内江市“三张牌”力促“归雁还巢”助力乡村振

兴［EB/OL］. 四川党建网，2019－08－09.

［81］三都县委组织部. 三都县仙桥村驻村工作队：为民服务解难题收获6面锦旗［EB/OL］. 当代先锋网，2020－01－06.

［82］周小棚. 洪雅县“三项举措”盘活农村集体资产［EB/OL］. 四川党建网，2019－06－03.

［83］国家统计局. 中华人民共和国2019年国民经济和社会发展统计公报［EB/OL］. 国家统计局网站，2020－02－28.

附录一　调查问卷

《乡村振兴战略下西南地区农村基层党组织建设实践创新研究》调查问卷

您好！

非常感谢您能够参加我们关于“乡村振兴战略下西南地区农村基层党组织建设实践创新研究”的调查！

本调查问卷的目的是掌握乡村振兴战略下西南地区农村基层党组织建设实践创新的一些基本情况，仅供调研参考，不记名，不作为对任何党员、干部、群众个人评价或奖惩的依据，请您根据您所了解的实际情况和真实感受进行填写。您回答的真实性将对我们的研究工作有重要贡献。对于您提供的信息，我们将给予保密。如果方便，请不要遗漏任何题目，衷心感谢您的合作与支持！

“乡村振兴战略下西南地区农村基层
党组织建设实践创新研究”课题组

性　　别：□男　　□女

年　　龄：□30 岁以下　□31～40 岁　□41～50 岁　□51 岁以上

教育程度：□初中及以下　□高中/中专　□大专　□本科　□研究生

工作年限：□1 年以下　□1～3 年　□3～5 年　□5～10 年　□10 年以上

职　　业：□村干部　□乡村中小学教师　□农民　□个体户　□其他

政治面貌：□党员　□群众　□其他

温馨提示：请在下列您认可的选项上用钢笔或圆珠笔以“√”标识（如非特别注明，请只选一项），有补充观点请填写在“其他”选项的画线上。

1. 您认为党的乡村振兴战略对乡村振兴有帮助吗？

A. 有　B. 没有　C. 不清楚

2. 您认为农村基层党组织与乡村振兴之间存在着辩证关系吗？

A. 存在　B. 不存在　C. 不清楚

3. 您对党的乡村振兴战略的认知程度：

A. 非常了解　B. 一般　C. 不了解

4. 您认为农民在社会中地位提高了吗？

A. 提高了　B. 没有提高　C. 不升反降　D. 不清楚

5. 您认为要推动乡村振兴，农村基层党组织建设要进行创新吗？

A. 有必要　B. 不必要　C. 无所谓

6. 您认为目前农村基层党组织建设实践创新：

A. 切合实际　B. 不切实际　C. 不知道

7. 您认为目前农村基层党组织的职权定位是：

A. 抓党建是主要职责　B. “三农”工作是副业

C. 发展经济是上一级政府的事情　D. 不清楚

8. 您认为目前农村基层党组织在政策领悟上存在的问题是：

A. 认识有偏差　B. 侵犯农民利益

C. 与地方实际结合不够　D. 不清楚

9. 您认为目前农村基层党组织队伍建设存在的主要问题是：

A. 领头人作风不实　B. 班子队伍建设不力

C. 存在贪腐问题　D. 与黑恶势力勾结　E. 不清楚

10. 您认为当前农村基层党组织在推动乡村振兴的路径上存在的主要问题是：

A. 乡村振兴方法守旧，跟不上时代变化

B. 乡村振兴方法生搬硬套照搬外地经验

C. 乡村振兴路径没有体现农村和农民的需要

D. 乡村振兴方法创新尺度不够，还有待提升

E. 无所谓

11. 您认为当前农村基层党组织在汇聚合力上存在的主要问题是：

A. 农村基层党组织的社会交往、沟通能力不足

B. 农村基层党组织在聚集资源、资金能力上存在不足

C. 农村基层党组织在凝聚群众，号召广大农民群众参与乡村振兴能力上存在不足

D. 农村基层党组织素质能力欠缺，导致社会资源聚合力能力不足

E. 无所谓

12. 您认为当前农村基层党组织在管理制度上存在的主要问题是：

A. 农村基层党组织的制度建设严重滞后

B. 农村基层党组织把制度停留在表面

C. 农村基层党组织领头人带头不遵守制度

D. 农村基层党组织在制度的执行上具有选择性

E. 无所谓

13. 您认为集体经济对农村基层党组织建设实践创新有影响吗？

A. 集体经济薄弱对农村基层党组织实践创新有严重影响

B. 集体经济薄弱对农村基层党组织实践创新有影响，但影响一般

C. 集体经济薄弱对农村基层党组织实践创新没有什么影响

D. 不清楚

14. 您怎么看待你们村的基层党组织带头人？

A. 农村基层党组织带头人年龄偏大

B. 农村基层党组织带头人谨小慎微，缺乏创新精神

C. 农村基层党组织带头人小农意识突出

D. 农村基层党组织带头人缺乏长远规划

E. 不清楚

15. 您认为党员干部在推动乡村振兴中能力不够主要表现在哪些方面？（可多选）

A. 理论知识不足　　B. 实践能力不够　　C. 为民服务意识不足

D. 工作作风不纯　　E. 其他

16. 您认为推动乡村振兴过程中农村基层党组织有哪些不良表现？（可多选）

A. 存在“庸懒散”现象

B. 基层党组织队伍建设“弱化、虚化、边缘化”

C. 执行力不强

D. 其他

附录二　访谈提纲

一、县（区）相关部门座谈会

1. 请简要介绍你县（区）出台了哪些乡村振兴的政策措施？实施了什么项目？开展了什么工作？您认为哪些政策、项目、工作最接地气，最能够让群众接受，对群众最有帮助，能够让农民群众得到实惠？请简要介绍一下这些政策、措施、项目和工作的实施情况与推进方式。

2. 你们单位是怎样推进实施乡村振兴战略的，在乡村振兴工作中担任什么职责，承担什么任务？是否有专人负责此项工作？请简要介绍。

3. 你们推进乡村振兴工作的成效如何？请简要介绍。

4. 你们在推进乡村振兴工作中遇到了什么问题和困难，你们是怎么解决这些问题和困难的？请简要介绍。

5. 您认为当前乡村振兴工作还有需要改进的地方吗？如果有，请简要介绍您的想法和建议。

二、乡镇（村）干部座谈会

1. 请简要介绍一下全乡（镇、村）的基本状况，包括贫困人口、户和村的数量与比例，以及主要致贫原因和面临的主要难题等。

2. 你们对中央、省、县（区）的乡村振兴政策贯彻实施得如何，您有什么建议？

3. 当前乡（镇、村）的乡村振兴工作是如何开展的？程序是否公开、公正、透明、合法？

4. 当前乡（镇、村）的乡村振兴工作效果如何？是否能够让群众满意？

5. 当前乡（镇、村）的乡村振兴工作还存在什么问题和困难？你们是怎么解决这些问题和困难的？还需要哪些方面的支持？

三、驻村干部、第一书记、基层党组织带头人座谈会

1. 请简要介绍一下您推进乡村振兴工作的基本情况，包括您所驻村贫困

现状、致贫原因、生产就业、教育卫生、产业发展、基础设施建设等。

2. 您在乡村振兴工作中，具体做了哪些工作？是怎么开展的？具体程序有哪些？效果怎么样？群众是否满意？

3. 您所在的农村基层党组织在乡村振兴工作中，遇到的主要困难是什么？您所在的农村基层党组织在面对困难时是怎样加强农村基层党组织建设的，有哪些创新措施？

4. 您认为当前农村基层党组织建设还有需要改进的地方吗？如果有，请简要介绍您的想法和建议。

5. 省、市、县以及您所在单位对所驻村的乡村振兴工作有哪些管理、支持和服务措施？落实的情况如何？您有什么建议？

四、普通农民群众、贫困群众座谈会

1. 请简要介绍您的个人情况、家庭情况、教育情况、收支情况、人口结构、土地结构、文化水平、工作行业等。

2. 请简要介绍一下您享受过什么乡村振兴的扶贫政策和项目支持？这些政策和项目是如何实施的？对您产生了什么作用？

3. 对于您来说，在当前乡村振兴工作中，您最希望提供哪些帮扶措施？（资金、物资、项目、产业、工作）

4. 在乡村振兴过程中，您遇到的最大问题与难题是什么？

5. 您对当前的乡村振兴工作是否满意？有什么要求和建议？

后 记

本专著是国家社科基金西部项目《乡村振兴战略下西南地区农村基层党组织建设实践创新研究》(课题编号：18XDJ002)的最终成果。课题侥幸立项于2018年，立项后，本人与课题组相关成员奔赴贵州、四川、云南、重庆等地的一些农村进行广泛调研。

调研的过程非常艰苦，特别是在山区农村奔跑时，由于道路崎岖、山路蜿蜒，比如黔西南望谟农村地区的山路十八弯，导致胃里的酸水不断上涌，呕吐和晕车的感觉时时伴随着我，成为我在基层农村调研过程中挥之不去的阴影。

同时，当我往窗外看，车身的侧边就是悬崖和深沟，那种一不小心就会粉身碎骨的感觉让我无所适从。一时之间，马上就对世世代代生活在山区农村、祖祖辈辈都面朝黄土背朝天，但一直努力躬耕于陇亩之间、为生计而疲惫奔波的农民产生一些敬意。

对于一个在农村长大的人来说，农村之于我可谓再熟悉不过。因为土生土长在农村，尽管后来侥幸走出了农村，但农村的年轮一直镶嵌在我的内心深处，铭刻在我的身体的每一个角落。从某种意义上说，我的灵魂其实仍然是乡土的，这也正是我一直的研究都聚焦于农村或者说与农村相关的问题。

应该承认，西南地区农村的变化是巨大的。至少从基础建设上来看，许多西南地区的农村通了硬化马路，这也使得农村的交通日益发达。日益发达的交通给农村带来了翻天覆地的变化，农民的腰包比过去确实鼓一些。这些变化无疑得益于农村基层党组织的组织与领导。

不过，我也看到，农村的“空心化”“老龄化”“边缘化”日益严重，这显然是一个需要仔细考量的严峻问题。其间，与一些农民进行对话，他们对于生活的态度以及生活之于他们的态度给了我灵魂的拷问，从中我可以看到农民的无奈与辛酸。那种与生俱来的沧桑一直伴随着我进行课题调研的全过程，很多时候，那些被遗忘的过去无数次地在身边泛起，他们使我有一种强烈的受挫感。

课题研究一直在按部就班地依照计划进行。但不幸的是，2019 年年底，新冠肺炎疫情暴发。新冠疫情的暴发反而给我提供了较佳的写作环境。2020 年春节我把父母接到身边，他们帮我看管孩子。趁着新冠疫情暴发后不能出去只能线上办公的时机，2020 年的 2 月—3 月，我几乎就在“办公室—家里—办公室”两点一线之间辗转，焚膏继晷，夜以继日，短短的两个月我把课题剩下的 10 多万字写完，在 3 月最后的 20 天，我将课题最后一章的 7 万字左右完成。这种一泻千里的写作快感至今让我欲罢不能。可以这样说，课题的完成同样凝聚了父母帮我照看孩子的心血。课题完成后，妻子在繁忙的工作之余为课题进行了逐字逐句的校对，课题的每一个字都有妻子的心血与付出。

到今天，这本书走完了它应该走完的历程，尽管其间出现很多波折。书稿付梓的时候我的心情很复杂。不知道什么原因，在我的脑海里总是浮现“轮回”两个字。记得三年之前我也在干着同样的事情，也是这么一种状态、这么一种心情，甚至是这么一种步调，唯一不同的是时间的推移。

写这篇后记的时候，我从办公室的窗户往外看，只有一些树木，树木的那边仍然是树木，也许还有一些灌木，但窗前的树木挡住了我的视线，我对树木那边的事物看得并不清楚，不过依稀可以看见一些树木的影子。虽然隐隐约约，但是树木是无疑的。除此之外，也许还有一些灌木，我不太确定。但经验告诉我，肯定有灌木。它们一度主宰了我的视野。很多时候，我都无法挣扎。它们一度在我的视野里来来回回，像极了两个落寞的行者，伴随着我看日落日出。不过，也有例外，比如说下雨或刮风的日子，透过窗户玻璃我可以看到漫天飞舞的西风，以及伴随西风飘洒的无边落木。这一切都在告诉我，秋意渐深，天气渐凉。

办公室的走廊外又归复到三年之前的无边的寂静和无边的寂寞。那天妻子从我的办公室回去，神态有些落寞，更有些伤感。这种神态我感同身受，我知道妻子的意思。也许是这种无边的寂静让妻子有所思，有所感。虽然我做出了不懈的努力，但无力去改变什么。

唯一欣慰的是儿子灿烂的笑脸。他还是那样奶声奶气，他萌萌的神态和举动让我觉得生活的气息肆意弥漫在我周围，他让我每一次沉思的时候会以笑容结束。

也许，这就够了。

2022 年 10 月 11 日